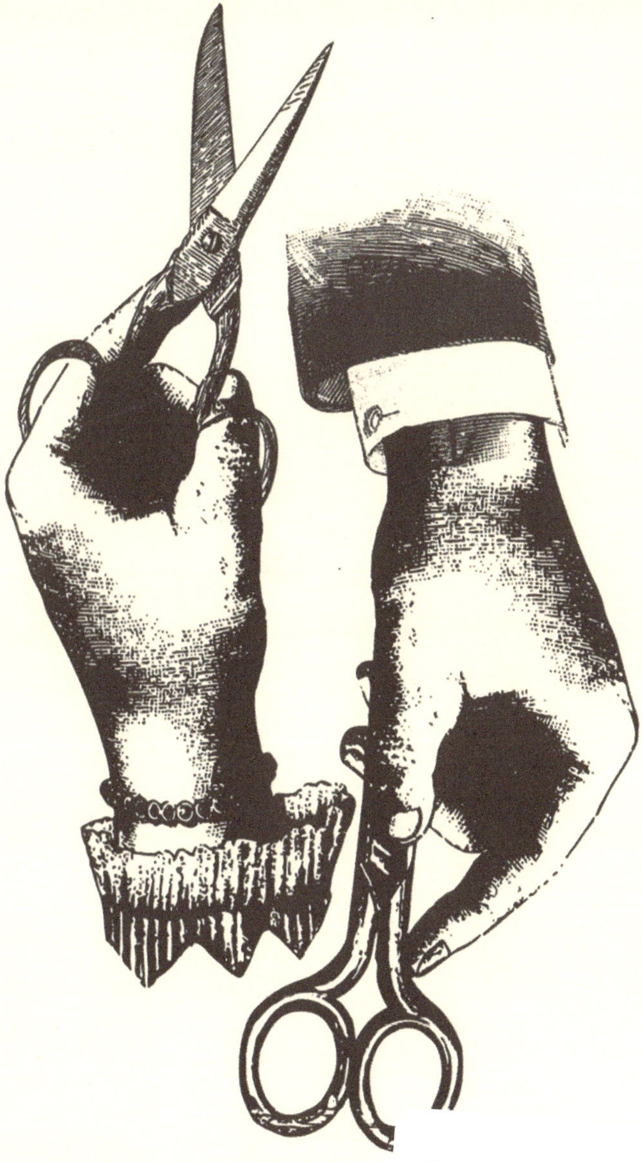

CB130730

Transformamos a política da dívida em uma moralidade que desviou a culpa dos bancos para o Estado. A austeridade é a penitência – a dor virtuosa após a festa imoral –, mas não vai ser uma dieta que todos partilharemos. Poucos de nós são convidados para a festa, mas pedem-nos a todos que paguemos a conta.

mark blyth

autonomia literária
2020

©Autonomia Literária, 2020, São Paulo, para a presente edição.
©Mark Blyth 2013.

Austeridade — A História de Uma Ideia Perigosa, 1ª edição, foi originalmente publicada em língua inglesa, em 2013. Esta tradução foi publicada por acordo com Oxford University Press.

AUTONOMIA
LITERÁRIA

Coordenação editorial:
Cauê Ameni; Hugo Albuquerque & Manuela Beloni
Tradução: Freitas e Silva
Adaptação: Edemilson Paraná
Preparação: Hugo Albuquerque
Revisão: Cauê Ameni
Capa: Rodrigo Corrêa
Diagramação: Manuela Beloni

EDITORA AUTONOMIA LITERÁRIA
Rua Conselheiro Ramalho, 945
01325-001 São Paulo-SP
autonomialiterária@gmail.com
www.autonomialiteraria.com.br

SUMÁRIO

Selo economia do comum: antiausteridade 7
Prefácio de Pedro Rossi à edição brasileira 10
Prefácio – Austeridade, uma história pessoal 18

Capítulo 1
Uma introdução acerca da austeridade, dívida e moralidades 24

Parte 1:
Por que razão precisamos ser todos austeros? 49

Capítulo 2
Estados Unidos: grande demais para falir?
Banqueiros, resgates e culpabilização do Estado 50

Capítulo 3
Europa: grande demais para resgatar?
A política de austeridade permanente 90

Parte 2: Histórias gêmeas de austeridade 145

Introdução aos capítulos 4, 5 e 6
História intelectual e natural da austeridade 146

Capítulo 4
A história intelectual de uma ideia perigosa, 1692-1942 156

Capítulo 5
A austeridade hoje, 1942-2012 194

Capítulo 6
A história natural da austeridade, 1914-2012 258

Parte 3: Conclusão 325

Capítulo 7
O fim da atividade bancária, novas histórias, e um tempo de impostos pela frente 326

Posfácio 350

Selo Economia do Comum: Antiausteridade

Assim como o muro de Berlim caiu em ruínas junto com a Cortina de Ferro em 1989, o mundo viu a Crise de 2008 derrubar a muralha de Wall Street. Mais catastrófico do que outras turbulências econômicas, o colapso do setor financeiro rapidamente se transformou em uma crise econômica mundial, tratando de desnudar a aparência de normalidade que reinava sob o pensamento único do neoliberalismo. As mega instituições financeiras foram à bancarrota expondo um sistema assentado em especulações, negociando papéis podres e servindo como o solo pantanoso no qual, afinal, se viu que o edifício global estava construído após a quebra do padrão-ouro em 1971.

A hegemonia do capitalismo triunfante da década de 1990, que receitava a liberdade absoluta dos mercados, logo mudou de ideia. Rapidamente, a solução da ampla maioria dos governos, EUA e seus sócios minoritários do G7 apoiados pelas estruturas do FMI e do Banco Mundial, foi recapitalizar corporações falidas com dinheiro público. Uma das maiores intervenções estatais que o mundo já viu. Algo não muito diferente do que Vladimir Lenin fez após a Revolução Russa em 1917. Só que dessa vez, quem conduzia este processo eram liberais e conservadores. O resultado não podia ser diferente: a "reestatização" dos bancos aplicou um socialismo ao avesso, onde socializavam os prejuízos nas costas dos 99% enquanto capitalizavam os lucros no bolso do 1%. O aumento da desigualdade, do caos e as desastrosas consequências após o colapso deu fôlego a um novo ciclo de lutas e de ativismo a partir de 2011.

A famigerada austeridade econômica tornou-se palatável pelo eufemismo do "ajuste fiscal", e foi apontada como a única saída para o colapso segundo a cartilha liberal, sendo exportada para o mundo quando os países se viram diante do tsunami causado pela crise. Apesar das diferenças econômicas entre os países o lema continuava sendo o mesmo: todos perdem, mas os bancos continuam ganhando. A destruição do estado de bem-estar social com cortes de direitos sociais e políticas de incentivo à produção e ao emprego aprofundaram ainda mais a recessão. O plano da austeridade fez com que a crise econômica se tornasse, ela própria, uma economia de crise. A descrença na política institucional que traíra o povo exigia agora a reinvenção da democracia.

Dentro deste contexto, a editora Autonomia Literária traz a ideia do *Selo Economia do Comum: Antiausteridade* para debater os grandes problemas econômicos contemporâneos, sobre um viés de crítica profunda, sem concessões e, sobretudo, sem dogmas. Confrontar o amargo remédio da austeridade no labirinto do caos deflagrado pela crise é pensar nas chaves para a construção de uma nova economia, desta vez a serviço dos 99%, do meio-ambiente e do bem-estar — em um momento de franco ataque aos direitos fundamentais aqui e mundo afora.

Para Jules

Este livro custou-te tantas horas como custou a mim, possivelmente mais. Na realidade, não teria conseguido escrever isto sem o teu amor e apoio. Obrigado.

PREFÁCIO À EDIÇÃO BRASILEIRA

O Brasil é refém da austeridade

Pedro Rossi[1]

Diariamente entram nos lares brasileiros análises econômicas que apelam para o lugar comum. Economistas, usualmente homens brancos, nos dizem que o governo deve colocar ordem na casa e que, assim como uma família, deve apertar o cinto nos momentos de crise. Análises que carregam uma carga moral para exaltar o comportamento associado ao rigor, à disciplina, aos sacrifícios, à parcimônia, à prudência, à sobriedade e reprimir comportamentos dispendiosos, insaciáveis, pródigos, perdulários. Discursos que não apenas simplificam o funcionamento da economia, mas falsificam: trata-se da retórica da austeridade que transpõe, sem adequadas mediações, supostas virtudes do indivíduo para o plano público, personificando, atribuindo características humanas ao governo.

Austeridade é mantra político, insistência ideológica, base de um discurso que busca interditar o debate econômico com afirmações do tipo "se não fizer a reforma tal, o Brasil vai quebrar", "se flexibilizar o teto de gastos teremos depressão econômica" e "se aumentar o gasto público voltaremos à hiperinflação", dentre outras. Trata-se de terrorismo econômico, ameaças que criam um clima de medo para coagir a aceitação de uma determinada agenda econômica pela opinião pública.

No Brasil, a austeridade fiscal foi vendida como uma fábula da cigarra e da formiga. O argumento moral aponta que os excessos devem ser remediados com abstinência e sacrifícios. Esses excessos têm várias faces – aumentos de salário mínimo, gastos sociais, intervencionismo estatal e até a Constituição de 1988 – e o remédio tem nome: austeridade. E o país vem se tratando com esse remédio que não tem eficácia comprovada e apresenta efeitos colaterais, como uma cloroquina da economia. Argumenta-se que os cortes de gastos vão recuperar a confiança e assim o crescimento e que as reformas

[1] Professor do Instituto de Economia da Unicamp.

econômicas que reduzem o papel do Estado encurtam esse caminho. Mas as reformas são realizadas e a crise continua e, não obstante, realimenta o discurso: enquanto houver crise haverá uma reforma adicional que supostamente vai gerar crescimento.

Pandemia fragiliza os dogmas

Durante a pandemia, a ideia de austeridade fiscal entrou de quarentena, vários mitos caíram por terra e dogmas foram deixados de lado diante de uma realidade impositiva. Em poucas semanas, o gasto público passou do grande problema do Brasil para a principal solução. Na retórica de alguns, o Estado que estava quebrado ficou solvente e o dinheiro, que tinha acabado, reapareceu. Assim, durante a pandemia a crise postergou o debate sobre as reformas e criou um quase consenso entre os economistas de que é preciso gastar com saúde, assistência social e apoio às empresas e trabalhadores.

No entanto, o aumento da dívida pública resultante da atuação pública na pandemia é o pretexto perfeito para a intensificação do discurso da austeridade a partir de uma ideia que dialoga com o senso comum: teremos que pagar a conta da pandemia. Um momento propício para o que Naomi Klein chamou de "doutrina do choque", uma filosofia de poder que sustenta que a melhor oportunidade para impor as ideias radicais é no período subsequente ao de um grande choque social.

Mais uma vez, o apelo ao senso comum é uma falsificação da realidade: não existe uma conta da pandemia a ser paga. A dívida pública não precisa ser reduzida. Papéis serão pagos, outros serão emitidos. Esse é o padrão do comportamento das dívidas soberanas: dívida pública não se paga, se rola. Isso vale para as experiências históricas de grande endividamento público, como na Inglaterra durante a Segunda Guerra Mundial, quando a dívida pública chegou a 250% do PIB. Essa dívida foi rolada e se reduziu ao longo do tempo em relação ao PIB em um ambiente de alto crescimento e juros baixos. E essa redução não passou por nenhum plano de austeridade, pelo contrário, no pós-guerra o país realizou uma ampla expansão dos gastos públicos que construiu o Estado de bem-estar social, o que também ocorreu em outros países que saíram endividados da guerra.

Governos não são famílias

O Brasil precisa desbravar o seu caminho para a reconstrução e sair do atoleiro da crise, do desemprego estrutural e da piora sistemática dos indicadores sociais. Nessa direção, a austeridade é contramão. E a tentativa de forçar uma redução da dívida pública por meio de cortes de gastos será tão inconsequente socialmente quanto inútil do ponto de vista fiscal. Como mostra Mark Blyth, no livro Austeridade – A Historia de uma Ideia Perigosa, há um problema de composição nesta falácia que vai de encontro ao senso comum: se formos todos austeros ao mesmo tempo a economia desaba para todos.

O gasto público é renda do setor privado, a dívida pública é ativo e o déficit público é superávit do setor privado. Ao gastar, o governo aumenta a renda do setor privado e realoca recursos. Ao se endividar, o governo pega dinheiro de quem tem riqueza sobrando e entrega um papel de dívida.

Quando a economia opera abaixo de sua capacidade, com desemprego, o gasto público pode melhorar a eficiência do sistema e aumentar os recursos do conjunto da sociedade. O desemprego é um desperdício de recursos sociais, além da violação do direito humano ao trabalho e de um fator de agravamento das desigualdades sociais pré-existentes. Se o mercado não garante o emprego, o Estado deve ajudar por meio da política fiscal.

Portanto, a metáfora que compara os orçamentos público e familiar é dissimulada e desvirtua as responsabilidades que a política fiscal tem na economia em suas tarefas de induzir o crescimento e amortecer os impactos de crises e dos ciclos econômicos na vida das pessoas.

Mito da Austeridade expansionista

Como afirma Mark Blyth, a austeridade permanece uma ideologia imune aos fatos e à refutação empírica. E a história intelectual da ideia de austeridade é um dos pontos altos do seu livro: desde as raízes na economia política clássica aos trabalhos de Alberto Alesina e outros autores que inauguram o uso moderno do conceito associado à ideia de austeridade expansionista[2]. Essa última ideia, muita usada no debate público, sustenta que um aperto fiscal leva ao crescimento uma vez que melhora a confiança dos agentes econômicos. Contudo, vários estudos empíricos rejeitaram a austeridade expansionista e o próprio Fundo Monetário Internacional (FMI), em relatório oficial, mostra que a "contração fiscal é normalmente contracionista gera desemprego e queda da renda[3].

E mesmo os autores que defenderam a tese da austeridade fiscal expansionista revisitam a metodologia em trabalho recente e concluíram que, em geral, a austeridade por meio de cortes de gastos tem efeitos negativos no crescimento, mas é melhor cortar gastos do que subir impostos, complementam[4]. Amenizam a ideia e levam a austeridade expansionista para o plano da possibilidade. No entanto, no debate público brasileiro os autores continuam sendo citados por seus trabalhos antigos para justificar as políticas de corte de gastos e as reformas neoliberais.

Sempre usada, a ideia de que cortes de gastos gera confiança não tem aderência com a realidade. Empresário não investe porque o governo fez ajuste fiscal, mas quando há demanda por seu produto e expectativas de lucro. Se o governo corta gastos no momento de crise contribui para a queda da demanda no sistema. Como argumentou o Prêmio Nobel de economia, Paul Krugman, a ideia de que seremos recompensados por uma "fada da confiança" diante de um suposto comportamento virtuoso do governo não passa de uma fábula.

---

[2] ALESINA, A. TABELLINI, G. A positive theory of fiscal deficits and government debt. Review of Economic Studies 57, no. 3: 403-414, 1990. ALESINA, A. PEROTTI, R. Fiscal Expansions and Fiscal Adjustments in OECD Countrie, NBER Working Paper No. 5214, 1995.

[3] International Monetary Fund, World Economic Outlook Recovery, Risk, and Rebalancing, Washington D.C.: IMF, 2010.

[4] ALESINA, A.; FAVERO; C. GIAVAZZI, F. (2018). What do we know about the effects of austerity? NBER Working Paper No. 24246 Janeiro, 2018.

A "racionalidade" por trás da austeridade

O livro *Economia para poucos – Impactos sociais da austeridade e alternativas para o Brasil,* publicado pela editora Autonomia Literária, mostra que a austeridade já fez o seu estrago no país. Enquanto o governo corta gastos para preservação do meio ambiente aumenta o desmatamento da Amazônia, enquanto aumenta o número de miseráveis restringem-se os recursos para transferências sociais, enquanto aumenta a pobreza no campo eliminam-se os programas de apoio à agricultura familiar... são inúmeros os exemplos que mostram que a austeridade tem efeitos na ponta, na garantia de direitos humanos, nas desigualdades de gênero e raça e nos princípios básicos da Constituição Federal de 1988.

Apesar da sua ineficácia, a austeridade fiscal não é irracional, essa nada mais é do que a imposição de interesses econômicos. Trata-se de uma política de classe e de uma resposta dos governos às demandas do mercado financeira e das elites econômicas à custa de direitos sociais da população.

As elites capitalistas se beneficiam das políticas de austeridade em três frentes:

> – Ao gerar recessão e desemprego, a austeridade reduz pressões salariais e aumenta as margens de lucros. E, como mostra o estudo de Bova, Tinda e Woo5, a austeridade tende a aumentar a desigualdade de renda; um ajuste de 1% do PIB está associado em média a um aumento no coeficiente de Gini do rendimento disponível de cerca de 0,4% a 0,7% nos dois anos seguintes.
>
> – O corte de gastos e a redução das obrigações sociais abre espaço para futuros corte de impostos das empresas e das elites econômicas.
>
> – E, por fim, a redução da quantidade e da qualidade dos serviços públicos aumenta a demanda da população por serviços privados em setores como educação e saúde, o que amplia os espaços de acumulação de lucro pelo grande capital.

[5] BOVA et al. Austerity and inequality: The size and composition of fiscal adjustment matter, Vox - CEPR Policy Portal, 2018.

A racionalidade dessa política é, portanto, a defesa de interesses específicos e é ainda um veículo para corroer a democracia e fortalecer o poder corporativo no sistema político. Essa perspectiva contribui para o entendimento da realidade brasileira, na qual as políticas de austeridade acontecem em um período de extrema instabilidade política e de aumento das tensões de classe.

Nesse contexto, a austeridade justapõe as vítimas dos cortes – principalmente a parcela mais pobre da população – com os perpetradores dessas políticas – o sistema financeiro, as elites econômicas e um governo subserviente. No Brasil, a austeridade entrega a ambição de décadas e segmentos políticos mais conservadores: revogar o contrato social da Constituição Federal de 1988 e aprofundar as reformas neoliberais.

O Brasil é refém de uma ideia perigosa e o livro de Mark Blyth nos ajuda a entender essa ideia à luz da sua construção intelectual, da sua prática histórica, dos mitos que fundamentam os argumentos supostamente técnicos e dos interesses velados por detrás dessa concepção de política econômica e organização do Estado. Com linguagem acessível, o livro é referência incontornável sobre o tema, fundamental para aqueles que buscam entender o debate público brasileiro e se municiar no campo de batalha das ideias.

PREFÁCIO

Austeridade, uma história pessoal

Este livro tem em sua gênese algo inusitado. David McBride, da Oxford University Press, enviou-me um *e-mail* em julho de 2010 perguntando se eu queria escrever um livro sobre a austeridade em política econômica. Eu andara uns tempos às voltas com a ideia de um livro chamado "Fim do Mundo Liberal", mas na realidade não tinha chegado tão longe. A proposta de Dave parecia um projeto alternativo pronto para ser ativado. Afinal, alguém tinha de escrever um livro como esse e uma vez que eu tinha, como os banqueiros dizem, a própria pele em jogo nesse assunto, por razões que explicarei mais adiante, disse que sim. Pouco depois, Geoffrey Kirkman, diretor-adjunto do Watson Institute for International Studies da Brown University, onde sou *faculty fellow*, pergunta se eu não gostaria de fazer um pequeno vídeo sobre qualquer coisa. Eu disse que sim – faria algo acerca daquele novo livro que concordara em escrever.

Ambas as oportunidades apareceram pouco depois de o G20 ter emitido seu comunicado final no fim da reunião de junho de 2010 em Toronto. Essa reunião do G20 assinalou o momento em que a redescoberta da economia keynesiana, que informara as respostas do Estado à crise financeira global desde 2009, deu lugar a uma leitura economicamente mais ortodoxa e austera dos acontecimentos. O comunicado do G20 pedia o fim da despesa reflacionária sob o disfarce de uma coisa chamada "consolidação fiscal amigável ao crescimento", que é uma maneira bonita de dizer "austeridade". Lembro-me de ter pensado na ocasião que "isso é quase tão plausível como um unicórnio com um saco de sal mágico". Portanto, quando tive a oportunidade de fazer um vídeo, de enfrentar esse absurdo da "austeridade como caminho para o crescimento", achei que era o caminho a seguir. O vídeo pode ser visto em http://www.youtube.com/watch?v=FmsjGys-VqA.

Parte do que os acadêmicos fazem é produzir ideias e ensinar. A outra parte, talvez mais importante, é desempenhar o papel de "polícia da titica". O nosso trabalho é olhar para as ideias e planos que as partes interessadas apresentam para resolver os seus problemas coletivos e ver se passam ou não pelo "teste do olfato". A austeridade como caminho para o crescimento e como resposta correta no rescaldo de uma crise financeira não passa no "teste do olfato". Os argumentos apresentados para justificar que tenhamos de ser todos austeros não passam no "teste do olfato". Você irá ler neste livro a versão integral da razão por que isso não acontece. A versão reduzida passou a ser o vídeo. Mas ao fazer o vídeo, o produtor Joe Posner obrigou-me a destilar o que queria dizer acerca do assunto em cinco minutos e meio. Uma vez feito isso, voltei ao livro e perguntei a mim mesmo se ainda tinha alguma coisa a dizer.

A oportunidade de entrar em mais detalhes e desenvolver a argumentação, e o raciocínio acadêmico, ainda existia. Tanto as razões apresentadas para nos convencer a ser todos austeros (gastamos demais, etc.), como a lógica exposta para defender os supostos efeitos positivos da austeridade enquanto política - de que os cortes levam ao crescimento - são, como veremos, em termos gerais, um perigoso disparate. Todavia, continuam a ser as ideias predominantes no momento. Na altura em que este livro for publicado pode já não ser o caso, mas, entretanto, essas ideias terão causado um prejuízo tremendo.

Como veremos, a razão disso é, em parte, ideológica. Mas, por outro lado, a razão pela qual essas ideias são tão poderosas é muito material. Tem a ver com o modo como uma crise bancária "grande demais para falir" nos Estados Unidos se tornou uma crise bancária "grande demais para resgatar" na Europa, e como isso leva a todos pelo caminho da austeridade abaixo. Na melhor das hipóteses, ainda estamos salvando os bancos que começamos a salvar em 2008, especialmente na Europa. Este livro permitiu-me descobrir por que ideias tão ruins continuam a ser as ideias predominantes tanto por razões ideológicas como por razões materiais. Mas voltar ao livro depois de fazer o vídeo me fez lembrar outra razão muito mais pessoal pela qual deveria escrever este livro, que tem a ver com a injustiça da austeridade enquanto política de estado.

Nasci em Dundee, na Escócia, em 1967, filho de um açougueiro e de uma agente de aluguel de televisores (sim, nesse tempo, as TVs eram tão caras que a maioria das pessoas as alugava). A minha mãe morreu quando eu ainda era novo, e fui entregue aos cuidados da minha avó paterna. Cresci em uma (relativa) pobreza e houve até mesmo tempos em que fui à escola com os sapatos furados. A minha educação foi, no sentido original da palavra, bastante austera. Os rendimentos domésticos eram um cheque do governo, nomeadamente uma pensão de aposentadoria do Estado, e entregas ocasionais do meu pai, trabalhador braçal. Sou um filho do Estado de Bem-Estar. Também tenho orgulho deste fato.

Hoje sou professor de uma universidade da Ivy League norte-americana. Probabilisticamente falando, sou um exemplo tão extremo de mobilidade social intrageracional como qualquer outro. O que possibilitou que me tornasse o homem que sou hoje foi exatamente aquilo a que hoje se atribui a culpa de ter criado a crise: o Estado, mais especificamente, o chamado Estado de Bem-Estar irrealista, demasiado grande, paternalista e fora de controle. Esta afirmação não passa no "teste do olfato". Por causa do Estado de Bem-Estar britânico, por mais miserável que fosse em comparação com seus primos europeus mais ricos, nunca tive fome. A pensão da minha avó e as refeições gratuitas na escola trataram disso. Nunca me faltou um abrigo por causa da habitação social. As escolas que frequentei eram gratuitas e na realidade funcionavam como escadas de mobilidade para aqueles a quem tinha sido dada aleatoriamente competência para subir na loteria genética da vida.

Portanto, o que me incomoda em um nível profundamente pessoal é que se a austeridade for vista como único caminho em frente, não é só injusto com a atual geração de "trabalhadores que resgatam bancos", mas também uma vida como a minha não acontecerá[1]. A mobilidade social que sociedades como o Reino Unido e os Estados Unidos deram por adquirida desde os anos 1950 aos anos 1980 e que me tornaram possível, assim como outros como eu, parou[2]. O desemprego jovem no mundo desenvolvido atingiu, em muitos

[1] O livro "Ill Fares the Land", de Tony Judt, é de leitura obrigatória a este respeito. [Edição Portuguesa: "Um Tratado Sobre os Nossos Actuais Descontentamentos. Edições 70, 2010].

[2] Isabel Sawhill e John E. Morton, "Economic Mobility: Is the American Dream Alive and Well?", Pew Charitable Trust, 2009, Economic Mobility Project; Tom Hertz,

casos, níveis recordes. As políticas de austeridade só agravaram esses problemas. Cortar no Estado de Bem-Estar em nome da produção de mais crescimento e oportunidades é uma balela ofensiva. O objetivo deste livro é fazer lembrar isso a todos e assim ajudar a garantir que o futuro não pertença apenas aos poucos já privilegiados. Francamente, o mundo precisa de mais filhos do Bem-Estar que se tornem professores.

Uma palavra acerca deste livro em si mesmo: está projetado para ser modular. Se quiser uma visão geral do que está em jogo na luta por causa da austeridade, leia apenas o capítulo 1. Se quiser saber a razão pela qual todos temos que ser austeros e por que uma pilha de hipotecas malcheirosas nos Estados Unidos acabou por arrebentar a economia europeia, leia os capítulos 2 e 3. Se quiser saber de onde vem a noção de que a austeridade é uma boa ideia em termos da sua linhagem intelectual, leia os capítulos 4 e 5. Se quiser saber a razão pela qual a austeridade é uma ideia tão perigosa, além do que está nos capítulos 2 e 3, leia o capítulo 6. Se quiser saber de uma só vez por que razão o mundo está numa confusão destas e pedem que você pague por isso — leia o livro todo.

Agora, gostaria de agradecer a todos — e são muitos — os que fizeram com que este livro chegasse à sua forma final. Especiais agradecimentos a Cornel Ban pela sua ajuda nos casos da Europa Oriental e a Oddny Helgadottir pela sua ajuda em relação à Islândia. Por esclarecerem o lado estadunidense da história, muito obrigado a David Wyss, Beth Ann Bovino, Bruce Chadwick e David Frenk. Do lado europeu, agradecimentos especiais a Peter Hall, Andrew Baker, Bill Blain, Martin Malone, Simon Tilford, Daniel Davies, David Lewis Baker, Douglas Borthwick, Erik Jones, Matthias Matthijs, Josef Hien, Jonathan Hopkin, Kathleen McNamara, Nicolas Jabko, Jonathan Kirshner, Sheri Berman, Martin Edwards, Gerald McDermott, Brigitte Young, Mark Vail, Wade Jacoby, Abe Newman, Cornelia Woll, Colin Hay, Vivien Schmidt, Stefan Olafson, Bill Janeway, Romano Prodi e Alfred Gussenbauer. Por serem os meus detectores de "econo-absurdos", tenho para com Stephen Kinsella e Alex Goure-

---

"Understanding Mobility in America", Washington DC, Center for American Progress, 26 de abril de 2006.

vitch uma dívida especial de agradecimentos. Outras pessoas que merecem menção a este respeito são Dirk Bezemer e John Quiggin. Chris Lydon ajudou-me a encontrar a minha voz. Lorenzo Moretti ajudou-me a encontrar as minhas notas de rodapé. Anthony Lopez ajudou-me a encontrar o que outros já tinham dito. Alex Harris encontrou dados que mais ninguém consegue.

Quero agradecer ao Watson Institute da Brown University a sua ajuda e apoio e exprimir a minha gratidão aos meus colegas da Brown University por terem me proporcionado um ambiente de trabalho tão solidário. Quero agradecer ao Institute for New Economic Thinking por possibilitar realmente um novo pensamento econômico. Aplausos para Joe Posner pela produção do vídeo da austeridade e a Robin Varghese por me enviar coisas que nunca teria descoberto. Intelectualmente, duas pessoas contraditórias (em termos uma da outra) são importantes, uma das quais — Andrew Haldane — ainda não conheço pessoalmente, e Nassim Nicolas Taleb. Obrigado a ambos por me terem feito pensar muito acerca do mundo. Finalmente, a David McBride, da Oxford University Press, por ter tido a presença de espírito de perguntar, de empurrar de vez em quando, e de me deixar em paz quando era preciso. Mas, acima de tudo, obrigado por ter acreditado. A qualquer pessoa que tenha deixado de fora desta lista, as minhas desculpas. Como uma vez foi dito acerca do Dr. Leonard McCoy por um promotor de justiça de Klingon, meu esquecimento é uma combinação de idade e bebida.

Mark Blyth
South Boston, Massachusetts
dezembro de 2012

CAPÍTULO 1

Uma introdução acerca da austeridade, dívida e moralidades

Na sexta-feira de 5 de agosto de 2011, aconteceu o que era financeiramente impensável. Os Estados Unidos perderam sua nota de crédito de triplo A (AAA) quando esta foi baixada pela agência de avaliação de risco Standard & Poor's (S&P). Isto é um problema, uma vez que o dólar estadunidense é a moeda de reserva mundial, o que significa (basicamente) que o dólar é tratado como reserva de valor de emergência para o resto do mundo; praticamente, todas as mercadorias transacionáveis, por exemplo, são avaliadas em relação ao dólar, e o dólar serve de âncora do sistema monetário mundial. Na segunda-feira seguinte, 8 de agosto de 2011, o Índice Dow Jones perdeu 635 pontos, a sua sexta maior perda desde sempre. Ao mesmo tempo, a um continente de distância, a agitação no mercado europeu de títulos que começou na Grécia em 2009 já ameaçava engolir a Itália e a Espanha, minando a moeda única europeia ao mesmo tempo em que levantava dúvidas acerca da solvência de todo o sistema bancário europeu. Enquanto isso, Londres, um dos maiores centros financeiros do mundo, foi atingida por motins que se estenderam a toda a cidade e, depois, a todo o país.

Os motins de Londres esmoreceram rapidamente, mas depois começou o movimento Occupy, primeiro no Zuccotti Park, em Manhattan, e depois pelos Estados Unidos e o resto do mundo. As suas motivações eram difusas, mas houve uma que se destacou: preocupação com as desigualdades de rendimentos e de riqueza geradas nos vinte anos anteriores que o acesso a crédito fácil tinha escondido[3]. O inverno e as ações policiais esvaziaram os acampamentos do Occupy, mas os problemas que geraram esses acampamentos continuam conosco. Hoje, a crise financeira europeia convertida em crise da dívida passa de reunião de cúpula para reunião de cúpula,

[3] John Cochrane "Fiscal Stimulus, Fiscal Inflation, or Fiscal Fallacies?" Versão 2.5, 27 de fevereiro de 2009, http://faculty.chicagobooth.edu/john.cochrane/research/Papers/fiscal2.htm.

onde os ideais alemães de prudência orçamentária se chocam com os 25% de desemprego espanhol e um Estado grego retalhando-se até à insolvência e à pobreza em massa enquanto lhe são dados cada vez mais empréstimos para novamente voltar a fazê-lo. Nos Estados Unidos, esses problemas assumem a forma de crescimento esclerótico do setor privado, desemprego persistente, esvaziamento de oportunidades da classe média e um Estado bloqueado. Se vemos cada um desses elementos isoladamente, tudo parece bastante caótico. Mas se olharmos mais de perto, conseguiremos ver que todos estes acontecimentos estão intimamente relacionados. O que têm em comum é a sua suposta cura: austeridade, a política de cortar o orçamento do Estado para promover crescimento.

Austeridade é uma forma de deflação voluntária em que a economia se ajusta através da redução de salários, preços e despesa pública para restabelecer a competitividade, que (supostamente) se consegue melhor cortando o orçamento do Estado, as dívidas e os déficits. Fazê-lo, acham os seus defensores, inspirará a "confiança empresarial" uma vez que o governo não estará "esvaziando" o mercado de investimento ao sugar todo o capital disponível através da emissão de dívida, nem aumentando a já "demasiada grande" dívida da nação.

Tal como diz o defensor da austeridade John Cochrane, da Universidade de Chicago, "cada dólar de aumento da despesa do Estado tem de corresponder a menos um dólar de investimento privado. Os empregos criados pelo investimento em incentivos são compensados pelos empregos perdidos devido ao declínio do investimento privado. Podemos construir estradas em vez de fábricas, mas o incentivo fiscal não pode ajudar-nos a construir mais de ambas as coisas[4]". Há apenas um ligeiro problema nesta interpretação dos acontecimentos: está total e completamente errada, e o mais frequente é a política de austeridade ser exatamente o que não se deve fazer porque produz precisamente os resultados que se quer evitar.

Veja a razão que a S&P deu para baixar a nota de crédito dos EUA. Afirmaram que "a prolongada controvérsia acerca da elevação

[4] Sobre tratamento acadêmico introdutório da relação entre desigualdade e crédito, ver Raghuram G. Rajan, Fault Lines: How Hidden Fractures Still Threaten the World Economy (Princeton, NJ: Princeton University Press, 2010).

do teto estatutário da dívida e o respectivo debate da política orçamentária (...) continuará a ser um processo contencioso e incerto[5]". Todavia, o Índice Dow Jones não despencou por causa do rebaixamento da nota. Ver um rebaixamento da nota na sexta-feira seguido de um colapso do Índice Dow Jones numa segunda-feira é confundir causa e correlação. Se na realidade os mercados estivessem preocupados com a solvência do governo dos EUA, essa preocupação teria se refletido nos juros dos títulos governamentais (o juros que a Casa Branca têm de pagar para que uma pessoa fique com a sua dívida) antes e depois do rebaixamento. Os juros dos títulos deveriam ter subido depois do rebaixamento, na medida em que os investidores perderam a fé na dívida dos EUA, e o dinheiro deveria ter afluído à bolsa como refúgio. Em vez disso, os juros e as ações caíram ao mesmo tempo porque o que fez descer os mercados foi uma preocupação mais ampla com um abrandamento da economia dos EUA; uma falta de crescimento.

Isto é duplamente estranho uma vez que se supunha que a causa da desaceleração antecipada, o acordo sobre o teto da dívida de 1 de agosto de 2011, entre republicanos e democratas, no Senado dos EUA, que buscava US$ 2,1 trilhões em cortes no orçamento em uma década (austeridade), acalmasse os mercados, dando-lhes os cortes orçamentários pelos quais ansiavam. Todavia, esse renovado compromisso com a austeridade assinalou, em vez disso, um crescimento mais baixo devido a menos investimento público a avançar em uma economia já fraca, e a bolsa caiu por causa dessas notícias. Como disse Olivier Blanchard, o diretor do Departamento de Investigação Financeira do Fundo Monetário Internacional (FMI), com um certo grau de eufemismo, "os investidores financeiros estão esquizofrênicos em relação à consolidação fiscal e ao crescimento[6]". Hoje o drama da dívida dos EUA está para se repetir na forma de um chamado "penhasco fiscal" onde o país cairá quando baterem à porta os cortes automáticos da despesa, em janeiro de 2013, se o Congresso não

[5] "United States of America Long-Term Rating Lowered to 'AA+' due to Political Risks, Rising Debt Burden; Outlook Negative". Standard & Poor's, 5 de agosto de 2011.

[6] Olivier Blanchard, "2011 in Review: Four Hard Truths", IMF Direct, 21 de dezembro de 2011, http://blog-imfdirect.imf.org/2011/12/21/ 2011_in-review-four_hard-truths/.

conseguir decidir sobre o que cortar. A esquizofrenia que Blanchard identificou um ano antes continua nesta segunda repetição, com ambos os lados a afirmarem simultaneamente a necessidade de cortes, ao mesmo tempo que tentam evitá-los.

Pressupunha-se também que as políticas de austeridade dessem estabilidade aos países da zona do euro, e não que os minassem. Portugal, Irlanda, Itália, Grécia e Espanha (os PIIGS da Europa) lançaram duros pacotes de austeridade desde que a crise financeira os atingiu, em 2008. A dívida excessiva do setor público da Grécia, o setor privado super-alavancado da Espanha, a falta de liquidez de Portugal e da Itália, e os bancos insolventes da Irlanda acabaram por ser resgatados pelos concernentes Estados, abrindo buracos nas respectivas dívidas e nos respectivos déficits. Supunha-se que a resposta para os seus problemas, tal como no caso do acordo sobre o teto da dívida dos EUA, fosse a austeridade. Cortar no orçamento, reduzir a dívida, e o crescimento reapareceria quando voltasse a "confiança".

Portanto, os PIIGS cortaram nos seus orçamentos e, enquanto as suas economias se contraíam, a dívida aumentava em vez de diminuir e, sem que isso surpreenda, os juros que tinham de pagar dispararam. A dívida líquida portuguesa em relação ao PIB aumentou de 62% em 2006 para 108% em 2012, enquanto os juros dos títulos de dez anos de Portugal passaram de 4,5% em maio de 2009 para 14,7% em janeiro de 2012. O quociente da dívida da Irlanda em relação ao PIB, que era de 24,8% em 2007, subiu para 106,4% em 2012, enquanto os juros de seus títulos de dez anos passaram de 4% em 2007 para um máximo de 14% em 2011. Exemplo supremo da crise da zona do euro e da política de austeridade, a Grécia viu a sua dívida em relação ao PIB aumentar de 106% em 2007 para 170% em 2012 apesar das sucessivas rodadas de cortes de austeridade e de os credores terem assumido a perda de 75% dos seus créditos em 2011. Os títulos da Grécia de dez anos pagam atualmente 13%, depois de terem atingido um máximo de 18,5% em novembro de 2012[7].

Claramente, a austeridade não está funcionando, se "funcionar" significa reduzir a dívida e promover o crescimento. Em vez disso, ao

[7] Números do site na web da Trading Economics, http://www.tradingeconomics.com/dfata-all-countries.aspx.

tornar os títulos desses governos mais arriscados (como se vê pelos juros cobrados), essa política tornou, entretanto, os gigantescos bancos europeus que detêm grandes quantidades de tais valores financeiros (principalmente na Alemanha, na França e na Holanda) mais arriscados. Isso foi de fato reconhecido pelos investidores globais quando praticamente desapareceu todo e qualquer empréstimo do setor privado ao setor bancário europeu no verão e outono de 2011, ao que se respondeu com fornecimento de liquidez de emergência pelo Banco Central Europeu (BCE) na forma da chamada Operação de Refinanciamento a Longo Prazo (ORLP), do Programa Auxiliar de Ajuda de Emergência à Liquidez e, claro, de exigências de mais austeridade[8].

O Reino Unido foi supostamente poupado deste drama por meio de um "aperto preventivo", isto é, adotando primeiro a austeridade e colhendo depois os benefícios do crescimento, mal a confiança regressasse. Mais uma vez, esta abordagem não resultou exatamente como planejado. Apesar dos juros dos títulos do Reino Unido serem mais baixos do que os de muitos dos seus pares, isso tem menos a ver com o prosseguimento da austeridade do que com o fato de ter o seu próprio banco central e a sua própria moeda. Pode, por isso, comprometer-se credivelmente a apoiar o seu setor bancário com liquidez ilimitada de um modo que os países da zona do euro não podem, permitindo ao mesmo tempo que a taxa de câmbio se deprecie, uma vez que ainda tem uma[9]. Certamente, o crescimento do Reino Unido também não se verificou, nem a confiança. Os Britânicos estão em tão má forma como todos os outros, apesar do seu "aperto", e os indicadores econômicos do Reino Unido apontam em grande medida no sentido errado, mostrando mais uma vez que a austeridade prejudica mais do que ajuda.

Não é uma verdadeira crise da dívida soberana

O fato de pura e simplesmente não funcionar é a primeira razão pela qual a austeridade é uma ideia perigosa. Mas também é uma ideia

[8] Nos ocuparemos no capítulo 3 do modo como os grandes bancos da Europa entram na nossa história da razão pela qual a austeridade se tornou a única coisa disponível.

[9] Um problema de solvência é o que acontece quando os problemas de liquidez de curto prazo se tornam de longo prazo.

perigosa porque o modo como a austeridade está sendo apresentada, tanto pelos políticos como pelos meios de comunicação — como o retorno de uma coisa chamada "crise da dívida soberana", supostamente criada pelos Estados que aparentemente "gastaram de mais" —, é uma representação fundamentalmente errada dos fatos. Estes problemas, incluindo a crise dos mercados de títulos, começaram com os bancos e acabarão com os bancos. A confusão atual não é uma crise da dívida soberana gerada por gastos excessivos seja de quem for, à exceção dos gregos. Quanto a todos os outros, o problema são os bancos pelos quais os fundos soberanos têm de se responsabilizar, especialmente na zona do euro. O fato de lhe chamarmos "crise da dívida soberana" sugere uma política muito interessante de "propaganda enganosa" em ação.

Antes de 2008 ninguém, salvo alguns conservadores marginais nos EUA e em outros lugares, estava preocupado com dívidas nacionais ou déficits "excessivos". Os "falcões" do déficit dos EUA, por exemplo, desapareceram quase por completo, embaraçados, quando, sob a bandeira do conservadorismo financeiro, a administração Bush levou tanto as dívidas como os déficits para novos picos, enquanto a inflação se mantinha estável[10]. Mesmo em lugares onde o mantra era a prudência fiscal, no Reino Unido de Gordon Brown ou na Espanha e na Irlanda, quando eram apresentados como modelos econômicos pelas suas economias dinâmicas — a sério —, os déficits e a dívida não recebiam muita atenção. A dívida do setor público italiano em 2002 era de 105,7% do PIB e ninguém se importava. Em 2009, a porcentagem era praticamente a mesma e todo mundo se importou.

O que mudou foi o curso da crise financeira global de 2007-2008 que hoje ressoa forte de uma nova forma. O custo do resgate, da recapitalização e de outras formas de salvação do sistema bancário global é, como veremos mais adiante, dependendo do modo como se contar, de entre US$ 3 e US$ 13 trilhões[11]. A maior parte acabou nas contas dos governos, na medida em que absorve os custos do fracasso financeiro,

---

[10] Os défices deviam criar inflação. Acontece que não criaram.

[11] Sobre o exterior, e para um número mais exato, ver Better Markets, "The Cost of the Wall-Street Caused Financial Collapse and Ongoing Economic Crisis Is More Than $12.8 Trillion". 15 de setembro de 2012, http://bettermarkets.com/sites/default/files/Cost%20%Of%The20% Crisis.pdf.

razão pela qual chamamos erroneamente isto de "crise da dívida soberana", quando de fato é uma crise bancária transmutada e bem camuflada.

Como veremos no capítulo 2, o sistema bancário dos EUA, origem da crise bancária global, foi considerado pelo governo estadunidense "grande demais para falir" e por isso não se permitiu que falisse quando começou com problemas em 2007-2008. O preço de não permitir que falisse foi transformar o *Federal Reserve* num "banco tóxico" (abarrotado de ativos tóxicos que foram trocados por dinheiro para manter os empréstimos) enquanto o governo federal abria um buraco nas suas finanças ao tapar os buracos causados pelas receitas perdidas devido ao *crash* com despesa deficitária e emissão de dívida. Nenhuma boa ação, como dizem, fica sem punição. Até aqui já sabemos. O que é menos sabido é que a parte dois desta crise é simplesmente outra variante desta história, atualmente ocorrendo na Europa.

Os gregos bem podem ter mentido acerca das suas dívidas e dos seus déficits, como se alega, mas, como veremos no capítulo 3, os gregos são a exceção e não a regra. O que realmente aconteceu na Europa foi que, na década da introdução do euro, bancos gigantescos de países centrais da Europa compraram grandes quantidades de dívida soberana periférica (que atualmente vale muito menos) e alavancaram-se (reduziram o seu capital e aumentaram a dívida para obter mais lucros) muito mais do que os seus primos norte-americanos. Estarem alavancados, em alguns casos quarenta para um ou mais, significa que uma virada de poucos pontos percentuais contra os seus ativos pode deixá-los insolventes[12]. Em consequência, em vez de serem grandes demais para falir, os bancos europeus, quando se somam as suas responsabilidades, são "grandes demais para (qualquer governo) resgatar", fenômeno que o euro, como veremos, só faz exacerbar.

Os três maiores bancos da França, por exemplo, têm ativos no valor de aproximadamente duas vezes e meia o PIB francês[13]. Em

---

[12] Aaron Kirchfeld, Elena Logutenkova e Nicholas Comfort, "Deutsche Bank No. 1 in Europe as Leverage Hits Valuation", Bloomberg, 27 de março de 2012, http://www.bloomberg.com/news/2012-03-26/deutsc-he-bank-no-1-in-europe-as-leverage-hits-market-valuation.html.

[13] Tyler Durden, "Presenting Total Bank Assets as a Percentage of Host Country GDP", 17 de fevereiro de 2010, http://www.zerohedge.com/article/presenting-total-bank-assets-percentage-host-countries-gdp.

contraste, o valor total do setor bancário dos EUA é de cerca de 120% do PIB. Os Estados Unidos podem imprimir notas para sair do problema porque têm as suas próprias impressoras e o dólar é o ativo global de reserva. A França não pode fazê-lo, uma vez que o Estado francês já não comanda a sua impressora e, portanto, não pode resgatar diretamente os seus bancos. Nem a Espanha, nem mais ninguém. Como resultado, os juros dos títulos do governo francês estão subindo, não devido a França não poder pagar o seu Estado de Bem-estar, mas porque o seu sistema bancário constitui, para o Estado, uma responsabilidade grande demais para resgatar.

Todavia, se um desses bancos gigantescos falisse mesmo, teria de ser resgatado pelo seu Estado. Se esse Estado tiver um nível de dívida em relação ao PIB de 40%, o resgate é possível. Se já tiver uma dívida perto dos 90%, é quase impossível o Estado assumir na sua conta essa responsabilidade sem que disparem os juros de seus títulos. É por isso, como veremos nos próximos dois capítulos, que toda a Europa precisa ser austera, porque as contas de cada Estado nacional têm de agir como amortecedor de todo o sistema. Tendo já resgatado os bancos, temos que nos assegurar de que há espaço nas contas públicas. É por isso que a austeridade continua a ter tudo a ver com os bancos.

O modo como isto ocorreu é o tema dos próximos dois capítulos, mas vale a pena recordarmo-nos agora do que ocorreu. Esta é, primeiro, uma crise bancária e, em segundo lugar, uma crise da dívida soberana. De que existe uma crise nos mercados da dívida soberana, especialmente na Europa, não há dúvida. Mas isso é um efeito e não uma causa. Não houve nenhuma orgia de despesa governamental para nos levar a este patamar. Nunca houve um risco geral de que todo o mundo se tornasse uma Grécia. Não há risco de os Estados Unidos alguma vez irem à falência no futuro próximo. Não existe uma crise da dívida soberana causada por despesa dos soberanos, a menos que se considere a despesa real e as responsabilidades contínuas causadas pela quebra dos sistemas bancários nacionais. O que começa como uma crise bancária termina com uma crise bancária, mesmo que passe para as contas dos Estados. Mas existe uma política de fazer parecer que é culpa dos Estados, de modo que aqueles que provocaram a bancarrota não tenham de pagar por isso. A austeridade não é apenas o preço da salvação dos bancos. É o preço que os bancos querem que alguém pague.

Bill Gates, duas verdades acerca da dívida e um zumbi

Mas a austeridade faz sentido intuitivamente, não é? Não se pode fazer o caminho para a prosperidade às custas da despesa, especialmente quando já se está endividado, não? A austeridade é intuitiva, apelativa e habilmente resumida na frase *não se pode sanar a dívida com mais dívida*. Se tem demasiada dívida, pare de gastar. Isto é bem verdade, pelo andar da carruagem. Mas pensar deste modo acerca da austeridade não vai suficientemente longe, nem coloca as questões distributivas importantes: quem paga a redução da dívida e o que acontece se todos tentarmos pagar as nossas dívidas ao mesmo tempo?

Os economistas tendem a ver as questões de distribuição como equivalentes a Bill Gates entrando num bar. Uma vez que ele entra todos que estiverem no bar são milionários porque o valor médio de todos os que lá estiverem é empurrado para cima. Por um lado, isto é estatisticamente verdadeiro e empiricamente insignificante; na realidade, não há milionários no bar, apenas um multimilionário e um punhado de outras pessoas que valem, cada uma delas, poucas dezenas de milhares de dólares. As políticas de austeridade sofrem da mesma ilusão estatística e distributiva porque os efeitos da austeridade são sentidos de forma diferente através da distribuição do rendimento. Os que estão na base da distribuição de renda perdem mais do que os que estão no topo pela simples razão de que os que estão no topo dependem menos de serviços produzidos pelo governo e podem dar-se ao luxo de perder mais porque, desde logo, têm mais riqueza. Portanto, embora seja verdade que *não se pode sanar a dívida com mais dívida*, se aqueles a quem se pede que paguem a dívida não puderem fazê-lo ou considerarem os seus pagamentos injustos e desproporcionais, as políticas de austeridade pura e simplesmente não funcionarão. Em uma democracia, a sustentabilidade política supera a necessidade econômica o tempo todo.

Há, porém, uma segunda verdade que mina completamente a primeira história, da "muita dívida, pare de gastar"; isto é, *não podemos abrir caminho para o crescimento todos ao mesmo tempo.* Indubitavelmente, faz sentido qualquer Estado reduzir as suas dívidas. A Grécia, por exemplo, está literalmente sendo conduzida para o calote pela continuação do crescimento de sua dívida; mais dívida, empréstimos e resgates não estão resolvendo o problema. Todavia, o que é verdade em relação às partes — é bom para a Grécia reduzir a sua dívida — não é verdade em relação à soma das partes. Isto é, se a Grécia cortar a sua dívida enquanto os seus parceiros comerciais — todos os outros Estados da Europa — tentam fazer a mesma coisa ao mesmo tempo, isso torna a recuperação ainda mais difícil.

Tendemos a esquecer que alguém tem de gastar para que alguém poupe; de outro modo, o poupador não teria rendimentos para poupar. Uma dívida, deve se recordar, é um ativo e um fluxo de rendimento de alguém e não apenas uma responsabilidade de outrem. Tal como nem todos podemos ter ativos líquidos (dinheiro), uma vez que depende de outra pessoa estar disposta a ficar com ativos menos líquidos (ações ou casas), não podemos abrir todos os caminhos para o crescimento ao mesmo tempo. Para que alguém se beneficie de uma redução dos salários (tornando-se mais competitivo em termos de custos), tem de haver alguém que esteja disponível para gastar dinheiro naquilo que ele produzir. John Maynard Keynes referiu-se com razão a isto como "o paradoxo da poupança": se todos pouparmos ao mesmo tempo não há consumo que estimule o investimento.

Como veremos, se uma pessoa partir do princípio de que o investimento e o crescimento decorrem da confiança, não pode de maneira alguma compreender a questão. O que importa é um problema de "falácia da composição" e não um problema de confiança, em que o que é verdade em relação ao todo não é verdade em relação às partes. Isto vai contra o senso comum e grande parte da política econômica atual, mas é de importância vital que consideremos esta ideia, uma vez que é a terceira razão pela qual a austeridade é um conceito perigoso: *não podemos ser todos austeros ao mesmo tempo.* O que isso faz é contrair a economia para todos[14].

Talvez seja útil neste momento uma comparação de períodos de inflação e deflação. Uma das coisas estranhas em relação aos períodos de inflação é que praticamente só nessa altura é que as pessoas da zona mais alta de distribuição do rendimento exprimem *en masse* solidariedade com os pobres. Sempre que a inflação levanta a cabeça, ouvimos dizer que "atinge principalmente os pobres", uma vez que os seus rendimentos são baixos e são mais afetados pela subida dos preços[15]. Na melhor das hipóteses, isto é apenas metade da história, porque talvez seja melhor considerar a inflação como um imposto específico de classe. Quando "demasiado dinheiro" persegue "poucos bens" — uma inflação — beneficia os devedores em relação aos credores, uma vez que quanto maior for a inflação, menos rendimento real é necessário para pagar a dívida acumulada. Uma vez que normalmente há mais devedores do que credores em qualquer momento, e que os credores são por definição pessoas com dinheiro para emprestar, a democracia tem, de acordo com alguns, uma tendência inflacionária. A política de baixar a inflação assume por isso a forma de restabelecimento do valor "real" do dinheiro, empurrando para baixo a taxa de inflação através de bancos centrais "independentes". Os credores ganham, os devedores perdem. Pode se discutir o balanço das vantagens, mas continua a ser um imposto específico de classe.

Em contrapartida, a deflação, que a austeridade exige, produz uma política muito mais perniciosa, uma vez que a primeira medida de autoproteção de qualquer pessoa (aceitar um corte da remuneração para manter o emprego, por exemplo) é na realidade uma situação de soma zero perante as medidas de todas as outras pessoas (uma vez que fazê-lo baixa o consumo dessa pessoa e contrai a procura para todos os demais). Mais uma vez a tal da "falácia da composição". Não há vencedores, apenas vencidos, e quanto mais se

[14] E não só, os cortes unilaterais pioram o quociente da dívida sobre o PIB, tornando a dívida existente mais cara ao mesmo tempo que as receitas fiscais caem.

[15] Para um exemplo maravilhoso disto como pura propaganda, ver o *cartoon* produzido pelo BCE sobre "o monstro da inflação", https://vimeo.com/12324309.

tenta ganhar, piores são os resultados, como a periferia da zona do euro tem provado nos últimos anos.

Este problema é especialmente pernicioso sob uma política de austeridade generalizada porque, se os setores privado e público de um país estiverem pagando dívida ao mesmo tempo (desalavancagem), a única maneira deste país conseguir crescer é exportar mais, de preferência com uma taxa de câmbio mais baixa, para um Estado que ainda esteja gastando. Mas se todos estão recorrendo à mesma estratégia de não gastar, como acontece hoje em dia na Europa, isso se torna autodestrutivo. A simples história de "muita dívida, pare de gastar" torna-se surpreendentemente complexa, na medida em que os nossos próprios atos de bom senso produzem exatamente os resultados que buscamos evitar, e quanto mais tentamos cortar, como a Grécia e a Espanha estão provando ao mundo, pior ficamos. Não podemos abrir todos os caminhos para o crescimento, tal como não podemos exportar todos sem nos preocuparmos com quem está importando. Este problema da "falácia da composição" mina completamente a ideia de a austeridade intensificar o crescimento.

Como veremos em pormenor mais adiante, houve muito poucas ocasiões em que a austeridade funcionou a favor dos Estados, mas isso aconteceu só quando o problema da "falácia da composição" estava ausente, quando Estados maiores do que o que estava realizando cortes estavam importando, e em grandes quantidades, para compensar os efeitos desses cortes. Infelizmente, para a grande maioria dos países, não é esse o mundo em que habitamos hoje. Além disso, nas condições atuais, mesmo que se possa resolver a questão da sustentabilidade política (quem paga), o problema econômico (todo mundo cortando ao mesmo tempo) minará a política[16].

John Quiggin chama beneficamente a ideias econômicas que não morrem apesar de enormes inconsistências lógicas e de enormes fracassos empíricos de "economia zumbi". A austeridade é uma ideia econômica zumbi porque foi repetidamente reprovada, mas con-

[16] Por isso é que a ênfase posta na capacidade do governo grego construir uma coalização pela política de austeridade em 2011 foi, na melhor das hipóteses, meia resposta. Se todos os nossos parceiros comerciais também estiverem fazendo cortes, não há procura externa para compensar o colapso da procura interna. A única coisa que isso faz é contrair a economia e aumentar a dívida em relação ao PIB.

tinua a aparecer[17]. Em parte, porque a noção sensata de que "mais dívida não cura dívida" continua a ser sedutora na sua simplicidade, e, em parte, porque permite que os conservadores (de novo) tentem afastar o detestado Estado de Bem-Estar que parece nunca morrer[18]. Em suma, a austeridade é uma ideia perigosa por três razões: na prática não funciona; depende de os pobres pagarem os erros dos ricos e repousa sobre a ausência de uma grande "falácia da composição" que está demasiado presente no mundo moderno.

Então "toda essa dívida não tem importância"?

Na realidade, a dívida tem importância. É um problema e aqueles que defendem a austeridade por outras razões para além de um ódio inato ao Estado e a tudo o que lhe diz respeito não estão lutando contra moinhos de vento. Se não estamos "nos afogando em dívida", há muitos que estão preocupados com a possibilidade de nos acontecer um pouco mais do que molhar os pés se não tivermos cuidado. O ensaio muito citado de Carmen Reinhardt e Kenneth Rogoff *Growth in a Time of Debt* defende que a dívida governamental acima de um limiar crítico de 90% pode tornar-se um substancial entrave para a economia[19]. Esta afirmação não está isenta de críticas, mas apesar disso a questão básica pode ser colocada de outra maneira: por que é que um Estado há de querer carregar e pagar uma tal carga de dívida se não tiver de o fazer[20]? Olhando para o longo prazo, Simon Johnson

---

[17] A segunda edição do brilhante "Zombie Economics, de Quiggin, contém um capítulo sobre austeridade. John Quiggin, Zombie Economics: How Dead Ideas Still Walk Among Us (Princeton, NJ: Princeton University Press, 2010).

[18] Leigh Phillips, "ECB Austerity Drive Raises Fears for Democratic Accountability in Europe", The Guardian, 22 de agosto de 2011; Mort Zuckerman, "America Has No Choice but to Enter Its Own Age of Austerity", Financial Times, 4 de julho de 2011, "The A-List" Commentary; Alberto Alesina, Silvio Ardagna, Roberto Perotti e Fabiano Schiantarelli (2002), "Fiscal Policy, Profits, and Investment", American Economic Review, 92(3):571-589; Peter Coy, "What Good Are Economists Anyway?" Bloomberg Business Week, 16 de abril de 2009, tema de capa.

[19] Carmen Reinhardt e Kenneth Rogoff, "Growth in a Time of Debt, documento de trabalho 15 639 do National Bureau of Economic Research (adiante, NBER), Cambridge, MA, janeiro de 2010.

[20] Ver, por exemplo, John Irons e Josh Bivens, "Government Debt and Economic Growth: Overreaching Claims of Debt 'Threshold' Suffer from Theoretical and Em-

e James Kwak argumentam que "a América enfrenta um problema de dívida de longo prazo" que alimenta um clima político de "histeria, demagogia e ilusão", o que, a longo prazo, leva a cortes que afetam principalmente "o povo, que é quem menos pode suportá-los" [21]. O resultado final, presumindo que os Estados Unidos não sofram um choque da taxa de juros no curto prazo, é que "os Estados Unidos parecerão um país estereotípico da América Latina, com os super-ricos vivendo em ilhas privadas (...) uma classe profissional confortável (...) e uma enorme classe baixa estrangulada"[22]. Pode observar-se cinicamente que em grande medida já chegamos neste patamar, mas a questão está mais uma vez bem colocada. Lidar com a dívida atualmente significa, pelo menos potencialmente, dar à sociedade mais capacidade para gastar amanhã.

Por falar em América Latina, há outros analistas um pouco mais preocupados. Menzie Chin e Jeffry Frieden, por exemplo, defendem que a dívida nacional dos EUA é, na verdade, uma ameaça, mas o que realmente importa é a dívida internacional e os empréstimos externos que estão por detrás dela. Olhando para o ciclo internacional de fluxos de capital ao longo do tempo, argumentam que a posição dos Estados Unidos não é muito diferente da Irlanda, da Espanha e até da Argentina[23]. Outros comentadores, como Paul Krugman, têm uma visão mais descontraída, argumentando que grandes dívidas podem ser servidas de modo bastante barato com um orçamento equilibrado num ambiente de crescimento positivo, de modo que o PIB real cresça mais depressa do que a dívida, o que, em termos reais, diminui, com o tempo, o montante da dívida[24].

Claro que se podem levantar problemas em relação a cada posição. Para citar apenas alguns: baixo crescimento pode levar igualmente a

---

pirical Flaws", Economic Policy Institute, Briefing Paper 271, Washington DC, 16 de julho de 2010. Irons e Bivens censuram severamente a ideia do limiar de 90% com base em causalidade reversa. Isto é, crescimento lento causa aumento da dívida.

[21] Simon Johnson e James Kwak, "White House Burning, Our Founding Fathers, Our National Debt, and Why It Matters to You" (Nova Iorque: Pantheon Books 2012), 163.

[22] Ibid.

[23] Menzie D. Chin e Jeffry "A. Frieden. Lost Decades: The Making of America's Debt Crisis and the Long Recovery" (Nova Iorque: W. W. Norton, 2011).

[24] Paul Krugman. "End This Depression Now" (W.W. Norton, 2012), 141-143.

mais dívida, sabendo que a solução seria aumentar o crescimento e não baixar dívida. Quaisquer poupanças que pudessem fazer agora através de cortes podiam ser simplesmente desbaratadas com mais uma baixa de impostos no futuro próximo, sem qualquer compensação correspondente para as gerações futuras. Uma recusa dos Estados Unidos em reciclar poupanças externas poderia ser tão nociva para a economia global quanto pedir empréstimos excessivos de dinheiro estrangeiro, uma vez que ficaria comprometida a capacidade do resto do mundo de ter excedentes contra os EUA, necessária devido aos seus modelos de crescimento liderados pelas exportações[25]. Finalmente, a repressão financeira que Krugman defende implicitamente tanto tem custos como vantagens[26].

Me preocupo a sério com a dívida, mas por razões diferentes. Me preocupo porque a maioria das discussões sobre a dívida governamental e o que fazer com ela não só confunde e interpreta mal causa e efeito, mas também assume a forma de moralidades entre "boa austeridade" e "má despesa" que podem nos levar para um período de cortes orçamentários que se viram contra nós mesmos. Primeiramente, estabeleçamos algo. Se alguma vez os EUA chegarem ao ponto de não conseguirem fazer prorrogar a sua dívida, o suposto grande medo, podemos presumir com segurança que todas as outras alternativas de dívida soberana já estão mortas. Os EUA imprimem o ativo de reserva (o dólar) de que todos os outros países precisam para o seu comércio internacional. Nenhum outro país pode fazer isso. Independentemente dos rebaixamentos das agências de avaliação de risco, o dólar dos EUA continua a ser a moeda de reserva global e o fato de não haver alternativas credíveis (os europeus estão tratando de autoimolar a sua alternativa, o euro) inclina ainda mais a balança a favor dos EUA. A dívida dos EUA continua a ser o melhor à disposição, ponto final.

Segundo, tendemos a esquecer que os déficits orçamentários (o aumento da nova dívida acumulada — a preocupação de curto prazo que se acumula e se torna "a Dívida") seguem o ciclo econômico: são

25 Eric Helleiner e Jonathan Kirshner, ed., "The Future of the Dollar (Ithaca, NY: Cornell University Press, 2009).

26 Talvez acabassem por ser bastante pequenos, pelo menos para alguém que não esteja no setor financeiro. Volto ao assunto da repressão financeira na conclusão.

cíclicos e não seculares. Isso é realmente importante. Significa que uma pessoa que diga "em 2025/2046/2087 a dívida/o déficit dos EUA será de N multimilhões de dólares" — e há muita gente que diz essas coisas — está extraindo uma tendência linear de dados não lineares[27]. Para ver o quanto isso é estúpido, recorde-se a grande frase do conselheiro econômico de Clinton (posteriormente de Obama) Gene Sperling em 1999. Sperling previu excedentes do orçamento federal "até onde a vista alcança". Esses excedentes duraram dois anos. Partindo desse disparate linear, no seu orçamento de 2002 a administração Bush previu um *excedente* de US$ 1,958 bilhões entre 2002 e 2006[28]. Os resultados, como sabemos, foram bem diferentes da previsão.

Então, por que estamos tão preocupados com a dívida dos EUA se ela ainda é a melhor das más opções, se os déficits que a geram são principalmente cíclicos, e se, como veremos mais adiante neste livro, o seu nível perde importância em comparação com a dívida privada dos cidadãos e dos bancos de muitos outros Estados? A resposta é que transformamos a política da dívida numa moralidade que desviou a culpa dos bancos para o Estado. A austeridade é a penitência — a dor virtuosa após a festa imoral —, mas não vai ser uma dieta que todos partilharemos. Poucos de nós são convidados para a festa, mas nos pedem, a todos, que paguemos a conta.

A destruição da dívida e a deslavancagem

Os defensores da austeridade argumentam que, independentemente da sua verdadeira origem, desde que a dívida acabe nas "contas" do Estado, no seu "balanço de ativo e passivo", o balanço do Estado deve ser reduzido ou o aumento da dívida minará o crescimento[29].

[27] Para um exemplo típico, ver o comunicado de duas páginas da Peter G. Peterson Foundation "For a Stronger Economy, Deal with the Debt", em Bloomberg Businessweek, 7 de agosto de 2012. Contém uma projeção linear até 2040. Nessa altura, talvez tenham se esgotado os estoques globais de petróleo e a última coisa com que havemos de nos importar é a dívida soberana.

[28] "Budget on the United States Government, Fiscal Year 2002", Gabinete Executivo do Presidente dos Estados Unidos, 224, quadro S. 2, https://www.gpo.gov/fdsys/pkg/BUDGET-2002-BUD/pdf/BUDGET-2002-BUD.pdf.

[29] Alberto Alesina, "Tax Cuts vs. 'Stimulus': The Evidence Is In", Wall Street Journal, 15 de setembro de 2010, Opinion; Carmen M. Reinhart e Kenneth S. Rogoff "Grow-

Mais uma vez, a lógica econômica parece plausível, mas, tal como Bill Gates entrando num bar e tornando todo mundo milionário (na média) como resultado, isso ignora a distribuição real do rendimento e a questão crítica da capacidade de pagamento. Se a despesa do Estado é cortada, os efeitos são, simplesmente, distribuídos de forma injusta e insustentável. Eu sou a favor de que "todo mundo aperte o cinto" — desde que usemos todos as mesmas calças. Mas está longe de ser esse o caso, hoje em dia. Na verdade, estamos hoje mais longe do que nunca da década de 1920.

Como o movimento Occupy assinalou em 2011, a distribuição da riqueza e da renda nas sociedades abaladas pela crise financeira tornou-se, nos últimos trinta anos, extremamente distorcida. O estouro da bolha do crédito tornou isso demasiado claro. Nos Estados Unidos, por exemplo, o 1% do topo de sua distribuição de renda já tem um quarto do rendimento do país[30]. Ou, para ser mais dramático, os 400 estadunidenses mais ricos têm mais ativos do que os 150 milhões da base, enquanto 45 milhões de estadunidenses, cerca de 15% da população, vivem em famílias de quatro pessoas que ganham menos de US$ 22.314 por ano[31].

Como disse Robert Wade:

> O 1% de estadunidenses mais bem remunerado duplicou a sua quota do rendimento agregado (não incluindo ganhos de capital), passando de 8% em 1980 para mais de 18% em 2007. O 0,1% do topo (cerca de 150 mil contribuintes) quadruplicou a sua quota, passando de 2% para 8%. Incluir ganhos de capital torna ainda mais acentuada a desigualdade, com o 1% do topo a obter 23% do total do rendimento em 2007. Durante os sete anos de expansão econômica da administração Clinton, o 1% de topo captou 45% do crescimento total do rendimento antes de impostos; enquanto durante os quatro anos de expansão da

th in a Time od Debt", American Economic Review, 100, 2 (2010):573-578.

30 Timothy Noah, "Introducing the Great Divergence", Slate, 3 de setembro de 2010, parte de uma série intitulada "The United States of Inequality", http://www.slate.com/articles/news_and_politics/the_great_divergence/features/2010/the_united_states_of_inequality/introducing _the_great_divergence.html.

31 Ver o sítio na web do US Census Bureau, http://www.census.gov/ hhes/www/poverty/about/overview/index.html, acedido em 19 de setembro de 2011.

administração Bush o 1% do topo captou 73%... isto não é um erro de impressão[32].

Se você se situar no meio ou na metade inferior da distribuição de renda e riqueza, isso significa que você depende de serviços governamentais, tanto indiretos (isenções fiscais e subsídios) como diretos (transferências, transportes públicos, educação pública, cuidados de saúde). Estas são as transferências transversais à distribuição do rendimento que tornam possível a noção de classe média. Não acontecem por acidente. A política faz com que aconteçam. Os estadunidenses não acordaram numa manhã e descobriram que Deus lhes tinha dado uma dedução fiscal dos juros da hipoteca. Os que estão mais acima na distribuição de renda e têm alternativas privadas (e mais deduções) são obviamente menos dependentes desses serviços, mas até eles acabarão por sentir as consequências dos cortes da despesa do Estado quando o impacto da austeridade subir na escala da distribuição do rendimento na forma de crescimento menor, de maior desemprego, de infraestruturas desgastadas e de uma distribuição mais distorcida de recursos e oportunidades de vida. Na essência, a democracia e as redistribuições que ela possibilita são uma forma de seguro de ativos para os ricos, e, mesmo assim, através da austeridade, descobrimos que aqueles que têm a maioria dos ativos andam fugindo ao pagamento do seguro.

Quando há cortes nos serviços governamentais por causa de "despesa extravagante", não se espera de modo algum que sejam as pessoas do topo da distribuição do rendimento a apertar os cintos. Antes, serão aqueles que estão nos 40% inferiores da distribuição do rendimento e não têm um aumento do salário real desde 1979[33]. São as pessoas

---

[32] Robert Wade em John Ravenhill (2010), "Global Political Economy", 3.a ed. (Nova Iorque: Oxford University Press), 396.

[33] Isto é, enquanto os salários monetários dos trabalhadores aumentaram, quando ajustados à inflação, mantiveram-se estagnados. Ver Lawrence Mishel e Heidi Schieroltz, "The Sad but True Story of Wages in America", Economic Policy Institute, Washington DC, 15 de março de 2011, http://www.epi.org/publication/the_sad_but_true_story_of_ the_wages_in_america/. Para um gráfico prático do mesmo, ver Zaid Jilani, "As Wages Stagnate, the Typical American Family is Working 26 Percent Longer than in 1975", Think Progress, 11 de julho de 2011, http://thinkprogress.org/economy/2011/07/11/265 311/graph-family-26-per cent-wages/?mobile=nc.

que na realidade dependem dos serviços governamentais e ficaram com uma enorme quantidade de dívida (em relação aos respectivos rendimentos) que será "fiscalmente consolidada". É por isso que a austeridade é em primeiro lugar, e acima de tudo, um problema político de distribuição e não um problema econômico de contabilidade.

A austeridade é, então, uma ideia perigosa porque ignora as externalidades que gera, o impacto das opções de uma pessoa nas opções de outra pessoa, especialmente em sociedades com uma distribuição de renda altamente distorcida. As decisões dos que estavam no topo dos impostos, da despesa e do investimento antes de 2008 criaram um passivo gigantesco na forma de uma crise financeira e de instituições financeiras demasiado grandes para falirem e para que as resgatem, mas esperam que todos os que estão mais abaixo na distribuição de renda paguem. "Gastamos de mais", dizem os do topo, ignorando alegremente o fato dessa "despesa" ter sido o custo de salvar os seus ativos com o erário público[34]. Enquanto isso, pessoas que usam calças muito mais largas e mostram pouco interesse em contribuir para o equilibrio dizem aos da base que "apertem os cintos".

Em suma, quando se espera que os da base paguem desproporcionalmente um problema criado pelos do topo, quando os do topo fogem ativamente a qualquer responsabilidade pelo problema, atribuindo a culpa dos seus erros ao Estado, espremer os da base não só não produzirá receitas suficientes para resolver as coisas como produzirá uma sociedade ainda mais polarizada e politizada, em que as condições para uma política sustentável de lidar com mais dívida e menos crescimento estão minadas. Populismo, nacionalismo e apelos ao regresso de "Deus e dinheiro" em doses iguais é o que a austeridade desigual gera, e a ninguém, nem mesmo aos do topo, isso beneficia. Em um mundo tão desigual e austero, os que partem do fundo da distribuição de renda ficarão no fundo, e, diante

[34] Para comparar versões acadêmica e popular disto, ver "Strategies for Fiscal Consolidation in the Post-Crisis World", documento de trabalho do FMI, Departamento de Assuntos Fiscais, 4 de fevereiro de 2010, http://www.imf.org/external/np/pp/eng/2010/020 410a.prf. E Mort Zuckerman, "America Has No Choice but to Enter Its Own Age of Austerity", 14 de julho de 2011, *Financial Times* comentário da *A-List*, http://blogs.ft.com/the-a-list/2011/07/14/america-has-no-choice-but-to-enter-its-own-age-of-austerity/#axzz2Es8OMDcs.

da falta de possibilidades de progresso, de "melhoria da situação de uma pessoa", como diz Adam Smith, o único movimento possível é um movimento violento[35]. Apesar do que a Sra. Thatcher certa vez disse, não só existe uma coisa chamada "sociedade", como nós vivemos nela, tanto os ricos como os pobres, para o melhor e para o pior.

O livro em resumo

A seguir a este panorama geral, o capítulo 2, "Estados Unidos da América: Grande demais para falir? Banqueiros, resgates e culpabilização do Estado", explica por que razão a crise da dívida do mundo desenvolvido não se deve a uma despesa extravagante do Estado, pelo menos não diretamente. Explicamos como o aumento da dívida foi gerado pela implosão do setor financeiro norte-americano e como isso teve impacto nos fundos soberanos desde os EUA à zona do euro, chegando em outros lugares. Para explicar isso saliento o modo como a interação dos mercados de operações compromissadas ou mercados de repos (*repo markets*)[36], instrumentos complexos, carteiras de alto risco e pensamento equivocado se combinaram para

[35] Smith, Adam (1776), "An Inquiry into the Nature and Causes of the Wealth of Nations, ed., R. H. Campbell e A. S. Skinner (Indianápolis, IN: Liberty Fund, 1981), 341.

[36] N. do E.: Nome alternativo para *repurchase agreements and sell/buy-backs*. O repo, juntamente com o empréstimo de títulos, é um tipo de operação compromissada, "operação de financiamento de títulos" (*securities financing transaction*, SFT), ou, simplificadamente, acordo de recompra. Em um repo, uma parte vende um ativo (geralmente títulos de renda fixa) para outra parte a um preço no início da transação e se compromete a recomprar os ativos fungíveis da segunda parte a um preço diferente em uma data futura ou sob demanda. Se o vendedor não honrar a transação durante a vigência do repo, o comprador (como novo proprietário) pode vender o ativo a um terceiro para compensar sua perda. O ativo, portanto, atua como garantia e mitiga o risco de crédito que o comprador tem sobre o vendedor. A diferença entre o preço pago pelo comprador no início de um repo e o preço que ele recebe no final é o seu retorno sobre o dinheiro que ele está efetivamente emprestando para o vendedor. Em acordos de recompra, este retorno é cotado como um percentual por taxa anual e é chamado de taxa repo. Embora não seja juridicamente correto, o retorno é geralmente referido como um "juro repo (*repo interest*)". Passamos doravante a nos referir simplificadamente aos (mercados de) repos como (mercados de) operações compromissadas.

nos dar o problema do "grande demais para falir"; o que nos leva das origens da crise, no tempo do mercado de repos/operações compromissadas nos EUA, em setembro de 2008, até à transmissão desta crise baseada nos EUA à zona do euro, assinalando entretanto como uma crise bancária foi habilmente, e sobretudo politicamente, transformada numa crise do setor público, e quanto tudo isso custa[37].

O capítulo 3, "Europa: Grande demais para resgatar? A política de austeridade permanente", analisa o modo como a dívida privada gerada pelo setor bancário dos EUA foi rebatizada como "crise da dívida soberana" de Estados europeus extravagantes. Se o capítulo 2 coloca as origens da dívida nos Estados Unidos, o capítulo 3 descreve a grande operação de propaganda enganosa realizada na Europa. Mostramos como o mundo se tornou keynesiano durante doze meses e examinaremos a razão pela qual os alemães nunca entraram realmente nessa. Mostramos o oportunismo britânico e a paralisia estadunidense e acentuamos o modo como o argumento de que a austeridade era necessária e a crise foi culpa da despesa do Estado foi construído por uma variedade de líderes empresariais, banqueiros e, paradoxalmente, políticos europeus. Este capítulo esclarece a razão pela qual a fixação europeia na austeridade como único caminho possível em frente reflete não apenas uma forte preferência ideológica, mas uma responsabilidade estrutural que chegou à Europa através de condutas globais e regionais de financiamento bancário. Essa responsabilidade, causada por um gigantesco negócio de risco moral entre bancos europeus antes da introdução do euro, foi ainda mais ampliada pelo peculiar desenho institucional do modelo europeu de banco "universal" e pelas peculiaridades das transações do mercado de operações compromissadas (mais uma vez), e produziu um sistema bancário que é grande demais para resgatar. A austeridade, mais a interminável liquidez pública para os sistemas bancários

[37] Assinalamos em particular que a crise era na base uma crise do "manual de instruções" da teoria econômica neoclássica. Na verdade, a própria crise pode ser considerada uma experiência de U$13 trilhões da robustez destas ideias, o que levanta uma importante questão. Se estas ideias foram, na verdade, falsificadas na crise, por que ainda são usadas pelas elites financeiras e governamentais para diagnosticar a crise?

da Europa, é a única coisa que mantém à tona a confusão macroeconômica e monetária, e é uma solução limitada no tempo.

Tendo examinado de onde veio a crise e por que razão ela constitui a maior operação de enganação da história da humanidade na parte 1 (capítulos 2 e 3), podemos agora entrar na parte 2, "Histórias gêmeas de austeridade", nos capítulos 4, 5 e 6. A primeira história é a história intelectual da austeridade. A segunda história é o modo como a austeridade tem funcionado na prática — a sua história natural. No capítulo 4, "A História intelectual de uma ideia perigosa, 1692-1942", perguntamos de onde veio a austeridade enquanto ideia, por que razão apareceu e quem a popularizou. Como veremos, a sua história intelectual é, ao mesmo tempo, curta e indireta. A austeridade não é um conjunto de ideias e doutrina bem desenvolvido, parte integrante da teoria econômica ou de qualquer outra teoria. Antes, deriva de um conjunto mais amplo de convicções acerca do papel apropriado do Estado na economia que andam espalhadas pela teoria econômica clássica e contemporânea. Percorremos as obras de Locke, Smith e Hume, assinalando o modo como eles constroem aquilo a que chamo o problema do Estado na teoria econômica liberal: "não se pode viver com ele, não se pode viver sem ele, não se quer pagá-lo". A seguir, discutimos o modo como o liberalismo econômico se divide no princípio do século XX entre aqueles que pensam que não podemos (nem devemos) viver com o Estado e aqueles que pensam que o capitalismo não pode sobreviver sem ele. O neoliberalismo britânico, a Escola Austríaca de Economia, os dirigentes do Tesouro britânico, o avanço de Keynes e o recuo de Schumpeter levam-nos a 1942, quando a batalha parece ter sido ganha por aqueles que se conformaram com a escola de pensamento do "não se pode viver sem ele".

O capítulo 5, "A austeridade hoje, 1942-2012", prossegue essa jornada. Viajamos para a Alemanha, sede do ordoliberalismo, um conjunto de ideias que haveria de se revelar inesperadamente importante para a atual crise na Europa e que funcionou como sede do pensamento austero durante o longo inverno do keynesianismo. Abordamos a questão de sua oportunidade e desenvolvimento quando visitamos o reduto estadunidense do pós-guerra da Escola

Austríaca para discutir as suas ideias acerca de bancos, crescimentos explosivos e falências. Depois, passamos pelo monetarismo de Milton e pela escolha pública da Virgínia a caminho da nossa conversa com alguns políticos temporalmente incoerentes em busca de credibilidade. Depois disso, visitamos o modelo monetário do FMI e exploramos o Consenso de Washington acerca do modo de ficar rico. Finalmente, viajamos para Itália à procura da sede moderna da ideia da razão pela qual a austeridade é boa para nós, vindo depois para Cambridge, a americana, partilhar as notícias de que não se pode confiar no Estado e de que os cortes levam ao crescimento. Isto é, então, a história intelectual da austeridade.

O capítulo 6, "A história natural da austeridade, 1914-2012", olha para a austeridade na prática. Assinalando que só quando há Estados suficientemente grandes para cortar é que há verdadeiramente debates acerca da redução do Estado, começamos pelo padrão-ouro clássico e pelo modo como se incrustaram os cortes no roteiro dessa operação, com resultados calamitosos. Examinamos seis casos de austeridade da década de 1930: os Estados Unidos, a Grã-Bretanha, a Suécia, a Alemanha, o Japão e a França, e assinalamos o modo como a austeridade contribuiu nesses casos para fazer explodir literalmente o mundo nas décadas de 1930 e 1940. A seguir, examinamos quatro casos da década de 1980: a Dinamarca, a Irlanda, a Austrália e a Suécia, que geralmente se considera a prova que, afinal, a austeridade é boa para todos. A seguir, analisamos os últimos estudos empíricos sobre a relação entre austeridade e crescimento, assinalando que, longe de apoiarem a ideia de "austeridade expansionista", minam-na completamente.

Finalmente, examinamos a nova esperança dos defensores da austeridade, os casos da Romênia, da Estônia, da Bulgária, da Letônia e da Lituânia — a aliança REBLL. Esses casos mostram supostamente que, apesar do que os registos históricos e a teoria contemporânea nos dizem, a austeridade funciona mesmo. Porém, não na prática. A austeridade também não funciona no caso da aliança REBLL, mas o fato de ainda nos dizerem que sim mostra uma coisa: as evidências nunca servem para desacreditar uma boa ideologia, razão pela qual a austeridade continua a ser uma ideia muito perigosa. Uma curta conclusão resume a discussão, sugere o motivo pelo qual afinal talvez devêssemos ter deixado falir os bancos e sugere para onde devemos ir, dado o beco sem saída que a austeridade constitui.

PARTE 1

Por que razão precisamos ser todos austeros?

CAPÍTULO 2

Estados Unidos: grande demais para falir? Banqueiros, resgates e culpabilização do Estado

O documentário Inside Job, ganhador de um Oscar, tem muitas virtudes. Oferece uma descrição clara e compreensível do que aconteceu na crise financeira. Faz um trabalho maravilhoso de denúncia dos conflitos de interesses endêmicos na profissão econômica; por exemplo, economistas que publicam provas "científicas" da eficiência dos mercados e do papel positivo da finança ao mesmo tempo que lhes são pagas enormes quantias em dinheiro não declaradas pelo setor de serviços financeiros por shows de consultoria que digam ao setor o que ele quer ouvir. O filme é, todavia, menos convincente enquanto explicação da razão pela qual se deu a crise. Erra quando começa a concentrar-se nas falhas morais dos banqueiros. (Aparentemente, homens de meia-idade com demasiado dinheiro gastam parte desse dinheiro com prostitutas.) A intenção do autor do filme, penso eu, era sugerir que o que estava subjacente à crise era a fraqueza moral dos indivíduos. Devido àquele dinheiro todo, prossegue o filme, a moralidade foi jogada pela janela[38].

Se esta história satisfaz alguns, as falhas morais dos indivíduos são irrelevantes para se compreender tanto a razão pela qual se deu a crise financeira dos Estados Unidos como a razão pela qual se considera agora a austeridade a única resposta possível, especialmente na Europa. Porém, podia se ter substituído a totalidade dos banqueiros de 2007 por pessoas completamente diferentes, que estas teriam se comportado do mesmo modo durante o desastre: é o que fazem os incentivos. O que realmente importa é o modo como partes aparentemente desligadas e opacas do sistema financeiro global se juntaram para produzir uma crise que nenhuma das partes poderia ter produzido por si só, e o modo como acabou por ser um problema dos Estados e, por extensão, um problema seu.

Mas como nós estamos separando o que é importante do que não é importante na reconstrução do lado dos Estados Unidos na crise?

[38] A mesma moralidade é a explicação do governo britânico para os distúrbios de agosto de 2011 e os louvores da *troika*-UE-FMI aos Estados bálticos como campeões da austeridade em julho de 2012. As moralidades cobrem todas as contingências.

Afinal, como assinalou Andrew Lo no recente ensaio maldosamente intitulado "Reading about the Financial Crisis: A 21-Book Review", a crise é ao mesmo tempo excessivamente explicada e excessivamente determinada[39]. A crise é excessivamente explicada na medida em que se podem juntar tantos passíveis suspeitos da acusação de serem "a causa" que os autores conseguem construir narrativas convincentes apresentando quase todos os acusados da Fannie Mae e da Freddie Mac de alavancar os quocientes até à desigualdade de renda — ainda que obviamente o desastre fosse um processo profundamente não linear e multicausal[40]. A crise está excessivamente determinada na medida em que, sendo um processo não linear e multicausal, poderiam ter sido excluídas muitas dessas supostas causas e, ainda assim, ter ocorrido a crise. Por exemplo, três excelentes livros acerca da crise salientam, respectivamente, o aumento da desigualdade de renda no período que antecedeu a crise, a natureza cativa da regulamentação bancária e o poder político da finança. Certamente, cada um dos livros capta um aspecto importante da crise[41]. Mas serão esses fatores absolutamente necessários para explicá-la adequadamente?

Espero acrescentar apenas uma coisa simples a esses relatos: a ideia de que esta crise é em primeiro lugar e acima de tudo uma crise do setor privado. Em cada episódio que examinamos neste livro, nos Estados Unidos, na União Europeia e na Europa do Leste, veremos que a crise foi gerada pelo setor privado, mas está sendo paga pelo setor público, isto é, por você e por mim. Podemos chegar a esta conclusão pensando contrafactualmente. Podemos perguntar o seguinte: poderíamos ter tido a crise se a distribuição de renda fosse menos distorcida, se os reguladores fossem mais independentes e se a finança fosse menos poderosa? Acredito que sim. Estes fatores

[39] Andrew Lo, "Reading about the Financial Crisis: A 21-Book Review", mimeo, preparado para o *Journal of Economic Literature*, 24 de outubro de 2011. Disponível em http:/mitsloan.mit.edu/finance/pdf/Lo-20120109c.pdf.

[40] Lo, "Reading about the Financial Crisis".

[41] Raghuram Rajan, "Fault Lines: How Hidden Fractures Still Threaten the World Economy" (Princeton, NJ: Princeton University Press, 2010); James Barth, Gerard Caprio Jr. e Ross Levine, "Guardians of Finance: Ma- king Regulators Work for Us" (Cambridge, MA: MIT Press, 2012); Simon Johnson e James Kwak, "Thirteen Bankers: The Wall Street Takeover and the Next Financial Meltdown (Nova Iorque: Pantheon Books, 2010).

foram importantes — dinamizaram o problema — mas não eram em si mesmos nem por si mesmos essenciais.

No que se segue, concentro-me em quatro elementos que acredito que não se podem eliminar contrafactualmente e, ainda assim, explicar a crise. Eles são os fatores essenciais que a tornaram possível e todos residem firmemente no setor privado. São — e os analisaremos em linguagem simples à medida que avançarmos — a estrutura dos negócios colaterais nos mercados de operações compromissadas dos EUA, a estrutura dos derivativos baseados em hipotecas e o seu papel nas transações de operações compromissadas, o papel desempenhado pela correlação e pelo *tail risk*[42] na ampliação desses problemas, e os danos causados por um conjunto de ideias econômicas que cegaram os atores — tanto banqueiros como reguladores — para os riscos que se acumulavam no sistema. Mais uma vez, afirmo que eram essencialmente fenômenos do setor privado. Exponho-o de modo a poder fazer mais uma pergunta preparatória: se todo o problema foi gerado no setor privado, por que tanta gente culpa o Estado pela crise e vê os cortes da despesa do Estado como o caminho para sair da confusão do setor privado? Responder a esta pergunta é com o que vamos nos ocupar no resto deste capítulo.

O gerador: mercados de operações compromissadas e corrida aos bancos

O mercado de operações compromissadas (*repo market*) faz parte daquilo a que tem sido chamado de sistema bancário sombra ou paralelo (*shadow banking system*): "sombra", uma vez que as suas atividades apoiam e muitas vezes replicam as dos bancos normais, e banco na medida em que presta serviços financeiros tanto aos bancos normais

[42] N. do E.: Risco de cauda é uma forma de risco de carteira que surge quando a possibilidade de um investimento se mover mais de três desvios padrão da média é maior do que o que é mostrado por uma distribuição normal. Os riscos de cauda incluem eventos que têm uma pequena probabilidade de ocorrência e ocorrem nas extremidades de uma curva de distribuição normal. Embora eventos de cauda que afetam negativamente os portfólios sejam relativamente raros, eles podem ter grandes retornos negativos. Por isso, geralmente os investidores procuram se proteger contra esses eventos. Risco de cauda é também por vezes definido de forma menos estrita, como meramente o risco (ou probabilidade) de ocorrência de eventos raros.

(regulados) como à economia real. Vejam-se os pagamentos salariais, por exemplo. Seria extremamente pouco prático para as grandes empresas ir buscar todas as semanas enormes quantias em dinheiro para pagar aos seus empregados com receitas retidas depositadas no seu banco local. Portanto, as empresas pedem emprestado e emprestam dinheiro umas às outras por períodos muito curtos a taxas de juros muito baixas, normalmente trocando ativos por dinheiro e depois recomprando esses ativos no dia seguinte, mediante uma comissão — de "venda" e "recompra" ou "repo". É mais barato do que pedir emprestado ao banco local e não implica frotas de veículos blindados.

O que aconteceu em 2007 e 2008 foi uma corrida aos bancos através deste mercado de operações compromissadas[43]. Uma corrida aos bancos se dá quando todos os depositantes de um banco querem levantar o seu dinheiro ao mesmo tempo e o banco não tem dinheiro suficiente à mão para lhes entregar. Quando isso acontece, os bancos ou pedem dinheiro emprestado para manterem a liquidez e travar o pânico ou quebram. O mercado de operações compromissadas apareceu na década de 1980 quando os bancos tradicionais perderam fatias de mercado por causa de um processo chamado "desintermediação"[44]. Os bancos, como intermediários, estão normalmente no meio do possível negócio de outrem, estabelecendo a ligação entre quem pede emprestado e quem empresta, por exemplo, e cobrando comissões para fazer isso. Antes da desintermediação, os bancos envolviam-se naquilo a que muitas vezes se chamava "comércio bancário 3-6-3": pediam emprestado a 3%, emprestavam a 6% e chegavam ao campo de golfe às 3h da tarde. Era seguro, firme e banal. Mas quando os mercados financeiros se tornaram mais desregulados, na década de 1980, as grandes empresas começaram a usar as suas próprias reservas de dinheiro, emprestando-as diretamente a outras — elas desintermediaram — contornando os bancos e espremendo os lucros destes. O que espremeu ainda mais o "banco 3-6-3" foi um processo paralelo chamado "securitização".

[43] Gary Gorton, "Slapped by the Invisible Hand: The Panic of 2007" (Nova Iorque: Oxford University Press, 2010).

[44] Greta R. Krippner, "Capitalizing on Crisis: The Political Origins of the Rise of Finance (Cambridge, MA: Harvard University Press, 2011).

O velho modelo 3-6-3 pressupunha que o banco que concedia um empréstimo a um cliente mantinha o empréstimo em carteira até ser reembolsado, resultando os lucros dos pagamentos de juros que recebia. Mas, e se esses pagamentos de empréstimos pudessem ser separados e vendidos a terceiros? E se muitos desses empréstimos, dessas hipotecas, por exemplo, pudessem ser reunidos num grupo de pagamentos de hipotecas e vendidos a investidores como um contrato gerador de rendimento chamado "instrumento financeiro apoiado por hipoteca"? Desse modo, o banco que concedia o empréstimo podia pedir emprestado mais barato e fazer mais empréstimos porque o risco de o crédito não ser reembolsado já não estava nas suas contas e quem contraía o empréstimo obtinha melhores taxas. Era um ganha-ganha (*win-win*), como eles dizem.

Danos colaterais: estilo estadunidense

Embora a securitização fosse uma ameaça aos métodos tradicionais de atividade bancária, também foi uma oportunidade para os bancos que embarcaram no novo modelo. Conseguiam compensar o seu risco vendendo o empréstimo e, como resultado, conseguiam pedir dinheiro emprestado mais barato e emprestar mais. O que é que podia haver de errado nisso? O que havia de errado era que os riscos inerentes a esses empréstimos nunca desapareciam realmente: apenas eram empurrados para outro lugar. Na verdade, o processo de vender empréstimos concentrava inadvertidamente esses riscos em mercados de operações compromissadas de curto prazo. Então, como é que todos os dias havia hipotecas que acabavam no mercado de operações compromissadas?

Quando você e eu pomos o nosso dinheiro num banco, a Federal Deposit Insurance Corporation (FDIC) garante-o contra a falência do banco: esse risco de incumprimento está coberto. Mas esse seguro não existe nos mercados de operações compromissadas, pelo que os investidores nestes mercados protegem o seu dinheiro recebendo um colateral equivalente ao dinheiro emprestado. Se quem pede emprestado falir, quem empresta ainda pode recuperar o dinheiro, desde que, e isto é fundamental, o colateral não perca valor. O que é que conta como colateral de alta qualidade? Nos primeiros anos do milênio, incluíam-se nessa categoria títulos do Tesouro, claro. Mas começaram a usar-se cada vez mais títulos de dívida de hipotecas classificados com AAA[45] como colaterais, uma vez que os títulos do Tesouro eram escassos, tendo sido assim que as hipotecas acabaram nos mercados de operações compromissadas[46].

Um declínio no preço das casas em 2006 atingiu o valor desses títulos de hipoteca reunidos. Se você estivesse usando títulos de hipoteca como colaterais para empréstimos no mercado de operações compromissadas, precisava encontrar mais colaterais (que cada vez menos as pessoas queriam ter) ou colaterais de mais alta qualidade (ativos alternativos que eram escassos), ou teria que fazer um "corte de cabelo" (um desconto) no que havia de recuperar, tudo isso afetando os seus resultados. Ora, se um grande ator nesses mercados, o Bear Stearns ou o Lehman Brothers, por exemplo, tem problemas em "transferir colaterais" porque o valor do que detêm e pode oferecer caiu, pode ser obrigado a tranquilizar os investidores anunciando publicamente que não há problema com a empresa.

Infelizmente, fazê-lo é fatal para uma firma financeira importante. Como Walter Bagehot assinalou há mais de cem anos no seu livro *Lombard Street,* no momento em que um grande banco tiver que dizer que o seu "dinheiro é bom", não é; ou pelo menos já não se pode presumir que seja, pelo que a concessão de empréstimos a esse banco seca: é atingido por uma "crise de liquidez". No caso do Bear Stearns, quando os preços das casas caíram e os calotes de hipotecas aumentaram, o valor dos seus investimentos caiu e subiram os seus "pedidos de colaterais" (o que as pessoas a quem pedira emprestado aceitavam para continuar emprestando à empresa). Como consequência, a reputação do Bear Stearns baixou, o mesmo acontecendo à sua capacidade de

---

[45] N. do E.: AAA é a nota mais alta no sistema de classificação (*rating*) das principais agências de risco globais que avaliam a qualidade de crédito de uma empresa, um país, um título ou até mesmo uma operação estruturada.

[46] Os bilhetes do Tesouro eram escassos porque os governos asiáticos estavam absorvendo o máximo que podiam para juntar às reservas e gerir as suas taxas de câmbio. Ver Martin Wolf, "Fixing Global Finance (Baltimore, MD: Johns Hopkins University Press, 2008); e Eric Helleiner e Jonathan Kirshner, "The Future of the Dollar (Ithaca, NY: Cornell University Press, 2009), cap. 3.

contrair empréstimos, o que foi um desastre, por estar muito alavancado (quantidade de dívida que tinha em relação aos seus ativos).

Alavancagem é o modo como os bancos fazem somas de dinheiro tão absurdas. Os alemães têm um ditado: "quando você tiver dois marcos, gaste um". Na atividade bancária moderna isso transformou-se em: "quando tiver um dólar no banco, empreste trinta, quarenta ou mais". A alavancagem, o quociente de ativos (empréstimos e investimentos em todo o mundo) em relação ao capital (capital de reserva — a almofada a que se recorre quando as coisas correm mal) aumentou precipitadamente ao longo das décadas de 1980 e 1990. Se um banco importante tem uma alavancagem de trinta vezes, como era habitual no período que antecedeu a crise, basta uma pequena alteração do valor dos seus ativos contra a sua almofada de capital para torná-lo ilíquido, se não perto da insolvência. Quando as hipotecas securitizadas começaram a perder valor em 2006, esse pequeno declínio tornou-se muito real e os grandes bancos que tinham se financiado através do mercado de operações compromissadas (essencialmente pedindo emprestado de um dia para o outro para emprestar por períodos muito mais prolongados com enormes quantidades de alavancagem nos seus balanços) viram desaparecer as suas fontes de financiamento. A liquidez, que é exatamente o que se pressupõe que os mercados de operações compromissadas forneçam, secou, uma vez que ninguém queria emprestar a ninguém a taxas normais. E como os bancos estavam muito alavancados, não era preciso secar todo o seu financiamento — apenas o suficiente para os tornar quase instantaneamente ilíquidos.

A liquidez, porém, não se evapora simplesmente como o orvalho da manhã. Desaparece em uma "queima de estoque" quando se desencadeia um processo chamado "contágio"[47]. Com todo o mercado enterrado até aos joelhos em títulos de hipoteca e tentando fazer dinheiro com os mesmos colaterais desvalorizados, buscavam transformar em dinheiro o que eram ativos similares. E se não conseguiam vender hipotecas, vendiam o que pudessem para arranjar dinheiro e cobrir os prejuízos, incluindo ativos supostamente de alta qualidade

[47] Como veremos à frente, este medo do contágio é o que em parte guia a austeridade na zona do euro.

que nada tinham a ver com hipotecas. Por que o mercado não conseguia absorver a quantidade de títulos que estava sendo despejada no mercado de uma vez só, o *dumping* de ativos para realizar dinheiro criou o pânico que todos procuravam evitar[48]. Os preços caíram a pique, as empresas faliram e a confiança evaporou-se ainda mais.

Saliente-se aqui que isto não teve nada a ver nem com o Estado, a quem agora se atribui a culpa da dívida originada pela crise — uma confusão formidável entre causa e efeito —, nem com as falhas morais individuais dos banqueiros[49]. Pode-se culpar à vontade os reguladores por serem relaxados ou negligentes e os políticos por cederem aos interesses dos bancos, mas esta foi essencialmente uma crise do setor privado e foi exatamente assim que se gerou um pânico financeiro de muitos bilhões de dólares a partir de um punhado de hipotecas em inadimplência. Mas isso ainda não era suficiente para provocar uma crise global. Para lá chegar, é preciso compreender como a estrutura desses títulos hipotecários se conjugou com apólices de seguro sem cobertura chamadas "Credit Default Swaps" (CDS) para produzir uma "bomba de correlação" que disseminou a crise do mercado de operações compromissadas pelo sistema bancário global. Mais uma vez, isso não teve nada a ver com os Estados e os seus supostos hábitos libertinos de despesa e teve tudo a ver com fraquezas internas do setor privado.

O amplificador: derivativos

É difícil descrever sumariamente os derivativos. Dizer que são instrumentos financeiros cujo valor deriva de outros ativos, índices ou referentes financeiros, que é uma definição típica, não diz muito. Também tendem a ser conhecidos pelos seus acrónimos (CDO quadrados, ETF sintéticos, etc.), o que só aumenta o mistério. Os derivativos são, basicamente, contratos, tal como os títulos hipotecários. Permitem que os bancos façam o que sempre fizeram: juntar

[48] As regras de contabilização "pelo valor justo" também contribuíram.

[49] No máximo, é a ausência do Estado nos mercados de operações compromissadas que vale a pena comentar, uma vez que a ausência da garantia de seguro do Estado explica a vulnerabilidade do sistema a uma corrida aos bancos.

as pessoas, agindo como intermediários e cobrando uma comissão, mas de modo a permitirem-lhes negociar coisas que não são ativos no sentido normal, como movimentações das taxas de juros ou das moedas. Enquanto um ativo é uma propriedade, ou um título de propriedade ou rendimento, um derivativo é um contrato, uma aposta que remunera com base no desempenho de um determinado ativo ao longo de um determinado período de tempo[50]. É essa a distinção-chave. Os derivativos apresentam-se em múltiplas combinações de quatro tipos principais: futuros, *forward*, opções e *swaps*[51]. Os derivativos de que nos ocupamos aqui são os *swaps*[52], especificamente os CDS, e o modo como interagiram com os títulos hipotecários que estavam sendo utilizados no mercado de operações compromissadas.

Fundamental para compreender como os derivativos ampliaram a crise do mercado de operações compromissadas é a ideia de correlação entre ativos: quando o ativo A sobe de preço, o ativo B desce seguramente de preço. Estas "correlações negativas" permitem que os investidores "protejam" as suas apostas. Exemplo típico disso é a relação entre o dólar dos EUA e o euro. Quando um sobe, o outro (normalmente) desce. O problema de depender de correlações é que por vezes elas se quebram, nos deixando muito expostos. Pressupunha-se que os CDS ajudassem a ultrapassar esse problema de correlação, mas acabaram por ampliá-lo.

Em meados da década de 1990, quando as ações que constituíam o mercado mundial de títulos estavam para entrar em sua fase da bolha ponto-com, por conta das empresas virtuais, os investidores

---

50 Os ativos estão ligados à economia e podem ser algo ganha-ganha (*win-win*) para o comprador e o vendedor. Os derivativos são um jogo de soma zero em que apenas o banco ganha dinheiro de ambos os lados da transação, uma vez que o desembolso de uma pessoa é o prejuízo de outra. Agradeço a Bruce Chadwick esta formulação sucinta.

51 Futuros e *forwards* permitem normalmente aos compradores protegerem-se contra movimentos posteriores de preço; os *swaps* permitem normalmente a transação de riscos; as opções conferem o direito de comprar ou vender algo no futuro.

52 Um CDS chama-se *swap* mas na realidade é diferente da maioria dos *swaps*. Chamou-se *swap* principalmente para evitar regulações que interviriam caso lhe chamasse o que realmente é, um contrato de seguro. O seguro exige que sejam postas de lado reservas, mas os *swaps* não, o que constituiu uma parte enorme do seu problema. Mais uma vez, agradeço a Bruce Chadwick este esclarecimento e a Bill Janeway por enfatizar a falta de reserva do seguro como ponto fraco estrutural-chave do CDS.

procuravam ativos não correlacionados como proteção para o caso de o valor das ações cair. Viraram-se em massa para o setor imobiliário para protegerem as suas apostas nas ações e, com isso, empurraram para cima os preços do mercado imobiliário entre 70% (nos Estados Unidos) e 170% (na Irlanda) nos dez anos que se seguiram. Os ativos imobiliários eram atraentes e vistos não só como instrumentos financeiros não correlacionados, mas também como "não correlacionados dentro da sua classe" e, assim, apostas seguras por direito próprio[53]. "Não correlacionados dentro da sua classe" significa que se o valor das casas do Texas, por exemplo, cair, não há razão para que isso tenha impacto no preço das casas de Baltimore ou no preço dos apartamentos de Manhattan. Até aqui, tudo bem. Mas seria possível melhorar isso? Os instrumentos financeiros apoiados em hipotecas já eram investimentos seguros, mas seria possível manter-se a sua segurança melhorando o seu rendimento? Caso se conseguisse resolver isso, podia-se ganhar uma boa quantidade de dinheiro.

Conseguiu-se isso por meio da técnica de "dividir o instrumento financeiro em *tranches*", o que transformou simples instrumentos financeiros apoiados em hipotecas (o montante de pagamentos de hipotecas vendido a investidores e descrito anteriormente) em um contrato chamado "Collateralized Debt Obligation – CDO" ("Obrigação de Dívida Colateralizada")[54]. Essa técnica combinava no mesmo instrumento financeiro os pagamentos de hipotecas de muitas frações de propriedades imobiliárias diferentes em muitos locais diversos mas mantinha-os separados, vendendo frações diferentes do instrumento financeiro a pessoas diversas através de *tranches* (ou séries) diferentes. Basicamente, pega-se um pouco do lado leste de Manhattan e mistura-se com um pouco de subúrbios do Arizona e um pouco de zona ribeirinha de Baltimore e pagam-se aos detentores das diferentes *tranches* (normalmente chamadas *tranches senior, mezzanine* ou de *equity*) taxas de juros diferentes em função do risco que cada *tranche* que compram comporta. As pessoas que queriam

[53] Como veremos em breve, os modelos econômicos usados para avaliar esses riscos diziam aos investidores que era esse o caso.

[54] De modo suscetível a gerar confusão, a entidade que recebia os pagamentos dos CDO chamava-se por vezes CDO, por vezes SIV, mas para os fins atuais ignore essa distinção.

baixo risco e baixo rendimento, por exemplo, ficavam com a *tranche senior*. As que tinham maior apetite para o risco (e o desejo de maiores pagamentos de juros) detinham a *tranche mezzanine*. Para as que se preocupavam com o rendimento acima de tudo, o preço era a tranche de *equity*.

A ideia é que se esses diferentes mercados imobiliários já não estão correlacionados, retalhá-los e recombiná-los deve torná-los *super* não correlacionados. Se houver inadimplência na casa de Baltimore, os detentores da tranche de *equity* ficam liquidados, mas esse prejuízo é isolado dos detentores de empréstimos sobre os condomínios e as *penthouses* do Upper East Side. Segurança combinada com elevados rendimentos (pelo menos para os que correm o risco) levaram a uma explosão da procura desses instrumentos financeiros, enquanto os preços da habitação nos Estados Unidos quase duplicavam entre 1997 e 2008. Já não eram uma simples proteção do capital investido. Tornaram-se objeto de desejo dos investidores por direito próprio. Mas as coisas tornaram-se verdadeiramente interessantes quando esses instrumentos financeiros derivados foram vendidos com um CDS em anexo.

Um CDS é basicamente uma apólice de seguro que pode ser vendida[55]. Este segura o comprador do CDS contra o incumprimento do instrumento financeiro a que se refere. Em troca, o emissor do CDS, subscritor da apólice de seguro, recebe do comprador um fluxo regular de rendimento, do mesmo modo que uma companhia de seguros recebe prêmios de seguro dos clientes. A diferença é que as companhias de seguros confiam normalmente em indicadores como tabelas atuariais para calcular os riscos que estão cobrindo e depois definem a quantidade de dinheiro que precisam ter disponível para cobrir as pessoas que se beneficiarem de suas apólices, como certamente ocorrerá. Também criam reservas de caixa para pagar as indenizações que inevitavelmente a firma perderá[56]. Mas se a proba-

---

[55] Um CDS é na realidade um contrato de seguro com uma opção integrada para gerar uma corrente de rendimento.

[56] Como assinala Bill Janeway, porém, no caso dos CDS "o vendedor de proteção não tem a obrigação de criar reservas (...) [e] não precisa de ter juro segurável na entidade referenciada", com o resultado de que emergiu muito rapidamente um mercado de risco, muito grande, líquido e sem apoio. O fato de não ser apoiado

bilidade de inadimplência de uma dada entidade (Lehman Brothers, por exemplo) for considerada extremamente baixa, e se subscrever um contrato de CDS sobre essa entidade, não se pensará que tem de ter muito capital de reserva para cobrir prejuízos antecipados porque não se antecipam tais prejuízos.

Com uma década de aumentos de preços das casas dizendo a todo mundo que os preços das casas só sobem, e com esses novos derivativos hipotecários aparentemente a eliminarem um problema de correlação que desde logo se considerava pequeno e agora era segurável com um CDS, quase se podia começar a pensar que se tinha aquilo a que os banqueiros chamavam uma "opção livre": um ativo com queda zero de preços e um lucro potencialmente ilimitado, classificado com AAA pelas agências de classificação de risco. O fato de muitos fundos de investimento serem legalmente obrigados a deter uma percentagem específica de ativos em títulos AAA estimulou ainda mais a procura[57].

Em meados da década de 2000 os mercados não conseguiam obter valores imobiliários desses em quantidade suficiente, o que era um problema porque os bancos e os corretores que subscreviam essas hipotecas muito lucrativas estavam ficando sem clientes a quem pudessem emprestar. Os lotes mais recentes desses instrumentos financeiros eram, por isso, cada vez mais constituídos por hipotecas NINJA (*no income, no job, no assets* — "sem rendimentos, sem emprego, sem ativos") colateralizadas pelos lucros do eBay ou por gorjetas de bar do novo devedor hipotecário, ou por declarações de rendimentos pura e simplesmente fabricadas e papelada assinada por robôs[58]. Em virtude das novas hipotecas que encontravam serem de qualidade tão duvidosa, os emissores desses instrumentos financeiros queriam cada vez menos ficar com qualquer parte desse risco

revelou-se a sua principal fraqueza. Ver Bill Janeway, "Doing Capitalism in the Innovation Economy" (Cambridge: Cambridge University Press, 2012), 163-164.

[57] De acordo com o que precede, as compras de títulos governamentais por bancos centrais asiáticos reduziram a oferta de bilhetes do Tesouro, e isso tornou os CDO ainda mais atraentes.

[58] Peter S. Goodman, "Past Due: The End of Easy Money and the Renewal of the American Economy" (Nova Iorque: Henry Holt, 2010), cap. 5.

duvidoso nas suas contabilidades e não os queriam registrados em seus balanços[59].

Para deixá-los fora de seus registros, os emitentes de CDO criaram um sistema em que a sua emissão e financiamento era deslocada para os chamados "Special Investment Vehicles" (SIV) ("Veículos Especiais de Investimento")[60]. Estes eram companhias criadas separadamente, isoladas do balanço da companhia-mãe, cuja única atividade era receber os fluxos de rendas dessas hipotecas e dos contratos CDS e pagá-las aos diferentes investidores que os detinham. Em 2006, esses investidores incluíam pequenas localidades norueguesas, fundos de pensões dos EUA e bancos regionais alemães. Afinal, com um rendimento atraente, seguro da obrigação, um selo de aprovação para-governamental de AAA e os preços subindo, o que é que poderia correr mal?

Bem, tudo, na realidade. Quando os mercados de crédito, já apertados, congelaram, em setembro de 2008, os preços desses instrumentos financeiros sofreram uma derrocada. Isso constrangeu ainda mais o crédito, ampliando o que se passara com esses instrumentos financeiros no mercado de operações compromissadas durante meses. Com todos os bancos a deterem ativos e responsabilidades similares, quando todos tentaram se livrar desses ativos ao mesmo tempo os preços se afundaram. Mas a verdadeira surpresa, o amplificador, foi que o desenho desses instrumentos financeiros, em vez de diminuir a correlação, na realidade, fez aumentá-la.

Correlação e liquidez

Em princípio, as diferentes *tranches* dos CDOs estavam isoladas umas das outras. Se corressem mal, corriam mal por ordem inversa, e achava-se que não podiam correr todas mal uma vez que diferentes pessoas detinham partes diversas do valor mobiliário *e* os mercados subjacentes não estavam correlacionados. Infelizmente, aconteceu que os mercados subjacentes estavam muito fortemente correlacionados. Juntar Manhattan ao Arizona e a Baltimore em um único

---

59 Gillian Tett, "Fool's Gold (Nova Iorque: Free Press, 2009).

60 Ou SPV (*special purpose vehicle*).

instrumento financeiro *tornou-os correlacionados.* O simples volume de dinheiro investido em imóveis criou um grande mercado no setor imobiliário dos EUA e em todo o mundo que se tornou cada vez mais correlacionado com ações, em particular com as ações dos bancos que negociavam imóveis. Quando os fluxos de rendimento da parte mais arriscada (*junior*) da obrigação secavam, uma vez que os devedores hipotecários se furtavam às suas dívidas, os investidores nas tranches mais seguras se assustavam e desfaziam-se dos seus ativos no âmbito da busca geral de liquidez. O que em teoria não estava correlacionado tornou-se, na prática, extremamente correlacionado. Para piorar as coisas estavam os contratos (de seguro) CDS anexos aos CDOs que pagariam se o instrumento financeiro fosse inadimplente. Se esses pedidos de indenização se dessem em massa, a insolvência de todo o sistema surgia como uma nítida possibilidade. Assim, quando o escopo de proteção dos CDS subscritos pelo Lehman e subscritos sobre o Lehman por empresas como a AIG se tornou evidente, não só os mercados se assustaram, como o Estado começou pela primeira vez a considerar o problema sistêmico e não idiossincrático, e o "grande demais para falir" se tornou uma realidade.

Em suma, criou-se uma teia de riscos mal avaliados, com o preço fixado em zero, entre o sistema bancário "normal" e o sistema bancário sombra através das ligações despercebidas entre títulos hipotecários e CDS que ampliou a correlação grosseiramente subestimada existente entre ativos. Um problema que começara no mercado de operações compromissadas em 2007 já não se limitava a ele. A crise disseminou-se globalmente quando os investidores procuraram a proteção da liquidez, mas não conseguiram encontrá-la. Do mesmo modo que as exportações de um país dependem das importações de outro país, também a liquidez de um banco depende da disponibilidade de outro banco para se tornar ilíquido. E nesse momento ninguém queria estar ilíquido.

Note-se mais uma vez que isto não tinha nada a ver com o Estado (para além do fato de os Estados terem optado por não regular os mercados de derivativos — uma causa apenas por omissão) nem com a moralidade individual. O comportamento do todo não era redutível à soma das partes. Em vez de reduzirem a correlação, estes ativos complexos ampliaram uma crise de liquidez já presente que tivera origem meses antes no mercado de operações compromissadas. "Grande demais para falir" foi o resultado inevitável de instituições altamente alavancadas descobrirem que toda a liquidez do mundo podia, na realidade, secar ao mesmo tempo.

A primeira persiana: Tail Risk

Então, por que ninguém percebeu isso a caminho? A rainha Elizabeth II fez essa pergunta aos economistas reunidos na London School of Economics, em 2009, que, tal como os analistas de todo o mundo, não tinham se dado conta da chegada da crise. A resposta está no modo como os bancos medem e gerem o risco, o terceiro dos nossos elementos aparentemente não relacionados que em conjunto geraram a crise e são, essencialmente, falhas do setor privado, e não do setor público. As falhas das operações compromissadas podem tê-la iniciado e os derivativos podem tê-la ampliado, mas para ser apanhado de surpresa por uma crise desta dimensão é preciso ter uma teoria do risco que desde logo negue que podem acontecer efeitos catastróficos e depois deixar inteiramente ao setor privado, com interesses próprios, a gestão desse risco. Infelizmente, quase todo o sistema financeiro global funcionava exatamente com base nessa teoria de gestão do risco.

A primeira e mais básica técnica de gestão do risco em finanças chama-se "diversificação da carteira", que tenta garantir que a carteira de ativos não seja excessivamente exposta a qualquer fonte individual de risco, exceto por opção consciente. Uma maneira de diversificar é tentar não comprar os mesmos ativos que todo mundo. Em vez disso, compre ativos diferentes, de preferência ativos que não estejam correlacionados ou até que estejam correlacionados negativamente com os ativos das outras pessoas[61]. A segunda técnica é a proteção. Em vez de depender simplesmente de correlações passivas que existem para

[61] Diversificação é mais do que "não pôr os ovos todos na mesma cesta". Uma boa diversificação procura juntar ativos que não estão correlacionados ou estão negativamente correlacionados com outros ativos em uma carteira. Ainda é de esperar que os ativos não correlacionados rendam mais do que se poderia esperar obter depositando dinheiro em uma conta à ordem, a ponto de valer a pena arriscar dinheiro

garantir a sua segurança, como a relação inversa que normalmente prevalece entre o dólar dos EUA e o euro, os bancos podem adotar estratégias particulares, ou negociar instrumentos derivados com características específicas, de modo que os ganhos de um conjunto de exposições cubram (e protejam) quaisquer prejuízos de outro[62].

Em princípio, então, uma combinação de diversificação da carteira e proteção — se adequadamente executada em um determinado ambiente de mercado — manterá no mínimo os investimentos seguros. Acha que o mercado vai baixar? Faça uma venda descoberta de um ativo (aproveite uma queda do preço das ações pedindo a ação emprestada mediante uma comissão, vendendo-a, e comprando-a depois de novo quando estiver mais barata) e adquira uma posição longa (comprar e guardar) em um ativo não correlacionado como proteção. Quer se beneficiar da subida do mercado? Use opções (o direito de comprar ou vender um ativo a um preço predeterminado) para aumentar a alavancagem (ampliar a aposta) adquirindo ao mesmo tempo uma posição curta como proteção. Mas se não é preciso mais nada para estar seguro, e talvez até para ganhar dinheiro, por que é que os bancos não viram a crise que aí vinha? Para responder a esta pergunta, é preciso voltar ao filósofo Nassim Nicolas Taleb.

Os cisnes negros de Taleb

Um refrão vulgar quando a crise atacou era que ninguém *podia* prevê-la. Era o equivalente financeiro do meteorito que exterminou os dinossauros. Toda a diversificação e todas as estratégias de proteção que se pressupunha que impedissem que os bancos se descontrolassem, como diz o diretor financeiro do Goldman Sachs, David Viniar,

---

e incluí-los numa carteira. Além disso, os ativos não correlacionados não dão esses retornos de modo sincronizado: não têm de subir e cair no mesmo momento.

[62] Há, porém, limites a ambas as estratégias. Especificamente, se todos tentarem se tornar completamente diversificados, então, paradoxalmente, acabarão por comprar mais ou menos os mesmos ativos, e por usar as mesmas proteções para cobrir as suas exposições, que foi o que aconteceu em 2006. As suas carteiras individuais devem ser diversificadas se a soma dessas carteiras não for diversificada. É por isso que o chamado "risco sistêmico", que é em parte o risco que não se pode diversificar, nunca desaparece. Encontraremos isto em breve.

foram apanhadas de surpresa por "25 movimentos do desvio-padrão, vários dias seguidos"[63]. Isto é semelhante à declaração de "evento sigma 10" feito por John Meriwether quando o seu fundo de cobertura, Long Term Capital Management (LTCM), explodiu em 1998[64].

Estes sigmas referem-se ao número de desvios-padrão em relação à média de uma distribuição de probabilidade em que ocorrerá, probabilisticamente falando, um resultado, sendo cada sigma (número) mais elevado ou menos provável do que o anterior. Segundo o Sr. Viniar, o que aconteceu em 2008 foi "comparável a ganhar a loteria 21 ou 22 vezes seguidas"[65]. O sigma 10 da LTCM em 1998 foi igualmente um evento que deveria ter ocorrido mais ou menos umas três vezes na vida do universo. O fato desses dois eventos terem acontecido no espaço de apenas nove anos mostra que essas afirmações são um disparate. Também nos diz que Nassim Taleb tem um enorme problema com a ideia de gestão de risco e engenharia financeira.

As afirmações acerca de sigmas referem-se normalmente a uma distribuição de probabilidade "normal". A forma da distribuição é importante. Se a forma for "normal", corresponde ao que se chama uma "distribuição gaussiana", a curva clássica em forma de sino, em que a maior parte da ação está no meio da distribuição e é tanto menos provável ocorrer quanto mais nos aproximarmos das caudas (ver figura 2.1).

[63] Peter T. Larsen, "Goldman Pays the Price of Being Big", *Financial Times,* 13 de agosto de 2007, citado em Dowd *et al.*, "How Unlucky Is 25-Sigma", University College Dublin, Centre for Financial Markets, série documento de trabalho WP-08-04 (2008):1, http://irserver.ucd.ie/bitstream/handle/10 197/1175/WP-08-04.pdf;jsessionid=0973D543CCE4C7590E24E76 120BDEC64?sequence=1.

[64] Roger Lowenstein, "When Genius Failed (Nova Iorque: Random House, 2000), 126-127.

[65] Dowd *et al.*, "How Unlucky Is 25-Sigma", 5.

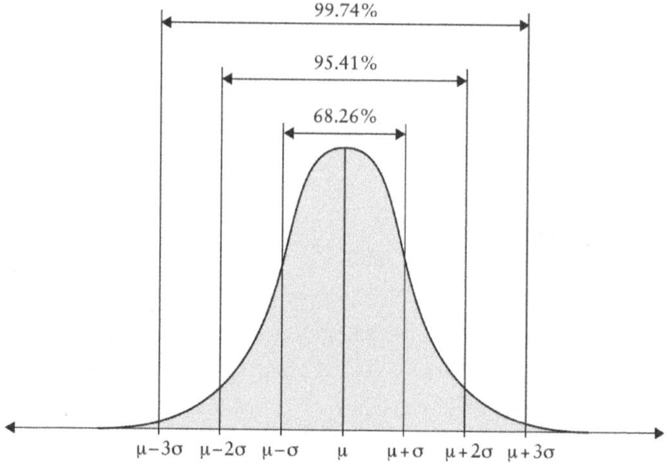

Figura 2.1

Para compreender a razão por que isto é importante, imagine que analisamos a altura de 10 mil adultos selecionados aleatoriamente. Descobrimos que a maioria das pessoas tem entre 1,52 e 1,83 metros de altura, que muito menos pessoas têm 2,13 metros ou 91 cm e que ninguém na nossa amostra está fora desse intervalo. Sabendo isto, podemos determinar a probabilidade de qualquer pessoa de determinado tamanho estar perto da média da distribuição. Em uma distribuição normal, um desvio de um sigma significa que há uma probabilidade de 68% dessa pessoa estar perto da altura média. Dois sigmas traduzem-se numa probabilidade de 95% de estar perto da média, etc., até às caudas (muito) magras, em que nunca ninguém tem 2,44 metros de altura. À medida que os números crescem, a probabilidade de encontrar alguém de um tamanho tão extremo torna-se exponencialmente menor. A possibilidade de alguém cair completamente fora da amostra torna-se tão improvável que basicamente pode se esquecer isso.

Mude-se a variável de altura para probabilidade de calote e pode-se verificar como uma tal maneira de pensar acerca da probabilidade de futuros eventos podia ser de grande utilidade para os bancos quando tentassem ajustar as suas carteiras e posições ao risco. A técnica que permitia aos bancos fazer isso é conhecida como Valor em Risco (VaR), que faz parte de uma classe mais ampla de modelos matemáticos destinados a ajudar os bancos a gerir o risco. O que o VaR gera é um número (um número de VaR) de quanto uma firma pode ganhar ou perder em um único negócio. Somando números de VaR, pode se calcular a exposição total de uma firma. Veja o seguinte exemplo.

O que era o pior que poderia ter acontecido ao mercado imobiliário dos EUA em 2008? Tal como no exemplo da altura, a resposta depende de uma amostra de dados que calibre o modelo. Antes de 2007, o pior período de recessão de que as empresas tinham dados foi o resultado dos calotes de hipotecas no Texas na década de 1980, quando as casas perderam 40% do seu valor. Pegue-se estes dados como parâmetro-limite, ou como o máximo onde chega a cauda antes do sigma se tornar demasiado grande para ser imaginável, e concluirá, dado o pressuposto de uma distribuição normal dos acontecimentos, que a probabilidade de *todas* as hipotecas da sua carteira perderem mais de 40% do seu valor ao mesmo tempo é ridiculamente pequena. Tão pequena, de fato, que pode ignorá-la. Na verdade, a probabilidade de todos os seus valores mobiliários hipotecários correrem mal ou de um grande banco falir é absurdamente pequena, sigma 10 ou mais, *desde que pense que a distribuição de probabilidade que enfrenta é normalmente distribuída.* O seu número de VaR, uma vez calculado, refletiria isso.

Nassim Taleb nunca embarcou nesta linha de pensamento. Já era crítico dos modelos de VaR desde 1997, argumentando que subestimavam sistematicamente a probabilidade de acontecimentos de elevado impacto e baixa probabilidade. Argumentava que as caudas magras dos gaussianos funcionavam com a altura, mas não com a finança, em que as caudas eram "gordas". As probabilidades associadas a caudas gordas não se tornam exponencialmente mais pequenas, pelo que os eventos discrepantes são muito mais frequentes do que o seu modelo nos permite imaginar. É por isso que na realidade os eventos sigma 10 acontecem no espaço de nove anos.

O livro de Taleb *O Cisne Negro* de 2006, publicado antes da crise, transformou estas críticas ao VaR em um ataque aberto ao modo como os bancos e os governos pensam acerca do risco. Taleb fazia essencialmente a seguinte pergunta: o que aconteceria se você encontrasse uma pessoa com 2,60 metros de altura depois de analisar 10 mil pessoas que eram mais baixas? Poderia dizer com confiança, uma vez que nunca nos deparamos com uma pessoa assim, que essa pessoa não existe. Conhecê-la seria um evento sigma 10. Taleb apostaria contra, e você perderia porque na finança não há como saber se você não irá se deparar com algo equivalente a uma pessoa de 2,60 metros de altura.

Fundamental aqui é a questão da experiência observacional. Se você não esteve por aqui durante um terço da vida do universo (sigma 10), como pode saber o que é possível nesse período de tempo? É a distribuição presumida que lhe diz o que é possível e não a sua experiência. Voltando ao exemplo da altura, só porque o seu modelo calcula que não existe uma pessoa com 2,44 metros de altura, não decorre daí que esta não exista mesmo e que não irá se deparar com ela. No exemplo de Taleb, todos os cisnes eram brancos até os europeus irem à Austrália e descobrirem cisnes-negros. A sua amostragem exaustiva, plurianual e plurilocal de todos os cisnes convencera os europeus de que todos os cisnes eram brancos — até deixarem de ser. Nada na sua amostra anterior, independentemente do grau em que era completa, podia ter-lhes dito que ia aparecer um cisne-negro. Então, como é que nos protegemos contra riscos que não constam na nossa amostra? Como é que podemos saber o que é incognoscível até acontecer? A resposta é que, basicamente, não podemos e, se pensamos que podemos, estamos nos sujeitando a uma queda.

Contando as balas

Uma maneira de pensar no problema é imaginar que se está jogando um jogo de roleta russa. A maioria das pessoas preferiria não jogar esse jogo quando essa opção lhe fosse oferecida porque o quociente risco-recompensa é demasiado elevado, o que está correto se presumirmos o cenário clássico de "uma bala e seis câmaras na pistola". E se eu tiver uma informação que você não tem, derivada de um modelo matemático chamado "Brains at Risk" (BaR), que me diz que a arma tem mais um bilhão de câmaras e apenas uma bala, e que posso saber onde está a bala por amostragem (puxando o gatilho milhões de vezes)? Digamos também que de cada vez que puxar o gatilho recebo US$ 100. Disparo uma vez e fico US$ 100 mais rico, pelo que volto a disparar. À hora do almoço, sou milionário e tornei-me confiante. Em termos de cálculo do risco que enfrento, cada "disparo sem estrondo" é uma informação acerca da distribuição de probabilidade. À medida que faço mais amostragens (disparos), torno-me mais confiante quanto à forma da distribuição. Penso que estou gerando uma previsão mais precisa do local onde se encontra a bala a cada informação (disparo), exatamente até ao momento em que arrebento com os miolos. Deparei com um cisne-negro: uma probabilidade baixa (dada a amostra e a distribuição presumida) e o evento de elevado impacto.

O VaR e as técnicas associadas tomam o passado como amostra para prever o futuro, e dessa informação derivamos teorias acerca do modo como o futuro deveria se desenrolar com base em nossas expectativas de distribuição de probabilidade e não em nossas experiências reais do mundo. Também presumimos que mais informação é melhor do que menos informação, independentemente do modo como é gerada, e por isso acreditamos que quanto mais amostragem fizermos, mais convergimos para o mundo "tal como ele realmente é". Mas na realidade não o fazemos. Em vez disso, presumimos muito mais estabilidade do que se justifica — simplesmente porque a arma ainda não disparou. Como *O Cisne Negro* nos diz, somos atingidos por acontecimentos que a nossa amostra não poderia ter avisado exatamente.

O que o VaR e modelos similares nos fazem esquecer é que não vemos os geradores de realidade (o número de câmaras de uma pistola), mas apenas os seus resultados (os cliques do gatilho), e em consequência subestimamos largamente os resultados que enfrentamos, a maioria dos quais são decididamente negativos. Pensamos que vemos os geradores, o que causa as coisas, mas não vemos. Em vez disso, temos teorias acerca do que causa as coisas e agimos com base nessas teorias, ações que, como mostra o exemplo da roleta russa, tendem a acabar abruptamente e mal.

Apliquemos a ideia do cisne-negro à gestão de risco nos bancos em 2008. Consideremos um conjunto de dados compreendendo retornos para o sistema bancário ocidental. Para obter uma média de série temporal mensal de rentabilidade do setor financeiro desde junho de 1947 até junho de 2007, podia-se falar com algum grau de precisão acerca da taxa média de retorno, do desvio "padrão" e todo o resto, até junho de 2007. Mas se incluirmos os retornos de julho 2007 até dezembro de 2008, teremos incluído uma discrepância tão grande que fará estourar os nossos indicadores históricos anteriores. Nada em nosso VaR ou em outras análises pode nos dizer que um acontecimento está para ocorrer. O risco está na cauda, e não no meio da distribuição, e é enorme. Tal como o bêbado proverbial à procura das chaves apenas debaixo do poste de iluminação, somos levados a ver distribuições "normais" em mundos decididamente não normais porque é aí que encontramos luz.

Portanto, parte da razão pela qual ninguém viu a crise se aproximar reside nos próprios modelos que os bancos usavam para ver as coisas que estavam vindo. Esses modelos apenas veem o futuro como uma réplica normalmente distribuída do passado. Isso torna impossível prever grandes acontecimentos aleatórios que alteram o jogo, quando de fato são acontecimentos absolutamente vulgares. Essas técnicas nos dão, como diz Taleb, a ilusão do controle. Pensávamos que estávamos diversificados e protegidos. Pensávamos que estávamos correndo poucos riscos, quando eles estavam, de fato, a crescer exponencialmente, logo abaixo da superfície, prontos para explodir. É por isso que os acontecimentos de 2007 e 2008 pareceram aos agentes ser sigma 10 e até sigma 25, mas o que realmente mostra é que os modelos usados eram piores e imprecisos. Como diz Andy Haldane, do Banco da Inglaterra, "esses modelos eram ao mesmo tempo muito precisos e muito equivocados[66]". Juntem-se técnicas de gestão cegas para o *tail risk* a um ciclo ampliado pelos derivativos e aumentado

[66] Andrew Haldane, "Why Banks Failed the Stress Test", (discurso na Marcus-Evans Conference on Stress-Testing, Londres, 9-10 de fevereiro de 2009).

pela alavancagem no mercado de operações compromissadas e acaba-se com uma confusão infernal de bilhões de dólares. Não só não vimos que se aproximava, como também não vimos o que se aproximava porque desde logo não pensávamos que isso fosse possível.

Note-se mais uma vez que nada disto tem seja o que for a ver com os hábitos de despesa do Estado nem com a moralidade individual. As causas são mais uma vez sistêmicas e decorrem da interação das partes para produzir um resultado que para elas é irredutível. Por que as pessoas têm tanta fé em uma técnica que esconde o risco em vez de medi-lo? Para responder a esta pergunta, temos que tratar da causa mais profunda da crise — a razão por que ninguém a viu aproximar-se: as teorias de uma geração de pensadores econômicos que sempre viram apenas os mercados como bons e o Estado como mau, no que nos leva de volta à economia como história de moralidade.

A segunda persiana: o poder político das ideias financeiras

Temos tendência para ver a teoria econômica como o manual de instruções para fazer funcionar a economia[67]. Tal como as instruções que vêm com uma mesa de jantar da IKEA, a teoria informa que a caixa que diz "economia" contém X coisas que se encaixam pela ordem Y. Ignore o manual de instruções e a sua mesa de jantar econômica da IKEA não ficará lá muito bem montada. Esta visão encara a teoria econômica como aquilo a que os filósofos chamam de uma "teoria da correspondência" do mundo. Seja o que for que o manual de instruções (teoria) diga acerca da mesa (realidade), é verdade para todas as mesas (Estados do mundo) independentemente do local e

[67] Três livros recentes fizeram muito para nos mostrar como as ideias que constituem a finança moderna, a sua estrutura teórica, eram uma parte enorme do que correu mal. "The Myth of the Rational Market", de Justin Fox (2009), *How Markets Fail,* de Joyhn Cassidy (2009), e "Zombie Economics, de John Quiggin (2010) mostram com grande pormenor como foi construída a teoria econômica dos últimos trinta anos, o que presumia acerca do mundo, e por que razão essas ideias falharam na crise de 2007-2008. No que se segue, valho-me da obra deles e da minha própria obra anterior sobre esse assunto. O que enfatizo aqui, e acrescento à discussão deles, é o papel que a teoria econômica desempenha para dar estabilidade e promover a instabilidade no sistema financeiro.

do momento em que se aplicar a informação. Mas e se as teorias econômicas forem menos perfeitas do que essas correspondências do mundo? E se o nosso conhecimento da economia se tornar menos relevante ao longo do tempo na medida em que o mundo muda enquanto a teoria se mantém igual? A nossa teoria corresponderia, então, menos com o tempo, tornando-se, entretanto, um manual de instruções menos confiante.

A teoria econômica, para o melhor e para o pior, dá esquemas para as regras e as instituições que construímos para fazer funcionar a economia. Por exemplo, se acreditarmos que o VaR proporciona um modelo adequado de gestão do risco, talvez se argumente que os bancos deveriam ser autorizados a gerir os seus próprios riscos com os seus próprios modelos, como as chamadas "regras de adequação de capital" propostas em Basileia II que governam as exigências de capital bancário de reserva, as quais foram em grande medida redigidas pelos próprios bancos, discutidas e zelosamente postas em prática pelos governos. Ou, caso o problema econômico número um seja sempre e em toda a parte a inflação, provavelmente irão defender que os bancos centrais independentes atem as mãos dos políticos sem consciência que, erroneamente, têm tendência a ouvir os que os elegeram. Mas se esses esquemas institucionais forem imperfeitos ou se essas regras estiverem erradas devido a teoria de que derivam diferir do modo como o mundo realmente se comporta, os nossos manuais de instruções podem produzir instituições muito mais frágeis do que gostaríamos.

Finalmente, as teorias econômicas também são parciais e rivais na medida em que diferentes ideias econômicas contêm em si justificações para diferentes distribuições de recursos. Por exemplo, como veremos no capítulo 4, tanto a teoria econômica neoliberal contemporânea como a liberal clássica se concentram no nível micro do lado da oferta da economia; isto é, no modo como a poupança leva ao investimento, transferindo ao emprego e aos salários ao comprarem os produtos fabricados pelos próprios trabalhadores. Isso que leva, por sua vez, aos lucros reinvestidos na firma. Sem investimento não há demanda nem consumo. A economia keynesiana, pelo contrário, argumenta que o consumo gera investimento, e não poupança. Para os keynesianos, é o mundo macro dos agregados (rendimento, consumo) e o lado da demanda que importa. Em um mundo keynesiano, os consumidores, e não os investidores, são os heróis porque as exigências do consumidor determinam o que os investidores fornecem. Sem demanda, não há investimento. Dadas estas "visões rivais da sociedade de mercado", como disse uma vez o economista Albert Hirschman, quem é que deve ter, por exemplo, um corte de impostos? O keynesiano quer dá-lo aos pobres de modo que gastem já para impulsionar a demanda e o consumo. Entretanto, o neoliberal quer dá-lo ao rico para investir sensatamente. Como tal, diferentes teorias dão e retiram poder a diferentes grupos políticos e econômicos.

A teoria econômica é, então, ao mesmo tempo muito mais do que um manual de instruções. É mais porque é causalmente importante no mundo e não apenas um reflexo correspondente a ele — é, na linguagem da economia, endógena a ele. Diferentes teorias dizem-nos que regras adotar, que políticas seguir e como projetar as instituições, proporcionando diferentes compensações para grupos diferentes e, alterando o mundo que as teorias visam mapear. Mas a teoria econômica também é muito menos do que um manual de instruções por causa da natureza parcial de várias teorias e do modo incompleto como mapeiam o mundo que ambicionam descrever. Na verdade, se acabarem por estar muito em contradição com o mundo tal como ele realmente se comporta, a liquidez, a correlação e *tail risk* são eles próprios, em última análise, derivados dessa história mais ampla do fracasso das nossas ideias acerca do modo como a economia funciona. São os instrumentos através dos quais "vemos" a economia e as ferramentas que usamos para atuar dentro dela, que é a razão final pela qual não vimos a crise se aproximar. Se o pensamento do VaR tornou a crise estatisticamente impossível, as nossas ideias acerca do modo como os mercados funcionam tornaram-na teoricamente impossível, até acontecer[68].

[68] Como diz a velha anedota, um economista é alguém que vê uma coisa acontecer no mundo e depois pergunta se em teoria é verdade.

O modo como pensamos hoje em dia nos mercados financeiros é consequência da revolução na teoria macroeconômica que ocorreu na década de 1970, quando, segundo os padrões da época, se considerava que o velho modo de pensar o mundo, a macroeconomia keynesiana, não passava em um teste crítico do mundo real. Na década de 1960, o keynesianismo tinha, pelo menos na mente dos políticos, sido reduzido a uma relação estatística chamada "curva de Phillips" (ver figura 2.2). A curva de Phillips visava mostrar que a relação entre a taxa de alteração de preços e salários em um período longo era estatisticamente estável: uma determinada taxa de inflação (salários/preços) correspondia a um dado nível de emprego. Isso implicava que os políticos pudessem "escolher" um ponto da curva de que gostassem (digamos, inflação de x por cento a troco de uma percentagem y de desemprego) e levassem a economia para esse ponto através de uma gestão fiscal ativa. Era esse o manual de instruções da época.

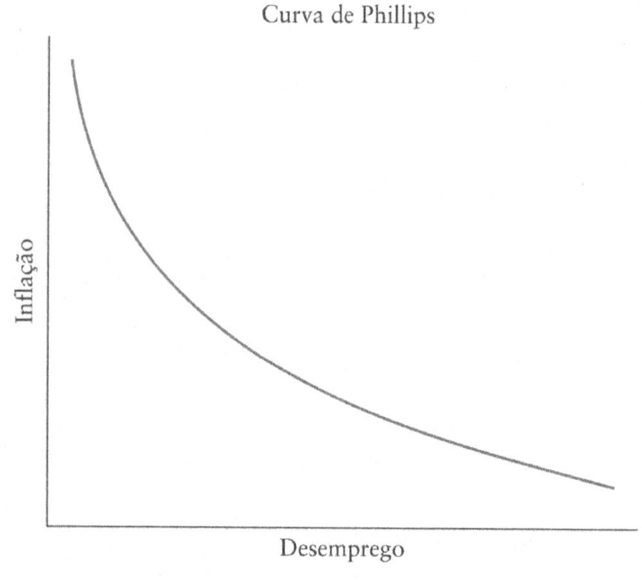

Figura 2.2

Em vez do compromisso entre inflação e emprego, a economia de meados da década de 1970 parecia permutar inflação e desemprego em um fenômeno chamado "estagflação", em que salários/preços (inflação) e desemprego subiam ao mesmo tempo. Isso desferiu um grave golpe na credibilidade das ideias keynesianas porque parecia mostrar que desemprego e inflação podiam coexistir, o que era extremamente improvável na teoria keynesiana[69]. Também criou uma oportunidade para economistas então marginalizados, que nunca tinham gostado do manual de instruções keynesiano por causa de suas implicações distributivas e da concentração em agregados e não nos indivíduos, escreverem um novo manual. Em suma, o mundo era considerado uma variância, e o manual de instruções tinha de ser reescrito.

O novo manual de instruções, que viria a ser conhecido como economia "neoclássica" ou, mais popularmente, "neoliberal", era bastante técnico, mas basicamente partia da premissa de que as pessoas não eram os empresários de vistas curtas, motivados pelo espírito animalesco satirizado por Keynes, mas antes processadores de informação superinteligentes[70]. A nova abordagem desconfiava de tudo o que fosse maior do que o indivíduo, insistindo que os relatos do comportamento de agregados como "mercados financeiros" tinham de se basear em relatos anteriores do comportamento dos indivíduos (investidores, empresas, fundos) que os constituíam, e que qualquer teoria do comportamento de agregados tem de ser gerada a partir dos dois principais pressupostos desta nova economia neoclássica: de que os indivíduos são agentes interessados que maximizam os interesses dos mercados[71].

[69] Ver Mark Blyth, "Great Transformations: Economic Ideas and Political Change in the Twentieth Century" (Cambridge: Cambridge University Press, 2002); e Blyth, "When Liberalisms Change: Comparing the Politics of Deflations and Inflations", em "Neoliberalism, National and Regional Experiments with Global Ideas, ed. Arthur T. Denzau, Thomas C. Willett e Ravi K. Roy (Londres e Nova Iorque: Routledge, 2006), 71-97.

[70] Isto foi resumido na seguinte brincadeira atribuída a Keynes. Quando um jornalista perguntou "Se os homens são tão estúpidos como pensa, como é que fazem lucro?", Keynes respondeu: "É fácil. Concorrem com outros empresários".

[71] Essa análise foi chamada de crítica das microfundações e foi inicialmente proposta por economistas como Robert E. Lucas e Robert J. Barro.

De acordo com este novo ponto de vista, o manual de instruções keynesiano tem, de alguma forma, de considerar que as pessoas estão sempre sendo enganadas pela política governamental; de outro modo, veriam a política que viria e a antecipariam em suas decisões, eliminando assim os seus efeitos nas variáveis reais — chamadas "expectativas" ou efeitos "de equivalência ricardiana". Por exemplo, se eu souber que os democratas gostam de gastar dinheiro e que o dinheiro que eles gostam de gastar é o dos meus impostos, alterarei as minhas decisões de investimento antes que os democratas cheguem ao poder, para proteger o meu dinheiro. Assim, se os indivíduos realmente investissem corretamente, como esta nova teoria sugeria, as pessoas com tendência crônica para errar seriam eliminadas do mercado, o que criaria um mundo em que todos os atores no mercado partilhariam o mesmo modelo verdadeiro da economia. Consequentemente, o governo não pode fazer nada a não ser estragar as coisas atravessando-se no caminho. Se as deixarem em paz com informação pública e precisa, as expectativas dessas pessoas acerca de possíveis futuros estados da economia convergirão e promoverão um equilíbrio estável que se impõe por si mesmo.

Dado tudo isto, é de se esperar que indivíduos aleatórios nos mercados cometam erros, mas os erros sistemáticos dos mercados são *impossíveis* porque o mercado é simplesmente o reflexo de escolhas ótimas individuais que, juntas, produzem "o preço certo". As expectativas de futuro dos agentes, na nova linguagem clássica, serão racionais, e não aleatórias, e o preço dado pelo mercado nessas condições será "o preço certo" que corresponde ao verdadeiro valor do ativo em questão. Os mercados são eficientes no agregado se as suas composições individuais forem eficientes, o que são apenas por definição. Este mundo era, de fato, ecoando o Dr. Pangloss, o melhor dos mundos possíveis.

Como assinalou John Eatwell há muito tempo, estas ideias, formalizadas como Hipótese dos Mercados Eficientes (EMH, em inglês) e a Hipótese das Expectativas Racionais (RATEX, em inglês) são tão importantes politicamente como teoricamente, pois tomadas em conjunto sustentam que os mercados livres e integrados não são apenas uma boa maneira de organizar mercados financeiros, *são a única maneira*. Qualquer outra maneira é patológica. Na verdade, talvez você tenha reparado que o Estado, juntamente com o ciclo econômico, *booms*, colapsos, desemprego e regulação financeira, não se veem em parte alguma. Na medida em que o Estado tiver um papel a desempenhar, esse papel corresponde a "não fazer nada", uma vez que fazer alguma coisa só produzirá distorções de preço que perturbarão a eficiência do mercado.

A finança gostou bastante destas ideias porque justificavam que se deixasse o sistema financeiro fazer o que lhe apetecesse, uma vez que, à parte a fraude deliberada e descontando a manipulação das assimetrias de informação (em que o banco sabe mais do que nós, o que leva a *insider trading*), a finança não podia, por definição, errar. Se você acha que os mercados funcionam assim, a própria noção de regular a finança torna-se um absurdo. Atores com interesses próprios, sejam indivíduos ou empresas financeiras, atuando em um mercado eficiente, tomarão ótimas decisões negociais e esses resultados melhorarão o bem-estar de todos. Se você acha que os mercados funcionam assim, decorre daí que o risco é calculável, repartível, negociável e mais bem suportado por investidores racionais que saibam o que estão comprando. O único verdadeiro problema político passa a ser como evitar o risco moral. Isto é, se as instituições fizerem individualmente más apostas e falirem, resgatá-las só encoraja outras empresas a presumir que também serão resgatadas; portanto, não resgatem ninguém. Em suma, o risco é individual e o melhor é deixar a regulação aos próprios bancos (uma vez que são os únicos com "a própria pele em jogo", qualquer coisa em que se meterem é boa para todos), e desde que não se comece a resgatá-los, estará tudo bem. Não há setor público, apenas setor privado, e está tudo em equilíbrio.

Problemas com o novo manual de instruções

O problema do novo manual de instruções foi que, vendo apenas equilíbrio e eficiência nas decisões negociais de atores supertalentosos, ignora a possibilidade de aparecer uma crise vinda de qualquer origem que não seja o risco moral ou algum grande choque político exógeno e normalmente induzido pelo Estado[72]. Pura e simplesmente não podia imaginar que o entrosamento de elementos que apenas se destinavam a tornar o mundo seguro, como os títulos hipotecários, os CDS e os modelos de risco dos bancos, pudesse tornar o mundo espantosamente menos seguro.

Mais uma vez, o erro desta lógica foi a expectativa de que o todo não pudesse ser diferente das partes que o compunham, de que a negação de falácias da composição voltasse a nos assombrar[73]. A insistência neoclássica em basear tudo no micro sugeria que se tornassem as partes seguras (cada banco armado com os modelos de risco certos), tornava-se o todo (o sistema bancário) seguro. Mas acontece que o todo era bastante diferente da soma das suas partes porque a interação das partes produziu resultados a milhas de distância das expectativas do manual de instruções, um manual que estava, em primeiro lugar, bastante errado a respeito do mundo.

A crise profunda foi, então, uma crise das ideias que tinham tornado possíveis esses instrumentos e essas instituições. Acreditando no novo manual de instruções, bancos-sombra serviam os bancos reais aumentando a liquidez e ajudando na transferência de risco. Os derivativos tornavam o sistema seguro ao possibilitar que cada um vendesse risco a quem o quisesse comprar, àqueles que estavam em melhor posição para o assumir em virtude de quererem comprá-lo[74]. E presumia-se que os próprios bancos, aqueles que tinham "a própria pele em jogo", era quem melhor podia ajuizar os riscos que estavam a assumir usando modelos desenhados por eles próprios, mesmo que depois se tenha verificado que o problema era precisamente os bancos não terem "a própria pele em jogo", uma vez que estavam tirando tudo o que podiam das contas e a passando para os SIV.

A crise foi, então, muito mais do que a estagflação que desacreditou o keynesianismo, foi uma crise de ideias, uma crise do manual

[72] Daí o apontar o dedo ainda maníaco à Fannie e à Freddie, apesar da sua capacidade de gerar uma crise global sendo igual a zero. Só há uma Fannie e uma Freddie, mas apesar disso temos múltiplos Estados em crise.

[73] O que, como veremos em breve, é o mesmo pensamento que está por trás da política de austeridade.

[74] Que é um pouco como dizer que aqueles que têm um cargo público são os mais qualificados para o ocupar.

de instruções dos últimos trinta anos[75]. A afirmação de que os preços a que os ativos financeiros eram negociados representavam a verdadeira essência econômica, quando o *boom* foi denunciado como sendo uma bolha, foi em grande medida abandonada. As expectativas racionais de investidores sofisticados revelaram-se tacanhas e perseguidoras da bolha, na medida em que a exuberância irracional no lucro deu lugar a um pessimismo desordenado no prejuízo, tal como Keynes prevenira há oitenta anos. Considerar o risco moral o único problema político levou à decisão de deixar falir o Lehman Brothers, que de repente expôs o sistema bancário global ao risco que representavam contratos de CDS não apoiados[76]. Basear os procedimentos de gestão de risco nessas ideias produziu o equivalente financeiro a pilotar um avião com os olhos vendados porque ao prometer um mundo isento de *tail risk*, na realidade, isso preparou o mundo para ser esbofeteado por essas causas.

Mas acima de tudo, o que não podíamos ver que estava por vir era algo que o manual de instruções dizia ser irrelevante, uma forma de risco que não era redutível à soma dos riscos individuais: *risco sistêmico*. O risco sistêmico está sempre presente como resíduo: é o risco que não se pode afastar com diversificação. Mas também emerge de dentro e é ampliado pela interligação de decisões dos agentes individuais de um modo que não é previsível pelo conhecimento dessas decisões individuais. Risco sistêmico, o risco que não se pode prever, a bala na câmara da arma, é o que os diferentes elementos aqui discutidos produziram. O risco sistêmico derrubou o mercado eficiente.

---

[75] Como Andrew Haldane e Robert May defenderam em relação a este conjunto de ideias, aquilo a que chamam "teoria da apreciação dos ativos" "não é uma teoria no sentido normalmente usado nas ciências, mas antes um conjunto de pressupostos idealizados em que se baseia a engenharia financeira; isto é, faz parte do próprio problema". Haldane e May, "Systemic Risk in Banking Ecosystem", *Nature 469* (2011): 352.

[76] No fim, os contratos de CDS do Lehman foram mesmo liquidados, com o Estado por trás de todas as transações. Ver "DTCC Completes Settlement of Lehman CDS Contracts Resulting in $5.2B in Net Fund Transfers", 22 de outubro de 2008. streetinsider.com, http://www.streetinsider.com/Trader+Talk/DTCC+Completes+-Settlement+of+Lehman+CDS+Contracts+Resulting+In+$5.2B+In+Net+Fund+-Transfers/4087312.html.

Mais uma vez, e especialmente a este nível, a crise não teve nada a ver nem com moralidade pessoal nem com libertinagem do Estado. O Estado fora condenado à irrelevância em tudo o que fosse além de tribunais, pesos, medidas e bens de defesa. Tal como não iniciara a corrida das operações compromissadas (repos), o Estado não amplificara o *crash* nem fora o causador da cegueira ao risco e, além disso, também não tinha nada a ver com o desenho do novo manual de instruções. Na verdade, o novo manual de instruções foi desenhado para manter o Estado o mais longe possível dos processos de mercado. A moralidade estava presente, sem dúvida, mas era uma moralidade virada do avesso em que o simples interesse próprio dos atores do mercado financeiro foi considerado a mais positiva das virtudes porque a sua busca levava a resultados ótimos a despeito da intenção moral. A mão invisível de Adam Smith tinha mostrado o dedo médio ao público. Estas novas ideias eram na verdade uma espécie de moralidade, mas de um tipo muito estranho.

O que importava fundamentalmente era o fracasso de um conjunto de ideias que justificava que a finança fizesse o que lhe apetecesse. O que quer que fizesse era por definição a coisa mais eficiente que se podia fazer. Presumia-se que essas ideias fossem "o modo como o mundo funciona". Portanto, quando se verificou que o mundo não funcionava dessa maneira, praticamente não surpreendeu que o resto do edifício se desmoronasse. Para ser claro, essas ideias foram arrasadas por um único acontecimento que até à data custou, uma vez incluída a produção perdida, US$13 trilhões e, em média, um aumento de 40% a 50% da dívida dos Estados atingidos pela crise[77]. Parece ser um preço muito alto para salvar algo que era "grande demais para falir" e que, de partida, não deviria falir, especialmente quando se esperava que fôssemos nós a pagar por isso.

[77] O número de US$ 13 trilhões vem da estimativa dos custos da crise para a economia dos EUA do Better Markets Institute, que é comprovadamente a mais completa até hoje. Ver Better Markets, "The Cost of the Wall Street-Caused Financial Collapse and Ongoing Economic Crisis Is More Than $12.8 Trillion", relatório da Better Markets, 15 de setembro de 2012. http://bettermarkets.com/sites/default/files/Cost% 20Of%20The%20Crisis.pdf.

Fazendo as contas para as finanças: o que isto custou?

Até os melhores dados oficiais sobre quanto custou esta crise são incompletos porque aquilo a que um país chama "recapitalização", outro chama "apoio à liquidez". Algumas medidas de resgate, como garantias do Estado aos ativos de um banco, podem não ter sido executadas, mas ainda estavam em risco. O mesmo se aplica a empréstimos reembolsados pelos bancos depois da crise. No caso dos EUA, o FMI calculou que o montante de apoio do Banco Central prometido foi inicialmente de 12,1% do PIB de 2009, o que corresponde a cerca de US$ 1,75 trilhões. Porém, quando se faz a soma do apoio real do Federal Reserve (Fed) (incluindo acordos de *swap* de divisas com bancos centrais estrangeiros: isto é, entregar os dólares que fossem necessários em troca de moeda local para manter a liquidez do dólar num sistema bancário estrangeiro), o número pode elevar-se a US$ 9 trilhões[78]. O mais recente exercício de contabilidade empreendido pelo Better Markets Institute de Washington, DC, coloca o custo total da crise nos EUA em aproximadamente US$ 13 trilhões, totalmente incorporadas as perdas do PIB[79]. No caso do Reino Unido, o *Fiscal Monitor* do FMI, de novembro de 2009, assinala em nota de rodapé o fato de os números do FMI relativos ao Reino Unido não "incluírem fundos do Tesouro fornecidos para apoiar operações do Banco Central. Isso ascende a... 12,8% [do PIB][80] no Reino Unido". 12% do PIB do Reino Unido gastos na recapitalização bancária pelo Banco de Inglaterra, retirados dos fundos do Tesouro britânico, não é uma coisa insignificante que se exclua do balanço. Mas mostra muito claramente os custos de considerar o sistema bancário "grande demais para falir".

---

[78] Uma boa fonte sobre a composição do balanço do Federal Reserve dos EUA encontra-se em "Factors Affecting Reserve Balances", Conselho de Governadores do Sistema da Reserva Federal, http://www.federalreserve.gov/releases/ha41/.

[79] Better Markets, "The Cost of the Wall Street-Caused Financial Collapse".

[80] Departamento de Assuntos Orçamentários do FMI, "The State of Public Finances Cross-Country Fiscal Monitor: November 2009", 3 de novembro de 2009, 37, http://www.imf.org/external/pubs/ft/spn/2009/spn0925.pdf.

Além disso, temos de nos recordar de que esses custos secundários não voltaram aos bancos na forma de contas a pagar pelos danos causados. Certamente, muito do dinheiro do resgate foi reembolsado em diversos países, mas mais uma vez, como mostram os números do FMI, o custo líquido ainda ultrapassa de longe as somas recuperadas. No fim de 2010, continuava por ser recuperado aproximadamente US$ 1 trilhão pelos Estados que resgataram os seus bancos. Para ter uma indicação segura de quanto isto tudo custou, porém, teríamos que contar com os custos da produção perdida por causa da crise e adicioná-los a estes números.

A produção perdida só entre 2008 e 2011 é, em média, de 8% do PIB nas principais economias. Em alguns casos, como os da Grécia e da Irlanda, os prejuízos são exponencialmente mais pronunciados. Mas a queda das receitas fiscais do Estado que a crise acarreta talvez seja ainda mais significativa porque se conjuga com a perda de PIB. A perda de PIB como a receita perdida acabam por se refletir, primeiro, no déficit orçamentário imediato e, segundo, no aumento da dívida governamental necessária para tapar o buraco. À medida que os chamados "estabilizadores automáticos" entram em cena, com transferências como subsídios de desemprego a crescer ao mesmo tempo que as receitas diminuem, o setor público expande o seu orçamento enquanto o setor privado contrai. Junte-se a isto o incentivo discricionário acrescentado por esses países para evitar colapsos ainda maiores do PIB e da receita e o resultado líquido é o mecanismo mais imediato para a transformação da dívida bancária em dívida do Estado[81]. Mais uma vez, segundo o FMI, do aumento de cerca de 40%, em média, da dívida dos países da OCDE que se espera até 2015, metade foi gerada simplesmente substituindo receitas perdidas quando a receita fiscal proveniente do setor financeiro entrou em colapso[82]. Para ser claro, o Estado tapou um buraco e travou um colapso financeiro. Não cavou um fosso através de despesa extravagante.

---

[81] Como veremos no capítulo 3, também há outros mecanismos menos óbvios em jogo.

[82] "IMF World Economic and Financial Surveys, Fiscal Monitor, Navigating the Challenges Ahead", 14-15. 14 de maio de 2010. http://www.imf.org/external/pubs/ft/fm/2010/fm1001.pdf.

No Reino Unido, em particular, esse colapso das receitas fiscais foi especialmente alarmante uma vez que aproximadamente 25% dos impostos britânicos saíam do setor financeiro. Pouco surpreende, portanto, que a dívida britânica tivesse disparado. Do resto do aumento da dívida governamental, cerca de 35% são o custo direto do resgate dos bancos. Entretanto, esse bode expiatório contra o Estado do crescimento da dívida, o incentivo fiscal, ascende a apenas 12% do total[83]. Portanto, se você quiser culpar os estímulos pela dívida, terá de responder pelos outros 87,5% do efeito que faltam. Isso se vê claramente no aumento dos quocientes de dívida em relação ao PIB nos Estados mais afetados, os chamados PIIGS europeus, apresentados na figura 2.3, desde 2006.

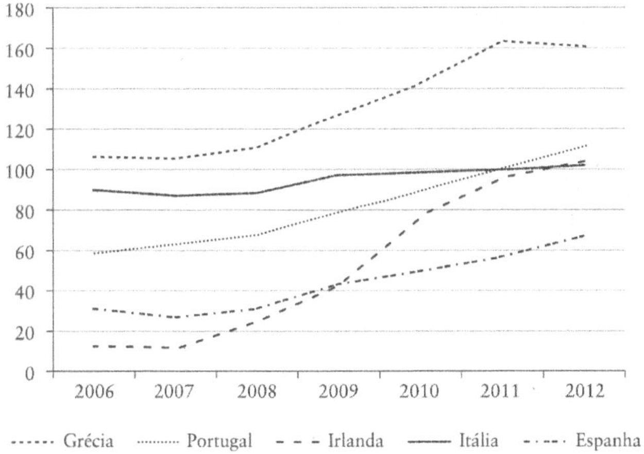

Figura 2.3

Espero que isto demonstre que qualquer narrativa que localize a despesa esbanjadora dos governos antes da crise de 2007 como *causa* da crise é mais do que um simples erro: é malicioso e partidário. De fato, a dívida média dos países da OCDE antes da crise estava descendo e não subindo. O que aconteceu foi que os bancos prometeram crescimento, mas deram prejuízos, e transferiram o custo para o Estado que depois ficou com a culpa de gerar a dívida, e, desde logo, a crise,

[83] *Ibid.*

coisa que, é claro, tem de ser paga com cortes na despesa. Os bancos podem ter tido prejuízos, mas os cidadãos irão pagá-los. Este é um modelo que vemos repetir-se na crise.

Grande demais para falir?

Uma forma simples de ver a decisão de resgatar os bancos dos EUA em vez de deixa-los falir é considerar que há 311 milhões de pessoas nos Estados Unidos. Dessas, 64% tem 16 anos ou mais; cerca de 158 milhões de pessoas trabalham. 72% da população trabalhadora vive do salário, tem pouca ou nenhuma poupança e teria dificuldade em arranjar US$ 2000 no curto prazo[84]. Tanto quanto se pode afirmar, há cerca de 70 milhões de revólveres nos Estados Unidos[85]. Então, o que aconteceria se não houvesse dinheiro nos ATM e os salários não fossem pagos? Era esse o medo. Mas qual era a realidade? Seria o sistema financeiro dos EUA, incluindo os bancos-sombra, os instrumentos opacos, os maus modelos de risco e os esquemas defeituosos, realmente demasiado grandes para falirem? Dar uma resposta definitiva é impossível porque implicaria ter em conta todas as atividades fora do balanço dos bancos em questão, assim como a respectiva exposição a CDS e outras posições derivadas. Isso é extremamente difícil. Porém, olhando só para os ativos, os títulos e os quocientes de alavancagem que constam dos balanços, vê-se claramente por que razão, depois da falência do Lehman Brothers, o Estado pestanejou e gritou "grande demais para falir".

No terceiro trimestre de 2008, o auge da crise, os seis maiores bancos dos EUA, Goldman Sachs, J.P. Morgan, Bank of America, Morgan Stanley, Citigroup e Wells Fargo, tinham no seu conjunto

[84] Ver "Getting Paid in America's Survey Results", National Payroll Week 2010, hettp:// www.nationalpayrollweek.com/documents/2010GettingPaidInAmericaSurveyResults_FINAL.pdf; AnnamariaLusardi, Daniel J. Schneider e Peter Tufano, "Financially Fragile Households", National Bureau of Economic Research, documento de trabalho do NBER n.o 17 072, Cambridge, MA, 11 de maio de 2011 http:// www.nber.org/ papers/W17072; Lawrence Mishel e Heidi Schieroltz "The Sad but True Story of Wages in America', Economic Policy Institute, Washington DC, 15 de março de 2011. http://www.epi.org/publication/the_sad_but_true_story_of_wages_in_america/.

[85] Número de armas tirado de http://en.wikipedia.org/wiki/Gun_violence_ in_the_United_States.

um quociente de ativos em relação ao PIB de 61,61%. Tinham quocientes de alavancagem (ativos/capital) que chegavam a 27 para 1 (Morgan Stanley) ou eram tão baixos como 10 para 1 (Bank of America). Compare isto com o que se passava no Lehman Brothers. O Lehman tinha uma alavancagem de 31 para 1 numa base de ativos de US$ 503,54 bilhões, que é o equivalente a cerca de 3,5% do PIB dos EUA[86]. Se isso não era suficiente para o governo dos Estados Unidos colocar logo as mãos à obra para impedir que o contágio se disseminasse através dos mercados de CDS e de operações compromissadas, a possibilidade de lançar mais de 60% do PIB para a fogueira, o total de ativos do conjunto dos bancos, certamente concentraria o foco coletivo no problema do "grande demais para falir".

Portanto, os bancos foram resgatados e os custos, como vimos, foram suportados, primeiro pelo Estado e, em última instância, pelo contribuinte. Valeu a pena? Esta é uma pergunta ainda mais difícil de discernir, uma vez que "o que poderia ter acontecido" continua a ser uma especulação. Mas se todo o sistema tivesse derretido, como se receou, o custo imediato podia ter sido a soma dos ativos desses bancos, cerca de 61% do PIB, sem contar com os custos secundários em produção perdida, desemprego, e os danos que se podem causar com 70 milhões de revólveres.

A crise começou nos EUA porque este sistema tinha se tornado "grande demais para falir". A atividade bancária havia se transformado desde as suas sonolentas origens do 3-6-3. A desintermediação, a securitização e o crescimento dos mercados de operações compromissadas tornaram o financiamento mais barato e os empréstimos mais abundantes, mas mais arriscados. Pressupunha-se que estes riscos fossem controlados por derivativos financeiros e ferramentas de gestão de risco, mas em vez disso essas tecnologias pareceram ampliar e disseminar, em vez de reduzir e controlar, o risco no sistema. Fomos enganados quanto à possibilidade da crise, na medida em que tanto os reguladores como os regulados aceitaram a lógica dos mercados eficientes, expectativas racionais, equivalência ricardiana e todo o resto como descrição do mundo real em vez de uma teoria

---

[86] Todos os números desta seção vêm de arquivos financeiros dos bancos. Os números do PIB vêm do Eurostat. Encontram-se pormenorizados no capítulo 3.

estilizada acerca do mundo. Como resultado, as partes opacas, mas altamente interdependentes de um sistema complexo foram conjugadas com excesso de confiança na nossa capacidade de gerir risco para produzir um fracasso que o Estado decidiu que tinha de carregar nos ombros. Talvez o preço de US$ 13 trilhões até à data presente fosse um preço que valia a pena pagar? Talvez. Mas só se os custos tivessem sido partilhados segundo a capacidade de pagar e a responsabilidade pelo fracasso, mas não foram.

Como veremos, no próximo capítulo, o que foi uma crise do setor privado foi rebatizado pelas elites políticas e financeiras como uma crise do Estado soberano em uma questão de meses. À primeira vista, parece bastante estranho que isto tenha se imposto como narrativa dominante para explicar a crise nos países europeus. Normalmente, a Europa está politicamente à esquerda dos Estados Unidos, mas em meados de 2010 estava agindo muito à direita, economicamente. A razão básica era a mesma que vimos nos Estados Unidos. Se você acha que era aterrorizador o risco que representavam os bancos enormemente alavancados dos EUA que eram demasiado grandes para falir, pense no seguinte: em novembro de 2011, o Financial Stability Board, um órgão coordenador dos reguladores financeiros nacionais, publicou uma lista de bancos sistemicamente importantes, ou, em outras palavras, a lista dos grandes demais para falirem. Dos vinte e nove bancos nomeados, apenas oito eram bancos dos EUA; dezessete eram europeus. Os europeus conseguiram construir um sistema que é "grande demais para falir", o que constitui a verdadeira razão pela qual um punhado de supostos esquerdistas está espremendo a vida dos seus Estados de Bem-Estar.

Um pensamento final. Desde a crise de 2008, os bancos que se inscrevem na *US Securities and Exchange Commission* atribuíram a si mesmos US$ 2,2 trilhões de indenização[87]. Repito — *desde a crise*. A austeridade é uma ótima política para os bancos, porque as pessoas que irão pagar a confusão não são as mesmas que a fizeram. Isto não pode ser mais verdade do que na Europa. De fato, como veremos a seguir, essa é a verdadeira razão por que todos precisamos ser austeros.

[87] Nassim N. Taleb, "The Great Bank Robbery", *Project Syndicate*, 2 de setembro de 2011, http://www.project-syndicate.org/commentary/the-great-bank-robbery.

CAPÍTULO 3

Europa: grande demais para resgatar? A política de austeridade permanente

É verdade que a Europa, especialmente os países que usam o euro, não vive boa saúde orçamentária. Mas, tal como nos Estados Unidos, não é verdade que isso resulte de uma orgia de endividamento e de despesa pública. Só no caso da Grécia é que a história do esbanjamento é plausível. Pura e simplesmente não se aplica aos outros Estados europeus. Todavia, hoje em dia, só ouvimos falar do esbanjamento do governo grego e dos trabalhadores gregos preguiçosos e sem competitividade como causa radical da chamada "crise da dívida soberana" da Europa[88]. Mais uma vez, saliento "chamada", porque embora os quocientes de dívida em relação ao PIB dos Estados europeus tenham crescido substancialmente desde o início da crise, de uma média de 70% em 2008 para 90% no fim de 2012, esse é o resultado da crise financeira que começou nos Estados Unidos em 2007, atingindo as costas europeias em 2008 e empurrando a economia europeia para a recessão[89]. Tal como aconteceu nos Estados Unidos, a dívida privada de instituições financeiras altamente alavancadas tornou-se dívida pública dos Estados por duas razões, uma já familiar e outra gerada pelo próprio projeto da união monetária europeia.

A causa familiar foi o congelamento em 2008 do sistema bancário global que causou a contração da economia europeia. Enquanto os Estados lutavam para tapar esses buracos orçamentários, a dívida pública ocupou mais uma vez o lugar da dívida privada quando os Estados resgataram e recapitalizaram os seus bancos (em alguns casos), ao mesmo tempo em que os seus estabilizadores automáticos entravam em ação para suportar as suas economias (as receitas fis-

[88] Os gregos trabalham, na realidade, mais horas do que os seus colegas alemães. Ver "Labor Productivity Level in Total Economy", OCDE, procurar "labor forces statitics average hours worked", http://stats.oecd. org/.

[89] Dagmar H. Lojsch, Marta Rodriguez-Vives e Michal Slavik, "The Size and Composition of Government Debt in the Euro Area", Banco Central Europeu, Occasional Paper Series 132, outubro (2011): 15, http:// www.ecb.europa.eu/pub/pdf/scpops(ecbocp132.pdf.

cais caíram enquanto as transferências subiram em todos os casos). Fundos soberanos já carregados de dívida que antes não pareciam arriscados — por exemplo, o quociente de dívida em relação ao PIB da Itália era de mais de 100% em 2001 e ninguém parecia se preocupar — de repente pareciam muito mais arriscados à medida que o seu crescimento abrandava e, como consequência disso, os juros de seus títulos disparavam.

A causa oculta era o papel desempenhado pelos bancos europeus na geração da crise da dívida soberana. No fim de 2008, parecia que os bancos europeus tinham escapado ao pior da crise. À parte alguns bancos alemães e um banco belga aqui ou ali que foram longe demais, o que a Europa teve, disseram em particular políticos alemães, foi "uma crise da banca anglo-saxônica". Como disse o ministro alemão das Finanças, Peter Steinbrück, a verdadeira causa da crise financeira foi "a irresponsável ênfase exagerada no princípio do *laissez-faire*, ao dar às forças do mercado a máxima liberdade possível em relação à regulação estatal, no sistema financeiro anglo-americano[90]". Dizia-se que, em contrapartida, o modelo da atividade bancária europeia era muito mais saudável por causa de suas práticas conservadoras, que não havia necessidade da Europa atirar dinheiro para cima do problema, como os Estados Unidos e o Reino Unido tinham feito. Como disse a chanceler alemã Angela Merkel no fim de 2008, "o dinheiro barato nos Estados Unidos foi um propulsor da crise. (...) Estou profundamente preocupada (...) [com] o reforço desta tendência (...) [e pergunto a mim mesma] se não nos veremos daqui a cinco anos a enfrentar outra vez a mesma crise[91]". Uma vez que pareceu ter passado o ponto crítico de liquidez imediata de 2008, o diagnóstico da crise preferido da potência dominante da Europa era que o problema do continente se devia a uma crise da despesa estatal. A política

[90] Leon Mangasarian, "U.S. Losing Financial Superpower Status, Germany Says", *Bloomberg*, 25 de setembro de 2008, http://www.bloomberg.com/apps/news?pid=newsarchive&sid=ahUuZ8Z5rk DA&refer=germany.

[91] Angela Merkel citada em Abraham Newman, "Flight from Risk: Unified Germany and the Role of Beliefs in the European Response to the Financial Crisis", *German Politics and Society 28*, 2 (verão de 2010): 158. Newman também cita Steinbrück como tendo dito que "está a ser bombeado tanto dinheiro para o mercado que os mercados de capitais poderiam facilmente ser esmagados, o que resultaria em um período global de inflação", *ibid.*

correta era, por isso, fazer cortes nos orçamentos desses Estados periféricos libertinos.

Há apenas um problema neste diagnóstico: está errado. A crise corrente da zona do euro tem, na realidade, muito pouco a ver com a libertinagem orçamentária dos fundos soberanos da periferia, apenas um dos quais, como se assinalou, era significativamente desregrado. Há uma crise nos mercados da dívida soberana europeia: disso não há dúvida. Mas tratá-la como uma crise provocada por consumo alimentado por dívida e despesa extravagante do Estado é confundir correlação (aconteceram ao mesmo tempo) com causa (despesa descontrolada causada pela crise).

Como vimos no caso dos EUA, a crise na Europa não tem quase nada a ver com Estados e tem tudo a ver com mercados. É uma crise do setor privado que se tornou mais uma vez uma responsabilidade do Estado. Não tem quase nada a ver com demasiada despesa do Estado e tem quase tudo a ver com os incentivos que os bancos enfrentaram quando o euro, uma máquina financeira apocalíptica que os europeus construíram para si próprios, foi introduzido. Para perceber porquê, comecemos pela história oficial da crise europeia: como a crise atingiu a Europa, o cisma ideológico acerca da despesa, a descoberta dos PIIGS e da dívida governamental, e o apelo à austeridade. Depois, mudaremos de velocidade e examinaremos a razão pela qual há políticos europeus que andam dizendo conscientemente coisas muito estúpidas; isto é, a razão pela qual escondem a verdadeira história da crise e a verdadeira razão pela qual todos precisamos ser austeros.

A crise atinge a Europa

A maior economia da Europa, a Alemanha, viu os primeiros sinais de problemas aproximarem-se em agosto de 2007 quando o IKB, um banco sediado em Düsseldorf, teve que ser resgatado depois de sofrer prejuízos em seus investimentos em *subprime* dos EUA. Depois desse incidente, pareceu por algum tempo que os bancos alemães tinham evitado a crise, até que o Estado teve que intervir e resgatar o banco Hypo Real Estate em 2008 com os seus empréstimos hipotecários a clientes da Europa do leste. Isso fez soar o alarme de que outros grandes bancos alemães ainda estavam expostos ao leste através de seus empréstimos a bancos austríacos que, por sua vez, emprestaram esse dinheiro, equivalente a 70% do PIB austríaco, a clientes hipotecários da do Leste Europeu cujas divisas estavam perdendo valor rapidamente.

Em resposta, o governo alemão anunciou um fundo para o resgate de bancos de € 500 bilhões no fim de 2008. A Alemanha voltou a ficar nervosa em 2009 quando vários *Landesbanken,* bancos público-privados de desenvolvimento regional da Alemanha, que também tinham, ao que veio a verificar-se, investido em ativos tóxicos dos EUA, tiveram problemas. Mas também trataram facilmente dos seus prejuízos. No fim de 2009, o sistema bancário alemão estava estável, senão saudável. O que preocupava os alemães era que a crise de crédito global afetaria as suas exportações — a sua máquina de crescimento — e não a exposição aos títulos hipotecários *subprime* dos EUA.

Esses receios pareciam justificar-se quando, no quarto trimestre de 2008, as exportações alemãs contribuíram com 8,1% para um total de 9,4% de declínio anualizado do PIB[92]. Em meados de 2009, o Bundesbank previa uma contração do PIB de 6% até ao fim do ano. Uma procura surpreendentemente robusta na Ásia, todavia, compensou os declínios na zona do euro. As exportações alemãs, porém, se recuperaram rapidamente. As encomendas à indústria aumentaram ao longo de 2009, e em agosto a confiança dos investidores tinha atingido o seu ponto mais alto em três anos[93]. A Alemanha, ao que parecia, tinha se esquivado às balas financeiras que vinham dos Estados Unidos. É verdade que a Alemanha tinha o seu próprio programa de incentivos na forma da original troca de automóvel por ferro-velho, um aumento das prestações familiares e, o que é mais significativo, subsídios aos empregadores para não despedirem trabalhadores. Mas ao contrário do Estados Unidos e do Reino

[92] "Economic Report of the President (2010)", U.S. Government Printing Office (Washington DC: Government Printing Office, 2010), 87.

[93] Zentrum für Europäische Wirtschaftsforschung (ZEW), "ZEW Indicator of Economic Sentiment: Optimism Returns", Zentrum für Europäische Wirtschaftsforschung. 18 de agosto de 2009, http://www.zwe.de/en/press/1255/zew-indicator-of-economic-sentiment-optimism-returns.

Unido, não houve necessidade de ligar as bombas de dinheiro para alimentar a recuperação. Não é de se admirar, então, que os alemães parecessem espantados quando os Estados Unidos e o Reino Unido fizeram exatamente o mesmo.

Doze meses keynesianos

Um dos aspectos mais estranhos da transmissão da crise financeira dos Estados Unidos à Europa foi a súbita adoção da economia keynesiana por quase todo mundo, com exceção do Banco Central Europeu (BCE) e do governo alemão. Recordando a discussão do poder político das ideias econômicas, no capítulo 2, talvez você não ache isso muito estranho. Afinal, se a crise financeira punha em cheque, de modo muito público, as ideias nucleares dos mercados eficientes, então substituir essas ideias não deveria ser grande surpresa. Mas se aceitarmos que as ideias econômicas são mais do que manuais de instruções, que defendem diferentes distribuições de riqueza e de poder, e são recursos de poder para atores cujas reivindicações de autoridade e de rendimento dependem de sua credibilidade, então a ideia de desistir delas, especialmente em troca da teoria que esses atores tinham "derrotado" uma geração antes, parece um pouco estranha. A crise pode ter abalado as ideias neoliberais sobre a eficiência dos mercados, mas substituí-las todas pelos incentivos globais keynesianos era uma coisa completamente diferente. Todavia, parece ter sido exatamente o que aconteceu — durante cerca de doze meses.

Uma das principais razões pelas quais o keynesianismo se tornou a política *du jour* foi que desde logo as ideias neoliberais dominantes negavam que uma crise daquelas fosse possível. Portanto, quando se deu, tinha de abrir espaço para ideias que dissessem que esses acontecimentos eram inevitáveis caso se deixasse os mercados regularem a si mesmos, que é a tese keynesiana. Era difícil defender publicamente a lógica dos mercados que corrigem a si mesmos quando era tão óbvio que não estavam a corrigir-se. Na verdade, defensores normais tão tradicionais da causa neoclássica como Eugene Fama, Edward Prescott e Robert Barro, que gozavam anteriormente de proeminência pública, viram-se confinados nas páginas de opinião do *Wall Street Journal*. Ninguém comprava a história de que "o preço está sempre certo/ Estado mau e mercado bom" quando os preços tinham mostrado que estavam erradíssimos e o Estado estava resgatando o mercado. Além disso, a política neoclássica estava inteiramente concentrada em evitar um problema – a inflação –, e em produzir um resultado, preços estáveis. Parecia ter muito pouco a dizer acerca de um mundo em que a deflação era agora a preocupação – e estabilização dos preços significa fazer subir, e não baixar, as expectativas de inflação.

Ajudando estas ideias a vencer estava o fato de, como diziam Henry Farrell e John Quiggin, "haver um significativo grupo keynesiano escondido entre os acadêmicos", que encontrou aliados inesperados[94]. Os economistas neoclássicos e seus companheiros de percurso que estavam a reavaliar publicamente as suas próprias convicções durante a crise, como Martin Feldstein e Richard Posner, juntaram-se a proeminentes economistas keynesianos como Paul Krugman e Joseph Stiglitz na campanha a favor dos incentivos, emprestando novo prestígio às ideias keynesianas. Mesmo instituições internacionais que eram famosas por forçar a austeridade em países em vias de desenvolvimento, como o FMI, começaram a defender que as ferramentas monetárias não bastavam para resolver a crise e que precisava aplicar uma política fiscal ativa e coordenada[95]. Instituições paralelas que daí a pouco montaram um contra-ataque contra as políticas e ideias keynesianas, como o BCE, ficaram, em grande medida, fora da discussão, nessa altura, cedendo o palco aos keynesianos. Finalmente, com todo o sistema global de pagamentos em jogo e uma política de "deixar isso para o mercado" que era insustentável desde que o mercado estava sujeito a triagem, "os governos

---

[94] Henry Farrell e John Quiggin, "Consensus, Dissensus and Economic Ideas: The Rise and Fall of Keynesianism during the Economic Crisis", manuscrito inédito (2011), 16.

[95] Chris Giles e Gillian Tett, "IMF Head in Shock Fiscal Warning", Financial Times, 27 de janeiro de 2008, http://www.ft.com/intl/cms/s/o/106 230bo-cd29-11dc-9b2b-000077bo7658.html#axzz22sXtZh8H; Olivier Blanchard, Giovanni Dell'Ariccia e Paolo Mauro, "Rethinking Macroeconomic Policy", Fundo Monetário Internacional, IMF Staff Position Note (2010), http://www.imf.org/external/pubs/ft/spn/2010/spn1003.pdf.

acabaram rapidamente por acreditar que a política monetária era insuficiente por si só para ajudar a economia real[96]".

Os resultados foram imediatos e dramáticos. Países tão diferentes como o Brasil, a China e os Estados Unidos trataram de estimular as respectivas economias e de travar a contração da atividade econômica. A China liderou com uns colossais 13% do PIB; a Espanha prometeu 7%; e os Estados Unidos empenharam cerca de 5,5% do PIB. Até a Alemanha lançou incentivos de quase 3% do PIB. Se esse dinheiro foi na realidade gasto é uma questão completamente diferente, mas o fato de ser prometido para o fim a que se destinava foi significativo. Como disse Lorde Skidelsky, biógrafo de Keynes, em um livro que celebrava a redescoberta de Keynes em 2009, assistíramos ao "regresso do mestre[97]". O único problema era que na altura em que o mestre regressou, algumas pessoas muito importantes já tinham ido embora: os alemães, seguidos dos britânicos e dos canadenses. O regresso global de Keynes, do começo até o fim, durou apenas um ano.

A ideologia alemã

Por que é que os alemães estavam determinados a travar o regresso do mestre? Citam-se frequentemente três fatores e cada um tem o seu peso. O primeiro é a nevralgia coletiva histórica da Alemanha por causa da inflação da década de 1920, o que leva inevitavelmente os políticos alemães à conclusão de que "atirar dinheiro por aí" nunca é boa ideia. Se isso tem alguma razão de ser, a realidade é, claro, muito mais interessante.

A inflação alemã na década de 1920 não foi o resultado de uma política de incentivo monetário do Banco Central e do Tesouro alemães para tentar evitar a recessão. Primeiro de tudo, a inflação não aconteceu apenas na Alemanha. Outros países da Europa Central, como a Áustria, a Hungria e a Polônia, viveram episódios hiper-inflacionários ao mesmo tempo, e nenhum desses episódios se deveu à aplicação de políticas keynesianas. As suas origens comuns residem,

96 Farrell e Quiggin, "Consensus, Dissensus and Economics", 22.

97 Robert Skidelsky, *Keynes: The Return of the Master* (Nova Iorque: Public Affairs, 2009).

pelo contrário, no fato de a Primeira Guerra Mundial ter sido financiada através de dívida em vez de impostos, o que fez baixar as taxas de câmbio no pós-guerra e tornou as importações mais caras, coisa que, por sua vez, estimulou a inflação. A inflação contida desde esse período anterior andou para baixo e para cima durante uma década.

Segundo, embora a hiperinflação alemã fosse causada pela política governamental, estava intimamente ligada ao desejo do governo alemão de romper o colete de forças das indenizações de guerra que devia à França ao abrigo do Tratado de Versalhes. A França queria que a Alemanha liquidasse a sua indenização de guerra em marcos apoiados em ouro ou em divisas estrangeiras. Mas para a Alemanha ganhar divisas estrangeiras quando a sua própria taxa de câmbio estava em queda eram precisos cada vez mais marcos, mais inflação. A proverbial gota que fez transbordar o copo foi a decisão do governo de continuar pagando salários a trabalhadores alemães (em território que a França já ocupava por causa da falta de pagamento pela Alemanha das obrigações do Tratado de Versalhes em 1923) enquanto a taxa de câmbio continuava em derrocada. A hiperinflação daí resultante teve o efeito conveniente de varrer grandes quantidades de dívida governamental e travou a sua capacidade de fazer pagamentos de indenizações à França. A hiperinflação também acabou de modo muito abrupto com uma reforma monetária no fim de 1923. Isto é, o governo imprimiu dinheiro novo, e isso virou um problema[98]. Hoje, esse espectro da hiperinflação é invocado pelos políticos da Alemanha e do BCE sempre que querem afastar as críticas às medidas de austeridade ou tomar a ofensiva contra propostas de estímulo à economia. Todavia, parece um estranho argumento para usar quando o caso clássico da hiperinflação que assombra a memória política do país mais poderoso da Europa não foi, singularmente, causado por um incentivo monetário deliberado na tentativa de deter uma derrocada econômica[99].

---

[98] Ver Gerald Feldman, *The Great Disorder: Politics, Economics and Society 1914-1924* (Nova Iorque: Oxford University Press, 1997) sobre a conta definitiva da inflação alemã.

[99] Adam Ferguson defende que a hiperinflação alemã foi um caso de estímulo monetário deliberado. Acho os argumentos de Feldman mais convincentes e aqui valho-me dele. Ver Adam Ferguson, *When Money Dies: The Nightmare of Deficit*

Um segundo argumento ideológico, mais sutil, que vai no mesmo sentido, é que os políticos alemães são "ordoliberais" (literalmente, liberais da ordem) em vez de neoliberais. Exploraremos mais este assunto no capítulo 4, mas a perspetiva básica é de que a filosofia governamental das elites econômicas alemãs nunca foi o mantra liberal "mercados bons, Estado mau". Antes, a tradição ordoliberal alemã afirma a importância da criação pelo Estado das *Ramenbedingungen* ("condições de enquadramento") dentro das quais os mercados podem operar. De acordo com este ponto de vista, os Estados têm de fornecer adequadas redes sociais de segurança e apoiar instituições extra-econômicas para permitir que a mão de obra ajuste as suas competências às necessidades do mercado, garantir que não se desenvolvam cartéis e limitar a especulação não produtiva através da tributação e de outros instrumentos políticos. Em suma, regulação para tornar possível o mercado e não regulação para policiar os seus defeitos, núcleo de uma *Sozialmarktwirtschaft* ("economia social de mercado"), em que o Estado regula, mas não incentiva. O resultado é a *Ordnungspolitik,* uma política de ordem e estabilidade, especialmente estabilidade financeira policiada por um forte Banco Central independente[100].

Terceiro, não há nada como o êxito, e a economia alemã foi bem-sucedida com esse manual de instruções. Apesar dos graves danos da Segunda Guerra Mundial, a Alemanha tornara-se a maior e mais poderosa economia da Europa no início da década de 1960[101]. A sua força era, e continua a ser, baseada na exportação de produtos de alta qualidade para o resto do mundo. Isso não só a tornou rica, mas também permitiu que o que era então a Alemanha ocidental comprasse um país completamente falido, a Alemanha do leste, o integrasse na sua própria economia e depois continuasse reduzindo

Spending, Hyperinflation and Devaluation in Weimar Germany (Nova Iorque: Public Affairs, 2010) para o ponto de vista alternativo.

100 Sobre ordoliberalismo, ver Brigitte Young e Willi Semmler, "Germany's New Vision for the Eurozone: Rule-based Ordoliberalism?" manuscrito inédito (2011); e Steven J. Slivia, "Why Do German and U.S. Reactions to the Financial Crisis Differ?", *German Politics and Society,* 29, 4 (inverno de 2011): 68-77.

101 Para um panorama deste período ver Werner Abelhauser, Deutsche Wirtschaftsgeschichte seit 1945, C. H. Beck Verlag, Munich 2004, 69.

os custos da mão de obra e recuperando competitividade, afastasse a recessão que se seguiu à crise financeira com um encolher de ombros, estabilizasse os seus bancos, e voltasse ao crescimento liderado pelas exportações em 2009, enquanto o resto da Europa caia em um penhasco financeiro.

Que a versão dos acontecimentos preferida pelos próprios alemães tenda a pôr ênfase insuficiente em fatores como o patrocínio dos Estados Unidos, especialmente na medida em que a Casa Branca fizera vista grossa ao fato da Alemanha ter mantido um *Deutsche Mark* subvalorizado durante toda a Guerra Fria, é outra questão[102]. Os políticos e os eleitores alemães acreditam na história. A lição política aprendida pelo mais poderoso (e solvente) Estado europeu foi de que os fracassos políticos dos governos, e não dos mercados financeiros, é que fazem as crises. Consequentemente, o "êxito" político de 2008 — o regresso do mestre e das suas medidas de incentivo — foi visto pelos alemães e pelos seus aliados do BCE como um desastre político prestes a acontecer e cujas consequências só se tornariam completamente visíveis na futura inflação. Os aumentos da dívida que vinham sendo verificados eram apenas o sinal de alarme. Em face disto, os alemães não estavam dispostos a subscrever mais quaisquer esforços de incentivo, independentemente da pressão dos Estados Unidos.

Uma política perversa

Vale a pena recordar como era perversa esta política. Quando a crise atingiu os Estados Unidos, em 2007 e 2008, foi uma administração republicana com um ex-CEO do Goldman Sachs ao leme do orçamento que inventou o *Troubled Asset Relief Program* (TARP) de US$ 700 bilhões e desenhou o resgate do sistema financeiro dos EUA. Economistas relativamente keynesianos, como Larry Summers, que faziam parte da equipe econômica de Obama em 2008, limitaram-se a prosseguir o trabalho de seus antecessores republicanos. A nova equipe talvez estivesse intelectualmente mais sintonizada com

[102] Ver Peter Katzenstein, *A World of Regions* (Ithaca, NY: Cornell University press, 2005).

uma lógica compensatória em virtude de ser democrata, mas fora, devemos recordar, a administração democrata de Bill Clinton que equilibrara o orçamento dos EUA e "pusera a termo o Bem-Estar Social tal como o conhecemos". Quando a crise surgiu, os Estados Unidos talvez estivessem ideologicamente à direita, mas estavam muito à esquerda em termos de política econômica.

A Europa, pelo contrário, era povoada por sociais-democratas de inclinação esquerdista e por democratas-cristãos que tinham passado a década anterior construindo uma união monetária que: (I) considerava a estabilidade monetária; (II) o controle rigoroso da dívida e do déficit como as únicas políticas com que valia a pena preocuparem-se. Assim, quando surgiu a crise, a esquerda europeia (com exceção dos britânicos, sob o Partido Trabalhista) e a centro-direita argumentaram e comportaram-se de um modo que normalmente esperaríamos dos republicanos norte-americanos: defenderam a estabilidade financeira, o controle da inflação e cortes no orçamento como maneira de sair da crise.

O Reino Unido foi o país em que esta dinâmica política perversa se exprimiu: o primeiro-ministro britânico, Gordon Brown que, enquanto ministro das finanças, presidiu a maior sequência de crescimento e recessão da história da Grã-Bretanha ao mesmo tempo que prometia "prudência (financeira) com objetivo", gastava, emprestava ou garantia de qualquer outro modo 40% do PIB britânico para salvar os bancos e até para incentivar a economia. Quando o governo de Brown perdeu as eleições para o conservador David Cameron, em maio de 2010, o partido de Cameron passara os dois anos anteriores tentando convencer os eleitores de que não faria cortes na despesa social e, na realidade, seria melhor do que o Partido Trabalhista na prestação de serviços públicos. Foram, como dizem os chineses, tempos interessantes. Dada esta estranha mistura de posições políticas e de prioridades ideológicas, a primavera de 2010 produziu o curioso espetáculo dos estadunidenses defendendo o keynesianismo global enquanto os alemães, com o aplauso do novo governo conservador britânico chefiado por David Cameron, exigiam austeridade regional.

A estrada para Toronto

Durante a primavera de 2010, com o perigo imediato de colapso financeiro mitigado e a nova ameaça de contágio dos fundos soberanos ainda sem se revelar totalmente, começou a ganhar forma um novo alinhamento. Durante o ano anterior, os Estados Unidos, juntamente com os britânicos, sob a chefia de Gordon Brown, do Partido Trabalhista, tinham posto cada vez mais em questão o empenho da Alemanha em incentivar a sua economia. A Alemanha era atacada essencialmente por estar ganhando às custas dos esforços de incentivo de outros países, acusação que rejeitava. Para ser justo, quando se tem em consideração as verdadeiras medidas de incentivo da Alemanha, como o seu subsídio de tempo de trabalho e o impacto do crescimento do seu Estado de Bem-Estar em um período de recessão, os alemães marcam pontos a seu favor. Mas não estavam dispostos a incentivar mais, especialmente porque suas exportações estavam de novo atingindo pontos máximos em meados de 2009 e, ao que parecia àquela altura, não tinham de lidar com uma crise bancária. Os Estados Unidos e o Reino Unido mantiveram a pressão sobre a Alemanha quando se aproximava a reunião do G20 em Toronto, em junho de 2010. Entretanto, em vez de continuarem simplesmente aceitando a continuação da contraofensiva keynesiana, elementos da velha guarda liberal, tanto na Europa como nos Estados Unidos, começaram a contra-atacar no debate público.

O *Financial Times* tornou-se uma espécie de quadro de avisos para a opinião econômica da elite. Servindo-se do jornal como plataforma, o antigo presidente do Federal Reserve Alan Greenspan, depois de ter dito em outubro de 2008 que a crise o tinha obrigado a reconsiderar um "defeito" na sua "ideologia" de mercado, e até de ter admitido, em fevereiro de 2009, que era desejável a nacionalização de bancos, passou, em junho desse mesmo ano, a defender a austeridade e a preocupar-se, muito à maneira alemã, com a inflação futura[103]. Jeffrey Sachs opinou que era "tempo de planejar [a] era pós-keyne-

[103] Alan Greenspan, "Inflation: The Real Threat to Sustained Recovery", *Financial Times*, 25 de junho de 2009, http://www.ft.com/intl/cms/ s/o/e1fbc4e6-6194-11de-9e03-00144feabdco.html#axzz1rw5D7xpm.

siana", uma vez que na melhor das hipóteses o incentivo não era necessário e, na pior, prejudicial[104]. Em meados de 2010, o *Financial Times* estava organizando um "debate sobre a austeridade" que colocava keynesianos cada vez mais na defensiva contra um círculo de conservadores e neoclássicos. Significativamente, os principais políticos alemães começaram a juntar forças com os dirigentes do BCE para enviarem uma mensagem comum. Como disse o presidente do BCE, Jean-Claude Trichet, em um violento e muito comentado ataque no *Financial Times*: "Não incentivem mais — agora é tempo de apertar o cinto"[105]. A campanha contra o mestre estava acontecendo.

Uma semana antes de cada reunião plenária do G20, os ministros das Finanças reúnem-se para elaborar a agenda. A sua reunião de junho de 2010 em Busan, na Coreia do Sul, assinalava que o keynesianismo global estava falhando. O *Financial Times* noticiara ainda em abril de 2010 que a posição do G20 sobre a crise era de que a despesa pública "devia se manter até a recuperação estar firmemente instalada". Na altura da reunião de Busan, os ministros das Finanças do G20 pensavam que "acontecimentos recentes mostram a importância de finanças públicas sustentáveis (...) medidas amigas do crescimento, para produzir sustentabilidade orçamentária". Os Estados Unidos objetaram a esta mudança de tom com base em que a "retirada de incentivos fiscais e monetários (...) precisa avançar ao mesmo tempo que o fortalecimento do setor público", mas a maré já tinha começado a mudar, mesmo antes de ocorrer a reunião do G20 em Toronto[106].

O BCE e o governo alemão exacerbaram simultaneamente a pressão sobre a posição estadunidense ao aproximar-se a reunião. Dias antes da reunião do G20, o presidente do BCE Trichet rejeitou explicitamente os argumentos keynesianos de deficiência da deman-

---

[104] Jeffrey Sachs, "Time to Plan for Post-Keynesian Era", *Financial Times,* 7 de junho de 2010 http://www.ft.com/intl/cms/s/o/e79909286-726b-11df-9f82-00144feabdco.html#axzz1rw5D7xpm.

[105] Jean-Claude Trichet, "Stimulate No More-It Is Now Time for All to Tighten", *Financial Times,* 22 de julho de 2010, www.ft.com/intl/cms/s/o/1b3ae97e-95c6-11df-b5ad-00144feabdco.html#axzz1rw5D7xpm.

[106] Chris Gilles, "G20: All Change on the Fiscal Front", *Financial Times,* 5 de junho de 2010, http://blogs.ft.com/money-supply/2010/06/05/g20-all change-on-the-fiscal-front/#axzz22zcCMeF9.

da, citando a necessidade de "uma política orçamentária (...) a que chamaríamos criação de confiança" que se centrasse na redução da dívida. Dois dias depois, o ministro alemão das Finanças Wolfgang Schäuble publicou um extenso artigo no *Financial Times* em que afirmava a necessidade de "consolidação fiscal expansionista". Invocando o espectro da inflação futura, declarou que "nós [Alemanha] (...) estamos (...) mais preocupados com as implicações dos déficits excessivos e com os perigos da inflação elevada". Como tal, a Alemanha não reagiria à crise "acumulando dívida pública[107]". Chegado o tempo da reunião de Toronto, os canadenses e os britânicos tinham se posto ao lado dos alemães, deixando os estadunidenses isolados. O comunicado final da reunião de Toronto repetiu o meme lançado por Trichet e ampliado por Schäuble da "consolidação fiscal amiga do crescimento". Visto à época como um embuste entre as posições keynesiana e ortodoxa, o que isso realmente assinalou foi o fim do keynesianismo global.

Na esteira do comunicado do G20, veio o *Monthly Report* de junho de 2010 do BCE, que era uma reafirmação despudorada das ideias econômicas neoclássicas e um apelo ao avanço da "consolidação orçamentária amiga do crescimento". No *Bulletin*, evidenciavam-se "os consumidores ricardianos" com expectativas racionais que tinham antecipado os efeitos das políticas governamentais com anos de antecedência, juntamente com investidores avessos à inflação e sensíveis à confiança horrorizados com a perspectiva de o governo "captura" o investimento, da inflação futura e de dívidas governamentais ainda maiores[108]. Como argumenta Stephan Kinsella em relação à lógica aparentemente contraditória da consolidação orçamentária expansionista, "os defensores desta teoria argumentam que a contração orçamentária, em vez de levar a um declínio da produção (...) resulta em maior produção (...) [na medida em que] os consumidores e os investidores antecipam deduções fiscais a longo prazo por causa dos

[107] Wolfgang Schäuble, "Maligned Germany Is Right to Cut Spending" *Financial Times*, 24 de junho de 2010, http://www.ft.com/intl/cms/s/o/9e- dd8434-7f33-11df--84a3-00 144feabdco.html#axzz22sXtZh8H.

[108] BCE, *Monthly Bulletin*, Banco Central Europeu, junho de 2010, 83-85.

cortes na despesa [que] compensarão (...) a contração[109]. Dada esta versão da teoria das expectativas racionais, o BCE só podia concluir que a austeridade tinha de ser o caminho porque "os benefícios a longo prazo da consolidação fiscal são amplamente indiscutíveis[110]". Indiscutíveis, isto é, desde que a questão se ponha apenas em termos deste estreito modelo de expectativas racionais. O keynesianismo global estava, na verdade, de saída. Mas, à parte a fobia alemã à inflação e o ordoliberalismo, por que, de repente, os europeus passaram a ser tão sensíveis ao problema da dívida governamental e opositores a mais investimento em incentivos? A resposta leva-nos de volta aos PIIGS da Europa e aos seus modos extravagantes.

Os PIIGS europeus e a descoberta da dívida soberana da Grécia

Enquanto os alemães recuperavam e os ingleses resgatavam, uma crise silenciosa fermentava na periferia da Europa. Há muito que a Grécia era o *enfant terrible* da periferia europeia. Saiu da Segunda Guerra Mundial e entrou diretamente na mais sangrenta guerra civil da história europeia moderna. Quando terminou, o país, já muito pobre, cresceu rapidamente, mas de um nível muito baixo, de modo que a ordem política instável que emergiu após a guerra finalmente desmoronou em uma brutal ditadura militar em 1967. Quando a Grécia saiu do período da ditadura e se estabilizou, no fim da década de 1970, a Comunidade Econômica Europeia (a CEE, como então era conhecida a União Europeia) forneceu-lhe o necessário financiamento externo para investimento em infraestrutura enquanto ganhava forma o seu moderno sistema de partidos políticos.

A política grega nas décadas de 1980 e 1990 foi dominada pelas administrações do socialista Papandreu que procurou aumentar o rendimento individual e o consumo público, resposta compreensível a décadas de instabilidade, violência e polarização política. Esses governos praticaram políticas persistentemente expansionistas que,

[109] Stephen Kinsella, "Is Ireland Really the Role Model for Austerity?" *Cambridge Journal of Economics* 36 (janeiro de 2012): 232.

[110] *Monthly Bulletin*, Banco Central Europeu, junho de 2010, 84.

dado o baixo crescimento da produtividade do país, resultaram em dívidas cada vez maiores e em aumento dos déficits. (De fato, a Grécia não tem um excedente orçamentário há cinquenta anos.) A razão dívida/PIB ultrapassou os 100% em 1994, pairou nos 105% durante uma década, e depois disparou como resultado da crise financeira de 2008, atingindo 165% do PIB no fim de 2011[111].

O que tornou possível essa despesa foi que, tendo adotado o euro, a Grécia e outros países periféricos europeus (Portugal, Itália, Espanha e Irlanda) foram efetivamente dotados de crédito alemã no pressuposto de que o BCE apoiaria toda a dívida extraordinária emitida pelos Estados-membros desde que estivesse toda na "mesma" nova divisa europeia. Como tal, os custos de financiamento historicamente elevados desses países caíram. Os custos de financiamento da Grécia, por exemplo, caíram de 20% em um título a dez anos antes da introdução do euro para cerca de 4% em 2005, e no caso grego, em particular, o resultado foi mais financiamento[112]. Uma vez que a Grécia conseguia obter empréstimos com mais facilidade, o dinheiro tornou-se localmente mais abundante, financiando tanto o consumo como o investimento. Porém, isso também aumentou os custos de mão de obra da Grécia em relação aos seus vizinhos da zona do euro; a sua competitividade caiu, alargando o seu déficit na balança de transações correntes — a Grécia estava importando mais do que exportava com o dinheiro adicional.

A Grécia tinha alguns problemas estruturais especiais que transformaram essas vulnerabilidades em acidentes com grande probabilidade de ocorrerem. Primeiro, deixando de lado as muitas vezes repetidas histórias de corrupção endêmica e de dúbias reformas antecipadas, que são muitas, a Grécia tem uma fraca capacidade de cobrança de impostos e uma vontade política ainda mais fraca de impor a coleta, pelo que as receitas nunca equilibraram as despesas. Segundo, a despesa governamental estava notoriamente descoordenada, com o resultado de que em outubro de 2009 o governo

[111] Números até 2010 de stats.occd.org; para 2011, "Euro Area e EU27 Government Deficit 4.1% and 4.5% of GDP respectively", Eurostat, http://epp.eurostat.ec.europa.eukache/ITY_PUBLIC/2-23042012-AP/EN/2-23,42 012-AP-EN.PDF.

[112] Georgios P. Kouretas "The Greek Crisis: Causes and Implications", *Paneoeconomius* 57, 4 (dezembro de 2010): 391-404.

grego revelou que o déficit orçamentário comunicado de 6,5% do PIB estava, de fato, mais perto dos 13%. Sem surpresa, os investidores consideraram isso o soar de uma campainha de alarme sobre o verdadeiro estado das finanças públicas gregas. Os baixos juros de que a dívida grega gozava desde que fora adotado o euro, através da atribuição da dívida alemã, dispararam, o que tornou muito repentinamente terrível um ambiente difícil de pagamento de juros. Agravando a pressão, as agências de avaliação de risco tomaram isso em conta e baixaram a nota dos títulos gregos de A para BBB-, o que agravava o fardo da dívida ao baixar os preços e aumentar mais os juros. Como resultado, a economia começou a contrair, de modo que a dívida pendente aumentou ao mesmo tempo em que o PIB sofria uma derrocada.

Numa situação dessas os investidores do mercado de títulos enfrentam um dilema. Se acreditarem que os títulos vão perder ainda mais valor, devem livrar-se deles o mais rapidamente possível[113]. Mas caso se desfizerem do ativo em questão, correm o risco de que todos que tenham desses ativos façam o mesmo, desmoronando-se os preços como resultado disso. Como vimos no capítulo 2 em relação aos títulos hipotecários dos EUA, o risco de contágio avulta quando a venda maciça a preço abaixo do normal, neste caso, de ativos gregos, leva ao colapso do seu preço. Antecipando isso, as pessoas que têm esses ativos querem despachá-los antes dos outros todos, o que leva ao verdadeiro caos que todos querem evitar. Isso, por sua vez, leva à venda a preço abaixo do normal de outros ativos (não gregos) para cobrir os seus prejuízos (gregos), coisa que depois baixa o valor dos ativos não relacionados, acabando por levar a uma venda caótica de ativos bons como um todo. Dado que os principais bancos da zona do euro estavam cheios de títulos de países periféricos (tinham, afinal, emprestado dinheiro aos gregos comprando os seus títulos), qualquer venda com este caráter acabaria custando muito mais do que o valor da dívida extraordinária grega, particularmente se o incêndio da dívida se propagasse a Portugal, à Irlanda e — receava-se — talvez até à Espanha e à Itália.

[113] Ou compra proteção de CDS sobre os títulos, ou venda-os a descoberto para fazer dinheiro — mas, em última análise, você quer sair.

A política ideal em 2009 teria custado cerca de 50 bilhões de euros. Teria exigido que o BCE, ou a Alemanha, enquanto seu principal credor, comprasse a dívida grega no mercado secundário que estava sujeita a risco de reprogramação a curto prazo, enterrasse bem fundo no seu balanço e fosse embora. Por que que não o fizeram? Uma resposta reside na política alemã. Havia eleições regionais a aproximarem-se na Alemanha e era politicamente mais fácil culpar os gregos de serem irresponsáveis do que explicar ao povo alemão que o BCE precisava resgatá-los por razões de risco sistêmico. A outra resposta reside nos estatutos do BCE que proíbem um país de resgatar outro com receio de que se gere risco moral. Exceto em circunstâncias excepcionais (o tratado em questão menciona desastres naturais), esses resgates não são permitidos. Lembrem-se, o BCE só tem um problema, inflação dos preços, e uma ferramenta, a taxa de juros. Como tal, o BCE era completamente incapaz e os alemães não tiveram nenhuma vontade de assumir a responsabilidade. Em consequência, os investidores começaram a considerar o risco de contágio cada vez mais provável e os juros de todos os títulos da periferia começaram a subir, isto é, os de Portugal, Irlanda, Espanha e Itália aumentaram com os da Grécia. Nascera o coletivo dos PIIGS nos incêndios do risco. Infelizmente, se o acrônimo do coletivo é atraente, o problema é que Irlanda, Espanha, Portugal e Itália não têm nada a ver com a Grécia.

Irlanda e Espanha: problemas da bolha imobiliária

A Irlanda e a Espanha são um par estranho para juntar aos gregos. Primeiro, ambos têm melhor reputação em matéria de pagamento de impostos. Mas muito mais importantes eram as suas posições orçamentárias e monetárias em 2007. Ao contrário da Grécia, tanto a Irlanda como a Espanha eram dos "melhores alunos" em termos de dívidas e déficits ao entrar na crise. Em 2007, a razão dívida líquida/PIB da Irlanda era de 12%, e a da Espanha era de 26%. Em contrapartida, a dívida da Alemanha situava-se em 50% do PIB[114].

[114] Ver "Total Government Net Debt (% of GDP) Data for Year 2007, All Countries", Economy Watch, http://www.economywatch.com/economic-statistics/

Então, por que a Irlanda e a Espanha têm uma crise e a Alemanha não tem? A resposta, como habitualmente, começa e acaba nos bancos, neste caso através dos empréstimos para o setor imobiliário. Se a Grécia tinha escavado um buraco orçamentário a longo prazo que fora tapado com taxas de juros baixas, a Irlanda não tinha consciência sequer de que o buraco existia e construiu casas em cima dele. A Espanha, como veremos, é a Irlanda em uma escala maior. A Itália é Portugal em uma escala maior. A história continua a ser a mesma em ambos os casos.

A Irlanda, tal como a Alemanha, saíra-se melhor antes da crise. A Irlanda reduziu a sua dívida governamental bruta em relação ao PIB de 112% em 1986 para 25% em 2007 e a sua dívida líquida em relação ao PIB em 2007 situava-se em apenas 12%[115]. Conseguiu fazê-lo exportando para países que estavam em expansão e aumentando a especialização da sua mão de obra para tirar proveito do contrafluxo de empresas multinacionais que gostavam de usar a Irlanda, com a sua mão de obra que falava inglês e os seus baixos impostos empresariais, como porta para o mercado único europeu. O PIB da Irlanda aumentou significativamente, assim como os salários, fazendo disparar tanto o consumo como as receitas fiscais. O crescimento desta chamada economia do "Tigre Celta", durante o fim da década de 1990, encorajou mais pessoas a olhar para os imóveis como um investimento e assim a Irlanda gerou um enorme acidente bancário com grande probabilidade de ocorrer, sem que estivesse presente uma Fannie, um Freddie, nem nada semelhante.

Parte do que havia alimentado a bolha na Irlanda também afetara a Grécia: as atividades de compra de títulos por parte dos principais bancos europeus, que deram dinheiro barato à periferia, em conjugação com taxas de juros baixas fixadas pelo BCE que se traduziam em taxas zero, se não mesmo em taxas negativas, na Irlanda e na Espanha de 2000 em diante. "Como resultado, os preços dos imó-

---

economic-indicators/Gencral_Government_Net_Debt_Percentage_GDP/2007/.

[115] Como detalharemos na conclusão, é melhor usar o PNB em vez do PIB no caso irlandês, uma vez que a Irlanda é a base de multinacionais que declaram lucros na Irlanda por razões fiscais. Como tal, o rendimento líquido da Irlanda proveniente de fontes estrangeiras e as suas obrigações com o exterior são descomunais em relação a outros países, e as suas exportações de serviços estão exageradas.

veis [irlandeses] aumentaram mais de 64% entre 2002 e 2006[116]". Para financiar os empréstimos em uma escala tão grande, os bancos irlandeses se voltavam cada vez mais para os mercados de financiamento por atacado dos Estados Unidos (os mercados de operações compromissadas - ou *repo markets* - sobre os quais aprendemos no capítulo 2), essencialmente contraindo empréstimos *overnight* para financiar hipotecas a trinta anos. A combinação de ativos dos três principais bancos irlandeses, na altura do *crash*, era de cerca de 400% do PIB. Um desses bancos, o AngloIrish, emprestou € 67 bilhões ao setor não financeiro (imobiliário) só em 2007[117]. O Anglo Irish estava particularmente dependente de financiamento a curto prazo. Quando o mercado interbancário ficou congelado na sequência do colapso do Lehman, a capacidade dos bancos irlandeses de honrar os seus empréstimos desmoronou-se juntamente com os preços das propriedades irlandesas, arrastando junto todo o setor bancário.

Receando um apocalipse financeiro, o governo irlandês emitiu uma garantia geral para as responsabilidades de todo o sistema bancário, e aqueles 400% do PIB em ativos no balanço do setor privado tornaram-se subitamente problema do setor público irlandês. O resultado conjugado do colapso da bolha imobiliária e da implosão do sistema bancário foi "o maior declínio combinado do PIB de um país industrializado no período de 2007-2010[118]". A dívida do governo aumentou 320%, para mais de 110% do PIB, enquanto o governo gastava € 70 bilhões para apoiar o sistema bancário. Entretanto, o desemprego subia para 14% em meados de 2011, número que teria sido mais elevado se não fosse a emigração.

Na Espanha é a "mesma conversa", ainda que traduzida e ampliada através de diferentes instituições bancárias. Em vez de ter três bancos que dominam todo o financiamento interno, como no caso irlandês, os maiores bancos de Espanha estão internacionalizados e, por isso, estão um pouco mais protegidos contra a turbulência interna. Na Espanha, o verdadeiro problema, como se tornou claro

---

[116] Stephen Kinsella e Kevin O'Sullivan, "An Institutional Architecture for Meta-Risk Regulation in Irish Banking: Lessons from Anglo-Irish Banks Minsky Moment", a ser publicado no *Journal of Banking Regulation* (2013), 6.

[117] *Ibid.*, 5.

[118] Kinsella, "Is Ireland Really?", 224.

na primavera de 2012, reside nos bancos de poupança regionais: as *cajas de ahorros*.

Para compreender onde se encontra hoje a Espanha, temos que partir do fato de que em 1979 a Espanha era a oitava maior economia do mundo. Hoje, escorregou para o décimo sétimo lugar. Nesse ínterim, a Espanha desindustrializou-se efetivamente, tornando-se um centro de atividade bancária, serviços e turismo. O problema é que os fluxos de rendimento de que depende um modelo de crescimento como esse vêm principalmente de fora do país: quando essas pessoas param de gastar e de emprestar, configura-se um grave problema. O problema é ainda maior quando o crescimento doméstico que se tem é financiado pela dívida e se baseia em pouco mais do que na troca de casas.

Como diz John Mauldin, "a Espanha tinha a mãe de todas as bolhas imobiliárias[119]", o que é verdade, mas também um pouco enganador, uma vez que outros países tinham bolhas maiores. Segundo dados do Banco da Espanha, enquanto a corrida apressada do país à habitação durante dez anos produziu um aumento de 115% dos preços das casas entre 1997 e 2007, a bolha do Reino Unido foi ainda maior com os seus 140%, e a Irlanda foi a primeira da lista, com 160%. A razão pela qual a Espanha é muito mais importante do que a Irlanda, porém, é que o PIB espanhol é aproximadamente sete vezes o da Irlanda; a Espanha é a quarta maior economia da zona do euro e é responsável por quase 10% do PIB da zona do euro. Como tal, o estouro da bolha imobiliária espanhola haveria de ser importante para além da própria Espanha.

Nesse sentido, Mauldin tem muita razão. A escala da bolha imobiliária espanhola era espantosa. O setor imobiliário tornou-se tão importante na economia espanhola que só a construção gerava 14% do emprego e 16% do PIB. Incluindo os setores correlacionados, os números saltavam para aproximadamente um quarto do PIB e do emprego, respectivamente. Sem surpresa, dado este crescimento explosivo da construção, o crédito expandiu-se para satisfazer a procura. Na verdade, só os empréstimos aos construto-

[119] John Mauldin, *Endgame: The End of the Debt Supercycle and How It Changes Everything* (Hoboken, NJ: John Wiley & Sons, 2011), 223.

res constituíam aproximadamente 50% do PIB em 2007[120]. Quando a bolha estourou, o desemprego disparou de 8 para 25% em três anos, com o desemprego jovem atingindo 52% em meados de 2012. A demanda interna caiu 7% enquanto o PIB se contraiu 6,3% só no primeiro trimestre de 2009.

Onde a Irlanda difere da Espanha — à parte a dimensão do fracasso — é nas instituições peculiares do setor bancário espanhol. Como referi anteriormente, com as suas carteiras internacionais, os três grandes bancos espanhóis estão razoavelmente bem salvaguardados das exposições internas. Então, de onde veio este volume de crédito? A resposta foi as *cajas de ahorros*, os bancos regionais de poupança (pense nas uniões de crédito dos EUA), especialmente a versão conglomerada, Bankia, que faliu em 2012. Essas instituições, no seu conjunto, fizeram aproximadamente 50% do total de empréstimos do setor bancário interno. As *cajas* são importantes porque os seus registos de empréstimos são opacos (pense no *subprime*); estão subcapitalizadas; e o mais importante é que estão recheadas de ativos que não voltarão em breve, particularmente porque os ativos em questão foram desde logo muito mal avaliados. Não voltam em breve porque o outro lado do balanço dos empréstimos das *cajas* é o aumento fenomenal da dívida do setor privado na Espanha. Cresceu a mais de 20% ao ano ao aproximar-se a crise, atingindo 200% do PIB, dívida hoje pertencente à população, um quarto da qual está desempregada. Junte-se a isso o fato de as hipotecas espanholas serem empréstimos regressivos, o que significa que o banco pode ir atrás do devedor para receber o empréstimo original — para sempre — e não apenas o valor atual da propriedade, e os devedores hipotecários têm todos os incentivos para não fazerem nada e não permitirem que o mercado seja esclarecido, tornando assim a situação ainda pior. Nos Estados Unidos pode-se sair de uma hipoteca e a casa é problema do banco. Na Espanha, quando se sai da casa, a dívida da hipoteca continua a ser problema seu.

Junte-se a Irlanda e a Espanha e não temos uma história de Estados extravagantes, de trabalhadores irresponsáveis, etc. Certamente, os governos regionais espanhóis têm alguns projetos que são elefantes

[120] Francisco Carballo-Cruz, "Causes and Consequences of the Spanish Economic Crisis: Why the Recovery Is Taken So Long?", *Panoeconomicus 58*, 3 (2011): 314.

brancos e pioraram a situação, aeroportos que não têm tráfego, grandes óperas sem clientes, e coisas parecidas; mas isso são sintomas e não causas. Na verdade, no País Basco, onde havia mais controle político das *cajas*, não foi permitido o investimento em imóveis na mesma medida, e o resultado foi investimento na indústria de transformação[121]. A crise subjacente é, mais uma vez, das finanças privadas e não públicas.

O que temos aqui é o mesmo que vimos nos Estados Unidos, no Reino Unido e, como veremos em pormenor em capítulo posterior, na Islândia — a implosão de bolhas imobiliárias com financiamento privado — um fenômeno eminentemente do setor privado que se tornou um problema do setor público. A diferença é que a Irlanda, ao garantir as dívidas dos seus bancos, transformou explícita e instantaneamente dívida privada em dívida pública, a qual está agora fortemente pressionada a pagar. A Espanha nem sequer conseguiu obter uma contabilidade completa da sua crise bancária, apesar do maior conglomerado de *cajas* ter falido em 2012[122]. Mas o fato disso ocorrer em uma economia sete vezes maior do que a da Irlanda com instituições bancárias mais opacas é mais do que suficiente para fazer com que os atores do mercado de títulos se preocupem com a solvência do fundo soberano que está por detrás desses bancos. Um calote grego seria um risco em si mesmo, mas caso se propagasse à Irlanda e, depois, à Espanha, tudo poderia acontecer.

Portugal e Itália: a crise do crescimento em câmara lenta

Portugal e Itália estão na mesma relação que Espanha e Irlanda. Exceto ao não estarem ligados por uma crise imobiliária e bancá-

121 Robert Fishman, "Anomalies of Spain's Economy and Economic Policy-Making", *Contributions to Political Economy 31* (2012), 67-76.

122 O relatório de Oliver Wyman sobre os prejuízos esperados no setor bancário espanhol de € 59,3 bilhões foi posto em causa como imperfeito por alguns analistas que sugerem prejuízos muito maiores. Ver Oliver Wyman, "Asset Quality Review and Bottom Up Stress Test Exercise", 28 de setembro de 2012, http:/www.bde.es/f/webbde/SSICOM/20 120 928/informe_ow2809 12e.pdf. Para uma réplica, ver Tyler Druden. "How Oliver Wyman Manipulated the Spanish Bank Bailout Analysis", Zerohedge, 28 de setembro de 2012, http://www./zerohedge.com/news/2012-09-28/how-oliver-wyman-manipulated-spanish-bank-bailout-analysis.

ria. Portugal e Itália estão unidos por uma combinação de baixo crescimento, envelhecimento, baixa produtividade e esclerose institucional. O que todos os PIIGS têm em comum é o modo como a sua adoção do euro fez com que os pagamentos de juros de seus títulos caíssem quando os principais bancos acabaram por preferir a sua dívida até à dívida alemã e francesa, com juros mais baixos. Todavia, apesar de todo o dinheiro barato que isso produziu nos PIIGS, Portugal estava com problemas muito antes de 2008.

As duas principais indústrias exportadoras de Portugal, calçado e têxteis, foram esmagadas pela concorrência asiática e da Europa do leste na década de 1990. Como consequência, os seus déficits comerciais alargaram-se e a sua competitividade caiu enquanto o setor de serviços, muitos dos quais não são transacionáveis, preencheu a lacuna. Os jovens iam cada vez mais para a formação educacional, a agências públicas, baixando temporariamente a taxa de desemprego, sem melhorarem necessariamente suas qualificações. Como assinalou ironicamente a revista *The Economist*, "o número de advogados aumentou 48% entre 2000 e 2010[123]. Entretanto, o crescimento *per capita* no mesmo período foi de 0,2% ao ano, em média, enquanto a dívida pública e privada, no seu conjunto, ultrapassava 240% do PIB em 2010.

A demografia complica estes problemas. Portugal está classificado em 178º lugar entre 230 países quanto à taxa de crescimento da população e em 195º quanto a nascimentos. A idade média no país é de quarenta anos e 18% da população já tem mais de sessenta e cinco anos. Antes da crise estas coisas podiam ser ignoradas porque os fluxos de capital do centro da Europa para a periferia mascaravam a falta crônica de crescimento nesses países. Mas uma vez que esse fluxo parou em 2010 no contexto das preocupações do mercado com o endividamento da Grécia e da Irlanda, o que antes não era um problema — a dinâmica de crescimento a longo prazo — passou de repente a sê-lo. Afinal, se não existir a dinâmica subjacente para apoiar o crescimento, não há austeridade que reduza a dívida acrescida.

A Itália é uma versão gigante de Portugal ao mesmo tempo que, em muitos aspectos, é o polo oposto da Espanha. A Itália tem uma dívida

123 "The Uncertainty Society", *The Economist*, 4 de maio de 2012, http://www.economist.com/node/21548977.

privada baixa e uma grande dívida pública. Grande no sentido de que a Itália tem o terceiro maior mercado de títulos do mundo. Pensemos nisso por um momento. Um país da Europa do sul com a vigésima terceira maior população do mundo e a décima primeira economia tem o terceiro maior mercado de títulos do mundo. Como é que isso aconteceu? Olhe apenas para o norte da Itália e verá um dos países industrializados mais desenvolvidos do mundo, com exportações competitivas, produtos sem elasticidade de preço e altos rendimentos. Inclua o sul da Itália e verá um mundo bastante diferente de produtores agrícolas e de empresas pequenas e de baixa produtividade.

O que unia estas duas versões diferentes de Itália era um sistema político que transferia recursos do norte para o sul ao mesmo tempo que não tributava completamente os seus cidadãos para maquiar a desvantagem por causa da persistência de alinhamentos tradicionais de classe no sul. Como consequência, déficits persistentes, que se transformavam em dívidas que eram reduzidas por desvalorizações constantes da taxa de câmbio, tornaram isso possível. A adoção do euro excluiu essas desvalorizações, mas a queda drástica das taxas de juros que isso provocou sustentou um pouco mais o insustentável. Em 2000, a dívida líquida italiana em relação ao PIB era de 93%. Em 2007, era de 87%. Hoje, é de 100%, enquanto a crise e as políticas de austeridade baixam a já esclerótica taxa de crescimento da economia italiana, em torno de 1,5% ao ano (durante os últimos vinte e cinco anos), e enquanto a dívida contraída se torna ainda maior e as taxas subirem[124].

Tal como no caso de Portugal, o que não era problema em 2000 tornou-se de repente um problema em 2010, quando os mercados notaram três coisas: a Itália tem, na verdade, o terceiro maior mercado de títulos do mundo; a sua taxa de crescimento é terrível, e a sua capacidade de reembolsar ou mesmo de reprogramar a sua dívida, se as taxas de juros subirem, é extremamente limitada; a sua demografia é ainda pior do que a de Portugal. Enquanto está classificada em 158º entre 230 países quanto à taxa de crescimento da população, marginalmente melhor do que Portugal, a Itália é a 207ª em termos

124 "Total Government Net Debt (% of GOP) Data for Year 2012, All Countries", Economy Watch, http://www.economywatch.com/economic-statistics/economic-indicators/General_Government_Net_Debt_Percentage_GDP/2012/.

de nascimentos. A idade média da população é de 43,5 anos e 20% do país já tem mais de sessenta e cinco anos. Dado que um dos poucos acontecimentos verdadeiramente lineares da vida é a morte (não há pessoas com duzentos anos por aí), mais de um terço da população da Itália terá mais de sessenta e cinco anos em 2035. Entretanto, os atuais dirigentes não são propriamente amigos da imigração como meio para sair deste apuro.

Se a Espanha é a Irlanda em grande escala, a Itália é Portugal em grande escala. Que estes Estados não conseguem crescer com a dívida que acumularam é verdade. Que existe uma crise dos títulos soberanos que envolve estes Estados também é verdade. Mas estarão realmente os PIIGS com problemas por causa de uma crise de despesa governamental? No caso italiano, a dependência de déficits que se tornaram dívidas e de desvalorizações que foram substituídas por fluxos de capital barato e por juros artificialmente baixos assim que apareceu o euro, sugere uma lenta destruição do trem fiscal, em que os mercados acordaram para o fato de que daqui a trinta anos não haverá ninguém trabalhando na Itália para pagar os juros desses títulos de trinta anos, uma vez que estarão ocupados demais pagando pensões. Além disso, os mercados já não consideram sustentável o que era sustentável em 1999 — ter uma razão dívida/PIB de mais de 100% —, dado o risco de contágio dos outros PIIGS. Foi a percepção do risco que mudou, e não os próprios riscos subjacentes que sempre lá estiveram.

Portanto, será o Estado cúmplice? Sim. O Estado causou os problemas? Não. A menos que queiramos dizer que na Itália o nível de fertilidade familiar é uma responsabilidade fiscal e, assim, é um problema do Estado. No caso português, enquanto a demografia e a baixa produtividade desempenham o seu papel, a dívida líquida portuguesa em relação ao PIB em 2000 era de 52% e, em 2007, de 66%, o que dificilmente prova gasto ostensivo. Antes, em ambos os casos, o que outrora era considerado sustentável passou de repente a ser considerado insustentável, uma vez que a possibilidade de venda ao desbarato determinada pelo contágio nos mercados de títulos europeus se tornou um fator em uma crise de crescimento em câmera lenta. Como é habitual, o que importa é a percepção do risco.

E mais uma vez, como vimos no caso dos EUA, não houve nenhuma orgia de despesa governamental por trás de tudo isso. Por que, então, manter a ficção de que a crise do mercado de títulos é uma crise de governos perdulários?

Confundido correlação e causa: o momento da austeridade ao sol

Com os juros subindo para níveis insustentáveis na Grécia, na Irlanda e em Portugal, cada um dos países recebeu um resgate da UE, do BCE e do FMI, bem como empréstimos bilaterais, na condição de aceitarem e de porem em prática um pacote de austeridade para endireitarem o seu navio orçamentário. Cortar na despesa, aumentar impostos — mas cortar mais na despesa do que o que se aumenta nos impostos — e tudo correrá bem, continua a história. Em maio de 2010, a Grécia recebeu um empréstimo de €110 bilhões em troca de um corte de 20% nas remunerações do setor público, um corte de 10% nas pensões, e aumentos de impostos. Os credores, a chamada *troika* do BCE, da Comissão Europeia e do FMI, previam que o crescimento voltasse em 2012. Em vez disso, o desemprego na Grécia atingiu 21% no fim de 2011 e a economia continuou a contrair. Em novembro de 2010, a Irlanda precisou de um resgate e recebeu € 85 bilhões por um corte de 26% na despesa pública. Em março de 2011, foi a vez de Portugal, que recebeu € 78 bilhões em troca de um pacote semelhante de reformas. Porém, dada a contração de todas essas economias e o medo de contágio, os juros de dez anos da dívida portuguesa atingiram 17% no início de 2012 e seus títulos de dez anos foram rebaixadas para BBB-, nível também conhecido como lixo.

Longe de ser estabilizada pelo pacote original de empréstimos e cortes, a Grécia continuou a deteriorar-se e exigiu um segundo resgate em julho de 2011. Outros € 110 bilhões de dívida, que se tornaram € 130 bilhões em outubro de 2011, foram adicionados ao balanço grego enquanto eram impostos mais 20% de cortes salariais, juntamente com reduções transversais semelhantes da despesa pública e mais aumentos de impostos. Finalmente, até os detentores de títulos do setor privado tiveram de aceitar um corte de cabelo (desconto/prejuízo) no valor da dívida grega de cerca de 75%, mais cancelamentos de cerca de € 100 bilhões. Apesar destas farras de austeridade, está projetado que a dívida grega (se tudo se mantiver igual nos próximos oito anos, o que nunca acontecerá) atinja 120% do PIB em 2020. O FMI acha que é mais provável 145% em 2020. Para manter as coisas no bom caminho, governos democraticamente eleitos na Grécia e na Itália foram depostos e substituídos por tecnocratas não eleitos que prometeram prosseguir com as reformas.

Vale a pena notar o momento dos acontecimentos. A oposição às políticas keynesianas intensificou-se na primavera de 2010 quando a crise grega se tornou notícia, apesar de a Grécia ser responsável por apenas 2,5% do PIB total da zona do euro. No Reino Unido, na Alemanha e nos Estados Unidos, os políticos a favor da austeridade concentraram-se na crise grega como uma metáfora dos perigos do keynesianismo. "Tornar-se grego" passou a ser uma história assustadora para justificar cortes nos respetivos países.

George Osborne, o novo ministro conservador das finanças britânico, fez repetidas comparações entre a situação orçamentária da Grécia e do Reino Unido logo que foi eleito, sendo um exemplo típico o "podem ver na Grécia um exemplo de país que não fez frente aos seus problemas e é esse o destino que quero evitar[125]". O ex-economista-chefe do FMI, Simon Johnson, argumentou mais ou menos na mesma época em que o Reino Unido e a Grécia eram essencialmente similares[126]. Enquanto isso, o historiador conservador Niall Ferguson comparou a Grécia aos Estados Unidos, com o colapso no horizonte[127].

Os congressistas republicanos dos Estados Unidos rejubilaram com esses comentários, enquanto os meios de comunicação pegavam a história e a ampliavam durante a primavera de 2010[128]. Na

---

[125] "UK to Dodge Greek Fate with Tough Budget_Osborne", *Reuters*, 20 de junho de 2010, http://uk.reuters.com/article/2010o/06/20/uk-britain-osborne-budget-idUKTRE65JoUX20100620.

[126] "UK Economy Faces Crisis", BBC News online, 7 de fevereiro de 2010, http://news.bbc.co.uk/2/hi/8503090.stm

[127] Niall Ferguson, "A Greek Crisis Is Coming to America", *Financial Times*, 10 de fevereiro de 2010, http://www.ft.com/intl/cms/s/o/f9obcalo _1679-11df-bf-44-00144feab49a.html#axzz1syduMdbA.

[128] É significativo que a busca no google "US like Greece Spring 2010" tenha aproximadamente 73 milhões de ocorrências em 20 de dezembro de 2012.

Europa, o BCE castigava a Grécia como sendo o futuro de todos os Estados europeus a menos que os orçamentos fossem cortados[129]. O momento da austeridade à luz do dia tinha chegado por obséquio dos Gregos. A ofensiva contra o keynesianismo a nível global ficou ligada à descoberta da crise da dívida grega e amplificada através da ameaça de contágio para estabelecer a austeridade fiscal como nova política *du jour*. Mas ao fazê-lo, confundiu-se causa e correlação, muito deliberadamente, em grande escala.

A maior propaganda enganosa da história moderna

O resultado de toda esta recaracterização oportunista foi a maior operação de "propaganda enganosa" da história moderna. O que eram essencialmente problemas de dívida do setor privado foi rebatizado como "a Dívida" gerada por despesa pública "descontrolada". Todavia, de todos os PIIGS, apenas a Grécia foi, em algum sentido significativo, extravagante. A Itália pode ter sido relaxada, mas ninguém se importava que tivesse o terceiro maior mercado de títulos do mundo até 2010, quando o contágio e a demografia fizeram os detentores de dívida italiana parar para pensar. Portugal talvez tenha gasto uma quantia bastante grande modernizando as suas infraestruturas e construindo algumas linhas ferroviárias de alta velocidade de duvidosa necessidade, mas não estava gastando a perder de vista. Na Irlanda e na Espanha foram essencialmente crises do setor imobiliário e bancário privados, governadas por Estados orçamentariamente mais prudentes do que a Alemanha, onde os riscos foram socializados enquanto os lucros foram privatizados. Em todos os casos, as fraquezas do setor privado acabaram por criar responsabilidades do setor público que os Europeus têm agora de pagar com programas de austeridade que pioram a situação mais do que a melhoram. A crise fiscal em todos esses países foi a *consequência* da crise financeira que

---

129 Peter Wise, "Trichet Calms Fears of Debt Crisis Spread", *Financial Times*, 6 de maio de 2010, http://www.ft.com/i[#ntl/cms/s/o/df61c58e-oof7-11df-a4cb-00144feabdco.html#axzz1syduMdbA; e Ralph Atkins, Kerin Hope e David Oakley, "ECB Warning to Debt-Ridden Governments", *Financial Times*, 14 de janeiro de 2010, http://www.ft.com/i [#ntl/cms/s/o/63b15724-5926-11df-adc3-00144feab49a.html#azz1syduMdbA.

chegou às suas terras, e *não a sua causa.* Dizer que é a causa é confundir deliberada e politicamente causa e efeito.

Na realidade, tínhamos obrigação de ser mais sensatos. Carmen Reinhart e Kenneth Rogoff, que não são amigos da política keynesiana, assinalam que a uma crise bancária segue-se, em 80% das vezes, uma crise da dívida soberana[130]. Reinhardt e Rogoff não chegam a usar a palavra "causa". Porém, como Moritz Schularick e Alan Taylor demonstraram, as crises de dívida soberana são quase sempre "crescimentos explosivos do crédito que se tornam falências[131]". Desenvolvem-se no setor privado e acabam no setor público. A causalidade é clara. Bolhas e falências bancárias *causam* dívida soberana. Ponto final. Inverter a causalidade e culpar o fundo soberano pela crise do mercado de títulos, como os políticos da Europa repetidamente fizeram para permitir uma política de austeridade que não está funcionado, pede a pergunta: por que continuar a fazê-lo?

Se é tentador dizer que nem os políticos alemães, nem os banqueiros do BCE entendem as falácias da composição e ambos são alérgicos à inflação, e isso mesmo, há uma resposta mais satisfatória, que é a mesma que vimos no caso dos EUA: *o que começa com os bancos acaba com os bancos.* Para compreender realmente a razão pela qual a Europa tem molestado a si mesma até à insolvência, precisamos incorporar estes fatores ideológicos e políticos muito reais em um relato do modo como o euro permitiu o desenvolvimento de um sistema de bancos que é "grande demais para falir". Se os EUA tinham bancos que eram "grandes demais para falir", a Europa tem um sistema de bancos que é coletivamente "grande demais para falir". Isto é, não há fundo soberano que possa cobrir os riscos gerados pelos seus próprios bancos, porque estes são grandes demais, e o fundo soberano não tem impressora [de dinheiro]. Neste mundo pode não haver resgate suficientemente grande para salvar o sistema se ele começar a falhar. Consequentemente, não se pode permitir que o sistema falhe,

---

130 Carmen M. Reinhart e Kenneth S. Rogoff, "Banking Crises: An Equal Opportunity Menace", documento de trabalho do NBER, Série 14 587, Cambridge, MA, dezembro de 2008.

131 Moritz Schularik e Alan M. Taylor, "Credit Booms Gone Bust: Monetary Policy, Leverage Cycles and Financial Crisis, 1870-2008", *American Economic Review 102,* 2 (abril 2012): 1029_1062.

que é a verdadeira razão pela qual temos todos que ser austeros. Nos Estados Unidos tivemos medo das consequências da falência dos bancos. Na Europa, eles estão aterrorizados com a mesma coisa e, como veremos, têm boas razões para estarem aterrorizados.

Para chegar lá, passamos por temas muito familiares: Veículos Especiais de Investimento (SPV) de hipotecas *subprime*, problemas colaterais do mercado de operações compromissadas (repo), e bancos à procura de rendimento em um ambiente de baixas taxas de juros, bem como alguns que não são familiares como regimes de resolução bancária (quem tem a responsabilidade de resgatar ou fazer falir bancos), negócios de risco moral (demasiado grande para falir como modelo de negócio) e por qual razão a dívida nacional emitida em uma moeda comum é realmente uma má ideia. No seu conjunto, explicam por que todos precisamos realmente ser austeros: porque mais uma vez precisamos salvar os bancos deles mesmos. Mas desta vez nenhum político, especialmente na Europa, vai admitir que isso é exatamente o que está acontecendo, razão pela qual é usada a estratégia de "propaganda enganosa".

A Europa e o euro: uma ponte longe demais?

A União Europeia, enquanto projeto político, tem sido um êxito espantoso. Construída quase literalmente sobre as cinzas de um continente destruído duas vezes pela guerra em pouco mais de trinta anos, manteve a paz na Europa e espalhou prosperidade pelo continente. Entendeu as antigas ditaduras de Portugal, Espanha e Grécia e transformou-as em democracias estáveis. Longe de ser uma criatura da Guerra Fria, as suas ambições disseminaram-se a seguir ao colapso da União Soviética. Tragédia dos Balcãs na década de 1990 à parte, incorporou no projeto europeu os povos dos países bálticos até à Romênia, enquanto aumentava o comércio, ampliava o Estado de Direito e continuava a impulsionar o projeto de "uma União Europeia cada vez mais unida". Oxalá não tivessem tentado fazer isso com dinheiro. Se o projeto político europeu é um retumbante êxito, o seu primo monetário, o euro, é um desastre para todos, exceto, possivelmente, para os alemães[132].

O projeto de unir ainda mais a Europa através de uma moeda comum deveria funcionar a dois níveis. Primeiro, economias que não estavam bem integradas e que tinham diferentes ciclos econômicos e pouca especialização convergiriam de acordo com os seus pontos fortes econômicos relativos, tornando-se mais semelhantes e mais eficientes simplesmente por usarem a mesma unidade de conta. Essa, pelo menos, era a ideia. Segundo, ter diferentes moedas significava diferentes taxas de câmbio, o que tinha consequências diferentes para Estados, pessoas e empresas[133]. Para as pessoas e as empresas era um problema ter de trocar divisas para viajar ou para fazer transações. A nível estatal, o argumento era que, movendo-se as diferentes taxas de câmbio em conjunto, isso gerava uma volatilidade da moeda contra a qual era difícil proteger-se e criava incentivos para as moedas mais fracas procurarem alívio desvalorizando em relação aos seus parceiros comerciais mais fortes para melhorarem a sua própria competitividade, coisa que muitos Estados europeus fizeram repetidamente. O problema da desvalorização como política de ajustamento é não só o de que empobrece o vizinho, mas também importa a inflação para países que desvalorizam. A Itália tornou-se um símbolo desses problemas, tendo desvalorizado a lira todos os anos entre 1980 e 1987, salvo em 1984, sofrendo por isso uma inflação muito acima da média do resto da Europa, ao mesmo tempo que reduzia o salário real médio italiano por meio da porta dos fundos inflacionária.

Acompanhando os alemães

Os líderes europeus lutaram com estes problemas de inflação/desvalorização/volatilidade ao longo das últimas décadas, construindo sucessivamente mecanismos de taxa de câmbio cada vez mais

[132] Até os alemães acharão que os retornos em rápida diminuição do euro começam a estabilizar depressa em 2013 enquanto a zona do euro continua a retalhar-se para atingir a prosperidade.

[133] Também houve um terceiro argumento mais público de que uma moeda comum levaria a uma maior identificação popular com a Europa a nível da identidade dos cidadãos. Parece estar acontecendo o contrário na Espanha neste momento.

complexos para manterem as divisas europeias de pé. Arranjos monetários chamados "serpentes" foram substituídos por "serpentes em túneis" e depois por "mecanismos de taxas de câmbio" formais que foram todas variantes para acompanhar os alemães. O "problema alemão" na Europa era o problema de como obrigar os alemães a manterem a paz. O "problema alemão" após 1970 passou a ser como acompanhar os alemães em termos de eficiência e produtividade. Uma maneira, como dito acima, era desvalorizar em série, mas isso começava a doer. A outra maneira era ligar cada divisa ao *Deutsche Mark* e assim tornar o preço e a taxa de inflação de cada país iguais aos dos alemães, coisa que também acabou por doer, mas de uma maneira diferente.

O problema de acompanhar os alemães é que as exportações industriais alemãs têm as mais baixas elasticidades de preço do mundo[134]. Em linguagem clara, a Alemanha produz realmente coisas ótimas que todo mundo quer e paga mais por elas em comparação a todas as alternativas. Portanto, quando se liga uma moeda ao *Deutsche Mark*, se está fazendo uma aposta de sentido único de que a indústria do país pode ser tão competitiva como a alemã em termos de qualidade e de preço. Isso teria sido bastante difícil se o *Deutsche Mark* não estivesse subvalorizado durante a maior parte do período pós-guerra e se tanto os custos de mão de obra como as taxas de inflação alemãs fossem mais baixas do que a média. Infelizmente para todos os demais, eram. Isso deu à economia alemã vantagem também na produção de coisas não tão boas, enfraquecendo assim os concorrentes tanto em produtos de mais baixo encadeamento quanto em produtos situados em altas posições na cadeia de valor agregado[135]. Junte-se a isto os salários alemães da época, que sofreram um declínio real na década de 2000, e tem-se uma economia que é extremamente difícil de acompanhar. No outro lado desta aposta de sentido único estavam os mercados financeiros. Olhavam para economias menos dinâmicas, como o Reino Unido e a Itália, que estavam vinculando-se ao *Deutsche Mark* e viam uma forma de ganhar dinheiro.

134 Devo esta perspectiva a uma exposição intitulada "Will the Euro Survive the Crisis?" feita por Martin Wolf na Brown University, 17 de abril de 2012.

135 Agradeço esta perspectiva a Simon Tilford.

A única maneira de manter a indexação de uma moeda é defendê-la com reservas de divisas estrangeiras ou deflacionar os salários e os preços para a ajustar. Para se defender uma indexação é preciso uma grande quantidade de moeda estrangeira de modo que quando a nossa moeda perder valor (como perderá se estiver tentando acompanhar os alemães) possamos vender as nossas reservas de moeda estrangeira e recomprar a nossa própria moeda para manter a taxa desejada. Mas se os mercados conseguirem perceber a quantidade de moeda estrangeira que temos em reserva, podem apostar contra nós, forçar uma desvalorização da nossa moeda e embolsar a diferença entre a indexação e o novo valor de mercado em uma venda descoberta.

Sabe-se que George Soros (e muitos outros *hedge funds*) fez isso ao Mecanismo Europeu de Taxas de Câmbio em 1992, atirando o Reino Unido e a Itália para fora do sistema. Soros pôde fazer isso porque sabia que não havia maneira do Reino Unido ou da Itália poderem ser tão competitivos como a Alemanha sem uma séria deflação dos preços para aumentar a competitividade dos custos, e que só haveria essa deflação se o desemprego desses países conseguissem aguentar antes que ficassem sem reservas de divisas estrangeiras ou se perdessem as eleições seguintes. Na verdade, o Mecanismo Europeu de Taxas de Câmbio foi referido por vezes como "Mecanismo Europeu de Eterna Recessão", tal era o seu impacto deflacionário. Em suma, as tentativas para manter uma indexação monetária anti-inflacionária falham porque não são credíveis em relação ao seguinte: não se pode ter um padrão-ouro (onde a única maneira de ajustar é através da deflação interna) em uma democracia[136].

Bem, pode-se tentar, e os europeus, ao construírem a UE, não estavam fazendo outra coisa que não seja tentar. A seguir à derrocada do Mecanismo Europeu de Taxas de Câmbio, numa cena que faz lembrar a do filme *Monty Python e o Cálice Sagrado* em que o rei diz ao filho que "eles disseram que não se podia construir um castelo num pântano, mas o fiz de qualquer maneira e caiu, mas voltei a fazê-lo e caiu, e voltei a fazê-lo e caiu", os europeus decidiram avançar um

[136] Barry Eichengreen, Golden Fetters: The Gold Standard and the Great Depression 1919-1939 (Nova Iorque: Oxford University Press, 1996).

passo à frente na indexação ao *Deutsche Mark* —todos se tornariam alemães partilhando a mesma moeda e a mesma política monetária.

O euro, sucessor do Mecanismo Europeu de Taxas de Câmbio, se tornaria um arranjo interno único de todas as diferentes moedas europeias em troca de uma moeda exterior única flutuante, com uma diferença importante[137]. Em vez de indexar e de manter as moedas e as impressoras nacionais depois do arranjo, as moedas nacionais seriam abolidas e as impressoras entregues aos alemães para se garantir que nem a inflação, nem a desvalorização da moeda voltassem a ser opções. Em vez disso, armados com um novo Banco Central independente que só tinha um objetivo, manter a inflação em cerca de 2%, independentemente dos custos de produção e do emprego, os preços e os salários se ajustariam automaticamente à balança externa. Em outras palavras, construíram um padrão-ouro em uma democracia, mais uma vez. Atribui-se a Einstein a observação de que fazer repetidamente a mesma coisa esperando resultados diferentes é a definição de loucura. O projeto monetário europeu era um pouco louco desde o início. Só recentemente se revelou como um exercício de insanidade.

Por que o euro se tornou um instrumento monetário apocalíptico

À época do seu lançamento, muitos economistas previram que o euro falharia. Martin Feldstein assinalou que os países que iriam adotar o euro não constituíam uma "área monetária ótima", em que os ciclos econômicos e similares estivessem fortemente integrados de modo a que se pudessem realizar ganhos de eficiência[138]. Paul Krugman viu problemas na década de recessão e desemprego de que os critérios de convergência do Tratado de Maastricht de 1992 precisavam, condição prévia para a adoção do euro, em que os déficits orçamentários, as dívidas e as taxas de inflação tinham de ser

---

[137] Isto foi referido por vezes como "o princípio de d'Artagnan", por causa do grito "Um por todos, todos por um" dos Mosqueteiros de Alexandre Dumas.

[138] Ver Martin Feldstein, "EMU and International Conflict", *Foreign Affairs* (novembro/dezembro de 1997); e "The Euro and Econornic Conditions", documento de trabalho do NBER 17 617, Cambridge, MA, novembro de 2011.

reduzidos ao mesmo tempo[139]. Ambos estavam corretos, mas o que realmente causou problemas foi que em vez de criar convergência, a introdução do euro criou uma grande divergência entre economias europeias (ver figura 3.1) em quase tudo, exceto nos *spreads* de seus títulos e na balança de pagamentos.

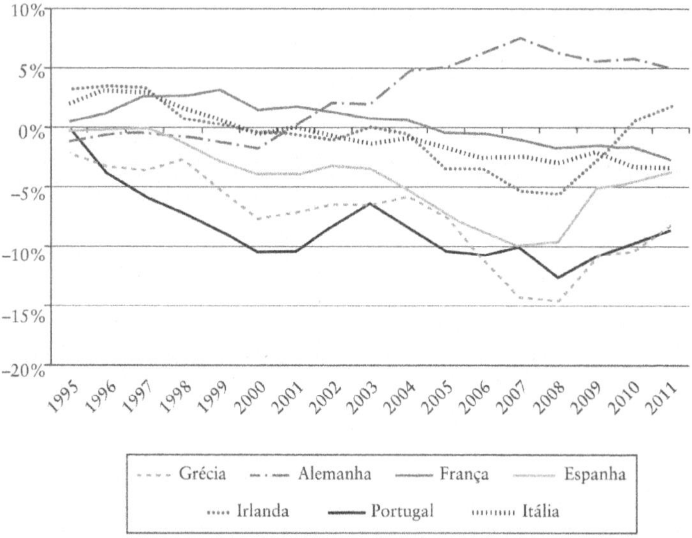

Figura 3.1

Repare que antes da introdução do euro, a França era o único país com um excedente na balança de transações correntes. Depois da sua introdução, a França aguentou até 2005, até passar aos déficits. A Alemanha passou aos excedentes em 2001, e o resto da zona do euro aprofundou o déficit. Houve uma convergência estranha. Todos, exceto a Alemanha, começaram a ter déficits. Para ver a razão pela qual isso aconteceu, precisamos nos voltar para o modo como esses déficits foram financiados, o que nos leva para o domínio dos mercados de dívida soberana, e para o que a introdução do euro fez aos incentivos dos bancos europeus (ver figura 3.2).

[139] Paul Krugman, *Peddling Prosperity: Sense and Nonsense in the Age of Diminished Expectations* (Nova Iorque: W.W.Norton, 1994).

Se uma imagem vale mais que mil palavras, a figura 3.2 vale um milhão. Do lado esquerdo, vemos o que os mercados pensavam dos títulos soberanos antes do euro ser introduzido. Os juros dos títulos gregos de dez anos começaram em 25%, caíram para 11% e depois ficaram a cinquenta pontos base (0,5%) dos títulos alemães em 2001. Do mesmo modo, os títulos italianos caíram de um máximo de 13% em 1994 para se tornarem "quase alemães" em 2001 em termos de juros. Todavia, é manifestadamente óbvio que nem a Grécia, nem a Itália, nem a Irlanda, nem mais ninguém, se tornou, na realidade, uma Alemanha; então, por que assistimos a esta convergência dos juros? A resposta popular é que a introdução do BCE e de sua interminável busca de credibilidade anti-inflacionária assinalou aos compradores de títulos que tanto o risco de divisa estrangeira como o risco de inflação já eram coisas do passado. O euro era basicamente um *Deutsche Mark* ampliado e agora todos eram alemães.

Apesar do fato de os títulos nacionais ainda serem emitidos pelos mesmos governos nacionais, os bancos e outros atores financeiros encheram-se delas, presumindo que os riscos que vimos no lado esquerdo da figura 3.2 tinham sido todos afastados por magia com a adoção do euro. Isso inundou os Estados da periferia com dinheiro barato, atolando completamente os mercados de financiamento locais no atacado e tornando-os assim vulneráveis à fuga de capitais que os tornariam ilíquidos em 2011, ao mesmo tempo em que estimulava, em particular no caso da Espanha, o endividamento do setor privado. Enquanto os emprestadores do norte emprestavam a bancos locais, construtores civis e similares, os consumidores da periferia usaram esse tsunami de dinheiro barato para comprar produtos alemães, e daí os desequilíbrios da balança de transações correntes assinalados anteriormente.

Mas por que razão esses compradores de títulos acreditaram que essa nova instituição que não tinha sido posta à prova, o BCE, havia, de fato, de defender o valor de seus títulos, que os governos nacionais já não tinham importância, e que a Grécia era, agora, uma Alemanha? A resposta era que não tinham de acreditar em nada desse gênero porque o que comprovadamente iriam fazer era a mãe de todas as transações de risco moral.

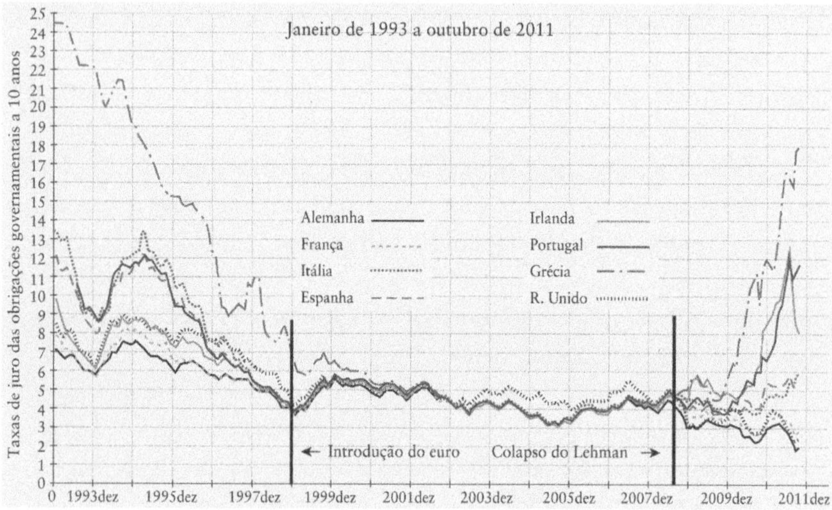

Figura 3.2

A mãe de todas as negociações de risco moral

Se você fosse um banco europeu no fim da década de 1990 vendo os juros dos títulos soberanos caindo, talvez isso o preocupasse porque estava desaparecendo uma fonte de lucros arriscados. Por outro lado, se esta nova engenhoca do BCE se livrasse realmente do risco de taxa de câmbio para os fundos soberanos que emitiam dívida e tirasse a inflação da mesa alojando em Frankfurt a única impressora de dinheiro da Europa, isso era o sonho de qualquer banqueiro — uma opção livre —, ativos seguros com lucro, como aqueles CDOs que vimos nos Estados Unidos. Portanto, seríamos uns loucos se não nos enchêssemos deles, e foi exatamente isso que os bancos europeus fizeram. Mas como os juros convergiam, era necessário comprar cada vez mais títulos para ganhar algum dinheiro. Havia, porém, uma diferença pequena, mas significativa, de juros entre os títulos dos fundos soberanos do norte da Europa e os da periferia depois de os juros terem convergido. Portanto, se você trocasse a dívida alemã e holandesa, que tinha juros baixos, substituindo-as pelo máximo de dívida dos PIIGS que se conseguisse arranjar e depois dinamizasse isso com quocientes operacionais de alavancagem de 40 para 1 — mais altos do que os congêneres dos EUA —, teria o diabo de uma máquina de fazer dinheiro institucionalmente garantida. O que faz disso um negócio de risco moral?

Imagine que a Grécia continuava sendo a Grécia e que a Itália continuava sendo a Itália, e que os preços cotados nos mercados representavam as atividades de compra de títulos dos bancos que empurravam os juros para baixo e não uma estimativa do risco do título em si mesmo. Por que é que se havia de comprar esses títulos se os juros não refletiam o risco? Talvez você pensasse que se os comprasse em quantidade suficiente — para se tornar realmente grande —, e esses ativos perdessem valor, você passaria a ser um perigo para o sistema bancário nacional e teria de ser resgatado pelo fundo soberano. Se não fosse resgatado, dadas as exposições, as ligações transfronteiriças a outros bancos e a elevada alavancagem, se constituiria um risco sistêmico para todo o setor financeiro europeu. Como tal, quanto mais risco se assumisse na contabilidade, especialmente na forma de dívida soberana periférica, mais provável era que o risco fosse coberto pelo BCE, pelo governo nacional ou por ambos. Isto seria um negócio de risco moral à escala continental. O euro talvez tenha sido um projeto político que deu incentivo econômico para que tivesse lugar este tipo de negócio. Mas foram atores do setor privado que aproveitaram deliberada e voluntariamente a oportunidade.

Ora, ou porque realmente acreditaram que o BCE nunca posto à prova eliminara por magia todo o risco do sistema, ou porque viram as possibilidades de um negócio de risco moral, ou por ambas as coisas, os principais bancos europeus adquiriram o máximo de dívida soberana periférica (e outros ativos periféricos) que puderam. Na verdade, como veremos abaixo, esses bancos foram incentivados pela Comissão Europeia a encher a mão ao máximo de títulos periféricos que pudessem, e os utilizarem como colaterais em operações compromissadas, aumentando assim ainda mais a sua procura[140]. Havia, porém, um ligeiro problema no plano. Se a concessão e o pedido de empréstimos pelos bancos pode ser transfronteiriço na zona do euro, as responsabilidades de dissolução e de resgate dos bancos (sem prejuízo da proposta de 2012 de uma união bancária da UE, que pouco contribui para resolver o essencial dos problemas) ainda são nacionais[141]. Portanto, enquanto qualquer banco podia fazer isoladamente este negócio de risco moral, se todos o fizessem, de uma vez só, o que era individualmente "grande demais para falir" tornava-se muito depressa grande demais para resgatar como um todo. Mais uma vez, a dinâmica do sistema era diferente da soma das partes.

Eclipsando o rei

Para se ter uma ideia dos riscos para os fundos soberanos que este negócio envolvia, recorde-se que se considerarmos os ativos combinados dos seis maiores bancos dos EUA no terceiro trimestre de 2008 e os somarmos, chega-se a mais de 61% do PIB dos EUA. Qualquer um desses bancos, em média, podia então afirmar que tinha um impacto de cerca de 10% no PIB dos EUA se falhasse. Junte-se o risco de contágio discutido anteriormente e tem-se aquilo que as autorida-

---

[140] Daniela Gabor e Cornel Ban, "Fiscal Policy in (European) Hard Times: Financialization and Varieties of Capitalism", comunicação apresentada ao seminário Understanding Crisis in Europe, Bristol Business School, maio de 2012.

[141] A proposta de União Bancária a nível da EU de setembro de 2012 procura resolver este problema tornando o BCE monitor de todos os bancos sistemicamente importantes da zona do euro — cerca de seis mil entidades. O principal problema da proposta, à parte o fato do Reino Unido permanecer em grande medida fora da sua jurisdição, é que a supervisão por si só não resolve um problema de solvência. A menos que o BCE esteja disponível para se tornar emprestador direto de última instância a bancos isolados de toda a zona do euro, dizer simplesmente a um regulador nacional que um banco com 20% do PIB nas suas contas está prestes a estourar não contribuirá em nada para resolver o problema se o regulador nacional não tiver dinheiro para lidar com o problema. Resgatar indiretamente através do Mecanismo Europeu de Estabilidade (MEE), situação em que a Espanha caiu em setembro de 2012, é uma possibilidade limitada pelo tamanho do MEE e pela contínua resistência do governo alemão. Em suma, não podemos nos comprometer credivelmente a fornecer liquidez ilimitada com um instrumento que tem o dinheiro limitado. Ver a proposta em http://ec.europa.eu/intemal_market/finances/docs/committees/reform/20120912-com-2012-510_En.pdf.

des dos EUA consideraram um problema "grande demais para falir". Ora faça-se o mesmo com bancos europeus no quarto trimestre de 2008, coisa que tem de se fazer em uma base nacional (a relação dos ativos dos bancos com o PIB nacional), uma vez que à medida em que escrevo não existe nenhum esquema de garantia de depósito a nível da UE, nem nenhum mecanismo de resgate para bancos a nível da UE: cai tudo em cima do fundo soberano nacional — e obtêm-se resultados seriamente assustadores[142].

Em 2008, os três maiores bancos franceses tinham uma combinação de ativos de 316% do PIB da França. Os dois maiores bancos alemães tinham ativos iguais a 114% do PIB alemão. Em 2011, esses números eram de 245% e de 117%, respetivamente. Só o Deutsche Bank tinha uma combinação de ativos de mais de 80% do PIB alemão e uma alavancagem operacional de cerca de 40 para 1[143]. Isto significa que uma guinada de uns meros 3% contra os seus ativos arruína todo o seu balanço e potencialmente põe em perigo o fundo soberano alemão. Um banco, o ING, na Holanda, tem uma combinação de ativos que soma 211% do PIB do seu fundo soberano. Os quatro maiores bancos do Reino Unido têm uma combinação de ativos de 394% do PIB do país. Os três maiores bancos italianos constituem uns meros 115% do PIB, mas mesmo assim a Grã-Bretanha parece ter um salvo-conduto junto dos mercados, em comparação com a Itália. As respectivas dívidas soberanas destes países tornam-se insignificantes[144].

---

142 A partir de dezembro de 2012, a UE tomou as primeiras medidas para a criação de uma união bancária que reconheça a gravidade destes problemas. A proposta permite que o BCE atue como banco supervisor comum com autoridade sobre os maiores bancos da zona do euro — os que têm ativos de mais de 20% do PIB ou de € 30 bilhões. Embora significativo, como se indicou na nota anterior, a supervisão e monitoramento, quando não se tem dinheiro para resgatar com credibilidade, são, na melhor das hipóteses, um passo em frente para uma união bancária. Não são em si mesmas e por si mesmas uma solução institucional.

143 Aaron Kirchfeld, Elena Logutenkova e Nicholas Comfort, "Deutsche Bank No.1 in Europe as Leverage Hlits Valuation", Bloomberg, 27 de março de 2012, http://www.bloomberg.com/news/2012_03-26/deutsche-bank-no-3-in-europe-as-leverage-hits-market-valuation.html.

144 Todos os números foram calculados a partir de documentos bancários nos anos de 2008 e 2011. Ver os seguintes sítios da *web:* http://media.bnpparibas.com/invest/annual-reports/ra2oo8en/default.htm; goo.gl/snaoTk;

Nos Estados periféricos a situação não é melhor. Os bancos locais não iriam deixar passar o mesmo negócio, por que compraram a sua própria dívida soberana aos montes. Segundo uma amostragem dos bancos da zona do euro que foram sujeitos a testes de estresse em julho de 2011, os bancos gregos detêm 25% do PIB grego em títulos nacionais, e os bancos espanhóis têm cerca de 20%, e esses títulos tornaram-se cada vez mais nacionais em termos de propriedade ao longo de 2012[145]. Lembre-se de que nem todos esses ativos têm de se reduzir a zero para criar um problema. Basta diminuírem o suficiente para varrer o capital de *tier-one*[146] do banco, que pode ser tão pouco quanto 2% de seus ativos, especialmente quando intervêm passivos transfronteiriços e riscos de contágio[147].

Em suma, em todos os países, e na zona do euro como um todo, os bancos europeus tornaram-se "grandes demais para falirem". Nenhum fundo soberano, mesmo com impressora própria, consegue resgatar um banco com exposições desta dimensão. Se você subs-

---

https://www.db.com/ir/en/content/sec_filings_2008.htm; https://www.commerzbank.cum/en/hauptnavigation/aktionaere/service/ archive/unternehmensberichterstattung/2009_8/u_berichte_09_01.html; http://www.ing.com/Our-Company/I[#nvestor-relations/Annual-Reports/Annual-Reports-Archive.htm; http://group.barclays.com/aboutbarclays/investor-relations/financial-results-andpublications/annual-reports; http://www.investors.rbs.com/report_subsidiary_results; http://www.lloydsbankinggroup.com/investors/financial_performance/company results.asp#2008.

145 Jay Schambaugh, "The Euro's Three Crises", Brookings Papers on Economic Activity, Washington, DC, primavera de 2012, 24. Disponível em http://www.brookings.edu/~/media/ Files/Programs/ES/ BPEA/2012_spring_bpea papers/2012_spring_BPEA_shambaugh.pdf.

146 N. do E.: *Tier-one capital*, ou capital de nível 1 em tradução livre, é o capital básico que inclui o capital próprio e as reservas divulgadas, e é usado para descrever a adequação de capital de um banco. O capital próprio inclui os instrumentos que não podem ser resgatados por opção do detentor. O capital de nível 1 é essencialmente a forma mais perfeita do capital de um banco – o dinheiro que o banco armazena para mantê-lo funcionando através de todas as operações arriscadas que realiza. É, então, do ponto de vista da regulação, a medida básica da solidez financeira de um banco.

147 Como diz a Standard & Poor's: "Calculamos que cerca de vinte importantes bancos europeus sistemicamente grandes tenham exposições transfronteiriças a credores em países periféricos que excedem de longe o seu próprio capital *tier one*". Standard & Poor's, "The Five Key Risks for European Banks", Ratings Direct: Global Credit Portal, 11 de abril de 2012, 3, http://www.standardandpoors.com/spf/upload/Ratings_EMEA/TheF'iveRisksForEuropeanBanks._1lApril2012.pdf.

creveu um arranjo monetário pelo qual desistiu da moeda própria, realmente está perante um problema. Como disseram diretamente Simon Tilford e Philip Whyte, a crise da zona do euro é "no seu cerne uma história de alavancagem excessiva e má gestão do risco dos bancos (...) [e] de uma épica má atribuição de capital por bancos excessivamente alavancados[148]".

O euro foi desde o início uma crise pronta a ser declarada. A Grécia e a descoberta de que os PIIGS esubindo os juros, como se detalhou anteriormente, foram um detonador da crise. O outro detonador foi uma série de acontecimentos que se deram, como vimos, nos Estados Unidos em 2008, bem no seio do próprio sistema bancário e que se centraram na utilização de títulos governamentais como colaterais de operações compromissadas para financiar bancos. Mais uma vez o que é retratado como uma crise do setor público é, no seu cerne, um problema quase inteiramente (da atividade bancária) do setor privado.

Danos colaterais, estilo europeu

Então, imagine que você é um grande banco europeu universal (de varejo e de investimento, ao mesmo tempo) e que levou a cabo um gigantesco negócio de risco moral contra fundos soberanos da UE, ou que acredita realmente nos poderes do BCE. Para aproveitar isso, precisa ter níveis muito altos de alavancagem. Onde é que se obtém dinheiro para uma operação dessas? Em termos gerais, os bancos podem financiar as suas atividades de duas maneiras: aumentando os depósitos e emitindo capital, por um lado, e aumentando a dívida, por outro. Se emitir capital, o valor de cada ação baixa, por que há um limite em que a emissão de capital se torna prejudicial. Aumentar os depósitos, especialmente numa economia em que as taxas de poupança estão em queda, também tem limites. A dívida não tem esses limites.

148 Simon Tilord e Philip Whyte, "Why Stricter Rules Threaten the Eurozone", Center for European Reform, Londres, novembro 2011, 5-6. Como também assinalam, "os próprios países que insistiram em violentos ajustamentos econômicos nos países devedores são muitas vezes os mesmos que fizeram o máximo por ocultar as fragilidade dos seus próprios bancos". *Ibid.* 8.

Então onde é que os bancos europeus podiam encontrar enormes quantidades de dívida barata para se financiarem? Os mercados de operações compromissadas (repos) que vimos no capítulo 2 eram um dos locais, mas desta vez situavam-se em Londres e não em Nova Iorque[149]. Os fundos do mercado de capital dos EUA que andavam à procura de retornos positivos num mundo de baixas taxas de juros depois de 2008 eram outro. Afinal, esses bancos europeus conservadores não eram de maneira nenhuma tão arriscados como aqueles bancos dos EUA, e daí por que não comprar muita dívida sua de curto prazo? O BCE nunca os deixará falir, certo?

À medida que avançava a década de 2000, esses bancos europeus supostamente conservadores passavam cada vez mais do financiamento seguro, local, pelos depósitos, e carregavam-se do máximo de dívida de origem internacional de curto prazo que conseguiam encontrar. Afinal, era muito mais barato do que botar a mão nas poupanças da vovó e pagar-lhe juros relativamente elevados por esse privilégio. Tanto assim que, segundo um estudo, em "setembro de 2009, os Estados Unidos acolhiam as sucursais de 161 bancos estrangeiros que obtiveram no seu conjunto financiamento bancário no atacado no valor de US$1 trilhão, dos quais US$645 bilhões foram canalizados para uso das suas sedes"[150]. Os bancos dos EUA, nessa altura, tinham nos depósitos a origem de 50% do seu financiamento, enquanto o número comparável relativo aos bancos franceses e britânicos era de menos de 25%[151]. Em junho de 2011, US$ 755 bilhões dos US$ 1,66 trilhões dos fundos do mercado de capitais dos EUA eram detidos sob a forma de dívida bancária europeia de curto prazo, com mais de US$ 200 bilhões emitidos só por bancos franceses[152].

149 O LCH Clearnet em Londres foi o local escolhido. Segundo o seu sítio na *web*, o LCH Clearnt detém US$ 12 trilhões de negociações em operações compromissadas (repo) por mês, em valor nocional. Ver "Fixed Income", LCH Clearnet http://www.lchcleamet.com/fixed_income/.

150 Hyun Song Shin, "The Global Ranking Glut and Loan Risk Premium", comunicação apresentada na Mundell-Fleming Lecture, 2011 FMI Annual Research Conference, 10-11 de novembro de 2011, 17. Disponível em http://www.princeton.edu/~hsshin/www/mundell_fleming_lecture.pdf.

151 Gabor e Ban, "Varieties of Capitalism for All Seasons: Fiscal Policy in the European Crisis", manuscrito inédito (primavera de 2012), 9, figura 1.

152 Shin, "Global Banking Glut", 20.

Tal como em 2008, esses bancos estavam contraindo empréstimos *overnight* para financiarem empréstimos a prazos muito mais longos.

Além de serem financiados através de empréstimos de curto prazo obtidos nos mercados dos EUA, aconteceu que esses bancos europeus conservadores e avessos ao risco não tinham, afinal, perdido a crise hipotecária dos EUA. De fato, mais de 70% dos SPV criados para negociar em "papel comercial apoiado por ativos" dos EUA (hipotecas) que tratamos no capítulo 2 foram criados por bancos europeus[153]. O ano de 2008 pode ter sido de crise nos mercados hipotecários dos EUA, mas teve financiadores e canais europeus, e a maioria desses ativos desvalorizados continuam encravados no balanço de bancos europeus domiciliados em Estados sem impressora. Em 2010, então, quando os juros da dívida soberana do lado direito da figura 3.2 começaram realmente a afastar-se, a capacidade dos bancos europeus de se financiarem através de empréstimos a curto prazo dos EUA desmoronou-se de uma maneira que foi quase uma repetição perfeita dos Estados Unidos em 2008.

Recorde que nos Estados Unidos, em 2008, os colaterais apresentados para empréstimos repos começaram a perder valor. Como tal, as empresas envolvidas tiveram de apresentar mais colaterais para obter empréstimos do mesmo montante, ou ficavam muito depressa sem liquidez, que foi o que aconteceu ao sistema bancário dos EUA. O mesmo começou a acontecer na Europa. Enquanto os títulos apoiados em hipotecas, os colaterais preferidos dos tomadores de empréstimos norte-americanos nos mercados de operações compromissadas (repos) dos EUA, tinham a nota AAA, para os tomadores de empréstimos europeus, em Londres, o colateral preferido era dívida soberana europeia com nota AAA. Tal como os tomadores de empréstimos dos EUA precisaram de um substituto dos bilhetes do Tesouro e se viraram para obrigações hipotecárias AAA, os tomadores europeus não tinham bons e seguros títulos alemães para oferecer como colaterais, uma vez que os principais bancos estavam demasiado ocupados trocando-os por dívida periférica. Assim, começaram a oferecer a dívida periférica que haviam comprado em massa, que, afinal, tinha quase a mesma nota de avaliação, política

[153] *Ibid.*, 21.

que foi dinamizada por uma diretiva da UE que "estabeleceu que os títulos dos fundos soberanos da zona do euro seriam tratados com igualdade em transações repos" a fim de criar mercados europeus mais líquidos. Em 2008, a dívida dos PIIGS estava colateralizando 25% de todas as transações com operações compromissadas (repos) europeias[154]. Pode se começar a ver o problema.

Quando os investidores começaram a se preocupar com os fundos soberanos europeus, as agências de avaliação de crédito começaram a baixar a nota desses fundos soberanos e os seus títulos passaram de AAA para BBB, e pior ainda. Como tal, era preciso oferecer cada vez mais dívida desses fundos soberanos para obter a mesma quantia de dinheiro num repos. Infelizmente, com cerca de 80% da totalidades dos acordos repos desse tipo usando dívida soberana europeia como colateral, quando caiu o valor desses títulos, a capacidade dos bancos europeus de se financiarem e manterem as suas estruturas altamente alavancadas funcionando começou a evaporar-se[155].

Os bancos com ativos saudáveis talvez fossem capazes de aguentar essa súbita perda de financiamento, mas além das hipotecas dos Estados Unidos que estavam congelando as suas contas, os bancos europeus estavam cheios de outros ativos periféricos em rápida desvalorização. As exposições eram mais uma vez espantosas. No princípio de 2010, os bancos da zona do euro tinham uma exposição coletiva à Espanha de US$ 727 bilhões, de US$ 402 bilhões à Irlanda e de US$ 206 bilhões à Grécia[156]. A exposição dos bancos franceses e alemães aos PIIGS foi estimada em 2010 em aproximadamente US$ 1 trilhão. Só os bancos franceses tinham cerca de US$ 493 bilhões de exposição aos PIIGS, que era o equivalente a 20% do PIB francês. A Standard & Poor's calculou que as exposições francesas chegavam, no total, a 30% do PIB.

Mais uma vez, a grande maioria dessas exposições eram exposições do setor privado — empréstimos imobiliários na Espanha e similares. A dívida soberana desses números era relativamente pequena. Mas o que importava era até que ponto esses bancos es-

[154] Gabor e Ban, "Varieties of Capitalism", 12.

[155] *Ibid.* 14.

[156] "Bank of International Settlements", *Quarterly Review* (junho de 2010): 19.

tavam alavancados e em que medida esses títulos soberanos eram importantes para financiar os ditos bancos. Uma vez que esses títulos perderam valor, os bancos europeus viram se fechar cada vez mais os mercados de financiamento no atacado dos EUA ao mesmo tempo em que os mercados de capitais dos EUA começavam a desfazer-se da sua dívida de curto prazo. O que aconteceu nos Estados Unidos em 2008, uma "crise de liquidez" generalizada, aconteceu na Europa em 2010 e 2011. Só foi evitado pelas Operações de Refinanciamento a Longo Prazo (ORLP) do BCE no fim de 2011 e princípio de 2012. Esta política heterodoxa de quase flexibilização quantitativa (*quantitative easing*) apenas proporcionou um alívio temporário. Paul de Grauwe a chamou de "dar dinheiro barato a bancos cambaleantes com todos os problemas que isso acarreta"[157]. O resultado foi que dois meses depois da primeira ORLP do BCE, os juros dos títulos soberanos estavam subindo novamente, e os bancos pelos quais esses fundos soberanos eram responsáveis, tinham cada vez mais dívida soberana no seu balanço — fato que não passou despercebido aos investidores que se preocupam agora com a Espanha e a Itália. Outro continente, outra crise da bancária e, no entanto, só ouvíamos falar de fundos soberanos extravagantes que gastavam demais — por quê?

É possível executar um padrão ouro em uma democracia (por algum tempo)

A resposta é que com os bancos da Europa alavancados mais do que tudo o que os bancos dos EUA alguma vez tinham conseguido, com ativos que eram múltiplos do PIB dos seus fundos soberanos e balanços que, ao mesmo tempo, são gravemente danificados e seriamente opacos, mais uma vez, os problemas dos bancos tornam-se problemas dos Estados. Mas ao contrário do caso dos EUA (e do Reino Unido), os Estados em questão nem sequer conseguem começar a resolver esses problemas, uma vez que desistiram das suas impressoras de dinheiro e deixaram os seus bancos tornarem-se grandes demais para resgatar. Reconhecendo isso, quando o estatuto de AAA

[157] Paul de Grawue, "How Not to Be a Lender of Last Resort", CEPS Commentart, Center for European Policy Studies, Bruxelas, 23 de março de 2012, 2.

da França foi ameaçado, em 2011, os mercados de títulos não ficaram preocupados com a capacidade do Estado francês de pagar as pensões dos professores aposentados em Nancy. Ficaram preocupados, e com muita razão, com a sua capacidade de lidar com a falência de qualquer um dos seus três grandes bancos (Société Générale, BNP Paribas e Crédit Agricole), especialmente num ambiente de austeridade implacável. Se os Estados não conseguirem sair dos problemas através da inflação (não há impressora) nem desvalorizar para fazer a mesma coisa (não há moeda soberana), só podem dar calote (o que fará estourar o sistema bancário, algo que não é uma opção), o que deixa como opção apenas a deflação interna através dos preços e salários — austeridade. Esta é a verdadeira razão pela qual todos temos que ser austeros. Mais uma vez, trata-se de salvar os bancos.

Mas não se pode contar a verdade sobre a razão de estar fazendo isso.

Então, por que os governos europeus ativam essa grande estratégia de "propaganda enganosa", culpando os fundos soberanos de tudo, por terem gastado demais? Basicamente, porque em uma democracia dificilmente se pode ser honesto acerca do que se está fazendo e, ainda assim, esperar sobreviver. Imagine um político europeu importante tentado explicar por que razão um quarto da Espanha precisa estar desempregada, e por que razão toda a periferia europeia precisa estar em permanente recessão apenas para salvar uma moeda que só existe há uma década. Como soaria isso? Suspeito que seria mais ou menos assim.

> **Para**: *Público eleitor*
> **De**: *Primeiro-ministro da Periferia X da zona do euro*
>
> Concidadãos. Temos lhes dito nos últimos quatro anos que a razão pela qual estão sem trabalho, e a próxima década será miserável, é que os Estados gastaram demais. Portanto, agora precisamos todos ser austeros e voltar a algo chamado "finanças públicas sustentáveis". É, porém, tempo de dizer a verdade. A explosão da dívida soberana é um sintoma, e não uma causa, da crise em que nos encontramos hoje.

O que realmente aconteceu foi que os maiores bancos dos principais países da Europa compraram muita dívida soberana dos seus vizinhos da periferia, os PIIGS. Isso inundou os PIIGS com dinheiro barato para comprar produtos básicos do país, daí os atuais desequilíbrios das contas da zona do euro e a consequente perda de competitividade dessas economias periféricas. Afinal, por que é que se há de fabricar um carro para concorrer com o BMW se os franceses nos emprestam dinheiro para comprar um? Tudo estava ocorrendo bem até os mercados entrarem em pânico com a Grécia e perceberem através das nossas respostas de que as instituições designadas para gerir a UE não conseguiam lidar com nada disso. O dinheiro que lubrificava as engrenagens parou de repente, e os nossos pagamentos de títulos dispararam.
O problema é que tínhamos abdicado das nossas impressoras de dinheiro e de taxas de câmbio independentes — os nossos amortecedores econômicos — para adotar o euro. Entretanto, o Banco Central Europeu, instituição que devia estabilizar o sistema, acabou por ser de algum modo um falso Banco Central. Não exerce uma verdadeira função de emprestador de última instância. Enquanto o Fed e o Banco de Inglaterra podem aceitar os ativos que desejarem em troca das quantias em dinheiro que quiserem distribuir, o BCE está constitucional e intelectualmente limitado no que pode aceitar. Não pode monetizar ou mutualizar dívida, não pode resgatar países, não pode emprestar diretamente aos bancos em quantidade suficiente. É realmente bom para combater a inflação, mas quando há uma crise do setor bancário é praticamente inútil. Tem adquirido novos poderes pouco a pouco ao longo da crise para nos ajudar a sobreviver, mas a sua capacidade continua sendo muito limitada.
Agora, junte-se a isso o fato do sistema bancário europeu como um todo ter três vezes o tamanho do sistema bancário norte-americano e estar aproximadamente duas vezes mais alavancado do que ele; aceite-se que o BCE está cheio de ativos de baixa qualidade que não pode eliminar das contas e vê-se que temos um problema. Tivemos mais de vinte encontros e inúmeras outras reuniões, prometemos uns aos outros tratados fiscais e mecanismos de resgate e até substituímos um ou dois governos democraticamente eleitos para resolver esta crise, e mesmo assim não conseguimos fazê-lo. É tempo de ser honesto acerca das razões por que não tivemos êxito. A resposta: é que não conseguimos corrigir o problema. A única coisa que conseguimos é empurrar com a barriga, o que se concretizará em uma década perdida de crescimento e emprego.
Vejam, os bancos que resgatamos em 2008 obrigaram-nos a assumir todo um carregamento de nova dívida soberana para pagar os

> prejuízos deles e assegurar a sua solvência. Mas os bancos nunca se recuperaram realmente, e em 2010 e 2011 começaram a ficar sem dinheiro. Portanto, o BCE teve de agir contra os seus instintos e inundar os bancos com € 1 bilhão em dinheiro muito barato, as Operações de Refinanciamento a Longo Prazo, quando os bancos europeus já não eram capazes de obter dinheiro emprestado nos Estados Unidos. O dinheiro que o BCE deu aos bancos foi utilizado para comprar alguma dívida governamental de curto prazo (para baixar um pouco os juros dos nossos títulos), mas a maioria ficou no BCE como seguro de catástrofe em vez de circular na economia real e nos ajudar a voltar ao trabalho. Ao final, estamos no meio de uma recessão que está sendo muito aprofundada por políticas de austeridade. Quem é que haveria de contrair empréstimos e investir no meio desta confusão? Toda a economia está em recessão, as pessoas estão reembolsando dívidas e ninguém está pedindo dinheiro emprestado. Isso faz com que os preços caiam, provocando cada vez maiores debilidades nos bancos e tornando a economia cada vez mais esclerótica. Não há literalmente nada que possamos fazer. Precisamos manter os bancos solventes ou desmoronam-se, e são tão grandes e estão tão interligados que mesmo que fosse apenas um cair isso podia fazer explodir todo o sistema. Por mais horrível que seja a austeridade, não é nada comparada com um colapso geral do sistema financeiro, realmente.
>
> Portanto, não podemos inflacionar e transferir o custo para os poupadores, não podemos desvalorizar e transferir o custo para os estrangeiros e não podemos dar calote sem nos matarmos, então precisamos deflacionar, durante o tempo que for necessário para que os balanços desses bancos ganhem algum tipo de forma sustentável. É por isso que não podemos deixar ninguém sair do euro. Se os gregos, por exemplo, saíssem do euro, talvez fôssemos capazes de aguentar, uma vez que a maioria dos bancos conseguiu vender os ativos gregos. Mas não se pode vender a Itália. É muito. O risco de contágio destruiria todos os bancos. Portanto, a única ferramenta política que temos para estabilizar o sistema é todo mundo deflacionar em relação à Alemanha, que é uma coisa realmente difícil de fazer mesmo nos melhores tempos. É horrível, mas é isso. O vosso desemprego salvará os bancos, e de quebra salvará os fundos soberanos que não consegue salvar por si os bancos e, assim, salvar o euro. Nós, as classes políticas da Europa, gostaríamos de lhes agradecer o vosso sacrifício.

Este é um discurso que você nunca ouvirá porque o político que o fizesse depositaria um currículo no Monster.com dez minutos depois. Mas é a verdadeira razão pela qual todos precisamos ser austeros.

Quando o sistema bancário se torna grande demais para resgatar, o negócio de risco moral que iniciou tudo torna-se "risco imoral" sistêmico — uma trama de extorsão com a ajuda e o encorajamento dos próprios políticos eleitos para servir os nossos interesses. Quando esse negócio se faz num conjunto de instituições que é incapaz de resolver a crise que enfrenta, o resultado é austeridade permanente.

Conclusão: a arrogância do euro e o pesadelo de Hayek

Jay Shambaugh vê o euro preso em três crises entrelaçadas, cada uma das quais piora as outras[158]. Vê o problema do setor bancário da zona do euro a complicar o problema da dívida soberana que, por sua vez (através da austeridade), prejudica o crescimento em nome do aumento da competitividade, que é minada pela deflação[159]. Isso quase resume a questão. Mas ao seu diagnóstico e a este, que enfatiza o papel dos bancos acima de tudo, podem somar-se muitas mais camadas de infelicidade. O dinheiro das ORLP deveria dar tempo aos bancos para se reestruturarem e recomeçarem a emprestar, mas em vez disso, foi usado como seguro de catástrofe. Quando as condições de crédito pioraram, a fuga de capital da periferia para o centro (quando os poupadores gregos deslocaram as suas contas para bancos alemães, por exemplo), apareceram enormes desequilíbrios financeiros (como os desequilíbrios comerciais da figura 3.1) nas contas do chamado "sistema de pagamentos Alvo 2" da zona do euro que ameaçam o Banco Central alemão com bilhões de compromissos estrangeiros com Bancos Centrais da periferia[160]. Sem

---

[158] Schambaugh, "Euro's Three Crises".

[159] Outra excelente ideia geral é dada por Philip R. Lane, "The European Sovereign Debt Crisis". *Journal of Economic Perspectives* 26, 3 (verão de 2012): 46-68.

[160] Os países da zona do euro ainda têm os seus próprios bancos centrais, mas são bancos centrais apenas de nome. Na realidade, são processadores dos pagamentos das trocas entre países da zona do euro através de uma rede chamada "sistema Target Two". Alguns economistas estão muito preocupados com a possibilidade de desequilíbrios deste sistema ameaçarem levar o Banco Central alemão à bancarrota. Outros descartam completamente essa possibilidade. É sintomático das instituições da UE que pessoas muito bem informadas não consigam sequer chegar a um acordo acerca do modo como, na realidade, essas instituições funcionam. Para um resumo útil das posições, ver Silvia Merler e Jean Pisani-Ferry, "Sudden Stops in the Euro

uma autoridade fiscal a nível da UE, apenas com uma autoridade monetária, não há amortecedores no sistema do tipo dos que se encontrariam, por exemplo, nos Estados Unidos. Quando uma empresa fecha no Michigan e se muda para o Mississipi, o capital sai de um Estado e entra no outro, mas os impostos cobrados no Connecticut suavizam o ajustamento através de transferências federais. A mão de obra também é muito mais móvel nos Estados Unidos do que na UE, e a América também deixa as suas cidades morrerem, acelerando assim o ajustamento. Nada disso acontece na Europa. Acontece que os pedidos de empréstimos transfronteiriços em euros, quando os mercados de títulos refletem prêmios de risco reais, são como pedidos de empréstimo em moeda estrangeira, com o problema de que os bancos querem cada vez mais combinar empréstimos locais com ativos locais[161]. Embora não haja risco de taxa de câmbio a cobrir, se os juros do fundo soberano sobem e a economia-mãe deflaciona, a capacidade de reembolsar os empréstimos diminui como se se estivessem fazendo pagamentos em uma moeda em depreciação.

Eu poderia continuar fazendo uma lista do modo como o euro emerge todos os dias e cada vez mais como uma criativa arma financeira apocalíptica. Mas o que torna terrível a situação da Europa no seu núcleo central não são apenas esses buracos gritantes no seu projeto institucional nem o risco moral que os seus bancos constituem. É, antes, aquilo a que poderia se chamar "arrogância epistemológica" que está por detrás de todo o projeto monetário do euro, que mais uma vez se reduz ao poder de um conjunto de ideias econômicas que nos cega para os efeitos dos nossos projetos institucionais, como aconteceu no caso dos EUA.

Ninguém conhece o futuro, mas sabe-se que terá vários choques preparados para nós. Pode-se imaginar que esses choques sejam exógenos e projetar mecanismos para os compensar, como em Es-

---

Area", *Breugel Policy Contribution* 6 (março de 2012): 1-16, http://www.bruegel.org/publications/publication-detail/publicat ion/718-sudden-stops-in-the-euro-area.

[161] Gillian Tett, "Beware Hidden Costs as Banks Eye 'Grexit'", *Financial Times*, 24 de maio de 2012, http://www.ft.com/intl/cms/s/c/73c76b8a-a5b4-11e1-a3b4-00 144feabdco.html#axzz241THBegL.

tados de Bem-estar bem concebidos[162]. Ou podemos considerá-los endógenos, sempre e em toda a parte resultado das nossas más escolhas políticas. Se adotarmos esta última visão, e não soubermos o que o futuro pode ter guardado para nós, além de tirar ferramentas políticas das mãos de políticos democraticamente eleitos, talvez queiramos tentar conformar o futuro às nossas preferências. Portanto, como se faria isso?

Imagine o futuro como um campo de possibilidades por realizar. Você pode aceitar essa incerteza e andar com ela, ou pode tentar fazer com que o futuro se comporte em certos parâmetros específicos, estreitando o espaço de futuros possíveis. O modo de fazê-lo é com regras. Desde que estejam claramente expressas e todos as sigam, segundo esta lógica, o futuro irá se desenrolar, como gostaria, de acordo com as regras. Isto é ordoliberalismo enlouquecido, e também a lógica que está por trás do euro. Dos critérios de convergência de Maastricht ao Pacto de Estabilidade e Crescimento e ao prometido novo tratado fiscal que resolverá todos os problemas do euro de uma vez por todas (exceto que não resolverá), tudo tem a ver com regras. Mas essas regras só se aplicam sempre aos fundos soberanos. Houve, claro, uma preocupação de que alguns Estados não pudessem cumprir as regras, pelo que foram criadas mais regras. Mas nunca foi prestada muito atenção à possibilidade de os atores privados, como os bancos, se portarem mal. Todavia, foi exatamente o que aconteceu, e a UE continua culpando os fundos soberanos, matando-os com novas regras e insistindo que isso resolverá o problema. Só podemos pensar mais uma vez no velho adágio segundo o qual só os bêbedos olham para as chaves debaixo do poste porque é aí que está a luz.

Friedrich Hayek é considerado com frequência como o pai da economia neoliberal[163]. Não é uma leitura injusta e seguramente ele não era um fã do Estado. Mas o que realmente criticava era a arrogância

[162] Dani Rodrik, *One Economics, Many Recipes* (Princeton, NJ: Princeton University Press, 2007); David R. Cameron, "The Expansion or the Public Economy: A Comparative Analysis", *American Political Science Review* 72, 4 (dezembro de 1978): 1243-1261.

[163] Friedrich Hayek, *The Road to Serfdom* (Chicago: University of Chicago Press, 1994).

epistemológica do planejador que presume que pode antecipar melhor o futuro do que um ator local cujo conhecimento é muito mais refinado. Embora a crítica hayekiana se aplique normalmente aos planejadores keynesianos do pós-guerra, hoje é mais apropriada para os planejadores da UE que pensam que, criando regras, podem moldar o futuro conforme o espaço probabilístico que querem ver. Como disse de modo maravilhoso Paul de Grauwe: "Isto é como dizer que se as pessoas cumprirem escrupulosamente os regulamentos do código de incêndios não há necessidade de um corpo de bombeiros[164]".

Olhando apenas para as taxas de inflação, os déficits orçamentários e as dívidas do Estado, os planejadores da UE não conseguiram ver o crescimento de um sistema bancário que é grande demais para resgatar. O preço da sua arrogância é a convicção entre as elites europeias de que só uma década ou mais de austeridade incessante será suficiente para os apoiar, talvez com o custo supremo de minar o projeto político europeu. Pode ser este o verdadeiro preço de salvar os bancos. Não só o fim do euro, mas o fim do próprio projeto político europeu, o que talvez viesse a ser a tragédia suprema para a Europa.

Dado o que está em jogo, temos de nos interrogar sobre se alguém pensou realmente alguma vez que a austeridade era uma boa ideia, se alguma vez foi algo mais do que uma cobertura política para interesses egoístas. Para isso, temos de cuidar das histórias gêmeas de austeridade, de sua linhagem intelectual. Depois, nos voltamos para a sua história empírica para examinar onde e quando funcionou na prática. É hora de recordarmos, pondo os acontecimentos atuais de lado por um momento, a razão pela qual esta é uma ideia tão perigosa, mas tão sedutora.

[164] Paul De Grauwe, "Fighting the Wrong Enemy", Vox, 19 de maio de 2010, http://new.voxeu.org/article/europe-s-private-versus-public-debt-problem-fighting--wrong-enemy.

PARTE 2

Histórias gêmeas de austeridade

História intelectual e natural da austeridade

TINA não é suficiente

Tendo lido a primeira parte deste livro, talvez você se interrogue sobre se alguém pensou alguma vez que a austeridade era uma boa ideia. Os políticos estadunidenses contemporâneos parecem atraídos por ela por causa de um estilo de política nacional que culpa o setor público por tudo o que acontece de mau no setor privado. Tal como pais excessivamente indulgentes que não conseguem acreditar que a sua prole alguma vez erre, os políticos norte-americanos só conseguem culpar o Estado, e de vez em quando os bancos, mas nunca o mercado. Fazê-lo é, de algum modo, "não-americano" — como se a lealdade a Wall Street fosse o mesmo que honrar a constituição. Enquanto isso, os políticos europeus parecem presos em uma sala com um engenho monetário apocalíptico, um sistema bancário excessivamente alavancado à margem e um manual de instruções alemão para desarmar aquela coisa que agrava mais do que melhora o problema.

Todavia, como veremos, por vezes a austeridade pode ser a resposta política correta. Infelizmente, funciona apenas sob um conjunto altamente específico de condições que não correspondem ao mundo em que vivemos neste momento. A austeridade falha miseravelmente quando essas condições estão ausentes, e há muitas provas que apoiam esta afirmação. Então, como perguntava John Maynard Keynes, em 1936, por que razão é que a ideia continua a "dominar o pensamento econômico, tanto prático como teórico, das classes governante e acadêmica desta geração, como acontece há cem anos[165]?" Afinal, passaram oito décadas desde que Keynes escreveu essa frase e a atratividade da austeridade ainda não desapareceu.

Nos oferecem duas respostas. A primeira é uma variante da frase popularizada pela Srª. Thatcher — "não há alternativa" (em inglês: *there is no alternative — TINA*). À luz do capítulo anterior, talvez

[165] John Maynard Keynes, *The General Theory of Employment, Interest and Money* (Orlando: Harcourt Brace 1964), 3 [Edição portuguesa: *Teoria Geral do Emprego, do Juro e da Moeda.* Relógio d'Água, 2010].

você tenha a impressão de que é exatamente a questão que se levanta neste livro. Afinal, parece que quando se construiu um sistema bancário que é grande demais para resgatar, e se jogaram fora todas as nossas outras ferramentas políticas (controle de taxas de juros, taxas de câmbio, etc.) num ajustamento ao "europeísmo", não pode haver grande alternativa à austeridade, pelo menos na Europa.

Na verdade, é assim que as elites europeias veem as coisas, e daí a austeridade; mas isso não significa que a austeridade funcione ou que não haja alternativa. A Europa está neste momento fazendo uma gigantesca experiência de austeridade e os resultados, como dissemos, são previsivelmente horríveis. Se fazer repetidamente a mesma coisa continua a ser a definição de loucura, então talvez a loucura vá acabar mal, muito antes de a austeridade alguma vez compensar, coisa que não se consegue nas presentes circunstâncias. Portanto, mais uma vez, por que continuar a aplicá-la? O *TINA* é insuficiente para explicar a continuidade da atração pela austeridade perante provas contrárias. Como veremos na conclusão, há sempre alternativas.

História ausente e passado conquistado da austeridade

Em contraste com as necessidades do *TINA*, a resposta aqui construída volta-se mais uma vez para o poder das ideias econômicas. Defendi no capítulo 2 que a causa mais básica da crise financeira de 2008 foi a aceitação, tanto pelos reguladores como pelos atores dos mercados financeiros, de um conjunto particular de ideias econômicas como o manual de instruções do dia. Embora se tenham produzido muitos manuais de instruções econômicas nos últimos séculos — mercantilismo, comunismo, corporativismo, para mencionar apenas algumas — estamos aqui interessados nas origens do liberalismo, o mais bem-sucedido de todos, de modo a podermos identificar as origens e a linhagem da austeridade. Em particular, quero chamar a atenção, à maneira de um paleontólogo, para uma ausência no "registro fóssil" das ideias econômicas liberais.

A ausência em questão é a própria austeridade. Para uma ideia tão importante para a governança dos Estados e dos mercados, a história intelectual da austeridade é curta e superficial. Não há nenhuma "teoria da austeridade" bem elaborada no pensamento econômico que remonte no tempo a algumas declarações fundadoras que se tornaram mais sistematizadas e rigorosas como, por exemplo, a teoria do comércio[166]. Em vez disso, temos aquilo a que David Colander chamou de uma "sensibilidade" em relação ao Estado, incrustada desde o início na economia liberal, que produz "austeridade" como resposta padrão à pergunta: "O que devemos fazer quando os mercados falham?[167]"

A economia liberal cresceu em reação ao Estado. Não ao Estado tal como o conhecemos hoje — (normalmente) uma democracia representativa com ambições de investimento em grande escala —, mas o Estado personificado pelos monarcas: reis viciosos, caprichosos, indignos de confiança que nos roubariam sem hesitar. O Estado era, por isso, algo a evitar, a minimizar, a contornar, a restringir e, acima de tudo, não confiavel. O mercado, pelo contrário, emergiu no pensamento liberal como o antídoto intelectual e institucional para as políticas de confisco do rei[168]. Em um mundo desses, se os preços e os comerciantes fossem libertados, a riqueza das nações (note, não dos "reinos") se multiplicaria.

Mas esta visão liberal do "Estado contra o mercado" assentava-se desde o princípio em um mal-entendido: os mercados aparecem naturalmente quando se retira o Estado da equação. Porém, como assinalou Karl Polanyi, no fim da Segunda Guerra Mundial, não há nada de natural nos mercados[169]. Transformar as pessoas em assalariados, garantir a propriedade privada da terra, até inventar capital e preservar a sua forma monetária são projetos profundamente políti-

[166] E até isso é controverso. Ver Ha Joon Chang, *Kicking Away the Ladder: Development Strategy in Historical Perspective* (Londres: Anthem Press, 2002).

[167] David Colander, comunicação pessoal, 7 de agosto de 2012.

[168] Como o farol do Iluminismo escocês, Sir James Steuart, disse, a respeito do modo como os mercados minam a ambição soberana: "O estadista observa em volta com espanto; ele que estava acostumado a considerar-se o primeiro homem da sociedade (...) vê-se eclipsado por (...) fortuna privada, o que evita que a capte quando tenta apanhá-la". Steuart em Albert Hirschman, *The Passions and The Interests: Political Arguments for Capitalism before its Triumph* (Princeton, NJ: Princeton University Press, 1977), 82.

[169] Karl Polanyi, *The Great Transformation* (Boston: Beacon Press, 1984).

cos que envolvem tribunais, regras, observância das leis, burocracia e tudo o resto[170]. Na verdade, a conquista do controle do Estado pela classe mercantil era uma característica definidora do capitalismo precoce[171]. Com as exceções parciais do Reino Unido e dos Estados Unidos (que foi o primeiro a fazer a transição para o capitalismo e outro que estava geograficamente isolado), da Alemanha da década de 1870 à China de hoje, os Estados moldam tanto os mercados como os mercados determinam o destino dos Estados[172]. Todavia, o pensamento econômico liberal continua em grande medida esquecido destes fatos. Como resultado, os neoliberais contemporâneos que defendem a austeridade chegam à questão da nevralgia antiestatista que dá no "cortem o Estado" como resposta padrão, independentemente da pergunta que se faça ou da sua adequação.

No início do século XX, "cortar o Estado" era a única resposta considerada aceitável pelas classes governantes do mundo capitalista. Mas essa resposta sofreu um grave golpe na década de 1930, quando, dado o fracasso das políticas de austeridade na promoção da recuperação, os Estados cresceram em vez de encolherem, tal como a economia com que estavam em cogestão, nos trinta anos seguintes. Todavia, a implicância liberal contra o Estado nunca desapareceu verdadeiramente, e a atual crise trouxe a toda a velocidade os mesmos velhos argumentos. Como observou outrora Albert Hirschman, quando os mesmos argumentos são repetidos quase sem alterações durante mais de trezentos anos, independentemente dos fatos contrários que neles tenham impacto, devemos ter cuidado e mantê-los

---

[170] Como Rousseau disse, de modo memorável, "a primeira pessoa que, tendo delimitado um lote de terreno, pôs na cabeça dizer "isto é meu" e achou que as pessoas eram suficientemente simples para acreditarem nele, foi a verdadeira fundadora da sociedade civil". Jean-Jacques Rousseau, *Basic Political Writings* (Indianápolis, IN: Hackett, 1996), 60.

[171] Hirschman, Passions and the Interests.

[172] Alexander Gerschenkron, *Economic Backwardness in Historical Perspective, a Book of Essays* (Cambridge, MA: Belknap Press of Harvard University Press 1962); Giovanni Arrighi, *Adam Smith in Beijing: Lineages of the Twenty-First Century* (Nova Iorque: Verso Books, 2007); Dani Rodrik, *The Globalization Paradox* (Nova Iorque: W.W. Norton, 2011).

sob suspeita[173]. No espírito da suspeita de Hirschman, estes capítulos 4 e 5, recorrendo à história intelectual da austeridade, propõem uma resposta para saber por que razão ela continua a dominar a mente das classes governante e acadêmica de hoje. Depois, terminamos o nosso estudo da austeridade com um exame, no capítulo 6, de casos empíricos-chave de austeridade na prática.

No capítulo 4, investigamos a pré-história da austeridade, primeiro como uma ausência no pensamento econômico liberal precoce, e depois como uma política definida na teoria econômica do início até meados do século XX. A austeridade não foi uma política consistentemente defendida do século XVII em diante, uma vez que as condições da sua realização — grandes Estados que gastam muito dinheiro que pode ser cortado — só aparecem no século XX. Em vez disso, a austeridade emerge ao longo do tempo como uma consequência derivada de outras convicções partilhadas — uma sensibilidade —, concernentes à natureza e ao papel do Estado na vida econômica que estão no cerne do pensamento econômico liberal[174].

Para chegar a esta conclusão, o capítulo 4 examina as obras de três pensadores liberais de importância fundamental nos primeiros tempos da economia liberal: John Locke, David Hume e Adam Smith. Começamos pelos argumentos de Locke a favor da criação de propriedade privada e pela sua teoria derivada do Estado. De Locke passamos para as obras de David Hume a Adam Smith, assinalando que as ideias de Hume acerca do dinheiro e dos comerciantes e as de Smith acerca de crescimento e impostos levam ambos a considerar que o governo e a sua dívida são profundamente problemáticos. A relevância destes três liberais para o pensamento da austeridade é uma disposição que partilham e a que chamo o problema estatal do

---

173 Albert Hirschman, *The Rhetoric of Reaction: Perversity, Futility, Jeopardy* (Cambridge, MA: Belknap Press, 1991).

174 Uma vez que este tema poderia ocupar por si só um livro inteiro, discuto aqui o que vejo como principais contribuições para esta sensibilidade, desde o século XVII até o presente. A seleção baseia-se numa aula sobre a História do Pensamento Económico que dou desde 1997, Clássicos da Economia Política. Para dois livros fabulosos sobre o pensamento econômico inicial de que esta seção se serve, ver Hirschman, *The Passions and the Interests* (1977) e Murphy, *The Genesis of Macroeconomics* (2009).

"*não se pode viver com ele, não se pode viver sem ele, não se quer pagar por ele*" no pensamento liberal.

Ao instituir os mercados como antídoto do Estado, os liberais contorcem-se para admitir a necessidade do Estado para a criação e preservação dos mercados. Há uma faixa de pensamento liberal que nega consistentemente aos Estados mais do que um papel mínimo, coisa que vemos em Locke e Hume. A outra faixa admite a necessidade do Estado, como vemos em Smith, mas preocupa-se com o modo de o pagar. A tensão entre esses dois pontos de vista — não se pode viver com ele, não se pode viver sem ele — gera uma preocupação com o modo como os Estados se financiam, e é essa preocupação que cria as condições para a emergência da austeridade como doutrina econômica distinta quando os Estados se tornam entidades orçamentárias suficientes por direito próprio para assegurar os cortes: isto é, na década de 1920. Quando isso acontece, a austeridade aparece por direito próprio como uma doutrina econômica distinta.

Depois de detalhar brevemente alguns precursores do século XIX e do início do século XX, examino as duas doutrinas-chaves da austeridade formadas nesse período: o "liquidacionismo" — por vezes chamado "doutrina do banqueiro" nos Estados Unidos — e a "visão do Tesouro" no Reino Unido. Estas ideias foram, defendo eu, as ideias neoliberais originais na medida em que vêm do liberalismo clássico de Locke, Hume e Smith e se aplicam de novo às questões políticas da época. Discuto então as reações a que essas ideias deram lugar, as mais relevantes das quais são a refutação das políticas de austeridade por John Maynard Keynes, e a sua estranha abolição por Joseph Schumpeter[175]. Em 1942, parece que o dado foi lançado e a austeridade foi enviada para o asilo devido suas consequências. Foi, no entanto, uma aposentadoria prematura.

Presente contestado da austeridade

No capítulo 5, avançamos com a história. Começamos por detalhar os dois lugares em que a austeridade encontrou abrigo depois dos

[175] Keynes, *General Theory;* e Joseph A. Schumpeter, *Capitalism, Socialism and Democracy* (Nova Iorque: Harper Torchbooks, 1942).

argumentos antiausteridade de Keynes ter ganhado força: Alemanha — a casa do ordoliberalismo — e Áustria, não o país, mas a Áustria enquanto escola independente de economia. A primeira continuou a ser um modo peculiarmente alemão de organizar a economia até se tornar o princípio projetista por detrás do projeto do euro. O último manteve-se como um movimento marginal, pelo menos até à década de 1980, quando o clima intelectual se tornou geralmente mais neoliberal. A Escola Austríaca também constituiu uma espécie de *pied-à-terre* para as discussões da austeridade. A seguir à nossa discussão destas duas escolas, veremos brevemente o desvio neoliberal da década de 1980, assinalando o modo como estas ideias o permitiram. Depois, discutimos como essa ilusão neoliberal afetou a política no Sul global, e como o FMI, em particular, chegou a considerar a austeridade, na forma de um conjunto de ideias chamado "Consenso de Washington", como política desenvolvimentista *du jour* durante as décadas de 1980 e 1990.

A austeridade continuou, porém, a ser a política para os povos do mundo em vias de desenvolvimento, pelo menos até à crise atual. Mas mesmo neste momento, as ideias não apareceram do nada: tiveram precursores e promotores[176]. No fim do capítulo 5, voltamos nossa atenção para um pequeno grupo de economistas, alicerçados em universidades italianas e estadunidenses, que durante as décadas de 1980 e 1990 começou a desenvolver a teoria da "austeridade expansionista" ,que deu finalmente à austeridade uma base teórica séria. Examinamos estas ideias, assinalando em particular a sua linhagem ordoliberal e os desafios que lhes são críticos e que emergiram recentemente.

O capítulo 6 passa do reino da teoria para o da prática. Aqui, detalhamos os casos cruciais de austeridade a partir da década de 1930 até ao presente. A análise confirma que, embora uma forma particular de austeridade que conjugue desvalorizações com acordos laborais em grande escala para limitar o crescimento dos salários possa funcionar para criar expansões, esses casos são em grande medida ultrapassados pelos negativos, e, singularmente, as condições dessas expansões não se aplicam ao mundo no qual vivemos hoje em

[176] Blyth, Great Transformations.

dia. Para esse efeito, a primeira parte do capítulo analisa os casos que nos fizeram pensar desde há mais de trinta anos que a austeridade é, na verdade, uma ideia muito perigosa. São tentativas dos Estados Unidos, da Grã-Bretanha, da Suécia, da Alemanha, do Japão e da França para endireitar os seus navios fiscais nas décadas de 1920 e 1930 por meio da austeridade. Fazemos notar que a austeridade em todos esses países não conseguiu produzir recuperação e como as políticas expansionistas que se seguiram lhes permitiram recuperar.

A segunda parte do capítulo está voltada para os casos positivos de austeridade a partir da década de 1980 que formaram o núcleo da afirmação da austeridade expansionista — a ideia de que a austeridade, longe de ser perigosa, é positivamente virtuosa. Aqui examinamos os casos da Irlanda, da Dinamarca e da Austrália, notando como até esses exemplos são menos que perfeitos ou que foram expansionistas por razões que não a simples austeridade que corta orçamentos. Finalmente, viramos a nossa atenção para os casos do momento — a aliança REBLL — Romênia, Estônia, Bulgária, Lituânia e Letônia —, a "nova esperança" dos defensores da austeridade. Examino estes casos em pormenor e defendo que não são portadores nem de exemplos positivos, nem de lições transportáveis para o resto do mundo desenvolvido.

Milton Friedman defendeu uma vez que "só uma crise — real ou percebida — produz verdadeira mudança. Quando essa crise ocorre, as medidas que se tomam dependem das ideias que pairam no ar[177]". Os próximos três capítulos explicam por que razão a ideia de austeridade "paira no ar" de várias formas nos últimos quatro séculos. A sua repetição, o seu refinamento e a sua contínua realocação não a melhoraram ao longo do tempo. Mas isso não impede os liberais de a acharem infinitamente atraente e lustrarem-na como nova sempre que há uma crise.

[177] Milton Friedman, *Capitalism and Freedom* (Chicago: University of Chicago Press, 1962), introdução, XIV.

CAPÍTULO 4

A história intelectual de uma ideia perigosa, 1692-1942

Origens clássicas da austeridade

"Os homens concordaram com [uma] posse desigual da terra"
John Locke

John Locke foi um dos mais famosos filósofos de Inglaterra. Escrevendo no rescaldo das guerras civis inglesas do século XVII, preocupou-se com a fundamentação apropriada do governo civil. Em vez de exercícios de cátedra, os escritos de Locke eram uma propaganda essencial das classes mercantis emergentes que pouco a pouco estavam tomando o poder das elites aristocráticas britânicas. Fez parte de um movimento que culminou na Revolução Gloriosa de 1688, que retirou o poder do rei e o deu — e muito bem — a pessoas como Locke.

Além de filosofar sobre os direitos dos cidadãos em uma comunidade e sobre os limites do poder dos reis que procuram governá-los, Locke foi um revolucionário econômico. Baseou a sua noção do que constitui um governo legítimo em direitos individuais de propriedade, sem os quais não pode haver liberalismo econômico, separação entre Estado e mercado, ou capitalismo tal como o conhecemos hoje. A visão de Locke é delineada em seu *Segundo Tratado do Governo* (1690). Para criar a separação entre Estado e mercado, Locke teve de fazer várias coisas: explicar naturalmente a desigualdade do rendimento e da riqueza, legitimar a propriedade privada da terra, explicar a emergência dos mercados de trabalho e despolitizar a invenção do recurso chamado "dinheiro" que tornava todas essas coisas possíveis. Na base, o liberalismo de Locke é um liberalismo econômico que coloca o indivíduo contra o Estado. A história intelectual da austeridade começa aqui.

John Locke Imagina o Mercado

Locke começa por se interrogar sobre como é possível "Deus, que deu o mundo aos homens por igual", permitir a acumulação desigual, ou até ilimitada, da riqueza[178]. A resposta está na concepção de propriedade de Locke. Para Locke, a propriedade reside em todos nós, em nossas pessoas, mas só é importante porque é alienável com o nosso trabalho. Isto é, quando trabalhamos em qualquer coisa, como a terra, o nosso trabalho torna-a nossa. Como Locke defendia, "então, seja o que for que ele retire do estado natural [e] misture com o seu trabalho, [ele] torna-o, assim, sua propriedade[179]". Ora, talvez você pense que outras pessoas à época objetariam que alguém tomasse posse da terra comum desta maneira. Mas Locke insiste em que "a tomada desta ou daquela parte [da terra] não depende do consentimento expresso de todo o povo" porque "ainda ficava bastante e igualmente boa [para todos][180]".

Despachado o problema da distribuição presumindo a abundância infinita, Locke mantém que o único argumento verdadeiro contra a propriedade privada é a questão do desperdício, de que se tome mais do que o que pode ser usado, coisa que Deus não gostaria[181]. Felizmente, o tempo e os hábitos deram-nos um recurso chamado "dinheiro" que nos permite ultrapassar o problema do desperdício, porque podemos guarda-lo e trocá-lo por produtos a qualquer momento[182]. Isto também tem o cômodo efeito colateral de criar um mercado de trabalho, uma vez que se pode colocar as pessoas a trabalhar para nós em nossa propriedade e depois, através do recurso dinheiro, levá-las a alienar (dar) os frutos do seu trabalho em nosso favor como uma troca livre. Isto permite a Locke concluir que "os homens concordaram com uma posse desproporcionada e desigual da terra (...) por consentimento voluntário descobriram um modo do homem possuir justamente mais terra do que o respectivo produto que consegue usar, recebendo (...) o excedente em ouro e prata, que se podem entesourar sem prejuízo para ninguém[183]".

---

[178] John Locke, *Second Treatise on Civil Government* (Indianápolis, IN: Hackett, 1996), v. 26.

[179] *Ibid.*, v. 27.

[180] *Ibid.*, 28, v. 33

[181] *Ibid.*, v. 31.

[182] *Ibid.*, v. 46. Como disse Locke, "e assim começou o uso do dinheiro, uma coisa duradoura que os homens deviam guardar sem estragar", *ibid.*, v. 47.

[183] *Ibid.*, v. 50.

No contexto de um país assolado pela guerra, pelo regicídio e pela rebelião, este ponto de vista pode parecer algo sanguinário: desigualdade ilimitada da propriedade explicada naturalmente pela falta de visão de Deus na questão do desperdício. Mas permite que Locke explique como inevitável, e por isso boa, a criação de mercados na terra, no trabalho e no capital, que era exatamente o projeto político em que as pessoas da sua classe estavam empenhadas naquele momento. O seu passo seguinte foi proteger essas novas instituições do mercado de sua némesis emergente do capitalismo: o Estado.

John Locke imagina o estado

O famoso direito de rebelião de Locke, bem como sua profunda suspeita contra o governo apenas faz sentido se relacionado com a violação dos direitos de propriedade privada que acabara de atribuir a si próprio. No mundo de Locke, o poder da legislatura é "limitado ao bem público da sociedade" que se define como estar livre da intervenção do governo nos assuntos privados, especialmente no que diz respeito à propriedade, a menos que os cidadãos concordem[184]. Como diz Locke em relação aos impostos, "lançar e criar impostos (...) sem [o] consentimento do povo (...) invade a lei fundamental da propriedade[185]". Tendo feito isso, os legisladores "põem-se num estado de guerra com o povo" de tal modo que é o governo, e não o povo ,o "culpado de rebelião", perdendo o direito de governar[186].

Lembre-se que estes argumentos estão sendo desenvolvidos na Inglaterra do século XVII, onde a dívida pública é a dívida dos reis, reis que invocam os direitos dados por Deus para se apropriarem compulsivamente da propriedade dos outros. O fato de Locke empregar igualmente raciocínios especiosos para explicar a razão pela qual ele e os seus confrades da comunidade haviam de ter a parte do

[184] A questão de saber se isto é um consentimento ativo do povo ou um consentimento indireto produzido através dos seus delegados legislativos continua a ser ambígua em Locke. De qualquer modo, os representados eram detentores de propriedades. Locke não era um democrata do sufrágio universal do mesmo modo como os Estados Unidos ainda são uma "república" liberal, assim como uma democracia.

[185] Locke, *Second Treatise*, v. 140.

[186] *Ibid.*, v. 222 e 227.

mundo que queriam é irrelevante. O que ele pretende é defender do Estado, a todo o custo, esses ganhos e minimizar a capacidade do Estado de extrair mais recursos. É nesta fundamentação minimalista de que o Estado pode e deve fazer, deixada em testamento por Locke, que os liberais posteriores se baseiam. Essa fundamentação tem dificuldades, devido à sua arquitetura, em apoiar qualquer visão do Estado que se estenda para além da proteção da propriedade. Mas até essa estreita atividade custa dinheiro, e isso exige que o Estado o arranje. Assim, nasceu o dilema liberal que gera a austeridade. O Estado: não se pode viver com ele, não se pode viver sem ele, não se quer pagar por ele.

David Hume: "o crédito público destruirá a nação"

Assentando os seus tijolos intelectuais nas estreitas fundações de Locke estão os dois gigantes gêmeos do Iluminismo escocês: Adam Smith e David Hume. Voltando-nos primeiro para Hume, as suas contribuições para a economia política são numerosas[187]. A ideia de que um incentivo monetário pode, a curto prazo, estimular a atividade econômica, mas, a longo prazo, ou tem de aparecer como inflação ou se dissipar sem afetar verdadeiras variáveis, é o aspecto principal do seu ensaio *On Money*. Esta é a linha padrão da teoria macroeconômica contemporânea, em que é conhecida como "tese da neutralidade monetária de longo prazo". Também lhe devem os pormenores das ideias sobre balança comercial de Richard Cantillon através do seu mecanismo de "fluxo de preço-espécie", o mecanismo subjacente ao padrão-ouro do século XIX[188]. Nós, porém, estamos interessados em Hume por conta de seus textos sobre "crédito público" — aquilo a que chamamos "dívida governamental".

Hume, tal como Locke, vê o dinheiro como um instrumento, como "apenas a representação de mão de obra e mercadorias (...) um método de as classificar ou calcular[189]". Na versão de Hume dos

[187] David Hume, "Of Public Credit", 1752. II ix 28, citado em Antoin Murphy, *The Genesis of Macroeconomics* (Nova Iorque: Oxford University 2009), III.

[188] Murphy, "Genesis", 105.

[189] Hume, "Essays, Moral, Political, and Literary", Library of Economics and Liberty, Of Money I, http://www.econlib.org/library/LFhooks/Hurne/hmMPL32.html#Part

acontecimentos, porém, o dinheiro não existe para ultrapassar o problema do desperdícioou os problemas contabilísticos de Deus. Antes, o dinheiro segue o comércio, que coloca as classes mercantis de Locke, e não o Estado, no centro de tudo. Para Hume, os comerciantes são o catalisador do comércio e os criadores de riqueza. São, segundo Hume, "uma das raças humanas mais úteis, que serve de agente entre (...) partes do Estado[190]". Como consequência, "é necessário, e razoável, que uma parte considerável das mercadorias e do trabalho [produzido] pertença ao comerciante, para com quem, em grande medida, estão em dívida[191]". Enquanto "advogados e médicos não geram indústria", só os comerciantes podem "aumentar a indústria e, também aumentando a frugalidade, dar um grande controle dessa indústria a membros particulares da sociedade[192]". Esses "membros particulares da sociedade" seriam, claro, Hume e outros como ele: as classes mercantis.

O que poderia ameaçar uma situação tão feliz em que o crescimento natural do comércio é ao mesmo tempo causado e catalisado pelas classes mercantis? Seriam, com certeza, as exigências de receita do Estado, especialmente na forma de dívida. Hume não põe panos quentes na questão da dívida governamental. É uma coisa má. Se a razão que aponta parece hoje familiar é porque, como Hirschman nos avisou, os mesmos argumentos andaram no ar nos últimos séculos, com poucas modificações.

David Hume se desespera com a dívida

O problema básico de Hume com a dívida pública é sua falta de limite, pelo menos até as taxas de juros da dívida se tornarem esmagadoras. Além disso, a dívida é fácil de cobrar uma vez que os custos são ocultos e intergeracionais, o que faz com que os Estados adorem a dívida. Como diz Hume, "é muito tentador para um ministro empregar esse expediente, na medida em que lhe permite fazer uma grande

---

II, Essay IX, OF PUBLIC CREDIT.

190 Steven G. Medema e Warren J. Samuels, *The History of Economic Thought: A Reader* (Nova Iorque: Routledge), 142.

191 *Ibid.*

192 *Ibid.*, 143.

figura durante a sua administração, sem sobrecarregar o povo com impostos (...) Abusar-se-á, por isso (...) quase inevitavelmente dessa prática, em todos os governos[193]". Nessa medida, o governo emitirá a dívida a uma taxa que excede a taxa de juros que poderia obter em qualquer outro lugar, encontrando assim compradores disponíveis à custa de desviar fundos da indústria. Como consequência, o capital ficará concentrado em títulos de dívida que "banem ouro e prata do comércio do Estado (...) e por esse meio tornam todos os fornecimentos e a mão de obra mais caros do que seriam de outro modo[194]".

Quando essa emissão de dívida acabar atingindo um teto, os governos precisarão vender mais dívida aos estrangeiros, e isso resultará em estrangeiros possuindo "uma grande quota dos nossos fundos nacionais [o que] tornará o público (...) tributário deles[195]". E se tudo isto acabar por se passar, como inevitavelmente tem de acontecer, segundo Hume, desfaz-se a liberdade. Com os impostos nos seus limites a pagarem juros sobre a dívida, não há espaço para absorver qualquer espécie de choque financeiro. Consequentemente, será emitida ainda mais dívida, "uma tributação contínua dos que recebem anuidades", o que resulta em um governo que "hipotecou todas as suas receitas [e que] se afundará em um estado de languidez, inatividade e impotência[196]".

Se tudo isso parece familiar é porque é familiar. As afirmações de Hume não são um eco das de hoje — as afirmações de hoje são réplicas diretas das de Hume. Quanto à dívida ser politicamente mais fácil do que impostos, basta ver as críticas da Europa do Norte às políticas orçamentárias da Grécia e da Itália[197]. Quanto à dívida governamental tirar o lugar de outros investimentos, ver o tsunami de

---

[193] Hume, "Essays, Moral, Political, and Literary", Of Public Credit, II.IX. 5. http://www.econlib.org/library/LFBooks/Hume/hrnMPL32.-html/Part II, Essay IX, OF PUBLIC CREDIT.

[194] *Ibid.*, II.IX 12.

[195] *Ibid.*, II.IX 14.

[196] *Ibid.*, II.IX 25 e 26.

[197] "Germany Offers to Send Tax Men to Greece", *The Local: Germany's News in English*, 25 de fevereiro de 2012, http://www.thelocal.de/national/20120225-40979.html; e ChiaraVasarri, "Italy Tax Agents on Frontline of Anti-austerity backlash", Bloomberg, 17 de maio de 2012, http://www.bloomberg.com/news/2012-05-16/italy-tax-agents-on-frontline-of-antiausterity-backlash.html.

críticas aos incentivos de Obama[198]. Quanto à dívida subir os preços e comprometer a capacidade do Estado de amortecer outros choques, ver as volumosas críticas à flexibilização quantitativa e os receios de que um pico das taxas de juros dos EUA provoque exatamente isso[199]. Quanto ao medo de que os estrangeiros se tornem donos dos Estados Unidos, basta pesquisarno Google "China owns USA". A pesquisa dá 25 milhões de resultados ainda que a afirmação pura e simplesmente não seja verdadeira — os estrangeiros detêm menos de um terço da dívida extraordinária dos EUA[200].

A despeito deste ataque violento de críticas familiares, devemos recordar que Hume previu o fim da Grã-Bretanha devido à emissão excessiva de dívida no momento em que o país estava para dominar o mundo durante um século. É difícil estar mais errado; mesmo assim, os argumentos contra a dívida, essencialmente na mesma forma, continuam a ser usados hoje, três séculos depois. Ao que parece, os fatos raramente triunfam sobre uma boa ideologia liberal e, quando se trata de uma boa ideologia liberal, não se pode bater Adam Smith.

Adam Smith: "a prática de financiamento [dívida] debilitou gradualmente todos os estados que a adotaram"

Contemporâneo de Hume, o ainda mais famoso Adam Smith[201] também foi perturbado pelo problema da dívida pública. A diferença entre Hume e Smith é que, apesar de identificar o problema, Hume

---

[198] Dave Kansas, "Investors Won't Like Obama's budget", *Wall Street Journal*, 8 de março de 2009, http://online.wsj.com/article/SB1236646 725826362641.html?KEYWORDS=obama+government+spending+crow- ding +out; Dave Kansas, "Obama Needs a Move to the Middle", *Wall Street Journal*, 22 de julho de 2009, http://online.wsj.com/article/ SB10001424052970203946904574302332578189864.html? KEYWORDS=obAma+government+spending+crowding+out.

[199] Simon Johnson e James Kwak, *White House Burning: The Founding Fathers, Our National Debt, and Why It Matters to You* (Nova Iorque: Random House, 2012); Carmen M. Reinhart e Kenneth S. Rogoff, *A Decade of Debt* (Londres: Center for Economic Policy Research, 2011).

[200] "Monthly Statement of the Public Debt of the United States: January 31, 2011", United States Department of the Treasury http://www.treasurydirect.gov/govt/reports/pd/mspd/2011/opds012o11i.pdf.

[201] Adam Smith, *Wealth of Nations* (Buffalo, NY: Prometheus Books, 1991), 587.

não apresenta solução, considerando inevitável a escorregadela para a insolvência e o enfraquecimento. Smith vai um passo mais longe: identifica tanto o problema como a solução. Para resolver o problema da dívida, devíamos adotar o princípio da austeridade — também conhecido como a avareza dos escoceses.

A economia de Smith é um pouco como Shakespeare — muitas vezes citada, raramente lida. Das suas notas acerca da divisão do trabalho na afamada fábrica de alfinetes até à "mão invisível" que guia ações egoístas para fins comuns, são bem conhecidos as citações de Smith. Os pormenores do que Smith disse sobre a economia são de longe menos conhecidos e muito surpreendentes. Smith reuniu grande parte da obra dispersa de economistas sobre a natureza do dinheiro, do crescimento econômico, do papel do capital e do trabalho, e de uma quantidade de outros assuntos, e depois teve o bom senso de pôr tudo num local acessível: *A Riqueza das Nações*[202]. Como observou Albert Hirschman, este livro não era um projeto acadêmico; era uma defesa do capitalismo antes do seu triunfo, e também uma defesa muito bem-sucedida[203].

Para o que aqui nos interessa, encontramos em Smith uma sensibilidade particular ao Estado e à sua dívida que nos aproxima da ideia moderna de austeridade, mas de um ângulo surpreendente: a importância do hábito e da parcimônia pessoal como motor do crescimento capitalista. Mine-se essa sensibilidade e é o próprio capitalismo que treme. Para compreender totalmente o que Smith tinha a dizer acerca de dívida e parcimônia, precisamos começar pelo que ele disse acerca da atividade bancária, e daí passar às poupanças, ao investimento, ao crescimento e, o que talvez seja mais surpreendente, à necessidade do Estado engendrada pelos problemas da desigualdade e da política de classes, e ao problema do modo de como pagar[204].

---

202 Ver Murphy, "Genesis", 155-179, para uma boa perspectiva da economia de Smith.

203 Albert Hirschman, *The Passions and the Interests: Political Arguments for Capitalism before its Triumph* (Princeton, NJ: Princeton University Press, 1977).

204 Murphy, "Genesis". Embora alguns comentadores considerem Smith um crítico dos bancos, há outras páginas de *A Riqueza das Nações* em que é positivamente um entusiasta deles.

A parcimônia produtiva de Adam Smith

Para Smith, a atividade bancária tem tudo a ver com a confiança no banqueiro. Se os clientes tiverem confiança nas promissórias de um banqueiro (o seu papel-moeda), este conseguirá emprestar mais em papel do que o que guarda em reservas de ouro para cobrir os seus depósitos[205]. Hoje, isso é chamado de "sistema bancário de reservas fracionárias". Todavia, Smith, tal como Hume, considera o dinheiro incapaz de afetar variáveis reais a longo prazo, porque adicionar papel-moeda à economia não levará ao crescimento[206]. Porém, se muitos banqueiros de confiança produzirem mais papel-moeda do que a economia consegue absorver e, o que é crucial, se esse papel-moeda for considerado "tão bom como ouro" — para usar a expressão no seu contexto apropriado —, o ouro que está apoiando esse papel-moeda no cofre do banco será desprovido de função internamente. Felizmente, pode ser mandado para o estrangeiro, permitindo assim que o país de origem importe mais[207].

Smith sustenta que as importações podem ser de dois tipos: "bens (...) provavelmente para serem consumidos por pessoas ociosas que não produzem nada" ou bens que "podem comprar uma quantidade adicional de materiais (...) e empregar (...) pessoas das indústrias[208]". "Na medida em que for empregue da primeira maneira, promove a prosperidade (...) Na medida em que for empregue da segunda maneira, promove a indústria[209]". É, então, a frugalidade inerente aos Escoceses — a sua avareza — que parece ser a chave do crescimento (indústria). Por que ser parcimonioso e comprar bens de investimento em vez de vinhos estrangeiros? Fazemo-lo, segundo Smith, por causa de um sentimento que vem "conosco do útero e nunca

---

[205] Adam Smith, *An Inquiry into the Nature and Causes of the Wealth of Nations* (Indianápolis, IN: Hackett, 1996), 64. [Edição portuguesa: *Riqueza das Nações*. 2 vols. Fundação Calouste Gulbenkian, 6.a edição, 2010.]

[206] Pode levar à inflação, mas essa é outra questão, e, estranhamente, que não parecia preocupar muito Smith.

[207] Smith, *Inquiry*, 64, 65.

[208] *Ibid.*, 66.

[209] *Ibid.*

nos deixa até irmos para a sepultura" — um sentimento que leva ao crescimento econômico[210].

Para Smith, o ato de poupar promove investimento, e não consumo. Por quê? Porque a riqueza da nação é o seu rendimento total. Retire-se desse rendimento o que é utilizado para a reprodução do trabalho (salários) e o que fica é lucro. Os lucros são então reinvestidos na economia através das poupanças dos comerciantes, que são emprestadas aos membros produtivos da sociedade (outros comerciantes) para investir. Hoje isto é chamado de "economia do lado da oferta". O investimento promove o consumo e torna-o possível — e não o contrário. Por causa disso, "a maior parte [do investimento] destinar-se-á naturalmente ao emprego da indústria[211]". Subjacente a esta visão global está uma psicologia particularmente escocesa que vale a pena desembrulhar porque sugere a razão pela qual a ideia de austeridade tem tal força *moral*, ainda hoje.

Para Smith, porque a poupança leva ao investimento, não há defasagens nem perdas de rendimento; nem é possível a acumulação ou a incerteza. Consequentemente, a dívida não tem papel no seu sistema enquanto a poupança é ao mesmo tempo boa e natural para nós. Como diz Smith: "A parcimônia, e não a indústria, é a causa imediata do aumento do capital (...) seja o que for que a indústria compre, se a parcimônia não poupasse e guardasse, o capital nunca seria maior[212]". A frugalidade torna-se assim uma virtude, enquanto a prodigalidade se torna um vício tal que, "se a prodigalidade de uns não fosse compensada pela frugalidade de outros, a conduta de todos os pródigos, ao alimentar os ociosos com o pão dos industriosos... empobreceria todo o país[213]".

O que nos salva da pobreza e do enfraquecimento do Estado é, então, este sentimento: de que as pessoas são por natureza poupadoras parcimoniosas estruturadas para investir. O capitalismo de Smith está assentado em uma predisposição psicológica para poupar em vez de gastar. Como Smith diz de algo esperançoso, embora

[210] *Ibid.*, 76.

[211] *Ibid.*, 66.

[212] *Ibid.*, 73.

[213] *Ibid.*, 74.

"alguns homens aumentem muito consideravelmente a sua despesa conquanto a sua receita não aumente, podemos estar certos de que nenhuma classe ou ordem de homens alguma vez o faz (...) porque os princípios da prudência comum (...) influenciam sempre (...) a maioria de cada classe[214]". Claramente, Smith não imaginava o devedor hipotecário norte-americano do século XXI nem o Banco Central Europeu. Mas o que ele viu, e receou, foi algo que transtornaria esse desejo natural de poupar e investir: dinheiro fácil, que é o que os mercados de crédito (dívida) oferecem. Em suma, desvirtuando a sensibilidade de poupar através dos empréstimos ao governo, "grandes nações são (...) empobrecidas pela (...) prodigalidade e má conduta pública[215]". Mais uma vez, o mercado não pode errar, então a culpa tem de ficar com o Estado.

Smith (relutantemente) traz o estado de volta...

Smith reconhece inteiramente que o mercado não pode existir sem o Estado. Na verdade, o livro *A Riqueza das Nações* detalha a necessidade do Estado fornecer defesa externa, justiça interna, e até o treino e formação de trabalhadores[216]. O mais interessante é que é irresistivelmente honesto em relação aos efeitos políticos do capitalismo, assinalando que "onde houver propriedade há grande desigualdade", de tal modo que "a aquisição de propriedade valiosa e extensa (...) exige necessariamente o estabelecimento de um governo civil[217]". Um governo civil que, "se é instituído para segurança da propriedade, é na realidade instituído para defesa dos ricos contra os pobres, ou daqueles que têm alguma propriedade contra os que não têm nada[218]". Esta aceitação coloca Smith a uma grande distância do contrato voluntário de Locke entre homens e de novo perto do dilema liberal sobre o Estado: *não se pode viver com ele,*

214 *Ibid.*, 66.

215 *Ibid.*, 77.

216 *Ibid.*, Livro V.

217 *Ibid.*, 177.

218 *Ibid.*, 181.

não se pode viver sem ele, mas o pior é que não se quer pagá-lo, e é isso que mina o próprio capitalismo.

Tendo admitido que precisa do Estado, Smith tem de encontrar agora uma maneira de paga-lo, o que necessita impostos. O primeiro princípio da tributação de Smith é a progressividade. Isto é, "os súditos de todos os Estados deveriam contribuir (...) em proporção para a receita de que gozam respectivamente sob a proteção do governo[219]". Isso parece implicar que os ricos deveriam suportar uma parte maior do fardo fiscal, uma vez que gozam de mais receitas protegidas pelo Estado. Porém, o exame feito por Smith de diferentes formas de tributação leva-o a minimizar a importância da progressividade, recomendando impostos sobre consumos de luxos — tudo o que vá além do meramente essencial — como a melhor maneira de financiar o Estado[220]. Todavia, os impostos sobre o consumo talvez sejam a forma mais regressiva de imposto. Portanto, como é que isso convive com a sua ideia de proporcionalidade?

Convive bem se começarmos pela observação de que "a totalidade do consumo das classes inferiores da população... é em todos os países muito maior... do que o da classe média... e superior[221]". Por isso, tributar qualquer coisa exceto artigos luxuosos "recairia totalmente sobre as classes superiores da população", o que diminuiria a sua parcimônia e, assim, baixaria o crescimento[222]. Mas não há maneira de um imposto sobre consumo não essencial bastar para financiar um Estado do tamanho imaginado por Smith. Então, como é que se pode financiar o governo? A resposta é dívida governamental, e Smith não gosta dessa resposta.

O problema de Smith com a dívida é que os Estados, ao contrário dos comerciantes, não são poupadores por natureza. Na verdade, para seu desgosto, "a parcimônia que leva à acumulação tornou-se

---

219 Ao que acrescenta que os impostos devem ser certos, convenientes e baixos, Smith, *Wealth of Nations*, 498-499.

220 Smith acha arbitrárias as rendas derivadas dos terrenos. Os impostos provenientes dos produtos da terra são impostos ocultos sobre os proprietários rurais. De igual modo, os impostos sobre as remunerações do trabalho são impostos disfarçados sobre o patrão. Ver Smith, *Wealth of Nations*, 508-509, 535.

221 *Ibid*, 556.

222 *Ibid.*, 556.

quase tão rara nos governos republicanos (dirigidos por comerciantes) como nos monárquicos[223]". Como consequência, os comerciantes são indiretamente sobrecarregados com "enormes dívidas que presentemente oprimem e provavelmente arruinarão a longo prazo todos os grandes Estados da Europa[224]". De modo semelhante ao que afirma Hume, essa ruína ocorrerá porque os "grandes Estados" estão cheios de comerciantes com muito dinheiro que podem emprestar ao governo; e emprestarão dadas as boas condições que recebem. Este dinheiro fácil abala o incentivo para poupar tanto na classe mercantil como no Estado, e enfraquece o incentivo do Estado para tributar, tal como Hume sugeriu[225].

Como resultado, emite-se mais dívida[226]. Finalmente, esta estratégia atinge um teto, e "os impostos [são] então lançados com o único objetivo de pagar o juro do dinheiro que se pediu emprestado com base neles[227]". Quando isto se passa, toda a classe mercantil deve vender e sair do país, deixando-o na bancarrota, uma vez que a única opção possível que o governo tem é dar um calote na dívida que contraiu[228].

O que torna a dívida governamental insuportável para Smith não é só o calote a que leva inevitavelmente: ele receia ainda mais as consequências distributivas dessa inadimplência. Para protelar o calote inevitável do fundo soberano, os credores serão pagos com moeda desvalorizada[229]. Esses credores são, claro, "pessoas ricas, mais em posição de credoras do que de devedoras" e, como consequência desse financiamento inflacionário, as suas fortunas, e daí a sua capacidade de investir através da poupança, serão destruídas. Como resultado, "os devedores ociosos e esbanjadores [ganharão] às custas do credor frugal (...) transportando capital (...) para aqueles que têm probabilidades de (...) destruir-lo[230]". Em suma, o dinheiro fácil

223 *Ibid.*, 576.

224 *Ibid.*, 579.

225 Este é um tema que veremos reaparecer na obra de Joseph Schumpeter.

226 *Ibid.*, 581.

227 *Ibid.*

228 *Ibid.*, 588, 588-589.

229 *Ibid.*, 589.

230 *Ibid.*, 590.

oferecido por meio da compra de dívida governamental subverte a poupança, a máquina de crescimento e o progresso. É por isso que se deve resistir à dívida governamental e se deve abraçar a austeridade, para poupar.

Locke, Hume e Smith: produzindo a austeridade por padrão

Perceba que nenhum destes teóricos faz uma defesa direta da austeridade, daí o nosso foco na ausência de um projeto austeridade. Locke, Hume e Smith estão muito ocupados com a construção e a contenção dos Estados, Estados que ainda não estão gastando o suficiente para garantirem uma política de cortes na despesa, mas cujas dívidas são, ainda assim, profundamente perturbadoras. Encontramos a gênese da austeridade aqui no receio patológico da dívida governamental que está no cerne do liberalismo econômico. A dívida governamental perverte os poupadores, distrai os comerciantes e arruína a riqueza acumulada.

Locke põe o liberalismo a limitar todos os custos do Estado. Hume não vê uma verdadeira necessidade do Estado uma vez que os comerciantes são a classe produtiva para quem o dinheiro deveria fluir. Smith considera que o Estado tem um papel, mas depois sente grande dificuldade em financiá-lo. Quer pagar o mínimo possível de impostos possível, mas reconhece que sem esse apoio o capitalismo que defende não pode ser politicamente sustentado. A parcimônia (poupança) de Smith e não a prodigalidade (consumo) comanda tudo, e ainda assim a dívida governamental, uma dívida que *será* emitida, sendo os impostos insuficientes e os Estados pródigos, abala a nossa propensão natural para poupar, ameaçando assim todo o esquema de Smith, tão familiar que o vemos repetido sem modificações hoje em dia. Mas é Smith quem transforma a dívida em uma moralidade. Nos dá os argumentos morais contra a dívida que ainda hoje ressoam.

Para ser justo, não é que Smith e Hume faziam isso tudo apenas pela vontade de se esquivarem dos impostos. Muito antes do tempo de Locke, os Estados acumulavam dívida e faliam com uma regularidade monótona, empobrecendo, no caminho, quem lhes emprestava[231]. Em sua própria vida, tanto Hume como Smith viram exemplos de financiamento da dívida que correram mal. No entanto, Smith viveu o trauma do colapso do Ayr Bank, um banco escocês financiado por dívida que ameaçou a solvência do principal benfeitor de Smith, o duque de Buccleuch[232]. Nos seus escritos, Hume refletiu sobre a tentativa anterior de John Law, outro escocês, de pagar a dívida nacional da França, emitindo ações em uma companhia gigantesca de *trading* que usava o Banco de França como seu agente fiscal. Em 1721, quando a bolha daí resultante estourou, a França foi à bancarrota — outra vez[233].

Contudo, em termos do modo como vemos hoje a austeridade, a crítica moral que Smith faz da dívida parece tão familiar quanto a crítica econômica de Hume. Poupar é uma virtude, gastar é um vício. Os países que poupam devem estar fazendo o que é correto, enquanto os gastadores devem estar arranjando problemas. Na crise do euro, vemos países poupadores do norte da Europa lado a lado com libertinos do sul da Europa, apesar do fato de ser manifestadamente impossível obter demasiado dinheiro emprestado sem haver muitos empréstimos. Note-se, de igual modo, que as afirmações dos países ocidentais de que os seus problemas de dívida estão nos países asiáticos merecem pouca simpatia. A moralidade não está do lado dos pródigos[234]. Dentro da zona do euro, os países com excedentes não têm problemas em manter um excedente comercial permanente, mas criticam os outros por terem déficits, como se pudesse existir um sem o outro[235]. Finalmente, as preocupações de Smith acerca da poupança contra a dívida e da parcimônia contra o consumo encon-

---

[231] Carmen Reinhart e Kenneth S. Rogoff, *This Time Is Different: Eight Centuries of Financial Folly* (Princeton, NJ: Princeton University Press, 2009).

[232] Murphy, "Genesis", 176-185.

[233] *Ibid.*, 43-71.

[234] Ben S. Bernanke, "The Global Saving Glut and the U.S. Current Account Deficit", observações do governador Ben S. Bernanke na Homer Jones Lecture, St. Louis, Missuri, 14 de abril de 2005; Wolf, *Fixing Global Finance*, (Baltimore, MD: Johns Hopkins University Press, 2008).

[235] Ver Philip Plickert, "Ungleichgewichte", *Frankfurter Allgemeine Zeitung*, 13 de agosto de 2012, http://www.faz.net/aktuell/wirtschaft/aussenhandel-ungleichgewichte-11854842.html.

tram eco imediato na invocação pela chanceler Merkel dos valores de uma dona de casa da Suábia como cura para os problemas da zona do euro, sendo poupar, ser parcimonioso e evitar dívidas a chave do êxito[236]. Trezentos anos mais tarde, o mantra continua a ser a mesma. A austeridade tal como a conhecemos hoje, enquanto política ativa de cortes orçamentários e de deflação, pode não ser imediatamente evidente na história do início do pensamento econômico. Mas as condições de seu aparecimento — parcimônia, frugalidade, moralidade e um medo patológico das consequências da dívida governamental — estão bem enraizadas no registo fóssil do liberalismo econômico desde o início.

Emerge a austeridade sofrimento crescente: a austeridade se encontra com o estado moderno

Os economistas liberais do século XIX trabalharam sobre as bases lançadas por Locke, Hume e Smith, e, ao fazê-lo, replicaram e ampliaram o problema do Estado do *"não se pode viver com ele, não se pode viver sem ele, não se quer pagar por ele"* que assombra o liberalismo econômico. Liberais posteriores, como David Ricardo, colocaram-se firmemente ao lado do "não se pode viver com ele" da barreira quando tratou do Estado. Ricardo foi precursor do estudo dos agregados (terra, trabalho e capital) como atores coletivos cujos interesses eram de soma zero uns em relação aos outros. Ricardo imaginou uma economia altamente competitiva de pequenas empresas em que os lucros inicialmente elevados dos primeiros a entrar num mercado convergiam para uma taxa média de lucro muito baixa quando mais pessoas entravam e a tecnologia se difundia pelo setor. Nesse ponto baixo, o capital e o trabalho sairiam do mercado, procurando novas áreas de lucro, iniciando assim outra vez o ciclo de investimento.

Não havia papel positivo para o Estado na visão de Ricardo. Na verdade, a única coisa que tinha de ser evitada era qualquer tentativa do Estado em amortecer ajustamentos do mercado, por mais

[236] Julia Collewe, "Angela Merkel's Austerity Postergirl, the Thrifty Swabian Housewife", *The Guardian,* 17 de setembro de 2012, http://www.guardian.co.uk/world/2012/sep/17/angela-merkel-austerity-swabian-housewives.

construtivos que esses ajustamentos pudessem ser. Segundo a opinião de Ricardo, mesmo que "as condições dos trabalhadores sejam muito miseráveis", o governo não deve tentar compensar a sua sorte[237]. Tentativas de "corrigir a situação dos pobres (...) em vez de tornar os pobres ricos (...) tornam o rico pobre[238]". Como tal, o papel adequado do Estado é ensinar aos pobres o "valor da independência" em vez de alterar a distribuição do mercado[239]. O Estado deve policiar as fronteiras da propriedade, mas não deve alterar a distribuição dessa propriedade. O sotaque lockiano de Ricardo continua a ser pronunciado.

Todavia, o Estado alterou o seu papel ao longo do século XIX, apesar das advertências de Ricardo. As próprias atividades do nacionalismo e construção do Estado no século XIX exigiam um Estado de longe mais intervencionista até do que Smith imaginara[240]. Além disso, o próprio êxito do capitalismo trouxe uma variedade de movimentos sociais que exigia representação política, compensação econômica e proteção social, coisas que custavam dinheiro e ameaçavam a propriedade privada[241]. Economistas como John Stuart Mill, que estavam do lado oposto da barreira, o do "não se pode viver sem ele", esforçavam-se para lidar com este novo mundo à medida que o século XIX avançava.

O mais famoso tratado filosófico de Mill, *Sobre a Liberdade,* tentou encontrar um caminho entre as reivindicações abusivas das massas e a proteção dos direitos individuais liberais, enquanto os seus *Princípios de Economia Política* demarcavam de forma cada vez mais precisa as áreas de legítima ação do Estado, mesmo na área da dívida governamental. Isto é, em vez de repetir a tese do "inevitável enfraquecimento do Estado através da dívida" de Hume e de Smith,

237 David Ricardo, *Principles of Political Economy and Taxation* (Nova Iorque: Prometheus Books, 1996), 66.

238 *Ibid.*, 73.

239 *Ibid.*, 74.

240 Ernest Gellner, *Nations and Nationalism* (Ithaca, NY: Cornell University Press, 1983) [Edição portuguesa: *Nações e Nacionalismo.* Gradiva s/d.]; Benedict Anderson, *Imagined Communities* (Nova Iorque: Verso Books, 1983); John Breuilly, *Nationalism and the State* (Chicago: University of Chicago Press, 1994).

241 Polanyi, *Great Transformation;* Thomass Humphrey Marshall, *Citizenship and Social Class* (Cambridge: Cambridge University Press, 1950).

Mill defendia que desde que os pedidos de empréstimo do governo não concorressem por capital, fazendo assim subir as taxas de juros, a emissão de dívida era aceitável, ainda que os impostos fossem preferíveis[242]. Mais uma vez, tal como Hume e Smith, vemos que um lado do liberalismo rejeita o Estado enquanto o outro aceita que ele tenha um papel limitado.

Um lado do liberalismo, como vimos com Locke e Hume, nega um papel ao Estado e depois, em Smith, reconhece a sua existência. Ricardo exemplificou esta tradição em que o mercado é colocado como o oposto do Estado. Os escritos de Mill mostram-nos outro lado do liberalismo do século XIX que se adapta ao crescimento do Estado e à sua exigência de receitas. A tensão entre Ricardo e Mill relativamente ao papel do Estado não era única. Antes, era e continua a ser endêmica no liberalismo econômico. O resultado foi fazer o pensamento liberal seguir dois caminhos muito diferentes durante o fim do século XIX e o início do século XX. Um caminho levou ao novo liberalismo, movimento inicialmente britânico que conduziu o liberalismo para além de Ricardo e de Mill, em uma direção mais intervencionista. O outro caminho levou à Áustria, onde o liberalismo fez uma virada mais fundamentalista.

Novo liberalismo e neoliberalismos

O novo liberalismo da Grã-Bretanha nasceu quando as elites do Partido Liberal britânico se puseram essencialmente ao lado de Mill em relação a Ricardo[243]. Assim procuraram desenvolver o papel do Estado como defensor do capitalismo e como instrumento de reforma social em um tempo de conflito de classes e de democracia de massas incipiente. Em suma, para manter o primado da iniciativa privada e das instituições liberais de mercado, a pobreza e a desigualdade que Ricardo encarava como naturais e inevitáveis não podiam continuar

[242] John Stuart Still, *Principles of Political Economy* Livro V, cap. 7.

[243] Para uma panorâmica do novo pensamento liberal ver John Allett, *New Liberalism. The Political Economy of J. A. Hobson* (Toronto: University of Toronto Press, 1978); David Weinstein, "The New Liberalism of L. T. Hobhouse and the Re-envisioning of Nineteenth Century Utilitarianism", *Journal of the History of Ideas* 57, 3 (1996):487-507.

a ser toleradas. Além disso, os novos liberais britânicos não viam necessariamente este abraço ao Estado como um mal, como uma maquiagem para evitar a revolução. Pelo contrário, o novo liberalismo reconhecia a responsabilidade do Estado na gestão corrente e na reforma das instituições capitalistas.

As consequências a longo prazo desta transformação do liberalismo britânico foram dramáticas. Pensões universais, seguro desemprego e a intensificação da regulação industrial, tudo se seguiu no século XX. Vinte anos mais tarde, os herdeiros deste movimento foram os grandes reformadores sociais e econômicos das décadas de 1930 e 1940, como T. H. Marshall, John Meynard Keynes e William Beveridge. Eles, por sua vez, levaram o novo liberalismo ainda mais longe, lançando as fundações de um Estado de Bem-Estar social abrangente.

Se o novo liberalismo foi aquilo a que podíamos chamar "a modificação de Mill" — uma adaptação pragmática às complexidades da economia moderna —, a economia austríaca foi a "rejeição de Ricardo" — uma reação fundamentalista contra a economia moderna[244]. Os economistas austríacos acreditavam que o liberalismo se defendia melhor não através de mais redistribuição e gestão estatal, mas através da completa retirada do Estado de seu papel na economia. Recorrendo a um termo que hoje é um lugar-comum, os economistas austríacos foram os neoliberais originais. Discuto mais profundamente as ideias austríacas no capítulo 5. Em suma, os economistas austríacos atacaram as novas ideias intervencionistas em duas frentes.

Primeiro, puseram em questão a afirmação dos novos liberais de que as operações do mercado livre não adulterado punham em perigo o capitalismo, usando o contra-argumento de que o mercado tinha uma estrutura evolutiva a longo prazo que a intervenção governamental não podia alterar nem prever. Como tal, a intervenção é sempre prejudicial, seja onde for. Além disso, por produzirem distorções de mercado e maus investimentos, as intervenções governamentais eram a fonte das explosões de crédito e falências. Os mercados eram es-

[244] Para uma panorâmica desta escola de pensamento, ver Peter J. Boettke, *The Elgar Companion to Austrian Economics* (Northampton: Edward Elgar Publishing Limited, 1994).

táveis a menos que sofressem interferências. O capitalismo não era inerentemente instável: o governo é que o fazia assim. Segundo, os economistas austríacos nunca perderam o medo do Estado Leviatã, que continuavam a considerar o inimigo supremo dos valores liberais. Especificamente, faziam a acusação de que, uma vez que fossem autorizados a intervir, os governos usariam sempre as impressoras para financiar as suas atividades. Onde os novos liberais britânicos começaram a ver que as recessões eram passíveis de melhora através de mais despesa, os economistas austríacos viam nas recessões a dor necessária da austeridade após a "festa" intervencionista. Em suma, enquanto os novos liberais e os seus herdeiros de meados do século XX abraçavam o Estado e a intervenção, os economistas austríacos, em particular Friedrich Hayek, Ludwig von Mises e Joseph Schumpeter, rejeitavam inteiramente essas noções.

John Maynard Keynes assinalou uma vez que

> as ideias de economistas e de filósofos políticos, tanto quando têm razão como quando não a têm, são mais poderosas do que normalmente se pensa. Na verdade, o mundo é governado por pouco mais: homens práticos, que se creem bastante isentos de quaisquer influências intelectuais, são normalmente escravos de algum economista defunto[245].

As ideias de hoje acerca da austeridade não são exceção a esta regra. Os herdeiros de meados do século do novo liberalismo e da Escola Austríaca ainda definem as condições básicas do debate da austeridade oitenta anos depois. Agora, seguimos essas ideias através da Grande Depressão e do período entre-guerras, usando as obras de Keynes e de Schumpeter como nossos modelos. No capítulo seguinte, partimos de onde a austeridade se escondeu durante o longo inverno do keynesianismo e da ascensão do Estado de Bem-Estar social do pós-guerra, o que nos leva de novo aos economistas austríacos através de um desvio pela Alemanha.

Austeridade ao estilo estadunidense: liquidacionismo

Talvez a mais famosa caracterização do pensamento estadunidense sobre austeridade venha de uma linha atribuída ao secretário do Te-

[245] Keynes, General Theory, 383.

souro de Herbert Hoover, Andrew Mellon, em resposta à crise do fim da década de 1920 e início da de 1930: "Liquidar a mão de obra, liquidar os estoques, liquidar os agricultores, liquidar o setor imobiliário[246]". O resultado seria que "a podridão [será expurgada] do sistema (...) As pessoas (...) viverão uma vida mais moral (...) e os empreendedores apanharão os destroços de pessoas menos competentes[247]". Adam Smith, ao que parece, estava vivo e de boa saúde no Potomac. Todavia, a despeito das invocações morais, a administração Hoover não se agarrou exatamente à linha "liquidacionista" de Mellon.

Em 1930, os Estados Unidos não pareciam uma economia pura de *laissez-faire*. As Leis Sherman de 1912, que regulavam monopólios e proibiam os *trustes*, eram profundamente intervencionistas, e Hoover, enquanto presidente, incitou várias intervenções para mitigar o desemprego[248]. Todavia, essas intervenções eram, em seu desenho, ou acordos voluntários entre empresas e o Estado que tinham pouca eficácia, ou regulamentos destinados a tornar os mercados "mais" perfeitos aumentando a concorrência e reduzindo o tamanho das empresas. Assim, ambos os lados do liberalismo estavam presentes nos Estados Unidos ao mesmo tempo: um, que adaptava o Estado e via a sua utilidade, e o outro que procurava limitá-lo e aumentar o âmbito do mercado.

Tendendo para este último ponto de vista, economistas estadunidenses deste período não viam as depressões como acidentes capazes de tratamento. Viam-nas como parte do próprio capitalismo: ocorrências regulares, cíclicas e esperadas. O modelo básico baseava-se naquilo a que se chamava "moderna teoria dos ciclos econômicos", que era em grande medida farinha do mesmo saco das ideias austríacas descritas acima[249]. Uma manifestação particularmente clara desta teoria pode ser encontrada em publicações da Conferência Presidencial sobre o Desemprego de 1923, em que Hoover apareceu como

[246] Herbert Hoover, *The Memoirs of Herbert Hoover: The Great Depression, 1929-1941* (Nova Iorque: The Macmillan Company), 30.

[247] *Ibid.*

[248] Herbert Stein, *The Fiscal Revolution in America* (Chicago: University of Chicago Press, 1969), cap. 1.

[249] Mark Blyth. *Great Transformations: Economic Ideas and Institutional Change in the Twentieth Century* (Cambridge: Cambridge University Press, 2002), 51-52.

secretário do Comércio do presidente Coolidge. O principal relator, o economista da Universidade de Colúmbia Wesley Mitchell, defendeu que "um período de recessão produz após algum tempo certas condições que favorecem um aumento da atividade econômica (...) [que paradoxalmente] também causam a acumulação de tensões dentro do sistema equilibrado de negócios, tensões que em última análise abalam as condições em que se assenta a prosperidade[250]".

Em outro volume autorizado, desta vez de um grupo de economistas de Harvard, essas "certas condições" foram aprofundadas dez anos mais tarde[251]. Nele, Joseph Schumpeter, um imigrado austríaco e discípulo de outros economistas austríacos deste período, como Hayek e Von Mises, defendia que o capitalismo tem em um determinado ponto uma "estrutura de capital" distinta, essa forma evolutiva a longo prazo a que se fez referência anteriormente, que se manifesta como uma mistura particular de ativos produtivos que o investimento gerou em um dado ciclo. Quando há explosões de investimento, como acontece inevitavelmente no capitalismo, investe-se capital "demais" e "demasiado capital do tipo errado" na economia[252]. Saindo do *crash* de 1929, quando a Bolsa quebrou, e depois de toda uma história de investimentos explosivos e falências em companhias ferroviárias ao longo do século anterior, um ponto de vista como este era mais do que uma intuição sensata. O que tornou essa intuição sensata uma teoria, porém, foi o conceito de crescimento que dela se retirou.

Fazendo eco do papel que Hume e Smith atribuíam aos comerciantes, Schumpeter pôs os empresários no centro da sua análise da Depressão e do que fazer com ela. Para Schumpeter, os empresários fazem investimentos, muitos dos quais correm mal, mas o capitalismo progride por causa desses fracassos e não apesar deles. Precisamos

---

[250] Wesley C. Mitchell, "Business Cycles", em Committee of the President's Conference on Unemployment, Business and Unemployment (Nova Iorque: McGraw Hill 1923), 10, citado em Dean L. May, From New Deal to New Economics: The American Response to the Recession of 1937 (Nova Iorque: Garland Press, 1981), 69.

[251] Joseph Schumpeter em Douglass Brown, *The Economics of the Recovery Program* (Nova Iorque: Whittlesey House, 1934), e J. Bradford DeLong, "'Liquidation' Cycles and the Great Depression", 1991, ensaio inédito, disponível em http://econ161.berkeley.edu/pdf-files/liquidation-cycles.pdf.

[252] Delong, "'Liquidation' Cycles", 8.

de fracassos, ou o capitalismo não evolui. O processo de liquidação, de fracasso, produz a matéria-prima para a rodada seguinte de inovação e investimento. Como tal, a intervenção, seja ela inflacionária ou outra, causaria dois problemas. Primeiro, obstruiria o necessário processo de liquidação, sustentando empresas com dinheiro barato e apenas adiando o inevitável dia do ajuste de contas[253]. Segundo, perturbaria os sinais de preço de que os empresários dependem, pelo que estes não saberiam em que setores investir. O investimento cairia, apesar da intervenção do governo que visava aumentá-lo.

O liquidacionismo *defende* uma inevitabilidade — *tem de se dar o colapso* — e também consequências involuntárias da intervenção — se entrarem no caminho dessa inevitabilidade *acabarão por torná-la pior*. A consequência desta linha de pensamento é a *austeridade* — sanear o sistema e cortar a despesa —, que se torna a essência da recuperação. A austeridade pode ser dolorosa, mas é inevitável uma vez que passar por períodos eméticos como esses é a essência do processo de investimento e descoberta do capitalismo. Por isso, não havia alternativa.

A administração Hoover procurou, por isso, ativamente, não alternativas à austeridade, mas elogios e paliativos que assumiram a forma de políticas voluntárias para suavizar o ajustamento da mão de obra e do capital aos novos hábitos. Essas políticas eram sempre concebidas para ajudar o ajustamento pró-ciclicamente e não para o compensar contra-ciclicamente. Porque fazer isto, avisava Schumpeter, "levava a um colapso pior do que aquele que pretendia remediar[254]".

Esta tendência austríaca do pensamento estadunidense acerca da inevitabilidade dos ciclos, a centralidade do empresário e a importância do fracasso coexistiram com outra linha do pensamento econômico que afirmava a necessidade de uma política de "finanças sadias[255]". Defendidas pela comunidade bancária, estas ideias reforçaram o flanco austríaco defendendo que a confiança empresarial,

[253] Como Schumpeter disse: "Qualquer reanimação que se deva meramente a um estímulo artificial (...) deixa parte do trabalho das depressões por fazer e aumenta um resto não digerido de mau ajustamento". Schumpeter (1934), 16, em DeLong, "'Liquidation' Cycles", 9.

[254] *Ibid.*, 9.

[255] Blyth, *Great Transformations*, 72-75.

chave do crescimento do lado da oferta, só seria restabelecida se o governo a assinalasse de modo credível, permitindo que o processo emético se desenrolasse como tinha de se desenrolar através da austeridade. Ao mesmo tempo que se podia apoiar o alívio temporário dos sintomas de desemprego, o papel do Estado nesses momentos voltava a ser o de equilibrar o orçamento, mesmo aumentando impostos em uma recessão se isso fosse considerado necessário, para restabelecer a confiança dos investidores. Durante 1931, o último ano da sua administração, Hoover fez exatamente isso para assinalar determinação face às dificuldades financeiras. O resultado foi a pior depressão da história norte-americana.

Se estas ideias parecem, hoje, familiares, é porque, tal como as ideias de Hume e de Smith, os mesmos argumentos estão de novo sendo reciclados, oitenta anos depois. A ideia de que a atual crise foi gerada pelos maus investimentos do passado, particularmente no setor imobiliário, não deixa de ser um ponto de vista razoável. A ideia de que a Fannie Mae e a Freddie Mac tenham causado uma crise global (extensão daquele ponto de vista), não é a verdade[256]. A noção de que se deveria aumentar os impostos para equilibrar orçamentos no meio de uma recessão é a ortodoxia política da *troika* (FMI-CE-BCE) na crise europeia e dos reformadores do orçamento dos EUA como a Comissão Simpson-Bowles[257]. A necessidade do "regresso da confiança empresarial" para se iniciar a recuperação constitui o aspecto principal da política britânica de austeridade contemporânea, apesar de ter rendido, até à data, resultado zero. Mas à época, como agora, os estadunidenses estavam longe de estarem sozinhos na explanação dessas ideias. Na verdade, na década de 1920, essas ideias tinham um acentuado sotaque britânico.

Austeridade com sotaque britânico: a visão do tesouro

Apesar da expansão do Estado britânico para o campo das pensões, dos seguros e da regulação sob a influência das ideias dos novos li-

[256] Peter J. Wallison, "Cause and Effect: Government Policies and the Financial Crisis", *Critical Review* 21 (2009): 365-377.

[257] Jeffrey Friedman, "A Crisis of Politics, Not Economics: Complexity, Ignorance, and Policy Failure", em *Critical Review* 21 (2009): 127-185.

berais nas duas primeiras décadas do século XX, a reação britânica à crise das décadas de 1920 e 1930 continuou a ser decididamente liberal e austera. A versão britânica da austeridade localiza-se normalmente em um livro branco do governo britânico de 1929, *Memoranda on Certain Proposals Relating to Unemployment*[258]. Como é habitual, a realidade é um pouco mais complexa do que isto.

A chamada "visão do Tesouro" (Treasury view) exposta neste ensaio político era na realidade a última repetição das mesmas ideias liberais clássicas com as quais já nos deparamos. Como maior economia do mundo no século XIX e âncora do padrão-ouro, o que facilitava o ajustamento internacional entre países superavitários e deficitários através de movimentos da oferta de moeda nacional ligada ao ouro, o Reino Unido acreditava firmemente no livre comércio, em movimentos livres de capitais (muito importantes para a *City* de Londres enquanto centro financeiro), na liberdade do trabalho (isto é, sem regulação) e em um Estado liberal limitado[259]. Embora esse Estado liberal limitado estivesse crescendo rapidamente e adquirindo novas responsabilidades durante as duas décadas anteriores, ele ainda representava apenas cerca de 12% a mais do que era na véspera da Primeira Guerra Mundial[260].

Mais importante era a mentalidade dos dirigentes do Tesouro que ainda não tinham se adaptado à realidade de um Estado maior e mais intervencionista. Como disse Joan Robinson, contemporâneo de Keynes: "Durante cinquenta anos, até 1914, os economistas consagrados (...) andaram todos pregando uma doutrina (...) a doutrina do *laissez-faire* (...) comércio livre e orçamentos equilibrados era o que era preciso (...) Estas doutrinas ainda eram dominantes em 1914[261]". Em meados da década de 1920, porém, quando o colapso

---

[258] *Memoranda on Certain Proposals Relating to Unemployment*, apresentados pelo ministro do Trabalho ao Parlamento, maio de 1929 (Londres: H.M. Stationery Office, 1929).

[259] Karl Polanyi, *The Great Transformation* (Boston: Beacon Press, 1984), caps. 1 e 2.

[260] Rowena Crawford *et al.*, "A Survey of Public Spending in the UK", Institute for Fiscal Studies Briefing Note 43, Institute for Fiscal Studies, London, setembro de 2009, 5, quadro 2.2, http://www.ifs.org.uk/bns/bn43.pdf.

[261] Joan Robinson, "The Second Crisis of Economic Theory", *American Economic Review* 62, 1/2 (março de 1972): 2.

do pós-guerra tinha se transformado em uma completa depressão, e quando essas doutrinas ficaram cada vez mais debaixo de fogo por piorarem a situação, o ponto de vista do Tesouro começou a tomar forma como defesa do *status quo*. As suas origens residem na reação do Tesouro a propostas para aliviar o desemprego através de programas temporários de obras públicas. A lógica desenvolvida e aplicada era exatamente o mesmo argumento do "efeito de expulsão" (*crowding out*) que encontramos em Hume e Smith, e os perigos do dinheiro fácil e da dívida foram novamente evidenciados.

O argumento do Tesouro, fazendo eco de Hume e de Smith, era que, para pedir dinheiro emprestado para financiar a despesa, o governo tinha de oferecer melhores condições do que as que existiam em outros lugares. Isso teria o efeito de reduzir o investimento global, "expulsando" o capital privado ao mesmo tempo que aumentava a dívida com uma coisa que só proporcionaria um alívio temporário em vez de uma cura completa. Como disse o ministro conservador das Finanças Stanley Baldwin em 1922: "O dinheiro obtido para fins governamentais é dinheiro tirado ao comércio e contrair empréstimos tenderá assim para deprimir o comércio e aumentar o desemprego[262]". Tais pontos de vista, porém, não se limitavam ao Tesouro. Era uma mentalidade tão disseminada que foi nada mais nada menos que uma figura como John Maynard Keynes que em 1924 defendeu que "o dinheiro público obtido por empréstimo não consegue fazer nada (...) e pode fazer verdadeiro mal se desviar capital circulante existente da produção de bens[263]".

O ponto de vista monolítico da elite britânica começou a fragmentar-se em 1925 quando Keynes criticou a decisão de Churchill de voltar ao padrão-ouro depois de um hiato de onze anos[264]. Churchill

---

[262] Stanley Baldwin, citado em Keith Middlemas e John Barnes, *Baldwin: A Biography* (Oxford: Oxford University Press, 1972) citado em George C. Peden "The 'Treasury View' on Public Works and Employment in the Interwar Period", *The Economic History Review 37*, 2 (maio de 1984): 169.

[263] John Maynard Keynes, *The Collected Writings of John Maynard Keynes: Volume VIII* (Cambridge: Cambridge University Press), 19-23, citado em Peden, "The 'Treasury View'", 170.

[264] John Quiggin, *Zombie Economics* (Princeton, NJ: Princeton Univer- sity Press, 2012).

colocou a Grã-Bretanha de volta a uma taxa de câmbio alta, o que, embora fosse bom para a *City* de Londres e para os estrangeiros que detinham libras esterlinas, era terrível para as exportações britânicas. Como consequência, o desemprego, já mau, disparou, e a atividade econômica entrou em declínio. Keynes previra que isso ia ocorrer e ocorreu mesmo, para grande desgosto de Churchill e do Tesouro.

Este conflito entre Keynes e o Tesouro, estranho, se tivermos em consideração que Keynes foi conselheiro do Tesouro nesse período, foi exacerbado em 1929 quando Keynes, com Hubert Henderson, escreveu o panfleto "*Can Lloyd George Do It?*" em resposta às muito discutidas propostas do político liberal David Lloyd George em um panfleto anterior chamado "*We Can Conquer Unemployment*". Nessa avaliação das propostas de George, Keynes "começou por descrever a (...) relação da poupança com o investimento[265]". Isto é, defendeu que a poupança não provoca investimento se "o investimento for livre para flutuar sob a influência das expectativas" de tal modo que o rendimento e o emprego se ajustem ao nível *ex post* da poupança[266]. Como consequência, o governo devia "preencher a lacuna para bomba a funcionar" gastando o dinheiro em cima do qual as empresas estão sentadas por causa da incerteza acerca do futuro.

Este ponto de vista era extremamente ameaçador para o Tesouro uma vez que implicava que os fatores do lado da oferta eram insuficientes para levar a economia para o pleno emprego. Exigia uma resposta, que o Tesouro deu devidamente tanto nos "*Memoranda on Certain Proposals*", como mais publicamente no discurso do orçamento de 1929 de Winston Churchill em que defendeu que "quando o governo pede emprestado no mercado monetário torna-se um novo concorrente da indústria e absorve para si recursos que de outro modo seriam empregues pela empresa privada, e, de quebra, aumenta o preço do dinheiro para todos os que precisarem dele[267]". Isto é a mais pura declaração da noção de que o governo tira o lugar ao investimento que se consegue encontrar.

265 Robinson, "Second Crisis", 1.

266 *Ibid.*, 4. Em outras palavras, se os investidores estão inseguros acerca do futuro e retêm o investimento, então o rendimento e o emprego ajustam-se em baixa.

267 Discurso do orçamento de Churchill, Câmara dos Comuns, 1929, citado em Quiggin, *Zombie Economics*, 213.

Os *"Memoranda on Certain Proposals"* deram, na realidade, um passo à frente, porém, defendendo que qualquer política compensatória desse gênero estava condenada ao fracasso, mesmo que pudesse ser financiada. O Tesouro insistia agora em que "maior endividamento governamental para obras públicas resultaria em juros mais altos, para as poupanças serem atraídas para títulos de alta qualidade de modo que o endividamento não fosse inflacionário, e que isso tenderia a desviar dinheiro que de outro modo teria ido para a indústria nacional ou para o investimento externo[268]". Assim, juntava-se aqui a ameaça de um aumento das taxas de juros ao argumento inicial da exclusão e à perversão das poupanças transformadas em títulos de dívida não produtivos.

Mas o Tesouro não estava apenas combatendo Keynes e Lloyd George. Também estava reforçando a opinião empresarial ortodoxa, que sustentava que se as obras públicas eram consideradas uma perda de tempo pela comunidade empresarial, as empresas reagiriam transferindo o seu dinheiro para o estrangeiro, eliminando assim quaisquer efeitos da despesa[269]. Assim, um argumento da equivalência de Ricardo de que os investidores racionais antecipam e refutam a política foi acrescentado a um argumento de exclusão do investimento/aumento das taxas de juros para encurralar ainda mais a lógica a favor da despesa. Na verdade, o outrora colaborador de Keynes, Hubert Henderson, que também era secretário do Conselho Consultivo Econômico do governo, apresentou exatamente este argumento em outubro de 1930. Henderson invocou então que o estado geral de confiança recebia sempre e em toda a parte um impacto negativo em relação à despesa governamental[270]. Como disse Bill Janeway: "O poder constrangedor das ideias [de austeridade] persistia:

---

[268] George. C. Peden "Keynes, The Treasury and Unemployment in the 1930s", *Oxford Economic Papers* 32. 1 (Maro de 1980): 6.

[269] Peden, "The 'Treasury View'", 173. É interessante que este é o mesmo argumento dado hoje pelo historiador conservador Niall Ferguson para explicar o não funcionamento das políticas de estímulos. Ver Niall Ferguson, "It Is the Stupid Economy" Joe Posner Fire Works and Co., op-video, http://www.joeposner.net/video/niall-ferguson-its-the-stupid-economy.

[270] Ver a discussão de Henderson em Bill Janeway, *Doing Capitalism in the Innovation Economy* (Nova Iorque: Cambridge University Press, 2012), 246-247.

o medo da perda de confiança ainda limitava a ação de um governo isento de desafios financeiros e políticos externos[271]".

O Tesouro juntou, a seguir, o argumento de que a despesa não podia funcionar porque o seu efeito de incentivo sugaria importações. Isso pioraria a balança comercial, tornando as empresas britânicas menos competitivas, e a longo prazo agravaria o colapso, em vez de o aliviar[272]. Vemos aqui, mais uma vez, ecos da preocupação de Schumpeter com a limitação do processo de liquidação, sem o qual não pode haver melhoria do estoque de capital e, portanto, não pode haver recuperação[273]. O Estado, mais uma vez, tem de permanecer limitado nas suas ambições e nas suas ações.

Mas com o tempo, o lado do liberalismo econômico que via um papel mais positivo para o Estado, começou a influenciar o ponto de vista do Tesouro. Em 1935, embora o Tesouro ainda defendesse que, conquanto "as obras públicas como remédio para o desemprego fossem bastante fúteis", o governo ainda tinha um papel a desempenhar na manutenção do "ímpeto de recuperação" em áreas específicas do país através da despesa[274]. Na verdade, em 1937, o Tesouro estava disposto a propor que fosse deliberadamente deixado por preencher um fundo de reserva de obras públicas necessárias de modo que, quando uma recessão piorasse, pudessem ser liberadas como medida contra-cíclica[275]. Mas mesmo aqui a preocupação com a inflação resultante da despesa financiada por dívida, e da necessidade de reembolsar a dívida acumulada, limitava o apelo dessa lógica, mesmo em meio de uma profunda recessão[276]. O pensamento britânico sobre austeridade, tal como o seu primo norte-americano, revelou-se notavelmente imune aos fatos econômicos do dia. Pode ter admitido a necessidade do Estado, mas, tal como Smith, não estava disposto a pagar as ações do Estado.

[271] Janeway, *Doing Capitalism*, 248.

[272] Ver o ponto de vista de Hopkins em Peden, "The 'Treasure View'", 175, 176.

[273] Peden, "The 'Treasure View'", 176.

[274] *Ibid.*

[275] *Ibid.*, 177.

[276] Peden, "Keynes, The Treaury", 9.

O fim da austeridade anglo-americana estilo anos 30: Keynes e Schumpeter

Os acontecimentos da década de 1930 são relatados no capítulo 6, na discussão sobre "A história natural da austeridade". Basta dizer aqui que, apesar da adesão dos Estados a estas ideias durante vinte anos, de 1918 a 1938, essas políticas nada fizeram pela sua recuperação. Em termos comparativos, os países que abandonaram o padrão-ouro e que foram capazes de se concentrar em impulsionar a demanda gerada internamente recuperaram-se mais e mais rapidamente do que aqueles que permaneceram nele e olharam para a austeridade via deflação como forma de corrigir o navio[277]. Os Estados Unidos, por exemplo, começaram por experimentar ideias alternativas concernentes à concentração industrial e à cartelização como soluções possíveis para o colapso durante o período do seu National Industrial Recovery Act (NIRA), de 1934-1935. Na ocasião, apesar de Franklin Roosevelt ter sido eleito para equilibrar o orçamento, sua administração começou a "pôr a bomba para funcionar" sob os auspícios do *New Deal*, e a economia iniciou sua recuperação[278]. Ocorreu uma virada muito semelhante na Suécia[279]. A Grã-Bretanha e a França, pelo contrário, agarraram-se à austeridade, e a Depressão persistiu em ambos os países até ao início da Segunda Guerra Mundial[280].

Argumentos antiausteridade de Keynes

Durante a década de 1940, no contexto de maciços gastos de guerra, as ideias a favor da despesa e contra a austeridade ganharam proeminência, e as doutrinas pró-austeridade passaram para segundo plano.

---

277 Eichengreen, Golden Fetters: The Gold Standard and the Great Depression 1919-1939 (Nova Iorque: Oxford University Press, 1996).

278 Blyth, Great Transformations.

279 *Ibid.*

280 Embora alguns autores retratem a Depressão no Reino Unido como tendo efetivamente acabado em 1934, a recuperação centrou-se principalmente em Londres. O resto do país arrastou-se com elevado desemprego durante o resto da década. Ver Nicolas Crafts e Peter Fearon, "Lessons from the 1930s Great Depression", *Oxford Review of Economic Policy*, 26, 3 (2010): 285-317.

O mais famoso argumento antiausteridade foi a *Teoria Geral* de Keynes[281]. Mas a obra de Keynes foi tanto consequência como causa do afastamento da austeridade. Como disse incisivamente Joan Robinson: "Hitler já tinha descoberto a maneira de curar o desemprego antes de Keynes acabar de explicar por que razão ele ocorria[282]". Mas estas novas ideias de Keynes, e de muitos outros quase ao mesmo tempo, foram importantes precisamente porque, ao contrário do antigo manual de instruções, explicavam não só o colapso, mas também os tempos normais, dentro de um mesmo enquadramento. As ideias a favor da austeridade não podiam afirmar com credibilidade que faziam isso após duas décadas de espera por uma recuperação que estava "já ali virando a esquina". Afinal, o processo de liquidação tinha feito o seu percurso durante um tempo horrivelmente longo, mas parecia que, contra as expectativas do secretário Mellon, continuava a haver escassez de pessoas mais competentes e capital disponível à espera — ali virando a esquina — para retomar as coisas novamente. A *Teoria Geral* de Keynes conseguia explicar onde estavam escondidas essas pessoas e por que razão procediam assim.

Em suma, Keynes demonstrou uma falácia da composição que estava presente tanto no mercado de trabalho como no mercado de investimentos, que os liberais tinham ignorado e que levou a que os recursos estivessem sem emprego durante períodos extensos de tempo. Primeiro, mostrou que embora qualquer trabalhador possa aceitar um corte do salário para se empregar, se todos os trabalhadores o fizessem, isso baixaria, no agregado, o consumo e os preços, aumentando assim o salário real (os efeitos de salário menos preço), deixando o trabalhador que "se ajustara" mais pobre e igualmente desempregado[283]. Segundo, mostrou que em condições de incerteza acerca do futuro, é irracional qualquer investidor investir em vez de guardar o dinheiro, com o resultado de que se os investidores olharem uns para os outros à procura de sinais acerca do que fazer, todos guardam o dinheiro e nenhum investe[284]. Assim provocamos, com

---

[281] Keynes, *General Theory*.

[282] Robinson, "Second Crisis", 8.

[283] Keynes, *General Theory*, 4-22, 46-51.

[284] *Ibid.*, 147-174.

os nossos atos coletivos egoístas, exatamente a recessão que estávamos individualmente tentando evitar. A mão invisível de Smith pode muito bem ter artrite, e a austeridade pode piorá-la.

Keynes mostrou que as decisões de poupar e de investir eram separadas no tempo, e que as poupanças não levavam necessariamente ao investimento. Poupar podia levar com a mesma facilidade à acumulação e à redução do consumo. A função do Estado era, então, alterar as expectativas de investimento dos investidores aumentando os preços de modo que se pudessem obter lucros, tornando assim racional voltar a contratar trabalhadores e, ao fazê-lo, sair da recessão. Em vez das poupanças levarem ao investimento, em última análise, era o consumo através do salário dos trabalhadores que promovia o investimento. Hoje isso é chamado "economia do lado da demanda".

Estas ideias não eram um mero adendo à visão do mundo dos novos liberais. Eram uma transcendência disso para uma teoria mais geral[285]. Em vez dos comerciantes pouparem e impulsionarem o crescimento através da sua parcimônia, Keynes retratava um mundo em que a classe investidora, os heróis de Smith e de Hume, era apenas a cauda da oferta inerente ao cão da procura, abanada pelas decisões de consumo de milhões de cidadãos comuns. Como disse Keynes: "O consumo — para repetir o óbvio — é o único fim e objeto da atividade econômica[286]". O consumo provoca o investimento através do seu efeito nos preços e assim é o que motiva as expectativas de investimento, e não o contrário. A confiança é um efeito do crescimento, e não uma causa.

Mas se for este o caso, não só o mundo de Smith é derrubado, mas também a austeridade como sentimento, como moralidade e como política é derrubada com ele. O equilíbrio entre Estado e mercado, o problema do "não se pode viver com ele, não se pode viver sem ele, não se quer pagar por ele" que gerou a austeridade como política padrão para lidar com as recessões resolveu-se inteiramente a favor do Estado. Neste mundo, a despesa, e com ela a dívida, *especialmente do*

[285] Para uma discussão da razão pela qual a *Teoria Geral* de Keynes era apenas baseada na epistemologia da estatística, ver Nicholas Werle, "More than a Sum of Its Parts: A Keynesian Epistemology of Statistics", *Journal of Philosophical Economics 4*, 2 (2011): 65-92.

[286] Keynes, *General Theory*, 104.

governo, torna-se boa política. A poupança individual como virtude, pelo contrário, cai perante o paradoxo da parcimônia: se todos poupármos (a definição exata de austeridade), falimos todos juntos na medida em que a economia se contrai por falta de demanda. A austeridade foi, então, aos olhos dos liberais, depois de Keynes, sacrificada no altar da libertinagem fiscal. Mesmo assim, após duas décadas de fracasso, os arquidefensores da austeridade tinham pouco a dizer ou mostrar de sua virtude. À frente dos que foram calados estava o próprio Joseph Schumpeter.

O retiro de Schumpeter

Doze anos depois de criticar as políticas da administração Roosevelt em *The Economics of the Recovery Program*, que deu ao liquidacionismo de Mellon uma teoria do crescimento, afirmou a importância dos empresários e defendeu a austeridade, Joseph Schumpeter tornou-se uma figura intelectualmente solitária. Em 1946, o mundo tinha seguido o caminho de Keynes e não o seu. Schumpeter podia, como muitos outros, ter saltado para a popularidade, para um verdadeiro liberal econômico e conservador político, mas isso nunca foi uma opção. Achou "a teoria estagnacionista (...) como foi desenvolvida pelo falecido Lorde Keynes" "espantosa" apenas pelo fato de "não ter [sido] pura e simplesmente expulsa da corte com gargalhadas[287]". Qual foi, então, a sua resposta a essas ideias risíveis que pareciam explicar a recessão e o que fazer com ela muito melhor do que o seu próprio conjunto de ideias vergadas à austeridade?

A resposta de Schumpeter à Grande Depressão e para curar o fracasso das políticas de austeridade foi o seu magistral *Capitalismo, Socialismo e Democracia* que apareceu em 1942[288]. Schumpeter

[287] Joseph A. Schumpeter, *Capitalism, Socialism and Democracy* (Nova Iorque: Harper Torchbooks, 1942), 392, 294.

[288] Concentro-me no volume de 1942 de Schumpeter e não no seu conjunto de dois volumes de 1939, *Business Cycles: A Theoretical, Historical, and Statistical Analysis of the Capitalist Process* (Londres: McGraw Hill, 1939) porque *Business Cycles* é muito mais uma reafirmação da sua obra anterior do que uma reação aos desenvolvimentos contemporâneos. Isto é, exceto em uma frase em que afirma que "parece haver de fato um elemento de verdade na opinião popular de que deve haver aju-

atribui o fracasso da austeridade a dois mecanismos conjugados: a substituição da pequena empresa e do empresário pelo grande conglomerado e pelo gestor e o colapso da cultura de assumir risco que apoiava as atividades empresariais. A despeito do fato de ter estado fermentando durante uma década antes de Schumpeter escrever a sua análise de 1934, a Grande Depressão deveria supostamente ser uma imersão cíclica regular que uma boa dose de austeridade corrigiria no máximo até 1935 ou 1936. Em 1942, Schumpeter não havia mudado de discurso nem de opinião: tinha simplesmente prolongado a moldura temporal e acrescentado algumas concordâncias.

Em *Capitalismo, Socialismo e Democracia,* Schumpeter defendia que a Grande Depressão não era grande, nem depressiva. Era, antes, um período de transição particularmente acentuado de mudança tecnológica e organizacional que se tornou hiper-politizado, uma daquelas "recessões recorrentes que se devem ao impacto desestabilizador de novos produtos ou métodos[289]". Sabemos disso, sustentou ele, porque o capitalismo, devidamente visto, é um sistema no qual a constante mudança e adaptação é o nome do jogo. "Progresso econômico, na sociedade capitalista, significa desordem[290]". O capitalismo não pode, por isso, ser julgado a curto prazo. De fato, "devemos julgar o seu desempenho ao longo do tempo, enquanto se desenrola durante décadas e até séculos[291]". Por definição, então, compensar a desordem, agir no curto prazo imediato não trava apenas o processo de destruição criativa pelos empresários que está no cerne do capitalismo; garante-se que fazê-lo é produzir pior investimento que simplesmente acumula problemas no futuro, uma vez que a função da austeridade fica por ser realizada.

Capitalismo, Socialismo e Democracia aparece, então, como uma reafirmação mais longa e mais elaborada de suas convicções anteriores. Nada mudou para Schumpeter, exceto tudo à sua volta. Na

---

da vinda de fora do organismo empresarial, de ação governamental ou de alguma oportunidade ou acontecimento favorável, por exemplo, para que haja recuperação". Continua a ser, porém, uma frase. Schumpeter, *Business Cycles,* 1:154. Agradeço a Bill Janeway por ter chamado a minha atenção para este aspeto de *Business Cycles.*

289 *Ibid.*, 132.

290 *Ibid.*, 32.

291 *Ibid.*, 83.

verdade, em vez de combater diretamente Keynes e as suas ideias, *Capitalismo, Socialismo e Democracia* abdica de uma defesa forte do liberalismo a favor de uma extensa discussão de Marx e de uma explicação burocrático-cultural da razão pela qual o capitalismo será inevitavelmente substituído pelo socialismo. Vale a pena contar de novo o seu argumento uma vez que mostra o beco sem saída em que a ideia anglo-americana de austeridade se viu em meados da década de 1940. Em vez de combater, ele se refugiou em comentários morais e certezas de *fin de siècle*.

À parte a normalização da desordem, Schumpeter concentrou-se nas alterações da estrutura industrial das economias capitalistas e na ascensão de empresas muito grandes para explicar o fracasso da austeridade em produzir recuperação. É esta a sua história evolutiva de longo prazo em que o local de produção e inovação passou por uma mudança de escala e, como resultado, o capitalismo dos pequenos produtores, dos empresários e da concorrência perfeita "não só é impossível, mas também inferior" e está a caminho de ser substituído[292]. A burocratização e a mudança institucional são os principais agentes de alteração nesta história, motivando a evolução econômica, tirando a inovação das mãos dos empresários e pondo-a nas mãos de especialistas e gestores de grandes empresas. As empresas tornam-se entidades burocráticas gigantescas mais lentas em adaptarem-se às mudanças ambientais e que operam em escalas muito maiores. Tornam-se, em suma, mais parecidas com os Estados e mais dependentes deles. O oligopólio e o intervencionismo andam de mãos dadas.

Mais importante para Schumpeter é que esta mudança de escala tem um preço cultural. Enquanto no passado "o individualismo rude de Galileu foi o individualismo da classe capitalista em ascensão[293]", hoje, a tecnologia e a burocracia eliminaram juntas as possibilidades desses indivíduos prosperarem. Como ele lamenta, "o processo capitalista racionaliza o comportamento e as ideias e, ao fazê-lo, expulsa das nossas mentes (...) a convicção metafísica", de modo que "o progresso econômico se torna despersonalizado e automatiza-

[292] *Ibid.*, 106.

[293] *Ibid.*, 124.

do[294]". Quando grandes empresas se apoderam da produção não é o rendimento do empresário que é substituído. Afinal, ele obtém participações nesses novos conglomerados. Antes, a sua função torna-se redundante, "[sendo] a Bolsa um mau substituto do Santo Graal[295]". Isso pode levar a um progresso material, a mais consumo e a tudo o que Keynes acha importante, mas para Schumpeter é um futuro moralmente vazio. Também é um futuro que convida à inveja da classe trabalhadora que, liderada por classes de intelectuais inúteis de inclinação esquerdista que não gostam do capitalismo, se acostumou a padrões de vida cada vez mais altos e já não consegue aceitar os desvios do mercado. Assim, a desordem das décadas anteriores é pouco mais do que a incapacidade das massas mimadas de aceitar os ajustamentos necessários[296].

Tal como os da classe outrora orgulhosa dos investidores, também eles só se importam, agora, com o consumo, graças em parte a estas teorias recentemente em voga, assim tanto a unidade familiar burguesa como a ética da poupança, sentimento de Smith, desaparecerem do mundo. Como disse Schumpeter: "A burguesia trabalhava principalmente (...) para investir, e não era (...) tanto por um padrão de consumo como por um padrão de acumulação que a burguesia lutava, tentando defendê-lo do governo[297]". Graças às forças gêmeas da burocracia e da tecnologia, a burguesia desistiu dessa luta. "Quando tudo está dito e feito, [a burguesia] não se importa verdadeiramente[298]". E quando ninguém se importa com o capitalismo, o resultado é o socialismo.

Se Schumpeter lhe faz lembrar o personagem John Galt, de Ayn Rand, tem razão: é farinha do mesmo saco conservador. E, tal como no longo discurso de Galt no fim de *Atlas Shrugged,* o que começa como uma forte defesa do liberalismo econômico acaba terminando uma fraca retirada deste. Com o ponto de vista keynesiano em ascensão, conservadores como Schumpeter tinham uma opção: ad-

294 *Ibid.*, 127, 133.

295 *Ibid.*, 137, 134.

296 *Ibid.*, 145, 152-153.

297 *Ibid.*, 160.

298 *Ibid.*, 161.

mitir que estavam errados (ou pelo menos adaptarem-se às novas ideias que pareciam ajustar-se melhor aos fatos do que as antigas) ou arranjar outra coisa de que falar. Schumpeter escolheu este último caminho e, por isso, falou acerca da morte da poupança, do fim da virtude familiar e do triunfo da burocracia. O seu próprio retiro foi emblemático do retiro da austeridade como argumento intelectual sério entre a corrente econômica dominante dos países anglo-americanos. Parecia que a antiausteridade tinha ganhado um dia, mas a vitória não foi total. A austeridade sobreviveu numa parte do mundo imune a Lorde Keynes: o mundo de expressão alemã. Os economistas da Escola Austríaca continuaram dando à austeridade um lar intelectual globalizado, enquanto os ordoliberais alemães, como veremos em breve, deram à austeridade uma base nacional de operações.

CAPÍTULO 5

A austeridade hoje, 1942-2012

A austeridade encontra um lar europeu e um peid-à-terre americano

Bem-vindo à Alemanha: Erst sparen, dann kaufen![299]

Uma das contribuições duradouras de Joseph Schumpeter para o pensamento econômico foi o conceito de "destruição criativa" que varrem a economia[300]. Despedaçadas pela utilização empresarial da tecnologia, pela inovação organizacional contínua e pelos rigores da concorrência, as empresas sobem e caem, determinando o ciclo econômico ao longo do tempo. É então difícil imaginar uma economia menos schumpeteriana do que a da Alemanha. Veja-se, por exemplo, quando foram fundadas algumas das principais empresas alemãs que ainda hoje estão entre nós: BASF (produtos químicos), 1865; Krups (eletrodomésticos), 1846; ThyssenKrupp (metalomecânica), 1891 e 1811; Daimler/Mercedes Benz (automóveis), 1901 e 1926; Siemens (engenharia), 1847, para mencionar apenas algumas.

Estas empresas sobreviveram a duas guerras mundiais, à ocupação, à divisão, à Guerra Fria e à reunificação — para não falar na conglomeração e nos altos e baixos do ciclo econômico. Ao contrário do mundo de empresários e de pequenas empresas competitivas de Schumpeter, estas começaram em muitos casos como empresas de grande escala tornadas possíveis pelo Estado complexo e pelas ligações ao sistema bancário típicas dos Estados de industrialização tardia. Estas empresas inovam incrementalmente, melhorando as suas linhas especializadas de produto passo a passo, utilizando engenheiros e cientistas especializados[301]. A maioria delas nunca viu um

---

[299] *Erst Sparen, Dann Kaufen!* ("Primeiro poupam; depois compram!") é o lema ordoliberal/austríaco proclamado num postal alemão de 1952 que está colado na porta do meu gabinete.

[300] Joseph Schumpeter, *Capitalism, Socialism and Democracy* (Nova Iorque: Harper Torch Books, 1942), 82.

[301] Peter A. Hall e David Soskice, *Varieties of Capitalism: The Institutional Foundations of Competitive Advantage* (Cambridge: Cambridge University Press 2001),

empresário em um século. Há muita criatividade, mas muito pouca destruição — pelo menos de empresas — na Alemanha. Então, por que é que a Alemanha se tornou um refúgio para os argumentos de austeridade de formato tipicamente associado aos pensadores austro-americanos como Schumpeter? A resposta reside no que um grupo de pensadores econômicos alemães chamados "ordoliberais" fez à ideia de austeridade, à relação normal entre o Estado e o mercado no pensamento liberal, e, de quebra, à economia da Alemanha do pós-guerra. Já tocamos anteriormente no ordoliberalismo. Aqui, dissecamos o seu papel como reduto dos argumentos pró-austeridade durante o longo inverno da era keynesiana e como modelo básico da variante europeia contemporânea da austeridade.

Tomando-o em seus próprios termos, o ordoliberalismo é uma forma peculiar de liberalismo. Não sofre do problema do "*não se pode viver com ele, não se pode viver sem ele, não se quer pagar por ele*" que está no cerne do liberalismo anglo-americano. Do mesmo modo que Keynes resolveu o problema da austeridade para os novos liberais na Grã-Bretanha, o ordoliberalismo resolveu o problema do Estado na Alemanha transcendendo-o, mas de uma maneira completamente diferente. Os ordoliberais veem o papel do Estado como sendo, antes de tudo, o de estabelecer as condições de enquadramento necessárias para os mercados funcionarem eficazmente. O Estado com que gostam de viver não é, porém, o gestor macroeconômico concentrado no lado da demanda da economia que emergiu do novo liberalismo britânico. Antes, o Estado ordoliberal é um regulador que possibilita a concorrência e promove os ajustamentos do mercado através do desenvolvimento de mecanismos e instituições específicas à dimensão da economia.

Historicamente falando, embora tenha havido muitos expoentes do liberalismo no mundo de expressão alemã do século XIX, o liberalismo nunca foi na Alemanha a filosofia social e econômica dominante em que se tornou no mundo anglo-americano por três razões. Primeiro, os liberais alemães tiveram de se bater com uma contranarrativa conservadora da *Zivilisationskritik* que justapunha uma *Kultur* alemã profunda a uma *Zivilisation* liberal ocidental (es-

---

1-55.

pecificamente inglesa) superficial, afirmando que a Alemanha era de uma espécie diferente nesses assuntos[302]. Segundo, a credibilidade do liberalismo como doutrina econômica foi fortemente prejudicada na Alemanha pela enorme falência da Bolsa em 1873: a chamada "crise do fundador" (*Gründerkrise*). Terceiro, a seguir à "crise do fundador", o Estado alemão tornou-se muito mais intervencionista, o que tirou ainda mais lugar ao apelo ideológico do liberalismo, dando espaço para florescerem pensadores intervencionistas antiliberais como Friedrich List. O avanço rápido da década de 1890, e a novidade relativa do liberalismo na Alemanha após a Segunda Guerra Mundial, mais o papel remodelado do Estado na economia que o permitiu, foi o que tornou a Alemanha um refúgio do pós-guerra e, mais tarde, no amplificador contemporâneo dos argumentos da austeridade na Europa.

A importância de estar atrasado

Compreender a relação histórica da Alemanha com o liberalismo e a austeridade exige um compromisso com as condições em que os Estados se tornam capitalistas. Temos tendência para esquecer que a Grã-Bretanha e os Estados Unidos são a exceção e não a regra quando se trata da relação entre Estados e mercados. A Grã-Bretanha teve a vantagem de se tornar capitalista sem concorrentes, permitindo que um Estado pequeno e limitado se desenvolvesse, enquanto os Estados Unidos estavam geograficamente isolados com uma enorme fronteira interna para explorar[303]. O resto do mundo, os industrializadores *atrasados* que vieram depois desses Estados, funcionaram em condições muito diferentes e mais competitivas. Isso é importante porque o momento em que se entra na economia mundial determina de modo não desprezível o tipo de Estado que se desenvolve para se

[302] Mark Thompson, "The Survival of 'Asian values' as "Zivilisationskritik"", *Theory and Society* 29, 5 (2000): 651-686.

[303] A exposição clássica desta tese continua a ser *Social Origins of Dictatorship and Democracy*, de Barrington Moore (Boston: Beacon Press, 1966) e Alexander Gerschenkron, *Economic Backwardness in Historical Perspective* (Cambridge, MA: Harvard Belknap Press, 1962).

envolver nessa economia, sendo a regra básica que quanto mais tarde se desenvolver, maior e mais intervencionista será o Estado.

Quando pensamos em intervencionismo, em Estados de industrialização tardia, tendemos a pensar nos Estados do leste asiático[304]. Todavia, não obstante as experiências francesas da Place des Vosges ao banco Crédit Mobilier, o Estado desenvolvimentista original foi a Alemanha. Brincar de alcançar[305] os britânicos na segunda metade do século XIX obrigou a Alemanha (que nasceu em 1871) a agir como corretora e, em muitos casos, como agente de seguros, entre interesses industriais, comerciais e agrícolas[306].

Todos os desenvolvimentos tardios têm um problema de escala. Para apanhar Estados já industrializados, o Estado atrasado no desenvolvimento tem de assumir o risco envolvido no investimento, porque a escala do capital necessário para industrializar depois de outros Estados o terem feito supera a capacidade de qualquer empresário isolado — daí o tamanho, a estrutura e a longevidade das empresas alemãs. Ao desempenhar esse papel, o Estado alemão, seja ele wilhelmiano, nazista ou democrático, atribuiu sempre a si mesmo um papel mais diretor e coordenador na economia do que é típico dos Estados liberais. O que tem sido fundamental no desenvolvimento da Alemanha é o papel do Estado na supressão do consumo e no aumento das poupanças para proporcionar os fundos de capital adequados para investimentos industriais em grande escala, ao mesmo tempo que proporciona transferências para suavizar, em vez de bloquear, essas políticas[307]. Como tal, o mantra *Erst sparen, dann kaufen!* ("Primeiro poupam, depois compram!"), poupar e investir antes de consumir — uma parcimônia que Smith teria aplaudido —

---

[304] Woo Cummings, ed., *The Developmental State* (Ithaca, NY: Cornell University Press 1999); mas também Wolfgang Streek e Yamamura, *The Origins of Non-Liberal Capitalism* (Cambridge: Cambridge University Press, 2002).

[305] N. do E.: turmo utilizado em Economia que caracteriza nivelamento, equiparação ou emparelhamento sócio-técnico-produtivo.

[306] Gerschenkron, *Economic Backwardness;* e Leonard Seabrooke, *The Social Sources of Financial Power* (Ithaca, NY: Comell University Press, 2006).

[307] O primeiro Estado de Bem-estar foi fundado na Alemanha, no século XIX, por Otto von Bismarck.

constituiu o cerne austero do pensamento econômico alemão muito antes da década de 1930, quando apareceu o ordoliberalismo.

Origens do ordoliberalismo

O ordoliberalismo tomou forma sob a égide de Walter Eucken, Franz Böhm e Hans Grossmann-Doerth, fundadores da Escola de Economia de Friburgo durante a década de 1930. A sua *bête noir* foram os cartéis econômicos privados e não o Estado. Os liberais de Friburgo argumentavam que o problema econômico básico da Alemanha na década de 1920 era "a incapacidade do sistema jurídico em evitar a criação e o abuso de poder econômico *privado*[308]". Note-se que o poder privado, e não o público, é que era a preocupação. O indivíduo precisava ser protegido do Estado, sem dúvida, mas reconhecer que o Estado não era a única ameaça com que valia a pena preocupar-se assinalou o afastamento de Friburgo da versão "não posso viver com ele" do liberalismo anglo-americano. A contribuição essencial da Escola de Friburgo, porém, foi ir para além desta observação e concentrar a atenção na forma estrutural do capitalismo.

Para Walter Eucken, em particular, o capitalismo não era a junção fortuita de indivíduos imaginada por Smith. Pelo contrário, era composto por duas ordens estruturais fundamentalmente incompatíveis que designou como "economia de transação" e "economia centralmente administrada[309]". Embora essas ordens sejam incompatíveis na essência, a economia real combina necessariamente elementos de ambas, e é aí que o problema começa. Especialmente quando os parlamentos se envolvem, elementos da ordem administrativa podem ser capturados pelos membros mais poderosos da ordem transacional, e daí o medo dos cartéis e do poder privado. A boa política, por isso, é fazer funcionar essa combinação de ordens de modo que o Estado possibilite e melhore as condições de funcionamento do

[308] David J. Gerber, "Constitutionalizing the Economy: German Neoliberalism, Competition Law and the "New" Europe", *American Journal of Comparative Law 42* (1994): 30.

[309] *Ibid.*, 42.

mercado[310]. Eucken definiu assim o papel do Estado na economia: "Primeiro princípio: a política do Estado deve concentrar-se nos grupos de poder econômico ou em limitar o seu funcionamento. (...). Segundo princípio: a atividade político-econômica do Estado deve concentrar-se na regulação da economia e não na orientação do processo econômico[311]". Isto havia de conseguir-se, defendiam os economistas friburguenses, prestando atenção à "constituição econômica" que é, segundo Franz Böhm, a "decisão global" (*Gesamtentscheidung*) [de uma sociedade] relativamente à natureza (*Art*) e à forma do processo de cooperação socioeconômica[312]. Ou, na prosa menos pomposa de Eucken, como "a decisão política geral quanto ao modo como tem de ser estruturada a vida econômica[313]".

Como assinala o teórico jurídico David Gerber, esta noção "virou completamente do avesso a ideia nuclear do liberalismo clássico (...) defendendo que a eficácia da economia dependia da sua relação com os sistemas político e jurídico[314]". Embora as primeiras obras ordoliberais durante o período nazista dessem primazia a um Estado forte como promotor dessa ordem, essa visão mudou com o tempo — e a circunstância — para a posição de que a política econômica não deve ser ditada por um Estado forte, especialmente por um Estado que possa ser capturado[315]. Em vez disso, o Estado apenas precisava ser suficientemente forte para proporcionar uma "ordem", uma *Ordo*, e uma consequente *Ordnungspolitik*, uma "po-

---

310 *Ibid.*, 44. Note mais uma vez a preocupação tanto com o poder privado como com o poder público.

311 Walter Eucken, Grundsätze der Wirtschaftspolitik (Tübingen: J. C. B. Mohr, 1952), 334, 336, citado em Josef Hein, "Competing Ideas: The Evolution of the German and Italian Welfare States and Their Religious Foundations", dissertação inédita de PhD, Instituto Universitário Europeu, Florença, novembro de 2012, 223.

312 Böhm, citado em Gerber, "Constitutionalizing the Economy".

313 Eucken, citado em Sally Razeen, "Ordoliberalism and the Social Market: Classical Political Economy from Germany", New Political Economy 1, 2 (1966): 233-257, citado em Volker Berghahn e Brigitte Young, "Reflections on Werner Bonefeld's "Freedom and the Strong State: On German Ordoliberalism" and the Continuing Importance of the Ideas of Ordoliberalism to Understand Germany's (Contested) Role in the Resolving the Eurozone Crisis", a publicar em New Political Economy, p. 12 da versão manuscrita.

314 Gerber, "Constitutionalizing the Economy", 45.

315 Berghahn e Young, "Reflections", *passim*.

lítica baseada na ordem", pela qual o enquadramento jurídico que governasse a ação tanto das empresas como do Estado forme no seu conjunto a constituição econômica que é fundamental, segundo os economistas friburguenses, para qualquer economia bem-sucedida[316]". A *Ordnungspolitik* restringe, por isso, tanto o Estado que a pratica como o setor privado que cresce dentro dela, através da regulação indireta da constituição econômica.

Esta constituição econômica não era, porém, simplesmente algo que se pudesse pôr no papel. Os ordoliberais defendiam que a constituição econômica correta não pode apenas deduzir-se da teoria e ser imposta pelo Estado. Tem de ser ativamente apoiada por membros da comunidade a que se aplica, e, o que é fundamental, a sua aplicação deve basear-se em um dever recíproco desses membros de agir nos termos delineados nessa constituição[317]. Em suma, todos têm de respeitar as regras e todo mundo que o fizer restabelece e legitima essas regras[318].

Para fazer com que isso aconteça, a política estatal adequada não era fixar as condições de investimento ou manipular o nível de preços através de incentivos monetários, como defendiam os keynesianos. Em vez disso, dada a sua preocupação em limitar o poder privado, a política de concorrência, apoiada pela política monetária de um Banco Central politicamente independente, constituía o núcleo institucional da constituição econômica. Um gabinete especializado em evitar o monopólio garantiria que a economia como um todo respeitava as metarregras da concorrência, enquanto uma autoridade monetária independente desempenharia o papel secundário de manter os preços estáveis. As duas instituições seriam separadas do Estado parlamentar e não responderiam diretamente perante ele.

316 Ralf Ptak, "Neoliberalism in Germany: Revisiting the Ordoliberal Foundations of the Social Market Economy", em *The Road from Mont Pelerin: The Making of the Neoliberal Thought Collective*, ed. Philip Mirowski e Dieter Plehwe (Cambridge, MA: Harvard ad University Press, 2009), 102.

317 Gerber, "Constitutionalizing the Economy", 48-49

318 Se detectar aqui ecos do desmoronamento da zona do euro, não se espante.

A concorrência, e não o consumo, é o que leva ao crescimento

Atacando a concentração e os cartéis e mantendo ao mesmo tempo os preços estáveis, os ordoliberais esperavam gerar crescimento melhorando a competitividade das empresas alemãs e a atratividade dos seus produtos. O objetivo político dessas instituições era, por isso, o encorajamento de "conseguir concorrência" em vez de "impedir concorrência", com o que a qualidade dos produtos manufaturados criaria a procura para eles, em uma reformulação moderna do lado da oferta da lei de Say[319]. Nessas condições institucionais, as vantagens do crescimento rápido fluiriam para todos os membros da sociedade[320]. Como disse Christian Wartin, os ordoliberais estavam de acordo em que "a menos que um Estado constitucional liberal [estivesse] preparado para se ver deteriorar até chegar ao Estado intervencionista (...) a manutenção e a imposição de um sistema concorrencial tem de ser vista como um dos seus principais objetivos[321]".

Como explicaremos mais adiante, essas novas instituições e as ideias subjacentes que lhes serviram de modelo, após um breve período de luta interna entre os democratas-cristãos do pós-guerra, foram anexadas ao Estado de Bem-Estar social patriarcal bismar-

[319] Cruamente, a oferta cria a sua própria demanda.

[320] Carl J. Friedrich. "The Political Thought of NeoLiberalism", *American Political Science Review* 49, 2 (1955): 511. Um exemplo contemporâneo de *competição de realização* contra *competição de impedimento* é comparar a concorrência de produtos que ocorre entre a BMW e a Mercedes. Esta concorrência melhora ambos os produtos de tal modo que ambas as empresas vendem mais carros. Agora, compare isto com as batalhas de patentes entre a Apple e a Samsung, que é concorrência de impedimento. Destina-se a manter a outra empresa fora do mercado independentemente da qualidade do produto.

[321] Christian Watrin, "The Principles of the Social Market Economy: Its Origins and Early History", *Journal of Institutional and Theoretical Economics*, Bd. 135: (H3) (1979): 413. Ou, como argumentava o importante ordoliberal Wilhelm Ropke: "Um sistema competitivo genuíno, equitativo e a funcionar sem percalços não pode, de fato, sobreviver sem um enquadramento moral e legal judicioso e sem supervisão regular das condições em que a concorrência pode ter lugar". Ropke citado em Christopher S. Allen, "The Underdevelopment of Keynesianism in the Federal Republic of Germany", em *The Political Power of Economic Ideas: Keynesianism Across Nations*, ed. Peter A. Hall (Princeton, NJ: Princeton University Press 1989), 281.

ckiano, formando aquilo a que Alfred Müller-Armack chamou "a economia social de mercado", um "sistema de regras jurídicas que pode satisfazer o sentimento geral de justiça", o qual vincularia os cidadãos à constituição econômica na medida em que percebiam as suas vantagens[322]. Como observou Ralf Ptak, a despeito de suas profundas dúvidas sobre a compensação do bem-estar, os ordoliberais apreciavam intensamente que a "estabilidade e a segurança [da] classe trabalhadora fosse condição prévia para garantir a economia de mercado[323]". Como consequência, embora os ordoliberais realmente não quisessem que a constituição econômica estivesse ligada a um Estado de Bem-Estar social, as circunstâncias e a política determinaram outra coisa: a economia de mercado tinha de se tornar social.

Construindo a ordo

Que os argumentos ordoliberais se tornassem o manual de instruções econômicas locais para a política econômica na Alemanha do pós-guerra, estava quase sobredeterminado. Primeiro de tudo, a população alemã estava exausta e com fome enquanto o estoque de capital do país estava dizimado. Receando a instabilidade política, as autoridades do pós-guerra precisavam de crescimento e, tal como a população que governavam, essas autoridades suspeitavam do crescimento vindo de projetos do "grande Estado", fosse ele de esquerda ou de direita. Segundo, a Escola de Friburgo, que não era tímida a apregoar um projeto de crescimento, emergiu do período nazista imaculada e mais ou menos intacta. Se alguns membros foram presos e alguns atores-chave como Wilhelm Röpke foram mandados para o exílio, o núcleo duro da escola estava no lugar certo, no momento certo, armado com o que pareciam ser, no contexto alemão, novas ideias amigas do crescimento. Os ordoliberais também tinha poderosos patrocinadores na forma do principal jornal da época, o *Frankfurter Allgemeine Zeitung*, e se bene-

322 Watrin, "Principles", 416.

323 Ptak, "Neoliberalism in Germany", 104.

ficiavam da atenção das autoridades aliadas de ocupação, pelo menos logo que os Aliados saíram da fase punitiva da ocupação[324].

Terceiro, o perfil econômico da Alemanha enquanto país de desenvolvimento tardio foi sempre a produção orientada para a exportação; portanto, era natural para as elites econômicas da Alemanha do pós-guerra concentrarem-se na reconstrução de capacidades periciais e na recuperação dos mercados de exportação como modo de conseguir o crescimento rápido que procuravam. Os ordoliberais podem ter procurado preservar pequenas e médias empresas e temiam os cartéis, mas não tinham problemas com grandes empresas *per se*, especialmente aquelas que eram capazes de produzir crescimento conduzido por exportação. Mas o crescimento dirigido pela exportação exige uma política rigorosa de competitividade de custos, o que, por sua vez, exige controle salarial através da restrição do consumo e de uma forte posição anti-inflacionária. Isso dava ainda mais força à autoridade monetária em relação à autoridade fiscal, na medida em que controlar a inflação se tornou o complemento monetário para garantir a concorrência[325].

Quarto, o sistema político-partidário do pós-guerra era uma confusão, e os partidos do centro, particularmente a União Democrática Cristã (CDU), procuravam um novo conjunto de ideias que falasse às concepções (predominantemente) católicas dos interesses de seus membros[326]. Com o seu apelo à comunidade, a sua desconfiança tanto do poder *privado* como do poder público, e a sua aceitação a algo relutante — mas necessária, dadas as condições dos tempos — da redistribuição do Estado de Bem-estar, através da família, o ordoliberalismo encontrou uma audiência disponível e um veículo de lançamento na CDU.

[324] Como Garber assinala, os ordoliberais tinham mais a metade dos lugares do Conselho Consultivo formado para aconselhar o governo em 1947. Garber, "Constitutionalizing the Economy", 59. Além disso, a associação patronal alemã ocidental Die Waage gastou mais de 11 milhões de marcos alemães entre 1952 e 1965 em campanhas publicitárias para apoiar essas ideias. Ptak, "Neoliberalism", 122.

[325] Allen, "Underdevelopment", em Hall, *Political Power*, passim.

[326] Uma das consequências menos notadas da divisão de 1945 foi que dois terços dos protestantes da Alemanha desapareceram para a República Democrática Alemã. Os católicos alemães tornaram-se de repente uma minoria muito mais importante. Agradeço a Joseph Hien esta observação.

Como defende Gerber, porém, nada tem tanto êxito quanto o êxito passado, pelo que, quando Ludwig Erhard, companheiro de caminho ordoliberal e ministro da Economia *de fato* da Alemanha durante a ocupação, liberalizou os preços, abolindo o racionamento e o controle dos preços em 1948 sem, pelo menos inicialmente, atirar a economia de um penhasco; as ideias ordoliberais ganharam prestígio[327]. Porém, após a explosão inicial, a crise da Coreia atingiu fortemente a Alemanha e os ordoliberais careciam de uma reação intervencionista positiva. Preocupados com a subida do desemprego, os Aliados pressionaram os ordoliberais no sentido de considerarem medidas ativas para o mercado de trabalho a fim de enfrentar os números rapidamente crescentes de pessoas sem trabalho. Isso permitiu aos católicos com preocupações sociais no seio dos democratas-cristãos insistir em uma melhor integração da política de Bem-Estar social e da política econômica, o que cimentou o lugar do Estado de Bem-Estar social a na *Ordo* contra os impulsos ordoliberais[328].

Esta fusão deu forma institucional à ideia de Alfred Müller-Armack da economia social de mercado (*die Soziale Marktwirtschaft*). Sob esta bandeira, a CDU ganhou todas as eleições nacionais até 1966 — período que ainda hoje é referido como "milagre econômico alemão" (*das Wirtschaftswunder*), durante o qual o poder de compra dos salários aumentou 73% entre 1950 e 1960. Entretanto, a inflação caiu, aumentando ainda mais o salário real[329]. Na verdade, apesar da reinstalação de 12 milhões de pessoas deslocadas e da divisão do país, o desemprego na década de 1950 foi em média de 8% e os preços mantiveram-se estáveis[330].

---

327 Graber, "Constitutionalizing", 61-62. Ptak descreve Erhard como "um ávido participante na corrente ordoliberal dominante". Ptaki, "Neoliberalism", 115. Friedrich descreve-o como "porta-voz do credo dos neoliberais na política alemã e europeia". Freidrich, *American Political Science Review 49,* 2 (1955): 510.

328 Agradeço a Josef Hien os pormenores sobre este importante período de transição.

329 Ver a descrição do Wirtschaftswunder em http://e.wikipedia.org/wiki/Wirtschaftswunder.

330 Allen, "Underdevelopment", 271. O fato de tudo isto ter sido possível por um contexto macroeconômico espantosamente favorável — o sistema monetário internacional de Bretton Woods e a aceitação pelos Estados Unidos de um *Deutsch Mark* subvalorizado dada a posição estratégica da Alemanha na Guerra Fria — também

Expulsando Keynes localmente

O êxito da *Soziale Marktwirtschaft* e das ideias ordoliberais que lhe estavam subjacentes foi tão completo que, como informa Christopher Allen, "o keynesianismo raramente era levado a sério como opção [política]" pelos economistas alemães que, se discutiam o keynesianismo, o viam como inerentemente inflacionário[331]. Consequentemente, quando o Partido Social-Democrata alemão chegou ao poder, em 1966, com uma agenda pró-keynesiana em resposta a taxas de crescimento vacilantes, encontrou pouca receptividade tanto na burocracia como entre os acadêmicos. Localmente, Keynes foi, na teoria, "expulso". Ampliando essa exclusão, a autoridade monetária, "o ferozmente independente Bundesbank (...) colocou limites monetários rigorosos ao financiamento do déficit", expulsando assim localmente, na prática, o keynesianismo[332]. Praticamente, isto não constitui surpresa quando se considera que os ordoliberais da Escola de Friburgo tinham previsto esse papel para a autoridade monetária, defendendo que "um Banco Central forte [seria] o guardião contra qualquer abuso de poder pelas autoridades políticas[333]". Na terminologia ordoliberal, despesa equivale a abuso e o Banco Central destinava-se especificamente a impedir esse abuso.

Em suma, a Alemanha do pós-guerra prosperou com ideias centradas na austeridade, mas, em sua substância, de um tipo muito particular. A Alemanha possui e professa um liberalismo que abraça o Estado e o transforma. Ao fazê-lo, faz o mesmo com a austeridade. O fato do ordoliberalismo, a *Ordnungspolitik* e o resto, ter tudo a ver com regras, significa precisamente que a boa governança econômica não tem a ver com despesa. Se as regras estabelecerem um enquadramento dentro do qual a prosperidade seja estabelecida através da melhoria da concorrência, o lado da oferta da poupança e do investimento, em vez do lado da demanda e o consumo, ainda mandam. O ordoliberalismo

---

deve ser reconhecido. Raramente o é, no entanto, em especial entre os políticos alemães.

[331] Allen, "Underdevelopment", 271 e 268.

[332] *Ibid.*, 277.

[333] *Ibid.*, 281.

pode ter modernizado o liberalismo, mas a sua economia continua a ser, em muitos aspectos, tão clássica quanto a de Smith e Hume.

No contexto de uma economia de desenvolvimento tardio liderado pelas exportações que precisa forçar as poupanças para alcançar os britânicos, isto faz todo o sentido: *Erst sparen, dann kaufen!* Mas como vimos no capítulo 3, ignora espetacularmente o fato de que para que alguém tenha um excedente de exportação, alguém mais tem de ter um déficit. Não podemos ter todos excedentes e poupar. Alguém tem de gastar para que haja procura dessas exportações. Assim, uma falácia da composição de tipo diferente levanta a cabeça novamente; e é aqui que realmente se revela a transferência desses princípios baseados na austeridade para o quadro constitucional da UE e para a reação política da Alemanha à crise. Se o foco alemão nas regras, nas obrigações, numa autoridade monetária forte, num parlamento fraco e na ausência de despesa para compensar falências parece familiar, não é sem razão. É o projeto básico da UE. A reação da Alemanha à crise e a própria crise provêm do mesmo manual de instruções ordoliberal.

Europa ordoliberal

Quando o resto da Europa estagnou, no fim da década de 1970, a Alemanha foi quem sofreu menos e se recuperou mais depressa dentre os principais Estados europeus[334]. A sua capacidade de resistir às pressões inflacionárias desse período tornou-se modelo para outros Estados europeus: primeiro, através das indexações abortivas da moeda ao *Deutsche Mark* das décadas de 1980 e 1990; segundo, através da incorporação de princípios ordoliberais na constituição do BCE e nas políticas da Comissão Europeia centradas na concorrência; e terceiro, através de uma abordagem baseada em regras do projeto de governaça do euro. Dos critérios de convergência de Maastricht ao Pacto de Estabilidade e Crescimento e ao novo tratado

334 Peter J. Katzenstein, ed., *Between Power and Plenty* (Ithaca, NY: Cornell University Press, 1976).

fiscal proposto — tudo tem a ver com a constituição econômica — as regras, a *Ordo*[335].

Por exemplo, a centralidade da competitividade como chave do crescimento é um tema recorrente da UE. Duas décadas de diretivas da UE sobre o aumento da concorrência em todas as áreas, desde as telecomunicações à produção de energia e à colateralização dos mercados de financiamento no atacado para bancos, tudo tem a mesma marca ordoliberal. Do mesmo modo, a concentração consistente na perda de competitividade dos Estados periféricos e, portanto, na necessidade de reduções profundas dos salários e custos, enquanto o papel dos países excedentários na geração da crise é completamente ignorado, corresponde a um entendimento profundamente ordoliberal da gestão da economia. Os poupadores, afinal, não podem ser pecadores. De igual modo, a mais recente inovação alemã de travamento constitucional da dívida (*Schuldenbremse*) para todos os países da UE independentemente dos seus ciclos econômicos ou de suas posições estruturais, juntamente com um novo tratado fiscal baseado em regras como solução para a crise, é simplesmente uma *Ordo* ainda mais apertada, mas com outro nome.

Se os Estados quebrarem as regras, a única política possível é uma dieta de estrita austeridade para os fazer regressar à conformidade com as regras, mais sanções automáticas para os que não conseguirem manter-se dentro das regras. Não há falácias da composição, apenas boas e más políticas. E uma vez que, do ponto de vista ordoliberal, não se pode confiar nos Estados para proporcionarem a austeridade necessária porque estes tendem a ser capturados, tem de se ter regras e uma autoridade monetária independente para garantir que os Estados se conformam com a *Ordo* imperativa; daí, o BCE. Então, e só então, é que o crescimento voltará. No caso da Grécia e da Itália em 2011, se isso significasse depor alguns governos democraticamente eleitos, então que assim seja.

O mais notável nesta ordoliberalização da Europa é o modo como replica o mesmo erro muitas vezes atribuído às economias

[335] Kate McNamara, *The Currency of Ideas: Monetary Politics in the European Union* (Ithaca, NY: Cornell University Press, 1998); Nicolas Jabko, *In the Name of the Market* (Ithaca, NY: Cornell University Press; 2006).

anglo-americanas: a insistência para que todos os Estados em desenvolvimento sigam o seu manual de instruções liberal para ficarem ricos, a chamada abordagem do desenvolvimento do Consenso de Washington, que discutiremos daqui a pouco. A objeção básica feita pelos Estados de desenvolvimento tardio, como os países do leste asiático, ao Consenso de Washington/ideia anglo-americana "liberalizem e depois se seguirá o crescimento" foi dupla. Primeiro, este entendimento confunde os resultados do crescimento, finanças públicas estáveis, inflação baixa, competitividade de custos, etc., com causas do crescimento. Segundo, o caminho liberal para o crescimento só faz sentido caso seja um país de desenvolvimento precoce, uma vez que não se tem concorrentes — *pace* o Reino Unido no século XVIII e os Estados Unidos no século XIX[336]. Todavia, no mundo contemporâneo, o desenvolvimento é quase sempre liderado pelo Estado.

A Alemanha foi, em muitos aspectos, o primeiro país a provar exatamente isso durante a sua busca para alcançar a Grã-Bretanha. Mas então, tal como os Estados Unidos e o Reino Unido, a Alemanha esqueceu a sua singularidade, quer em termos de oportunidade e de contexto, quer em termos do modo como a criação da *Ordo* liderada pelas exportações tornou a Alemanha rica, o que só foi possível precisamente porque outros países *não* estavam fazendo o mesmo ao mesmo tempo[337]. Agora, a Alemanha e o BCE querem que os outros países da Europa sejam mais alemães: outra falácia da composição que não pode funcionar. Como disse, de forma belíssima, Martin Wolf: "Todo mundo deve ter excedentes da balança de transações correntes? Se assim for, com quem — Marcianos? E se todo mundo tentar, na verdade, ter um excedente de poupanças, qual pode ser o resultado senão uma recessão global permanente[338]?" A Alemanha conseguiu tomar a dianteira na Europa porque as ideias alemãs estiveram no centro da UE e do euro desde o início. E também porque os alemães conseguiram com tanto êxito virar o debate acerca da

[336] Ha Joon Chang, Kicking Away the Ladder: Development Strategy in Historical Perspective (Londres: Anthem Press, 2002).

[337] Agradeço a Alex Gourevitch por este ponto.

[338] Martin Wolf, *Fixing Global Finance* (Baltimore, MD: Johns Hopkins University Press, 2010) 197.

crise à sua maneira — eram os únicos que realmente acreditavam no que diziam. Enquanto os norte-americanos eram keynesianos por conveniência, os alemães eram ordoliberais por projeto. Acima de tudo em questões monetárias, *credere* (acreditar) é importante.

Em suma, a Alemanha deu à austeridade uma nova perspectiva de vida através da economia social de mercado e do seu milagre econômico do pós-guerra. *Erst sparen, dann kaufen!* Não deixa outro espaço para os libertinos que não seja a austeridade e não dá lugar à compensação a não ser por meio de políticas que acelerem o ajustamento do mercado. A marca dessas ideias nas instituições da UE não está em dúvida. Não há lugar para Keynes e para a compensação em uma união econômica em que a concorrência produz crescimento através da produção de produtos competitivos e da manutenção de excedentes, e não da procura rasa da impressora de dinheiro. Em um mundo destes, a recessão, e não o crescimento, é o tempo certo para a austeridade.

Tudo isso nos leva ao papel desempenhado pelos primos dos ordoliberais, os economistas austríacos, em fazer avançar os argumentos da austeridade. Se a influência do ordoliberalismo se sentiu principalmente na Europa, a influência das ideias austríacas reside nos Estados Unidos. As ideias austríacas têm há muito um *pied-à-terre* norte-americano, como vimos nos diagnósticos de Schumpeter da década de 1930[339]. Voltaram a estar em voga na crise atual porque pareciam estar cientes de algo a que poucos keynesianos (exceto Hyman Minsky) tinham prestado muita atenção, e deram-nos assim outro conjunto de razões para sermos austeros.

---

[339] Schumpeter era austríaco de formação e de nascimento, e construiu a sua carreira em torno das ideias austríacas. Apesar disso, normalmente não é considerado membro da Escola Austríaca. Eu considero que ele é *de facto* o embaixador residente nos Estados Unidos da Escola Austríaca, nada mais nada menos do que em Harvard. Como David Simpson mostrou, as pequenas diferenças entre Schumpeter e os teóricos austríacos eram técnicas e não de substância. David Simpson, "Joseph Schumpeter and the Austrian School of Economics", *Journal of Economic Studies 10,* 4 (1983): 18-28. http://www.emeraldinsight.com/journals.htm?articleid= 1709331.

O pied-à-terre norte-americano da austeridade: a escola austríaca

No final do século XIX, a economia austríaca emergiu no Império Austro-Húngaro a partir do debate sobre o papel que o Estado poderia desempenhar na promoção do desenvolvimento econômico, seguindo o ímpeto de crescimento conduzido pelo Estado na Alemanha. A figura-chave, aqui, foi Carl Menger, um dos primeiros dos chamados "economistas marginalistas", que via o valor econômico como uma questão de utilidade subjetiva e de preços relativos, e não como uma função dos custos de produção. O mais importante para os nossos objetivos é que também ele se opunha inequívoca e intransigentemente a que o Estado se envolvesse na ajuda ao capitalismo. Menger iniciou um "debate metodológico" (*Methodenstreit*) com membros da Escola Histórica de Economia da Alemanha sobre estas questões que levou os alemães a rotularem Menger e os seus seguidores como "a Escola Austríaca". Uma geração acadêmica depois, os alunos de Menger contestaram o crescente intervencionismo do Estado liberal partindo destas premissas particularmente austríacas.

Para esses teóricos — sendo Ludwig von Mises e Friedrich Hayek os mais proeminentes, juntamente com Joseph Schumpeter, como a voz austríaca imigrada nos Estados Unidos —, o mercado livre tem uma estrutura evolucionista a longo prazo que a intervenção do governo só faz prejudicar. Apoiando firmemente a teoria do "não se pode viver com ele", a Escola Austríaca rejeitava o Estado como tendo qualquer papel positivo ou necessário na economia. Também rejeitavam a crescente matematização da economia que estava em curso naquele tempo. Vendo a economia como evolucionista, "desequilibrada", e guiada por empresários que atuam na incerteza, preferiam a análise histórica ao cálculo diferencial. Dadas estas opções, as ideias austríacas viram-se cada vez mais dessintonizadas com a tendência da época.

Por exemplo, durante a década de 1920, Mises e Hayek envolveram-se nos chamados "debates sobre o cálculo socialista" da época, procurando provar a impossibilidade do planejamento central. Mises defendeu que o planejamento era literalmente impossível, linha que era difícil defender a não ser como posição ideológica. Quanto mais se agarrava às suas armas, mais ignorado se via pelos outros economistas. Entretanto, Hayek, tendo recebido um segundo fôlego quando Lionel Robins, que pensava como ele, lhe arranjou emprego na London School of Economics em 1931, se viu metido em problemas no momento em que pôs os pés na Grã-Bretanha. Como recordou Joan Robinson, Hayek fez uma palestra em Cambridge, pouco depois de ter chegado, em que R. F. Kahn lhe perguntou: "Se amanhã eu saísse e comprasse um sobretudo novo, isso aumentaria o desemprego"? "Sim", respondeu Hayek, "mas (...) seria preciso uma discussão matemática muito longa para explicar porquê[340]". Em 1944, Hayek se viu igualmente ignorado, em uma semi-aposentadoria, ao escrever sobre os perigos do socialismo em seu épico *O Caminho para a Servidão*. Um livro anterior de Hayek, *Prices and Production*, o seu *Meisterwerk* sobre teoria do ciclo econômico, como *Business Cycles*, de Schumpeter, em 1939, chegou já morto à impressão.

Primeiro ignoradas e depois derrotadas na Europa, as ideias austríacas sobreviveram nos Estados Unidos, onde a sua popularidade refluiu e voltou a fluir durante aproximadamente um século. Embora surradas e diminuídas pela revolução keynesiana depois da Segunda Guerra Mundial, as ideias austríacas nunca desapareceram da cena norte-americana. Ensaiaram uma espécie de regresso na década de 1970 quando foi atribuído a Hayek o Prêmio Nobel da Economia e serviram de justificação popular para as políticas do lado da oferta de Reagan, mas voltaram a desaparecer até a crise atual traze-las de volta à tona. Por que este reaparecimento? A resposta está naquilo que dizem acerca dos bancos.

O guia austríaco para o crescimento e a recessão

Apesar da *Teoria Geral* de Keynes ter como subtítulo "do Emprego, do Juro e do Dinheiro", a economia do pós-guerra nunca pensou muito no dinheiro. Havia um ponto de vista que ganhou proeminência na década de 1970 — o monetarismo — que pensava muito no dinheiro, e examinaremos esse ponto de vista em breve para fins

[340] Robinson, "Second Crisis", 2.

diversos. Mas para a maioria dos economistas, a partir da década de 1930, o dinheiro era visto em grande medida do mesmo modo que Hume o via duzentos anos antes, como estimulante a curto prazo, neutro a longo prazo e/ou potencialmente inflacionário[341]. O dinheiro, diz-se por vezes, "não muda as preferências nem as possibilidades". O dinheiro na forma de crédito é, por isso, simplesmente dinheiro de uma pessoa que não gasta transferido para outra pessoa usar mediante o pagamento de um juro mais a devolução do capital. De forma mais simples, a dívida de uma pessoa é o rendimento de outra pessoa. É simplesmente uma redistribuição dos ativos existentes e nada de excitante. O sistema de crédito replica simplesmente os fundamentos em que se baseia a economia.

Este ponto de vista tornou perfeitamente possível aos economistas da corrente predominante da década de 2000 falarem da "eliminação do ciclo econômico" quando se vive num período de "Grande Moderação", em que a volatilidade do passado foi dominada por boas políticas dos Bancos Centrais[342]. E então, claro, o mundo explodiu, exatamente no meio dessa suposta Grande Moderação, como as ideias austríacas teriam previsto. E enquanto todo mundo parecia saber que a explosão tinha algo a ver com bolhas de ativos e bancos, no início da crise poucos tinham uma narrativa convincente acerca do modo como os bancos a haviam causado. Foi aí que as ideias austríacas voltaram a circular. Os seus textos desde a década de 1930 pareciam descrever perfeitamente a crise financeira de 2008. O que se seguiria e o que fazer com ela iria se revelar uma coisa completamente diferente.

---

[341] Lembre-se de que no mundo keynesiano a questão de gastar dinheiro para estimular a economia não é que o dinheiro seja causal *per se*. Pelo contrário, a questão é aumentar suficientemente os preços para alterar as expectativas dos investidores, o que por sua vez tem impacto no emprego e no consumo.

[342] Ben Bernanke, "The Great Moderation", observações na reunião da Eastern Economic Association, Washington DC, 20 de fevereiro de 2004. http://www.federalreserve.gov/boarddocs/speeches/2004/20040220/default.htm.

O modelo Hayek/Mises de crises de crédito e colapsos

Escrevendo na década de 1920, Hayek e Mises chamaram a atenção para o fato bastante óbvio de os bancos ganharem dinheiro com a extensão do crédito. E se os bancos podem desejar ser prudentes, todos têm incentivos para expandir o crédito para além de suas reservas básicas (nessa altura, o ouro) a fim de se manterem no negócio contra bancos mais agressivos e/ou capturarem maior fração de mercado. Além disso, os bancos são encorajados a fazê-lo pela presença de um Banco Central que protege o sistema financeiro com liquidez. Essas duas forças produzem uma expansão do crédito para além do que as poupanças "reais" permitiriam e baixam a taxa de juros sobre os empréstimos.

Essa extensão do crédito assinala aos empresários que o custo real do capital caiu e que, como consequência, já podem lançar projetos, financiados através desse crédito barato que até então não teriam sido lucrativos. Mesmo que os empresários suspeitem de que esse é um estímulo artificial, nenhum deles gosta de ver os concorrentes ganharem maiores frações de mercado, então aceitam o dinheiro. No conjunto, isto leva a uma expansão dos pedidos de empréstimos e a um enfraquecimento do desejo de poupar. Astutos, frugais e prudentes em condições de mercado livre, os empresários tornam-se imprudentes, incautos que se enchem de dívidas logo que os bancos começaram a emprestar grandes quantidades de dinheiro barato.

Devidamente incentivados, os empresários contratam mais pessoal e compram mais matérias-primas, o que faz subir os preços e os salários. Isso produz um efeito clássico de estímulo monetário de curto prazo que começa a revelar-se na subida dos preços, particularmente dos preços dos ativos, o que encoraja ainda mais a contração de empréstimos. A economia subjacente, porém, não mudou. Há simplesmente mais dinheiro a perseguir menos bens: uma inflação. Compreendendo este erro, os bancos passam a ter prejuízos, pelo que fazem tudo o que podem para que esses prejuízos não se concretizem. Dão mais crédito, baixam mais as taxas de juros e geralmente empurram para a frente o problema com a barriga.

Isso é, do ponto de vista austríaco, exatamente o que não se deve fazer, uma vez que enche ainda mais a bolha de crédito, ao mesmo tempo em que desvia capital daquilo a que o mercado o teria atribuído melhor na ausência de todo esse crédito barato. Esta política faz, na realidade, com que a inflação se mantenha, e, como resultado, o valor real do dinheiro cai; portanto, todo esse mau investimento tem de gerar um retorno ainda maior, ou os balanços de todos se desmoronam. Sabendo disto, e no contexto de uma inflação em contínuo crescimento, os bancos começam a subir as taxas de juros ao mesmo tempo que a sua capacidade de gerar novo crédito diminui. Entretanto, a procura de crédito para manter a bolha inchada acelera[343]. Finalmente, o público percebe que todo esse crescimento dos ativos é, na realidade, apenas uma inflação monetária e não uma subida do valor real dos ativos, e a bolha arrebenta, o pânico começa, as pessoas desfazem-se dos ativos, os balanços implodem e a economia entra em recessão.

É aqui que entra a austeridade. Como diz Mises, uma vez que comece "a fuga para valores reais", as pessoas percebem que "a crise e o período de recessão que se segue são o culminar do período de investimento injustificado provocado pela extensão do crédito[344]". Por isso, a "economia tem de se adaptar a esses prejuízos [pelo que] (...) o que há a fazer (...) é cortar no consumo[345]". As poupanças que foram dissipadas têm de ser reconstruídas, o que significa menos consumo. Os bancos têm de concretizar os seus prejuízos para iniciar o processo de recuperação, o que significa austeridade. A última coisa que devíamos fazer era resgatar bancos ou consumidores. Afinal, o que começou por causa de uma intervenção no mercado, a baixa das taxas de juros através da extensão do crédito para além do que as "poupanças reais" produziriam, não pode ser tratado com mais do mesmo.

---

343 A taxa de juros sobre o empréstimo é menor do que a taxa de retorno sobre o ativo dada a subida de preços, mas quanto mais as taxas de juros recuperem, mais os retornos se contraem.

344 Ludwig von Mises, "The Austrian Theory of the Trade Cycle", em *The Austrian Theory of the Trade Cycle and Other Essays,* ed. Richard M. Ebeling (Auburn, AL: Ludwig von Mises Institute, 1956), 30.

345 *Ibid.,* 31.

A suposta idiotice da intervenção

Para a Escola Austríaca, a pior coisa que pode acontecer é o governo envolver-se na crise. Inundando o mercado de liquidez, mantendo a taxa de juros baixa quando o crédito é escasso, ou tentando estimular a economia para suavizar o ciclo, a intervenção do governo simplesmente prolonga a recessão. Além disso, a intervenção produz outra patologia que talvez seja ainda mais perigosa: cria, segundo Mises, uma greve do capital entre os investidores.

Quando há uma crise financeira, há (principalmente) quatro maneiras de ajustar: inflacionar, deflacionar, desvalorizar ou dar um calote[346]. A deflação, o corte de salários e preços para que a economia possa se ajustar aos valores reais é, segundo a Escola Austríaca, a coisa correta a fazer, mas os governos não gostam disso porque causa desemprego e instabilidade. Assim, pondo de lado o calote, uma vez que também tende a criar instabilidade, os governos preferem a desvalorização, se tiverem taxa de câmbio própria, ou inflação, ou as duas coisas, como modo de passar os custos para (os poucos) credores pagarem os erros dos (muitos) devedores.

Segundo a Escola Austríaca, então, não deveríamos nos surpreender quando vemos muitas empresas sentadas em cima de pilhas muito grandes de dinheiro no meio de uma recessão. Ao contrário do que os estimuladores nos diriam acerca deste comportamento ser uma reação à incerteza quanto ao futuro ou a uma falta de demanda, o que realmente está por detrás disso é a convicção perfeitamente racional de que se tiver meia oportunidade o governo sai do problema inflacionando ou desvalorizando à custa da classe investidora. As empresas podem estar sentadas em cima de pilhas de dinheiro e não investir, mas a recessão não é, como Keynes nos faria crer, culpa dos capitalistas. Pelo contrário, os investidores estão se protegendo de modo bastante razoável do risco de expropriação furtiva da parte do Estado através de inflação ou de desvalorização. O medo de que o Estado fique com a nossa propriedade — o pesadelo liberal original — levanta mais uma vez a cabeça. Em vez disso, "a opinião pública tem toda a razão ao ver a crise (...) como uma consequência

346 Também há a "repressão financeira" — voltaremos a isto na conclusão deste livro.

da política dos bancos[347]". Consequentemente, o resultado do ponto de vista austríaco é que deveríamos deixar os bancos falirem e depois reiniciar o sistema.

Teóricos austríacos posteriores aumentaram este enquadramento básico. Alguns, como Gottfried Harberler, salientaram o papel dos sindicatos na fixação dos salários, forçando assim o Banco Central a aumentar o crédito através do sistema bancário comercial para atender às exigências salariais excessivas dos trabalhadores[348]. Murray Rothbard, por sua vez, salientou o papel dos bancos centrais como última bomba de crédito para o regabofe de extorsão praticado pelo sistema bancário sobre o público[349]. Mas o modelo básico continua a ser o mesmo. Tem tudo a ver com a produção pelos bancos de ciclos de crescimento e recessão que se tornam sempre piores devido ao governo se envolver através da política monetária baseada no Banco Central ou através de uma política fiscal simulativa. A austeridade é a resposta correta e a única possível a uma recessão. Todo o resto é loucura.

Sotaque austríaco dos estados unidos: os prós e os contras de ser austríaco

Não surpreende que estes argumentos ressoassem nos Estados Unidos depois da crise. Eles têm, afinal, uma história anterior submersa nos Estados Unidos que remonta à década de 1920 através de Schumpeter. Na verdade, como descrição do que correu mal em 2007-2008, estas ideias parecem ajustar-se bastante bem aos fatos. Os bancos, os perigos da dívida, alavancagem excessiva, inflação dos ativos, um colapso das poupanças: está lá tudo. A mensagem "não os resgatem" mobiliza uma forte corrente de opinião populista norte-americana[350].

---

347 Ludwig von Mises em Ebeling, *Austrian Theory*, 33.

348 Gottfried Haberler, "Money and the Business Cycle", em Ebeling, *Austrian Theory*, 37-65.

349 Murray N. Rothbard, "Economic Depressions: Their Cause and Cure", em Ebeling, *Austrian Theory*, 65-93.

350 Peter Boetke, "Is Austrian Economics Heterodox Economics?" The Austrian Economists *website*, http://austrianeconomists.typepad.com/weblog/2008/05/is--austrian-eco.html.

Entretanto, as mensagens "não intervenham/deixem fazer o seu percurso" encontrou forte apoio na ala direita do Partido Republicano e entre elementos da comunidade financeira que não eram demasiado grandes para falir, particularmente os fundos *hedge*[351]. Então, por que, excluindo poucas figuras-chave de perfil elevado como Glenn Beck, Peter Schiff, Ron Paul e (o mais jovem) Alan Greenspan, é difícil encontrar economistas da corrente dominante, mesmo nos Estados Unidos, que aceitem publicamente a teoria austríaca do ciclo econômico? Para saber o porquê, precisamos olhar para o lado dos ativos e dos passivos do balanço explicativo austríaco.

No lado dos ativos (teoria), encontramos a ação dos Bancos Centrais na produção de bolhas de ativos com políticas prolongadas de dinheiro demasiado barato e a arrogância epistêmica de gerir a Grande Moderação explodindo na cara dos mesmos banqueiros centrais que declararam que tinham dominado o ciclo, o que não deixa de ser uma descrição razoável da década de 2000. O amplo alcance da inflação e deflação de uma bolha de ativos é bem descrito pelo modelo básico austríaco. A noção de que a dívida não é simplesmente redistributiva (o meu rendimento é a tua dívida) porque a alavancagem é importante e de que o benefício do financiamento da dívida é assimétrico, especialmente nos aspectos negativos, também é uma contribuição significativa e importante. Os problemas começam quando mudamos para o lado dos passivos (política).

Primeiro, sendo o último reduto dos liberais do "não se pode viver com ele", os teóricos austríacos lamentam a austeridade, mas não veem alternativa a ela. "Não fazer nada" e deixar a economia "curar-se a si mesma" são as suas principais propostas políticas. Uma versão disso está atualmente sendo experimentado na zona do euro e, como vemos, a cura não está indo tão bem. Também deveríamos nos lembrar de que já passamos por isto. Estas mesmas ideias foram apresentadas como explicação e postas em prática como política em muitos países nas décadas de 1920 e 1930, e como veremos no capítulo 6, também não funcionaram à época. Como Keynes demonstrou, não há razão para uma economia voltar "naturalmente" ao equilíbrio

[351] Ver muitos dos sentimentos pró-austríacos no *site* de notícias dos fundos de *hedge* www.zero-hedge.com.

do pleno emprego depois de um choque. Pode estabilizar em um estado distante do pleno emprego durante muito tempo[352]. A explicação austríaca do desemprego sustentado após uma recessão — a incapacidade da economia se curar a si mesma como deveria — é que os sindicatos fazem obstrução ao salário de depuração do mercado. Mas nos Estados Unidos, por exemplo, onde os sindicatos abrangem menos de um em cada oito trabalhadores, essa explicação simplesmente não é credível[353]. Além disso, a Alemanha e a Suécia, países com taxas muito mais altas de desemprego ao longo do ciclo econômico, também têm taxas de sindicalização de longe mais elevadas.

Segundo, se a única política proposta é afastar o governo completamente dos assuntos econômicos, então não está claro como se faz isso sem o compromisso com uma espécie de purga do "ano zero" da economia e da política modernas. Do mesmo modo, a noção de confiar nas "poupanças reais" e não no "crédito artificial" exigiria a abolição da atividade bancária de reserva fracionária — em que o banco empresta múltiplos das suas reservas — e, portanto, o fim, por exemplo, da securitização, dos empréstimos para automóveis, dos empréstimos para formação educacional, das hipotecas, etc. É difícil ver isto melhorarando o bem-estar ou como algo politicamente sustentável em qualquer sentido significativo.

Terceiro, não é preciso ser keynesiano para reconhecer que as economias não se curam necessariamente a si mesmas. Um dos economistas monetaristas estadunidenses do tempo da Grande Depressão, Irving Fisher, analisou o fato de, para seu grande desgosto, as depressões, na realidade, não se "corrigirem a si mesmas" devido ao fenômeno chamado "deflação da dívida[354]". Pondo a questão em termos simples, quando a economia deflaciona, as dívidas aumentam enquanto os rendimentos diminuem, tornando tanto mais difícil pagar a dívida quanto mais a economia se afundar. Isso, por

---

[352] John Maynard Keynes, *The General Theory of Ernployment, Interest and Money* (Nova Iorque: Harcourt Brace, 1963), 3. [Edição portuguesa: *Teoria Geral do Emprego, do Juro e da Moeda.* Relógio de Água, 2010.]

[353] United States Bureau of Labor Statistics, *News Release,* "Union Members Summary", 27 de janeiro de 2012, http://www.bls.gov/news.release/union2.nro.htm.

[354] Irving Fisher, "The Debt Deflation Theory of Great Depressions", *Econometrica, 1,* 4 (1933): 337-357.

sua vez, faz com que o consumo se contraia, o que no conjunto empurra a economia ainda mais para baixo e torna muito maior a dívida a pagar.

Quarto, tal como não decorre disto que os governos devam intervir sempre para evitar ajustamentos do mercado, como o "*Greenspan put*" e o resgate dos bancos da Irlanda mostraram muito claramente, defender que nunca deveria haver intervenção pressupõe um conhecimento do sistema — ele retornará ao pleno emprego se o deixarem em paz — que os próprios teóricos austríacos dizem ser impossível de atingir. O contrafactual austríaco, de que na ausência de intervenções a distribuição do mercado será ótima, nunca será satisfeito. Afinal, se os empresários são enganados por cortes de taxas de juros de curto prazo, não há razão para presumir que as suas opções sejam necessariamente melhores do que as do Estado que os engana quando se trata de escolher o modo de alocar capital em primeira instância[355].

Quinto, não tem de se aceitar a tese da greve de capital anti-inflacionária de John Galt para se explicar a razão pela qual as empresas estão atualmente sentadas em cima de toneladas de dinheiro. Colocando em termos simples, é irracional investir durante uma recessão — não se sabe se irá recuperar o dinheiro independentemente de quão barato o dinheiro for. Finalmente, a inflação dos ativos tanto foi um sintoma como uma causa da crise. As causas mais fundamentais, como se defende no capítulo 2, foram a interação da alavancagem excessiva dos balanços, a fragilidade do sistema bancário (os mercados de operações compromissadas/repos) e a estrutura de derivativos complexos, todos exemplos de primeira classe do empreendedorismo financeiro. Aparentemente, e ao contrário de Schumpeter, nem todo o empreendedorismo e inovação são bons.

Em suma, se a teoria austríaca é muito perspicaz em algumas áreas, especialmente na cobertura da história geral do ciclo de crédito e dos perigos da dívida excessiva, a proposta política austríaca que decorre dessa análise — "máxima austeridade o mais depressa possível" — faz pouco sentido dado o que sabemos acerca do de-

[355] John Quiggin "Austrian Economics: A Response to Boettke", publicado em johnquiggin.com, 18 de março de 2009, http://johnquiggin.com/2009/03/18/austrian-economics-a-response-to-boettke/.

sempenho das economias atuais quando passam por depressões. Longe de encorajar a "cura por si mesma", a não intervenção e a não compensação podem produzir a política de austeridade permanente, como a Europa está descobrindo. Politicamente atraente para alguns, sobretudo para os conservadores antiestatistas, essas ideias ressoam na teoria, mas detonam na prática.

Tudo somado até agora, a Alemanha forneceu um lar no pós-guerra para os argumentos da austeridade na forma de ordoliberalismo, o manual de instruções de como administrar uma economia tardiamente desenvolvida, com poupanças elevadas, alta tecnologia e impulsionada pelas exportações. É um grande manual de instruções — desde que seja a economia em questão tardiamente desenvolvida, com poupanças elevadas, alta tecnologia e impulsionada pelas exportações. Se não, como a periferia da zona do euro está descobrindo, é um bilhete só de ida para a austeridade permanente. A Escola Austríaca proporcionou um *pied-à-terre* norte-americano a um conjunto de argumentos liberais relacionados ainda mais austeros. Enquanto os ordoliberais transcenderam o problema do "não se pode viver com ele, não se pode viver sem ele", transformando o Estado em um enquadramento para a economia, os teóricos austríacos convidam-nos a abolir o Estado de uma vez por todas como único meio de nos salvarmos de ciclos de crescimento e de recessão[356].

Tanto as ideias ordoliberais como as ideias liberais austríacas ganharam proeminência na crise, mas a crise em si mesma não produziu essas ideias como uma espécie de única resposta automática, óbvia por ser adequada. A primeira parte do capítulo 3 assinalou a política de curto prazo que estava por detrás desta mudança de ideias. O que vamos fazer a seguir é examinar os ativadores de longo prazo destas ideias que explicam a sua atual receptividade. Compreender esta parte da história intelectual da austeridade leva-nos a uma viagem desde a virada neoliberal da economia nas décadas de 1970 e 1980 à obra dos economistas predominantes pró-austeridade na década de 2000, passando pelas políticas do FMI na década de 1990.

---

[356] Boa sorte com isso. A Somália é um exemplo brilhante dessa economia política de Estado zero.

Os ativadores da austeridade

Expulsando Keynes globalmente: Monetarismo, Escolha Pública e os Perigos da Democracia

Apesar de terem encontrado lares alemães e *pieds-à-terre* norte-americanos, apreciar a razão pela qual estas ideias decididamente locais conseguiram saltar para a proeminência global na atual crise exige um compromisso com aquilo que designo por *ativadores da austeridade:* mudanças ideológicas e institucionais mais amplas que trouxeram pouco a pouco a austeridade de volta ao estatuto de bom senso econômico, depois de ter sido relegada de modo tão decisivo para o estatuto de religião antiga. Encontramos algumas dessas ideias no capítulo 2, quando vimos em pormenor a ascensão de postulados acerca dos mercados eficientes e dos investidores com expectativas racionais — e assinalamos como a crise enfraquecia a crença nessas formulações. Mas essas ideias não estavam sozinhas no mercado financeiro. Faziam parte de uma mudança intelectual muito mais ampla na economia e na política econômica em todo o mundo, e que foi essencial para rasgar o manual de instruções keynesiano na década de 1970. Foi a ascensão destas ideias neoliberais que permitiu o regresso da austeridade como a coisa sensata a fazer em uma recessão. Remova essas idéias do registro fóssil intelectual e é impossível saltar do estado golpeado e isolado que as ideias pro-austeridade se encontraram por volta dos anos 1960 para as suas instâncias modernas[357].

Neste caso foram fundamentais as ideias dos chamados "economistas monetaristas" e da escolha pública. O que uniu estas ideias e as tornou politicamente poderosas foi a sua representação conjunta do Estado como bomba inflacionária e não como amortecedor do choque econômico. Ao pintarem o Estado deste modo, obrigaram este Estado a "fazer mais" da ideia perigosa. Em resumo, os liberais clássicos produziram a austeridade por padrão, os teóricos austríacos e os ordoliberais produziram a austeridade por projeto e os neoliberais de última hora produziram a austeridade por exclusão:

[357] Para um relato mais detalhado, ver Blyth, *Great Transformations,* caps. 5 e 6.

por definição, qualquer outra política falharia. No seu conjunto, foi possível a austeridade tornar-se, mais uma vez, a última ideia a restar.

Neoliberalismo: o monetarismo de Milton

O monetarismo é um conjunto de ideias desenvolvidas nas décadas de 1960 e 1970, de modo especialmente notável por Milton Friedman nos Estados Unidos e por Patrick Minford no Reino Unido[358]. As afirmações básicas do monetarismo são duas, a primeira a abrir caminho para o argumento mais substantivo da segunda, acerca das patologias do Estado. Primeiro, a Grande Depressão foi causada por uma política tacanha do Federal Reserve que levou a um declínio da oferta de dinheiro. Ao contrário do que defende o keynesianismo, não foi causada pela insuficiência do consumo nem por um declínio do nível de rendimento monetário[359]. Esta afirmação pôs em causa a relação causal entre dinheiro e rendimento vista pelos keynesianos. Segundo, e mais importante para permitir os argumentos da austeridade uma geração depois, é Friedman argumentar que as tentativas do governo de estimular a economia para o pleno emprego, teria outro efeito: o aumento da inflação

Como vimos em nossa discussão a respeito da queda do manual de instruções keynesiano no capítulo 2, o argumento de Friedman era de que se o governo expandisse a oferta de dinheiro para aumentar o emprego, os empregadores expandiriam inicialmente a produção em resposta à subida dos preços. O desemprego declinaria, o que, por sua vez, faria disparar os salários. Até aqui, tudo keynesiano. Isto não pode durar, porém, porque Friedman, e isto é crucial, presumia que *o desemprego era voluntário e não devido a uma deficiência da demanda*. As pessoas optam pelo trabalho ou pelo lazer em função do salário que estiver em vigor. Não há desemprego devido à demanda deficiente no mundo de Milton. Em outras palavras, 25% dos espanhóis que estão atualmente sem trabalho pura e simplesmente

[358] Milton Friedman, "The Role or Monetary Policy", *American Economic Review 58*, 1 (março de 1968): 1-17.

[359] Milton Friedman e Anna Schwartz, *A Monetary History of the United States 1867-1960* (Princeton, NJ: Princeton University Press, 1971).

(segundo o pressuposto de Milton) não querem trabalhar pelo salário em vigor e estão de férias.

O desemprego, então, só cai por causa da despesa a curto prazo, na medida em que mais trabalhadores são atraídos a regressarem ao trabalho por um salário aparentemente maior, trocando o lazer pelo trabalho. Mas porque foram os salários monetários dos trabalhadores que aumentaram, e não os seus salários reais (o salário monetário menos os efeitos de preços mais elevados), nada mudou, na realidade, para eles. Os salários subiram, e o mesmo aconteceu com os preços: é a mesma coisa. Percebendo isto, esses trabalhadores recém-empregados, estando voluntariamente empregados, ou forçam os salários a compensar a subida dos preços, coisa por cima da qual os seus empregadores passam com aumentos dos preços — inflação — ou se retiram do trabalho, fazendo baixar o emprego para aquilo a que Friedman chamou a sua "taxa natural". Não obstante, a inflação mais elevada que se gerou com este processo lhes corrói o padrão de vida. Uma vez restabelecido o equilíbrio do mercado de trabalho nessa "taxa natural" de desemprego, as expectativas voltarão a ajustar-se à nova taxa de inflação subjacente, mais alta, que só pode continuar a subir. Com a inflação a subir e o desemprego a não melhorar, o keynesianismo, segundo os monetaristas, acaba por comer a si próprio.

O monetarismo de Friedman colocou grande pressão sobre uma das ideias-chave do manual de instruções econômicas do pós-guerra — a curva de Phillips — que também discutimos no capítulo 2[360]. Crucial era a sua ideia de que existe uma taxa natural de desemprego, um regresso evolucionista às ideias clássicas acerca do ajustamento dos mercados de trabalho no salário de equilíbrio, sendo a quantidade de emprego gerada em função dos fatores estruturais do lado da oferta mais o grau de militância sindical. Como observou uma vez Michael Bleaney, aceitar o monetarismo de Milton assegura que "ideias concernentes à falta de demanda efetiva desapareceram pela

[360] A. W. Phillips, "The Relation between Unemployment and the Rate of Change or Money Wages in the United Kingdom, 1861-1957", *Economica* 25, 100 (novembro de 1958): 283-299.

janela (...) estamos de volta a um mundo completamente clássico (...) o pleno emprego segue-se automaticamente[361]".

Na verdade, em muitos aspectos, o monetarismo era simplesmente uma reafirmação da teoria quantitativa da moeda que regressa a David Hume. A sua força reside no modo como forneceu aos liberais um caminho de pensamento acerca da macroeconomia alternativo ao proposto por Keynes, um caminho que punha o dinheiro em primeiro lugar. Assim, as ideias monetaristas não só reduziram o atrativo do manual de instruções keynesiano, especialmente no contexto da década inflacionária de 1970, mas também ajudaram a viabilizar os argumentos da austeridade quarenta anos mais tarde. Ao dar-nos um novo conjunto de razões pelas quais a intervenção do Estado para compensar depressões econômicas só pode acabar por produzir inflação, o monetarismo ajudou a naturalizar as ideias austríacas e ordoliberais, tirando-as da marginalidade e dando-lhes aceitação pela corrente predominante.

Quando combinado com as ideias de expectativas racionais e de mercados eficientes que encontramos no capítulo 3, o monetarismo preparou o caminho para o entendimento moderno da austeridade, tornando os mercados sempre eficientes e o Estado sempre patológico. Mas o que realmente deixou a porta entreaberta e permitiu que essas ideias refluíssem foi um conjunto paralelo de argumentos que procuraram vencer não só políticas estatais equivocadas, mas também o próprio papel [geral] do Estado na economia. Tudo isso nos leva de volta a uma forma mais familiar de liberalismo do "não se pode viver com ele".

Neoliberalismo: a democracia é um problema

A teoria da escolha pública apareceu mais ou menos ao mesmo tempo que o monetarismo como uma crítica completa do Estado na economia. Em vez de reafirmarem simplesmente que o Estado devoraria a si mesmo, economistas como George Stigler, William Niskanen e James Buchanan usaram as ferramentas da microeco-

[361] Michael Bleaney, *The Rise and Fall of Keynesian Macroeconomics* (Londres: Macmillan, 1985), 140, itálicos do autor.

nomia na análise das políticas para mostrar que o Estado também devoraria a economia.

O seu ponto de partida era presumir que os agentes internos do Estado não se comportavam de modo diferente dos outros agentes: maximizavam os seus rendimentos sujeitos às suas restrições. Em vez de considerarem que os políticos conduziam de modo neutro a economia segundo os caprichos do ciclo econômico e com um olho no melhoramento público, os teóricos da escolha pública discerniam um ciclo econômico político, em que a despesa do Estado coincidia com o calendário eleitoral para produzir crescimentos e recessões que eram o preço de dirigentes eleitos à procura de maximizar os votos. Este argumento conjugou-se com o monetarismo para produzir uma interpretação nova,ou neoliberal, da política econômica apropriada.

A lógica era, ao mesmo tempo, simples e universal. Dada a noção de Friedman da taxa natural de desemprego, os políticos não podem simplesmente escolher o ponto da curva de Phillips, que serve as suas preferências em matéria de níveis de emprego e de inflação e depois negociá-los de forma estável. Em vez disso, como se pormenorizou anteriormente, uma vez que o Estado intervenha para travar uma recessão, as expectativas adaptam-se e a economia muda para uma nova taxa de inflação mais elevada que deixa o emprego sem alterações a longo prazo. Até aqui, tudo friedmaniano. Agora, vamos à pirueta virginiana[362].

Incapaz de sustentar politicamente essa inflação, o governo tem de deflacionar para fazer baixar o desemprego para a taxa natural. Infelizmente, isso não tira a inflação do sistema, uma vez que as expectativas se adaptaram a uma nova taxa de inflação mais elevada. Entretanto, o desemprego subiu e, à medida que se aproximam novas eleições, os políticos têm de reinflacionar novamente para garantir sua reeleição. O resultado é um ciclo de crescimento e de recessão que produz uma inflação cada vez mais alta. Em outras palavras, são as eleições que determinam o conteúdo da política econômica, e não o contrário.

[362] A teoria da escolha pública é designada frequentemente por Escola de Economia Política da Virgínia.

A inflação é, então, o resultado inevitável da tentativa dos governos democráticos interferirem na economia. Tal como os agentes do mercado maximizam o rendimento, também os atores políticos maximizam os votos: a inflação é o resultado inevitável. Ao contrário da *mão invisível* que promove o bem-estar público dando rédea solta à maximização do *rendimento* das pessoas, a *mão visível* que maximiza *votos* apenas traz caos à ordem social e inflação à economia. Como defendem os teóricos da escolha pública James Buchanan e Richard Wagner, a "inflação [induzida pelo governo] destrói as expectativas e cria incertezas; aumenta a sensação de injustiça e provoca alienação. Convida a reações comportamentais, o que reflete um encurtamento generalizado dos horizontes temporais. Desfrutar, desfrutar! (...) torna-se uma reação racional (...) em que os planos feitos ontem parecem ter sido feitos na loucura[363]".

De igual modo, Milton Friedman opinou que, por causa da inflação induzida pelo governo, "o comportamento prudente torna-se 'imprudente' e o comportamento 'imprudente' torna-se 'prudente'. A sociedade está polarizada; põe-se um grupo contra o outro. Aumenta a agitação política. A capacidade de qualquer governo de governar é reduzida ao mesmo tempo que a pressão a favor de ações mais fortes cresce[364]". Dadas estas patologias que são endêmicas para a democracia, o que se deve fazer para salvar a economia liberal das forças destrutivas da democracia? Banir a democracia seria eficaz, mas talvez fosse impopular. Uma segunda solução seria ter uma instituição que se sobrepusesse com eficácia a esse processo inflacionário de tomada de decisões. Felizmente, já existia uma instituição dessas graças aos ordoliberais, ou os neoliberais teriam tido de inventar uma: o Banco Central independente.

---

363 Buchanan e Wagner, *Democracy in Deficit: The Economic Consequences of Lord Keynes* (Indianápolis, IN: Liberty Fund 1977), citação localizada na versão *online* do texto, http://www.econlib.org/library/Bu- chanan/buchCv8c5.html#/8.5.25.

364 Milton Friedman, "Inflation and Unemployment: The New Dimensions of Politics", em Milton Friedrnan, *Monetarist Economics* (Londres: Institute of Economic Affairs, 1991), 105.

A independência do banco central é a solução

Durante a era keynesiana, os Bancos Centrais de quase toda a parte eram criaturas *dependentes*. Isto é, os Bancos Centrais eram o agente financiador do tesouro nacional: passavam os cheques que os políticos diziam que era preciso passar. Como se assinalou anteriormente, a única exceção era o Bundesbank da Alemanha com o seu singular objetivo de estabilizar o nível de preços, o qual só se tornou possível graças ao seu perfil único de desenvolvimento tardio e ao manual de instruções ordoliberal, igualmente único. Todos os outros Bancos Centrais eram politicamente dependentes, mesmo que fossem nominalmente independentes, como quando do duplo mandato do Federal Reserve dos Estados Unidos para combater a inflação e o desemprego, e, segundo os neoliberais, era exatamente esse o problema.

Neste caso, a contribuição significativa veio de dois economistas ligados à escola dos Ciclos Reais de Negócios, Edward Prescott e Finn Kydland[365]. Salientaram que mesmo que não se presuma que os políticos sejam essencialmente instrumentalistas, não se importando em nada com o país como um todo, e se presuma, em vez disso, que têm a melhor das intenções, existe no cerne da tomada de decisão democrática um problema de "inconsistência temporal". A inconsistência temporal é familiar a qualquer fumante que queira deixar de fumar: "só mais um e depois paro". Os políticos são temporalmente inconsistentes na medida em que podem sinceramente prometer, por exemplo, combater a dívida ou baixar a inflação, mas quando acontece um choque na economia e/ou se aproximam eleições, atravessam-se no caminho outras prioridades e eles renegam as suas promessas; daí a inflação. Os políticos também são fortemente incentivados a concentrar-se em medidas de curto prazo, pelas mesmas razões.

Mas se os políticos não conseguirem, na linguagem que esta literatura gerou, "comprometer-se de modo credível" com uma determinada política, tanto os votantes como os agentes do mercado descontarão as políticas governamentais e tentarão contrabalançear

[365] Finn Kydland e Edward Prescott, "Rules Rather Than Discretion: The Inconsistency of Optimal Plans", *Journal of Political Economy* 85, 2, (1977): 473-490.

os seus efeitos, o que levará a maior instabilidade e incerteza econômica. Kydland e Prescott defenderam que a chave para resolver este problema era o Banco Central tornar-se independente dos políticos e, à maneira do Bundesbank, ter mandato para apenas prestar atenção à estabilidade dos preços. Neste caso, era fundamental um conjunto de reformas institucionais destinado a servir de escudo ao Banco Central em relação ao escrutínio público e aos banqueiros centrais, em relação à demissão ou à compensação pública, assegurando ao mesmo tempo que esses banqueiros sejam mais conservadores do que o eleitor médio para proteger ainda mais a instituição das exigências populistas.

Essas reformas assegurariam que as tentativas do governo para gastar de forma contra-ciclica não se dariam, primeiramente porque os políticos em questão saberiam que o Banco Central se comprometera credivelmente a manter os preços na linha, por estar institucionalmente protegido e ser politicamente conservador[366]. Assim, o banco pode "comprometer-se de modo credível" de uma forma que os políticos não podem. Como consequência, a elaboração das políticas devia ser delegada pelos políticos democraticamente eleitos a banqueiros centrais conservadores independentes que receitariam o remédio desagradável quando fosse necessário, porque os seus empregos não dependiam de agradar ao eleitorado — exceto, talvez, do eleitorado do setor financeiro, que se beneficia da inflação ultrabaixa, mas isso é outra história[367].

366 Para uma boa introdução à política que está por trás da independência do Banco Central, ver Adam Posen, "Central Bank independence and Disinflationary Credibility: A Missing Link", *Oxford Economic Papers* 50, 3; 1998): 335 — 359; Ilene Grabel, "Ideology Power, and the Rise of Independent Monetary Institutions in Emerging Economies", em *Monetery Orders: Ambiguous Economics, Ubiquitous Politics*, ed. Jonat- han Kirshner (Ithaca, NY: Cornell University Press, 2003); Sheri Berman e Kathellen McNamara, "Bank on Democracy", *Foreign Affairs 78,* 2 (abril/maio de 1999): 1-12.

367 Posen, "Central Bank Independence".

Austeridade e neoliberalismo: abrindo o espaço político

A aceitação destas ideias por uma geração de políticos e economistas como o bom senso da época estreitava consideravelmente o espaço para qualquer tipo de argumentos de compensação da "despesa anticíclica" — keynesianos ou outros — muito antes da crise atual. Pelo contrário, esses argumentos alargavam consideravelmente o espaço político para o regresso da austeridade. Afinal, por que compensar quando sabemos que a compensação apenas causa inflação? Por que esperar que um estímulo funcione quando sabemos que só promove inflação e quando os políticos só sancionam estímulos para serem reeleitos?

O que outrora, sem estas ideias, teria sido simplesmente reflexões antiquadas de políticos cínicos e dos seus velhos conselheiros econômicos, recebia agora uma fundamentação teórica firme e muito liberal. A sua base probatória, porém, era totalmente outra questão[368]. O fato de essas teorias estarem assentadas em premissas operacionais incrivelmente estreitas e de terem escassa prova a seu favor ultrapassa a questão. O que importa é que configuram uma retórica política altamente eficaz que só estreita o cardápio de escolhas dos governos[369].

Todavia, estas "neo" ideias liberais revolucionaram a política econômica no mundo desenvolvido nas décadas de 1970 e 1980, de tal modo que nos anos 90 a independência dos Bancos Centrais, por exemplo, se espalhara como uma praga pela face do planeta, especialmente em toda a Europa, com o avanço para o euro e a fundação do BCE marcando o seu ponto alto[370]. Quando o BCE foi solto na Europa, em 1999, podia considerar-se o mais independente Banco Central que havia, encarregado de apenas um objetivo: combater a

[368] Brian Barry, "Does Democracy Cause Inflation? Political Ideas of Some Economists", em *The Politics of Inflation and Economic Stagnation,* ed. Leon N. Lindberg e Charles S. Meyer (Washington DC: Broo- kings Institute Press, 1985): 280-315.

[369] Mark Blyth, "Paradigms and Paradox: The Politics of Economics Ideas in Two Moments of Crisis", *Governance: An International Journal of Policy, Administration and Institutions* 26, 4 de dezembro de 2012): 1-19.

[370] Berman e McNamara, "Bank on Democracy".

inflação, mesmo no meio de uma deflação, tarefa em que tem tido bastante êxito até este momento.

O monetarismo, como política específica de ter como alvo a oferta de dinheiro para combater a inflação, naufragou nos rochedos ao tentar definir o que é na realidade o dinheiro do mundo moderno na década de 1980. Mas o seu legado de presumir a existência de uma taxa natural de desemprego foi fundamental para apoiar argumentos contra a despesa e a compensação. Afinal, por que gastar para ultrapassar a taxa natural quando isso só produzirá mais inflação? Se o desemprego for "estrutural", e não devido à falta de procura, a despesa não terá qualquer efeito sobre ele, pelo que não se deve tentar[371]. O fato da "taxa natural" saltar demais de país para país e entre períodos temporais para ser reduzida a fatores estruturais ou a taxas de sindicalização, não contribuiu em nada para desacredita-la[372].

De igual modo, a noção de que o desemprego é voluntário é, no contexto da atual ferida autoinfligida à Europa, absolutamente ofensiva. Trabalhadores autênticos têm contas a pagar e famílias a alimentar com os empregos que têm horas e níveis salariais fixos. A ideia de que os trabalhadores "trocam" o trabalho pelo prazer, calculando o nível do salário real e depois afrouxando ou entrando de licença indefinida sem vencimento, é o tipo de pensamento que nos leva a ver a Grande Depressão como gigantescas e inesperadas férias sem vencimento, e espantosamente longas, para milhões de pessoas: original, sim; útil, não.

A teoria da escolha pública, como qualquer engenhoca universal, não só ajudou a revolucionar a relação institucional entre eleitores, políticos e banqueiros nas sociedades democráticas como se tornou, como disse Daniel Dennett acerca da evolução em *Darwin's Dangerous Idea*, o "ácido universal" que corrói tudo em que toca transformando tudo em um problema de agente principal/busca

[371] Paul Krugman, "The Structural Obsession", *The Conscience of a Liberal*, blogue, 8 de junho de 2012, http://krugman.blogs.nytimes.com/ 2012/06/08/ the-structural-obsession/.

[372] Steven Schulman, "The Natural Rate of Unemployment: Concept and Critique", *Journal of Post-Keynesian Economics 11*, 4 (verão de 1989): 509-521.

por renda (*rent-seeking*)[373]. Você acha que os países de uma união monetária deviam, na realidade, ir em auxílio uns dos outros por uma questão de solidariedade? Não seja tão ingênuo. O risco moral está sempre presente. Preocupado por não saber dizer o que o futuro pode reservar? Não se preocupe. Regras adequadamente definidas farão com que o futuro corresponda à sua visão preferida. Aterrorizado com a possibilidade de governos libertinos não fazerem a reforma de suas economias enquanto compensam o desemprego por meio de transferências? Tem razão. Não o farão, jogarão "às escondidas" em busca de renda às custas dos contribuintes; portanto, os governos deveriam ser substituídos por pessoas em quem se possa confiar. Bem-vindo à Europa.

A lógica do risco moral embutida no cerne dos argumentos da escolha pública abrange e infecta todas as circunstâncias possíveis. Ao fazê-lo, confunde os mecanismos que geram confiança — reciprocidade difusa, normas de auxílio mútuo, etc. — com fraquezas ingênuas que só podem ser eliminadas por meio de mais regras e sanções ainda mais fortes: exatamente as coisas que eliminam a possibilidade da confiança. Enquanto o capital social não vence o risco moral *per se*, quando os políticos veem todas as interações mútuas como problemas de conflito de interesses, em que um partido ganhará inevitavelmente vantagem sobre outro, as únicas soluções imagináveis são a eliminação da ambiguidade institucional, o aperto das regras e a redação de contratos superficialmente completos — o que é muito parecido com as reformas da zona do euro. O problema é que aquilo a que os economistas chamam "risco moral" é o mesmo a que as pessoas normais chamam "confiança". Não se pode eliminar o primeiro sem se destruir a capacidade de gerar a última. Sem um grau de ambiguidade regulamentar e de normas de reciprocidade, a confiança não pode aparecer. O projeto político da UE foi construído com base na confiança, e não na eliminação do risco moral. Foi por isso que funcionou. O seu projeto monetário baseia-se em princípios opostos. Todavia, no fim de contas, como é que se pode dirigir uma economia, especialmente uma economia monetária pan-europeia, sem confiança na sua base?

---

[373] Daniel C. Dennet, *Darwin's Dangerous Idea: Evolution and the Meanings of Life* (Nova Iorque: Simon and Schuster, 1996).

Enquanto na língua alemã as palavras para "dívida" e "culpa" têm a mesma raiz, *Schuld*, a palavra italiana que significa "acreditar" constitui a raiz inglesa da palavra *credit, credere*. Na sua base, dinheiro, confiança, culpa e fé são normas e não regras. O egoísmo de Smith e as regras ordoliberais só podem nos levar a este ponto.

Visto de outro ângulo, a democracia também não é um fim em si mesmo, uma vez que é pouco mais do que uma patologia causadora de inflação de que só regras e não ponderação podem nos salvar. Substituir um ou dois governos na zona do euro é simplesmente o que tem de ser feito. A questão da legitimidade dessas políticas ou de como a presumida preferência por uma inflação baixa sobre todos os outros objetivos se torna a preferência de toda a sociedade, especialmente quando os que impõem essa preferência como política não querem consultar os eleitores, continua a ser conspícua pela sua ausência[374].

No seu conjunto, estes argumentos expulsaram o keynesianismo do mundo desenvolvido e proporcionaram o regresso dos argumentos pró-austeridade durante a crise. Para o mundo em vias de desenvolvimento, porém, uma versão do neoliberalismo que punha a austeridade em primeiro lugar tornou-se *política do dia*, cortesia de um consenso político nascido em Washington há alguns anos, antes de ser experimentado no mundo desenvolvido. Foi no Sul global, de onde se soltaram as políticas para cima da periferia da Europa — e que estão prontas para pôr a nu o Estado de Bem-Estar norte-americano — foram implementadas pela primeira vez. Mais uma vez, o fracasso não contribuiu em nada para eclipsar a sua popularidade.

Teste de stress da austeridade no estrangeiro: o Consenso de Washington e o modelo monetário do FMI

O Consenso de Washington era uma lista de dez políticas "obrigatórias" elaborada pelo economista do desenvolvimento John Williamson, em 1989. A lista completa era: disciplina fiscal, reordenamento das prioridades de despesa pública, reforma tributária, liberalização das taxas de juros, (manutenção de) uma taxa de câmbio

[374] Blyth, *Great Transformations*, 147-151; Posen, "Central Bank Independence".

competitiva, liberalização do comércio e do investimento estrangeiro direto, privatização e desregulamentação. Destinava-se a verificar "a medida em que as velhas ideias de economia do desenvolvimento (...) estavam sendo postas de lado[375]".

Essas velhas ideias, das décadas de 1960 e 1970, eram obra dos economistas desenvolvimentistas da velha escola latino-americana que defendiam a política industrial e outros projetos de industrialização liderados pelo Estado. No fim da década de 1980, estavam em grande medida fora de moda, tendo naufragado nos rochedos da crise da dívida latino-americana da década de 1980. As novas ideias políticas de Williamson eram, pelo contrário, retiradas de ideias "desde há muito aceitas como adequadas *dentro da OCDE*[376]". Como tal, às velhas ideias falidas que aceitavam um papel positivo para o Estado no desenvolvimento econômico justapunham-se as novas ideias neoliberais antiestatistas do já bem-sucedido e desenvolvido Norte.

Williamson afirmara, em várias ocasiões, que a sua lista de políticas não tinha a intenção de constituir "uma aceitação geral do neoliberalismo[377]". Em todo o caso, a sua lista captou bastante bem as características essenciais daquilo a que chamamos atualmente "políticas de austeridade". Além disso, tirando da lista a taxa de câmbio e as políticas do investimento estrangeiro direto, é difícil ver como este conjunto de políticas, elaborado em 1989, no momento do "fim da História", refletia as práticas reais dos Estados da OCDE nesse período. Por exemplo, a França, a Itália e toda a Escandinávia, para nomear apenas alguns dos Estados da OCDE, não seguiam essas políticas em grau significativo até 1999, quanto mais em 1989. Fora da OCDE, os Estados em vias de desenvolvimento mais bem-sucedidos como a Coreia do Sul, Taiwan, e ultimamente a China, praticaram ainda

[375] John Williamson, "A Short History of the Washington Consensus", comunicação encomendada pela Fundação CIDOB para a conferência "From the Washington Consensus towards a New Global Governance", Barcelona, 24-25 de setembro de 2004, citado da p. 1.

[376] *Ibid.*, 1, itálicos meus.

[377] Williamson, "A Short History", 2. O fato de a disciplina fiscal ser *primus inter pares* na lista é significativo.

menos essas políticas[378]. Estados isolados podem exibir algumas dessas políticas, mais uma vez com os Estados Unidos e o Reino Unido na vanguarda a generalizarem as suas políticas como universais, mas a noção de que constituíam um consenso empiricamente estabelecido sobre "o que os ricos fazem" era ir um pouco longe demais.

De qualquer maneira, quem quis adotar completamente as ideias de Williamson e testá-las pelo mundo inteiro foram as instituições de desenvolvimento internacional sediadas em Washington, especificamente o FMI e o Banco Mundial. Formuladas na América Latina, e para ela, durante um período de inflação crônica que se seguiu à crise da dívida da década anterior, estas ideias rapidamente se tornaram o manual de instruções aplicado a qualquer economia em desenvolvimento ou em transição (do comunismo) na década de 1990.

Reinventando as instituições de Bretton Woods

Estas instituições de Bretton Woods (assim chamadas porque foram criadas na sequência da Conferência de Bretton Woods de 1944 que reformulou a economia mundial após a Segunda Guerra Mundial) estavam, no princípio da década de 1980, passando por maus bocados[379]. O FMI, em particular, perdera o seu papel original e debatia-se para arranjar uma nova missão. O FMI foi projetado originalmente para fornecer financiamento compensatório a Estados que enfrentassem choques cambiais no sistema de taxa de câmbio fixa que governou o dinheiro do mundo desde a década de 1940 até à década de 1970 — o sistema de Bretton Woods, que indexava o dólar ao ouro e todas as outras moedas ao dólar. Quando os Estados Unidos acabaram com a conversibilidade do ouro em 1971, Bretton Woods desfez-se e as principais moedas mundiais começaram a flutuar umas contra as outras. O FMI não tinha literalmente nada para fazer.

[378] A Coreia entrou para a OCDE em 1986. Em outro ponto Williamson passa da afirmação de que estas ideias constituem as práticas reais da OCDE para a afirmação de que são "extraídas daquele corpo de fortes generalizações empíricas que constitui o núcleo da economia". John Williamson, "Democracy and the Washington Consensus", *World Development 21*, 8 (agosto de 1993): 1113.

[379] Katherine Weaver, *The Hypocrisy Trap: The World Bank and the Poverty of Reform* (Princeton, NJ: Princeton University Press, 2008).

Mas as grandes entidades burocráticas não deixam de existir no momento em que a sua missão é concluída ou desaparece. Como tão bem nos mostra a Fundação March of Dimes, elas inventam novas missões[380]. No caso do FMI, tornou-se o fornecedor de firme "vigilância" das políticas dos Estados-membros para aumentar a transparência global, pelo menos no mundo desenvolvido. No caso do mundo em vias de desenvolvimento, porém, o FMI tornou-se a força de polícia financeira por trás da aplicação daquilo que se designou como "programas de ajustamento estrutural", também conhecidos como o Consenso de Washington aplicado na prática[381].

Como assinala Dani Rodrik, a política do FMI neste período, ajudado e incitado pelo Banco Mundial, evoluiu para um mantra de "estabilizar, privatizar e liberalizar" como está "codificado no bem conhecido Consenso de Washington de John Williamson[382]". O resultado foi uma série de políticas uniformes aplicadas do Azerbaijão à Zâmbia, cujo objetivo era "minimizar déficits fiscais, minimizar a inflação, minimizar os direitos aduaneiros, maximizar a privatização, maximizar a liberalização do setor financeiro[383]". Era, em outras palavras, "austeridade fiscal expansionista" em uma forma desenvolvimentista, e os resultados foram, em geral, terríveis.

Como Rodrik demonstra, uma década depois desses ajustamentos, a maioria dos países "ajustados" ainda não voltara ao ponto de onde tinha partido em termos de PIB perdido — perdido através da aplicação dessas políticas. Os êxitos foram muito poucos e sujeitos a frequentes reversões. O registo econômico da América Latina foi realmente muito melhor na década de 2000, período em que o ritmo das reformas abrandou consideravelmente, e em alguns países parou ou até foi revertido. Como mostra uma análise recente dos resulta-

---

[380] Sobre a história da March of Dimes, ver http://www.marchofdimes.com/mission/history.html.

[381] Louis Pauly *Who Elected the Bankers? Surveillance and Control in the World Economy* (Ithaca, Cornell University Press. 1998).

[382] Dani Rodrik, "Goodbye Washington Consensus, Hello Washington Confusion? ", *Journal of Economic Literature* 44, 4 (dezembro de 2006): 973.

[383] Banco Mundial, *Economic Growth in the 1990s: Learning from a Decade of Reform* (Washington DC: Banco Mundial, 2005), citado em Rodrik, "Goodbye Washington", 976.

dos do FMI e do Banco Mundial na América Latina, após as crises da década de 1990, o índice de reforma da região foi basicamente baixo na década de 2000[384]. Em vez de crescimento, o que parecia ter sido gerado eram grandes crises financeiras, quando foram abertas contas de capital e abolidos os controles de entradas — o único adendo do FMI à lista do Consenso de Washington — e os sistemas bancários foram liberalizados[385]. Para a América Latina em particular, a década de 1990 agravou os prejuízos da década de 1980 de crise da dívida[386]. Longe de criar crescimento, essas políticas fizeram contrair as economias que as seguiram, como estamos vendo hoje na Europa[387]. De fato, não é preciso muito para se ver a política da UE na periferia da Europa como pouco mais do que um conjunto localizado de políticas de ajustamento estrutural aplicadas com tanto êxito como se podia esperar, dados os resultados do passado.

A "visão (oculta) do tesouro" do FMI

É interessante que o que tornou o FMI tão receptivo a estas ideias, à parte a mudança de clima dos conceitos econômicos e a tendência de formação dos licenciados em Economia na década de 1990, foi o modelo monetário, então com quarenta anos, que o FMI usava para examinar os efeitos das suas políticas, o chamado "modelo Polak[388]". Quando o FMI foi criado, no fim da década de 1940, para ajudar

[384] Barbara Stallings e Peres Wilson, "Is Economic Reform Dead in Latin America? Rhetoric and Reality since the 2000s", *Journal of Latin American Studies 43*, 4 (2011): 755 — 786.

[385] Rawi Abdelal, *Capital Rules: The Construction of Global Finance* (Ithaca. NY: Cornell University Press, 2006).

[386] Rodrick, "Goodbye Washington", 975.

[387] Estudos mostraram que é mais provável o crescimento econômico cair durante um programa do FMI e após a sua conclusão, enquanto aumenta a desigualdade social. Confrontados com esta realidade, governantes esquerdistas de países como o Brasil abandonaram a condicionalidade do FMI e adotaram compostos políticos muito mais heterodoxos. Ver, por exemplo, Cornel Ban, "New Paradigm or Edited Orthodoxy: Brazil's Liberal Neo-Developmentalism", *Review of International Political Economy*, 1-34. Primeira publicação *online*: http://www.tandfonline,com/doi/ pd f/10.1080/09692290.2012.660183.

[388] Jacques J. Polak, "The IMF Monetary Model: A Hardy Perennial", Finance and Development, dezembro (1997): 16-19; "The IMF Monetary Model at Forty", docu-

países com problemas da balança de pagamentos através do financiamento de curto prazo dos seus déficits, o FMI precisava perceber como as alterações das exportações e importações, do crédito bancário e das reservas de divisas estrangeiras de um país interagiam ao longo do tempo de modo que o financiamento de compensação dado aos Estados (empréstimos do FMI) proporcionasse o máximo valor. O resultado foi o modelo Polak, cujos pressupostos subjacentes tendiam para o austero e não para o reflacionário.

Como dizia o autor do modelo, Jacques Polak, o que o FMI procurava fazer era distinguir entre "crédito ao setor privado (normalmente a encorajar) e crédito ao setor governamental (normalmente a desencorajar)" porque os "problemas da balança de pagamentos que levavam os países a procurar a assistência do FMI eram tipicamente devidos a erupções de excessiva expansão interna [que] *normalmente podiam ser curados com a introdução de contenção financeira*[389]". A razão para essa política austera era que a "expansão excessiva" provoca a subida dos déficits fiscal e da balança de transações correntes o que "expulsa o investimento do setor privado[390]".

Em suma, bem por baixo da superfície keynesiana do FMI na década de 1940 foi construído um conjunto de pressupostos liberais clássicos que se transformou num modelo de comportamento dos Estados que não estaria deslocado no Tesouro britânico da década de 1920[391]. O modelo Polak, um esteio da prática do FMI, preparou o FMI para aceitar as conclusões do Consenso de Washington muito antes de as ideias do Consenso de Washington se tornarem o manual de instruções austero da década de 1990. Não surpreende que a primeira florescência das contradições liberais do keynesianismo do pós-guerra tenha surgido no FMI. Afinal, a gestão de topo desta

mento de trabalho do FMI 97/49, FMI: Washington DC, abril (1997): 1-20, http://www.imf.org/external/pubs/ft/wp/ wp9749.pdf.

389 Polak, "IMF Monetary Model", 17, itálicos meus.

390 Polak, "IMF Monetary Model", 18.

391 Segundo o historiador oficial do FMI, a tendência anti-inflacionária do modelo Polak vem do mentor de Polak, Jan Tinbergen, um funcionário superior do Banco Central da Holanda durante os anos pré-keynesianos entre guerras. Ver Margaret Garritsen de Vries, "Balance of Payments Adjustment 1945-1986: The IMF Experience", Washington DC, FMI, 1987, 29-30.

organização foi dominada desde o início por pessoas procedentes dos Bancos Centrais, dos Tesouros e dos ministérios das Finanças — instituições nas quais a forma de liberalismo do "não se pode viver com ele, não se quer pagar por ele" tinha maiores probabilidades de sobreviver[392].

Dado tudo isto, talvez você pense que o êxito limitado da "austeridade no Sul global" encorajaria a repensar estas políticas. Em um lugar, assim foi. A instituição irmã do FMI, o Banco Mundial, produziu um relatório em 2005 que reconheceu em grande medida a falência quase total da lista de reformas do Consenso de Washington[393]. Mas o FMI, fazendo eco da tradição liberal clássica, elaborou uma avaliação no mesmo ano que defendia o contrário. Na verdade, segundo o relatório do FMI, a única coisa que falhou foi, como sempre, a aplicação das reformas pelos países, o que deixou o conteúdo das reformas inquestionado e intacto.

O que Karl Polanyi disse uma vez acerca das ideias falidas de um tempo anterior também é verdadeiro neste caso: segundo os padrões do FMI, a "falência espetacular [do Consenso de Washington] (...) não destruiu nada sua autoridade. Na verdade, o seu eclipse parcial pode até ter reforçado a sua influência, uma vez que permitiu que os seus defensores argumentassem que a aplicação incompleta dos seus princípios era a razão de toda e qualquer dificuldade que lhe fosse apontada[394]". Mais uma vez, quando se trata de austeridade, os simples fatos raramente se atravessam no caminho de uma boa ideologia. E uma boa ideologia, na ausência de fatos que a apoiem, pode sempre fornecer alguns bons modelos para gerar esses fatos quando necessário. Isto tudo nos leva finalmente àqueles a quem Paul Krugman chama "austerianos" modernos e à sua teoria da contração fiscal expansionista, o zênite do pensamento moderno da austeridade. Fazer recuar a África e a América Latina uma década, tentando cortar o caminho para o crescimento foi apenas a abertura. Agora, vamos à sinfonia.

---

392 Um estudo superior dos primeiros anos do FMI é Sarah Babb, "Embeddedness, Inflation, and International Regimes: The IMF in the Early Postwar Period", *American Journal of Sociology 113* (2007): 128-164.

393 Banco Mundial, *Economic Growth in the 1990s*.

394 Karl Polanyi, *Great Transformation* (Boston: Beacon Press, 1944):143.

Austeridade ativada

Há um almoço gratuito se você saltar a sua janta: as origens italianas da austeridade expansionista

Uma das frases mais famosas atribuídas (incorretamente) a Milton Friedman é "não há almoço grátis". Em outras palavras, o crescimento tem sempre algum custo, o que geralmente é verdade. Mas um ramo da literatura sobre a escolha pública que se desenvolveu no fim da década de 1980 e princípio da de 1990 procurou desafiar indiretamente esse truísmo demonstrando que é possível um almoço grátis se o governo se abstiver do jantar. Isto é, pode-se abrir caminho para o crescimento enquanto se reduz a dívida. Ao mesmo tempo, então, que o FMI estava provando que esses cortes expansionistas não funcionam realmente, na prática, aplicando a economia do Consenso de Washington em todo o mundo em vias de desenvolvimento, começou a aparecer toda uma nova literatura a provar que, apesar dessa evidência, os cortes expansionistas funcionam, pelo menos em teoria, e pelo menos no mundo desenvolvido (OCDE).

A linhagem desta nova obra vem de mais atrás e de outra direção, porém, começando com os esforços do economista italiano de meados do século Luigi Einaudi. Einaudi foi o fundador de uma escola de economia das finanças públicas na Universidade Bocconi, de Milão, que produziu uma economia que era um híbrido das ideias ordoliberais alemãs e daquilo a que mais tarde se chamaria "economia da escolha pública[395]". Einaudi, economista acadêmico proeminente por direito próprio, foi colaborador da revista *The Economist* durante a década de 1920, primeiro governador do Banco de Itália no pós-guerra e presidente da República Italiana de 1948 a 1955. A economia de Einaudi é o último elo do registro fóssil das ideias econômicas que explica a razão pela qual acabamos por pensar, mais uma vez, que podemos abrir o caminho para o crescimento todos ao mesmo tempo[396].

---

[395] James M. Buchanan, "'La scienza delle finanze': The Italian Tradition in Fiscal Theory", em *Fiscal Theory and Political Economy*, ed. James M. Buchanan (Chapel Hill: University of North Carolina Press, 1960), 23-76.

[396] Angelo Santagostino, "The Contribution of Italian Liberal Thought to the European Union: Einaudi and His Heritage from Leon to Alesina", *Atlantic Economic*

Einaudi procurou desenvolver um "*liberalismo econômico* — a ordem econômica adequada à visão liberal" que aumentasse a motivação natural do homem para trabalhar, poupar e competir[397]. As ações do Estado que produziam inflação, esforços keynesianos especialmente mal orientados, embotavam essas motivações naturais e deveriam ser evitadas a todo o custo. Mais uma vez, tal como os ordoliberais alemães, Einaudi só queria um Estado forte na medida em que ele expandisse as fronteiras do mercado, facilitasse a concorrência proibindo monopólios, e criasse "o ambiente jurídico e político em que o homem pudesse organizar-se, inventar e produzir[398]". Em outras palavras —ele também queria uma *Ordo*. Einaudi era, porém, muito mais do que o ordoliberalismo na Itália, *sotto voce*. Também era muito mais do que um teórico da economia. Era, dadas as suas posições institucionais no pós-guerra, um forte defensor da unidade europeia, especialmente através dos mecanismos de mercados únicos e de moedas também únicas.

Já na década de 1940 Einaudi defendera, em termos claramente ordoliberais, uma união monetária europeia. Esta futura "Federação Europeia", como lhe chamava, seria construída em torno de um grande mercado único que tornaria muito mais difícil as empresas formarem monopólios ou criarem impedimentos à concorrência. Defendia que esse mercado único devia ter uma moeda única que fosse policiada por um Banco Central independente, em uma base que tornasse o ativismo fiscal, e daí a inflação, impossíveis. Como dizia Einaudi, algo desajeitadamente, "se a Federação Europeia afastar a possibilidade de encarar obras públicas fazendo ranger as impressoras das notas de banco dos Estados-membros e os obrigar a cobrir essas despesas com os impostos e com empréstimos voluntários, terá feito uma grande obra[399]". Para garantir essa desejada

---

Journal, agosto de 2012. Publicado *online* em http://link. springer.com/content/pdf/10.1007%2Fs11293-012-9336-0.

[397] Francenso Forte e Roberto Marchionatti, "Luigi Einaudi's Economics of Liberalism", Universidade de Turim, documento de trabalho do Departamento de Economia 02/2010, 9, http://www.cesmep.unito.it/ WP/2010/2—WP—Cesmep.pdf. csmep.pdf

[398] Citado em Forte e Marchionatti "Luigi Einaudi's Economics", 24.

[399] Citado em Santagostino, "Contribution", 6.

incapacidade fiscal, Einaudi também defendia regras constitucionais que proibissem déficits fiscais, mais de sessenta anos antes de Merkel defender a mesma coisa.

O legado intelectual de Einaudi, e a razão pela qual é importante para nós hoje em dia, reside não só nas suas ideias sobre a Europa, mesmo que tenham dado ao impulso para a união europeia um empurrão ordoliberal do lado italiano da fronteira. Sem dúvida, Einaudi e as suas ideias foram importantes por causa da escola econômica que fundou na Universidade Bocconi, de Milão, a qual produziu duas gerações de economistas educados nestas visões ordoliberais. O argumento moderno a favor da austeridade foi desenvolvido principalmente por licenciados desta segunda geração de Bocconi, que se tornaram dos mais influentes membros da profissão econômica global, especialmente Alberto Alesina, Francesco Silvia Ardagna, Guido Tabellini e Roberto Perotti. A importância da obra de Alesina e dos seus colaboradores na definição e defesa da questão política moderna a favor da austeridade não pode ser maior. É através dos seus esforços que o legado de Einaudi subsiste na forma de um ordoliberalismo italiano que, tal como Hume e Smith, tem no seu cerne uma profunda desconfiança do Estado e da gestão que faz da dívida[400]. Foi este legado intergeracional que moldou decisivamente a forma final dos argumentos contemporâneos da austeridade.

Acontece que a democracia tanto produz dívida como inflação

Durante o fim da década de 1980 e o princípio da de 1990 a literatura da escolha pública que saiu da Europa, particularmente da Escola Bocconi de Einaudi, começou a se concentrar no papel do Estado na produção e restrição de seus déficits e dívidas orçamentárias. Estes primeiros trabalhos foram vitais na abertura das portas para a lite-

[400] Também se deve notar que a influência dos licenciados de Bocconi se estende para muito além da Academia. Por exemplo, Mario Monti, o atual primeiro-ministro de Itália imposto pela UE era o antigo presidente/reitor da Escola Bocconi. Corrado Passera, atual ministro do Desenvolvimento Econômico da Itália, é formado por Bocconi, tal como Vittorio Grilli, o ministro italiano da Economia e Finanças. Agradeço a Lorenzo Moratti esta perspetiva.

ratura subsequente que seria usada durante a crise para defender a austeridade expansionista.

O primeiro ensaio significativo nesta linha de trabalho foi "A Positive Theory of Fiscal Deficits and Government Debt in a Democracy[401]", de Alberto Alesina e Guido Tabellini. Antecipando aquilo que mais tarde seria conhecido como a teoria do "mate a besta de fome" da despesa pública, Alesina e Tabellini moldaram o uso estratégico da dívida pelo governo para fins partidários[402]. Partindo de explicações anteriores da escolha pública que procuravam mostrar que a democracia produzia inflação, a sua análise tentou mostrar que ocorre "uma tendência para o déficit nas democracias" por causa da alternância do controle partidário do governo[403]. Como tal, os governos eram agora acusados de produzir dívida mais elevada do que o necessário.

A ideia básica de Alesina e de Tabellini era de que se os partidos em concorrência concordassem com os mesmos níveis, mas composições diferentes, da despesa pública, e depois fosse provável que o partido no poder perdesse as eleições seguintes, este deveria, racionalmente, criar um déficit. Isso permite ao partido no poder fornecer mais de seus bens públicos preferidos enquanto ainda está no comando, deixando efetivamente a conta, na forma de mais dívida, para o partido sucessor. Isso também tem o conveniente efeito de atar as mãos do governo seguinte. Mas da próxima vez o partido afetado fará a mesma coisa com o resultado final e daí que o estoque global de balões de dívida se deve a esta alternância democrática de partidos.

Um ensaio relacionado, de Torsten Persson e Lars E. O. Svensson, levou mais longe esta análise fazendo uma pergunta semelhante, a saber: "O atual governo acumulará déficits fiscais quando souber que a opção de despesa pública do seu sucessor será influenciada pelo

401 Alberto Alesina e Guido Tabbellini, "A Positive Theory of Fiscal Deficits and Government Debt in a Democracy", documento de trabalho do NBER 2308, Cambridge, MA, julho de 1987, publicado como "A Positive Theory of Fiscal Deficits and Government Debt", *Review of Economic Studies* (1990) 57: 403-5414.

402 Para uma grande panorâmica desta área, ver Bruce Bartlett, "Starve the Beast.: Origins and Development of a Budgetary Metaphor", *Independent Review 12*, I (verão de 2007): 5-26.

403 Alesina e Tabellini, "Positive Theory", 2.

nível de dívida pública que o sucessor herdar[404]?" A resposta é, evidentemente, sim — por que é que não haviam de acumular? Dadas as preferências temporalmente inconsistentes dos políticos, "o [nível da] dívida pública é a variável do Estado que dá ao atual governo um instrumento para controlar o futuro governo[405]". A versão resumida desta história complementar é que os conservadores deveriam receber menos em impostos e deixar mais dívida de modo que qualquer governo liberal que chegasse ao poder ficasse limitado. O resultado continua a não ser, do ponto de vista conservador, um nível de despesa ótimo, mas pelo menos é melhor do que o que aqueles liberais perdulários obteriam se fossem deixados à vontade[406].

Estes trabalhos foram significativos porque fizeram do nível de dívida governamental um resultado da competição eleitoral, e não do ciclo econômico. Mais uma vez, a tradição liberal em que não se pode confiar no Estado em matéria de economia levanta a cabeça. Se os níveis da dívida eram realmente movidos por esses mecanismos era uma questão em aberto. Como Persson e Svensson confessaram: "Encontrar uma prova empírica clara que apoie esta teoria... não será fácil[407]". Portanto, a questão ficou em aberto, na medida em que a investigação se desviou para um novo terreno — longe da produção de "coisas más" como inflação e dívida pelos governos —, para a produção de "coisas boas" como crescimento, que se consegue cortando o governo, dada a sua tendência para criar inflação e dívida.

Cortando caminho para a prosperidade – novamente

---

404 Torsten Persson e Lars E. O. Svensson, "Why a Stubborn Conservative Would Run a Deficit: Policy with Time Inconsistent Preferences", *Quarterly Journal of Economics* (maio de 1989): 325-345.

405 *Ibid.*, 326.

406 Há um defeito bastante grande neste modelo. Se os conservadores no poder gastassem o suficiente, talvez conseguissem provocar um crescimento explosivo que podia fazê-los ser reeleitos, o que os deixaria presos a toda aquela dívida que tinham gerado. Podiam-se invocar os eleitores com expectativas racionais para resolver o problema. Mas se se fizesse isso, presumir-se-ia que esses mesmos eleitores racionais saberiam o que os conservadores estavam fazendo antes de o fazerem, e o processo nunca sairia do chão.

407 Persson e Svensson, "Why a Stubborn Conservative", 337.

O *locus classicus* para a consolidação fiscal expansionista é o "Can Severe Fiscal Contractions be Expansionary? Tales of Two Small European Countries", de Francesco Giavazzi e Marco Pagano[408]. A resposta a essa pergunta é, mais uma vez, sim. Este texto tem uma interessante inclinação ordoliberal na medida em que se inspira em uma ideia tirada do relatório do Conselho Alemão de Consultores Econômicos do verão de 1981: cortar a despesa pode aumentar o crescimento aumentando as expectativas[409]. Giavazzi e Pagano pegaram esta ideia e usaram-na como lhes conveio.

Giavazzi e Pagano basearam-se em um trabalho de Hellwig e Neumann, que defendia que a Alemanha do princípio da década de 1980 demonstrara esse efeito das expectativas. Especificamente, se "o efeito indireto (...) [das] expectativas das medidas tomadas for entendido como parte de um... programa credível de consolidação, destinado a reduzir permanentemente a parcela do governo no PIB (...) [e assim] a tributação no futuro", então a mudança de expectativas acarretará uma expansão maior do que a contração provocada pelos cortes orçamentários. Inspirados neste "ponto de vista alemão", Giavazzi e Pagano foram à procura de casos semelhantes e encontraram dois: Dinamarca e Irlanda[410]. Enquanto a maioria dos países da Europa ocidental passou por uma recessão penalizadora no início da década de 1980, a Dinamarca e a Irlanda, um pouco mais tarde nessa década, cortaram a despesa e as suas economias expandiram-se, sendo a Irlanda "o exemplo mais proeminente de um corte expansionista da despesa pública[411]".

408 Francesco Giavazzi e Marco Pagano, "Can Severe Fiscal Contractions Be Expansionary? Tales of Two Small European Countries", NBER Macroeconomics Annual 1990, Cambridge, MA, 75-122. Por acaso, o primeiro é professor da Escola Bocconi enquanto o último é presidente do Einaudi Institute for Economics and Finance (EIEF).

409 Sachverstandigenrat zur Begutachtung der Gesamtwirtschaftlichen Entwicklung 1981. Vor kurskorrekturen-Zur finanzpolitischen und waehrungspolitischen Situation im Sommer 1981, 4 de julho de 1981, disponível em http://www.sachverstaendigenrat-wirtschaft.de/filedmin/ dateiablage/download/gutachten/0901061.pdf.

410 M. Hellwig e M. J. M. Neumann, "Economic Policy in Germany: Was There a Turn Around?", *Economic Policy 5* (outubro de 1987): 137-138.

411 Givazzi e Pagano, "Severe Fiscal Contraction", 80.

A Dinamarca expandiu-se durante quatro anos depois de cortes substanciais do orçamento em 1982. Na Irlanda, "ocorreu um resultado semelhante durante a estabilização de 1987-1989[412]". Então, por que estes casos "contradizem tão acentuadamente a previsão keynesiana acerca dos efeitos de uma contração fiscal?[413]". Giavazzi e Pagano conjecturaram que "em ambos os casos, os cortes da despesa e os aumentos de impostos foram acompanhados por uma mudança do equilíbrio do poder político, e por políticas monetária e cambial complementares; após uma desvalorização inicial, ambos os países indexaram (...) ao marco alemão, induzindo uma acentuada deflação monetária, e liberalizaram os movimentos de capitais[414]".

Porém, isso não parecia muito relacionado com as expectativas. Novas políticas e desenvolvimento exteriores ao orçamento provocaram uma importante queda das taxas de juros que aumentou mais o rendimento (um efeito de riqueza — menos dívida para reembolsar) do que o mal que a contração fez à economia. Para ultrapassar este problema, Giavazzi e Pagano desenredaram econometricamente a parte do crescimento pós-contração que não pode ser atribuída ao efeito de riqueza. Descobriram que na Dinamarca "componente inexplicada do crescimento está relacionada com cortes da despesa pública (...) como sinal de impostos ainda mais baixos no futuro[415]". Na Irlanda, isto não pareceu acontecer por causa do estado limitado dos mercados de crédito — foi principalmente um efeito de riqueza. Todavia, Giavazzi e Pagano acharam "tentador" (palavra deles) dizer que "o ponto de vista alemão" (o canal das expectativas) "pode ter algo a dizer (...) na (...) estabilização irlandesa[416]". Por sua vez, isto permitiu-lhes argumentar que "há casos em que o ponto de vista alemão tem uma séria reivindicação de relevância empírica[417]". Para ser preciso, trata-se de um único caso, e de um outro, em que estiveram "tentados" a incluir como positivo baseado em um grande erro de previsão na sua estimativa econométrica. Vale a pena recordar que,

[412] *Ibid.*, 81.

[413] *Ibid.*

[414] *Ibid.*, 82.

[415] *Ibid.*, 103.

[416] *Ibid.*

[417] *Ibid.*, 105.

durante esta década, mais de uma dúzia de países da OCDE cortaram na despesa e nenhum deles cresceu como resultado disso.

Amplificando a austeridade: os Bocconi Boys a propósito de despesa e impostos

Com base nesta abertura, Alberto Alesina voltou com um importante ensaio escrito com Roberto Perotti em 1995 que procurava ampliar o conjunto de ajustamentos fiscais positivos para bem além da Dinamarca e da Irlanda e explicar a razão pela qual os casos negativos de cortes ultrapassavam os casos positivos[418]. Afinal, a menos que isto seja esclarecido, os cortes podem prejudicar mais do que ajudar. Esse ensaio adotou o enquadramento de Giavazzi e Pagano e amplificou drasticamente o seu escopo e as suas afirmações.

Alesina e Perotti questionaram que tipo de políticas eram mais compensadoras quando a consolidação fiscal é a única coisa a fazer: aumentos de impostos (aumentos da receita) ou cortes da despesa (reduções dos programas). Descobriram que "os ajustamentos bem-sucedidos (uma minoria do total) dependem principalmente de cortes nos programas de transferências e nos salários e empregos governamentais[419]". Examinando vinte países da OCDE ao longo de trinta e dois anos, procuraram "ajustamentos bem-sucedidos", em que uma posição fiscal muito apertada (cortes) tivesse levado "o quociente dívida bruta/PIB" ao fim de três anos a ser "pelo menos cinco pontos percentuais do PIB mais baixo" do que quando começou a consolidação[420]. Descobriram que de "catorze ajustamentos bem-sucedidos e trinta e oito malsucedidos (...) nos ajustamentos bem-sucedidos quase toda a ação vem de cortes da despesa[421]". Por causa disso, "qualquer ajustamento orçamental sério (...) não pode evitar de lidar com cortes no Estado de Bem-estar[422]".

418 Alberto Alesina e Roberto Perotti, "Fiscal Expansions and Fiscal Adjustments in OCDE Countries", documento de trabalho do NBER 5214, Cambridge, MA, agosto de 1995.

419 *Ibid.*, 4.

420 *Ibid., 17.*

421 *Ibid.*, 17-18.

422 *Ibid.*, 18.

Porém, os políticos não têm de recear fazer esses cortes porque, segundo estes resultados econométricos, os Estados que cortam "crescem 1% mais depressa do que os países do G7" enquanto "o investimento empresarial em termos de porcentagem do PIB cresce 1%" e a competitividade aumenta[423]. Os aumentos de impostos, em comparação, são a causa dos casos mal-sucedidos de ajustamento. Quando feitos corretamente, do lado da despesa "a boa notícia é que grandes ajustamentos fiscais não causam grandes recessões[424]". Saindo dos casos da Dinamarca e da Irlanda, e tratando dos casos negativos de uma maneira que reforçou a mensagem de que os cortes levam ao crescimento, Alesina e os seus colaboradores estavam preparando o terreno entre os economistas neoliberais para que a austeridade expansionista fosse vista como "a nova normalidade" e não como a exceção política.

Keynes, ao que parece, tinha tomado tudo ao contrário. Os cortes produzem crescimento e uma redução da dívida. A despesa produz inflação e mais dívida. David Ricardo teria ficado contente. O liberalismo não era tão antiestatista desde o princípio do século XIX. E havia mais por vir. Se Giavazzi e Pagano nos deram o *locus classicus* original desta literatura, esse *locus* foi deslocado para um novo patamar uma década mais tarde por Alesina e Silvia Ardagna em seu ensaio de 1998 "Tales of Fiscal Adjustment[425]".

TINA retorna

"Tales of Fiscal Adjustment" reúne as afirmações feitas no corpo da investigação e destila-as em algumas lições simples de política. Como Alesina e Ardagna dizem: "Há três ingredientes que parecem importantes para um ajustamento fiscal expansionista bem-sucedido e duradouro. Deve conjugar cortes da despesa nas transferências, nos programas sociais e na conta de salários do governo, alguma forma de (...) moderação salarial e uma desvalorização imediata-

423 *Ibid.*, 22 e 23.

424 *Ibid.*, 24.

425 Alberto Alesina e Silvia Ardagna, "Tales of Fiscal Adjustment" NBER Macroeconomics Annual 1998 e *Economic Policy 13*, 27 (1998): 489-545.

mente antes do aperto fiscal[426]". Diz-se que aumentar impostos em uma recessão, como já se assinalou, simplesmente piora as coisas. Como tal, volta uma nova forma de "não há alternativa aos cortes" (em inglês: *there is no alternative-TINA*) retorna.

Neste documento apresentam-se os mesmos mecanismos baseados na expectativa anterior, porém melhor especificados. Assim, na ausência de qualquer limitação de liquidez significativa, "quando os cortes na despesa são entendidos como permanentes, os consumidores antecipam uma redução do fardo fiscal e um aumento permanente do seu rendimento disponível vitalício". Isso leva-os a gastar e a investir mais hoje porque percebem que "os grandes aumentos fiscais anteriormente esperados não serão necessários no futuro", o que é sobretudo verdade a níveis mais altos de tributação[427]. Quando a essas políticas se seguem períodos de "tensão fiscal", os resultados são melhores porque o sinal de que os cortes serão permanentes é mais credível. Assim, não só se deve cortar, mas também se deve cortar quando dói, na recessão, e não no crescimento, e deve se cortar de modo decidido[428].

Desta vez, porém, para aumentar o conjunto de casos, o que constitui um ajustamento expansionista significativo é agora definido como uma melhoria de 2% do saldo primário ajustado ciclicamente ao longo de dois anos[429]. Isto rende um universo de cinquenta e um casos, dezenove dos quais são bem-sucedidos e vinte e três são expansionistas. Os resultados econométricos confirmam estas afirmações. É mais proveitoso quando se corta em uma recessão, quase todas as expansões contracionistas são resultado de cortes na despesa, e agora os "ajustamentos bem-sucedidos apresentam um crescimento 'espetacular' do investimento durante e depois" dos cortes[430]. Fazer o

[426] *Ibid.*, 490.

[427] *Ibid.*, 491.

[428] *Ibid.*, 492. "Terapia de choque" econômica da Rússia, "choque e pavor" militar da Guerra do Iraque e doutrinas semelhantes saltam aqui à mente.

[429] O déficit estrutural é o déficit que existiria se a economia estivesse produzindo ao seu potencial. A diferença entre o déficit real e o déficit estrutural atribui-se então a fatores cíclicos, o que resulta na economia produzir abaixo do potencial. Agradeço a Stephen Kinsella esta definição.

[430] Alesina e Ardagna, "Tales of Fiscal Adjustment", 498, citado da p. 499.

contrário, praticar uma política fiscal (expansionista) frouxa, leva a resultados opostos.

Para aperfeiçoar os detalhes destes casos bem-sucedidos e focar as lições de política, Alesina e Ardagna selecionam dez casos de ajustamento fiscal: Irlanda (duas vezes), Austrália, Bélgica, Dinamarca, Canadá, Holanda, Suécia, Grécia e Itália (duas vezes, mas uma é descontada). Tudo ocorre entre meados da década de 1980 e meados da de 1990. Os resultados são notáveis, em parte pela sua modéstia. Dos dez casos (um número limitado extraído de um período definido para manter a amostra gerível) apenas "dois casos parecem expansionistas sem ambiguidade: a Irlanda 1987-1989 e a Austrália[431]". A Dinamarca, *per contra* Giavazzi e Pagano, parece agora ser "mista". É notável que "Canadá, Holanda, Suécia, Irlanda e Grécia não mostram sinais de uma vantagem fiscal expansionista[432]". Na Bélgica é "pouco claro", enquanto na Itália também era demasiado cedo para dizer[433]. Em suma, dos dez casos examinados em pormenor, apenas dois apoiam a tese avançada com tanta força, com base nos testes econométricos anteriores: os cortes levam ao crescimento se e só se forem do lado da despesa.

Para crédito deles, Alesina e Ardagna confessam completamente que o argumento das expectativas terem o seu suposto efeito poderoso é "fraco", reconhecendo ao mesmo tempo que as desvalorizações, os acordos salariais e vários outros fatores, que não as expectativas, têm importância[434]. Todavia, apesar destas limitações reconhecidas, quando a crise apareceu, "Tales of Fiscal Adjustment" foi visto pelos anti-keynesianos como o manual de instruções adequado sobre o modo de impedir os keynesianos dos doze meses discutidos no capítulo 3 de dominarem a política durante a depressão, e funcionou. Mas o que segurou o argumento nos círculos políticos, especialmente na Europa, foi uma atualização de "Tales", dos mesmos autores,

---

[431] Recorde-se que para Giavazzi e Pagano a Dinamarca foi o caso positivo e a Irlanda foi misto, Alesina e Ardagna, "Tales of Fiscal Adjustment", *ibid.*, 514.

[432] *Ibid.*, 514.

[433] *Ibid.* 514-515.

[434] *Ibid.*, 516. Como os autores concluem, "Um grande ajustamento fiscal que seja baseado na despesa *e seja acompanhado de moderação salarial e desvalorização* é expansionista" (itálicos meus).

escrita em 2009, especialmente uma versão que Alesina apresentou na reunião do ECOFIN (Conselho para as Questões Econômicas e Financeiras) em Madrid, em abril de 2010[435]. Essa seria, como a Bloomberg assinalou, "a hora de Alesina[436]".

Fechando o caixão de Keynes com pregos

O trabalho "Large Changes in Fiscal Policy: Taxes *versus* Spending", de Alesina e Ardagna, atualiza e amplia "Tales of Fiscal Adjustment[437]". Como se assinalou na introdução aos capítulos 4, 5 e 6, Milton Friedman, sempre conveniente para uma citação, fez notar uma vez que a (verdadeira?) função dos economistas era "desenvolver alternativas às políticas existentes, para as manter vivas e disponíveis até o politicamente impossível se tornar politicamente inevitável", coisa que normalmente acontece em momentos de crise[438]. Alesina mantivera estas ideias vivas para uma ocasião dessas. Quando a zona do euro estava realmente começando a aquecer, "Large Changes" tratava não só da consolidação e do crescimento, mas também, dado o choque que a crise financeira tinha provocado na economia real, das políticas que melhor promovem o estímulo fiscal. Você já pode adivinhar a resposta, mas o verdadeiro enfoque do ensaio continuava a ser o efeito expansionista dos cortes.

Alesina e Ardagna começam por assinalar que o inchar das dívidas e dos déficits por toda a OCDE se deve em grande parte ao[s] "resgate[s] de vários tipos no setor financeiro". Porém, acerca disto não têm "nada a dizer[439]". O que têm a dizer é que independentemente do modo

[435] As reuniões do ECOFIN desempenham a mesma função de coordenação entre os ministros europeus das Finanças que os ministros das Finanças do G20, discutidas no capítulo 3.

[436] Peter Coy, "Keynes vs. Alesina: Alesina Who?", *Bloomberg Businessweek Magazine*, 29 de junho de 2012, http://www.businessweek.com/ stories/2010-06-29/keynes-vs-dot-alesina-dot-alesina-who.

[437] Alberto Alesina e Silvia Ardagna, "Large Changes in Fiscal Policy: Taxes Versus Spending", documento de trabalho do NBER 15 434, Cambridge, MA, outubro de 2009.

[438] Milton Friedman e Rose Friedman (1962), *Capitalism and Freedom* (Chicago: University of Chicago Press, 1982), vii.

[439] Alesina e Ardagna, "Large Changes", 15.

como entramos nesta confusão, a única maneira de sair é através de cortes no Estado. Tal como anteriormente, defendem que "cortes na despesa são mais eficazes do que aumentos dos impostos para estabilizar a dívida e evitar retrações[440]". E apesar de reconhecerem no ensaio anterior que a prova dessas expansões impulsionada pelas expectativas era "fraca", voltam a aplicar aqui essa explicação com toda a força e sem advertências acerca do seu real poder explanatório.

Os consumidores com expectativas reais são vistos a calcular a sua função vitalícia de consumo com base na credibilidade do sinal de cortar na despesa enviado pelo governo, e incorporam com precisão essas estimativas nas suas decisões privadas de despesa. Nesta versão dos acontecimentos, as alterações cambiais que criam efeitos de riqueza já não são exógenas em relação às expectativas, mas fazem parte do mesmo mecanismo pelo qual os cortes credíveis levam a reduções do prêmio de rendimento dos títulos, e daí a empréstimos mais baratos, que os consumidores antecipam racionalmente que venham no futuro, pelo que gastam agora[441]. Na verdade, as expectativas impactam agora diretamente o mercado do trabalho, na medida em que os cortes no emprego governamental baixam os salários, o que leva não à recessão como os keynesianos avisam, mas a "lucros mais elevados, investimento e [maior] competitividade[442]". Agora, as expectativas são tudo. Determinam resultados e são sempre melhoradas quando o governo faz menos, mesmo em uma recessão. São o prego final no caixão de Keynes porque tornam expansionista a mais contracionista das circunstâncias. Em um mundo destes, a recessão é o lugar perfeito para cortar, enquanto a despesa é sempre e em toda a parte a política errada.

Para esta nova defesa do argumento das expansões impulsionadas pelas expectativas, Alesina e Ardagna examinam vinte e um países da OCDE de 1970 a 2007 e selecionam cento e sete episódios de ajustamento positivo e negativo. Vinte e seis desses episódios qualificam-se como ajustamentos fiscais expansionistas, ocorrendo em nove países. Isto é, as dívidas são mais baixas passados três anos e

440 *Ibid.*, 3.

441 *Ibid.*, 4.

442 *Ibid.*, 5.

o crescimento é maior do que o septuagésimo quinto percentil da média do conjunto das observações[443]. A esta altura, como vimos, na seção sobre os efeitos das expectativas, os resultados da econometria carecem outra vez das advertências da sua peça anterior.

Os cortes levam à expansão e "têm efeitos de longe superiores no crescimento do que aqueles que se baseiam em aumentos das receitas fiscais[444]". Por esta altura, Alesina e Ardagna até introduzem clandestinamente na peça uma espécie de curva de Laffer em que cortar a despesa (em vez dos impostos) leva a mais receitas fiscais, enquanto "estes [impostos] baixam muito significativamente nos ajustamentos expansionistas[445]". O mais significativo é que os ajustamentos bem-sucedidos veem cair as transferências sociais, enquanto os ajustamentos malsucedidos as veem subir. Como tal, o Estado de Bem-estar tem de acabar porque "é muito difícil se não impossível corrigir as finanças públicas quando estão com problemas sem resolver a questão dos aumentos automáticos de direitos[446]". E em completo contraste com o que os keynesianos pensam, a despesa governamental baixa o crescimento, uma vez que "um aumento de mais um ponto percentual no quociente da despesa corrente pelo PIB está associado a um crescimento inferior em 0,75 pontos percentuais[447]".

Onze anos depois, e a ambiguidade, o matiz e a qualificação que caracterizavam "Tales" desapareceu. Em vez de dois casos positivos, temos agora vinte e seis "episódios". Em vez de efeitos "fracos" das expectativas, tudo se reduziu a expectativas e funciona através delas. E em vez dessas ideias se limitarem a "andar por aí", como Milton sugeria, foram ativamente lançadas para o meio do debate político europeu como munições para os políticos alemães e os seus aliados do BCE, durante o seu contra-ataque aos anglo-americanos inesperadamente keynesianos, como detalhamos no capítulo 3.

---

443 *Ibid.*, 9.

444 *Ibid.*, 12.

445 *Ibid.*

446 *Ibid.*, 13.

447 *Ibid.* Foi, penso eu, Robert Solow que uma vez observou: por que nesses modelos quando o governo compra uma máquina de escrever é um prejuízo morto, mas quando o pior autor compra uma, desde que resida no setor privado, leva ao crescimento?

Um ano depois, em abril de 2010, Alesina apresentou uma versão simplificada deste ensaio na reunião do ECOFIN em Madrid. Começou por assinalar que, ao contrário das ocasiões anteriores de dívida elevada, como se seguiu à Segunda Guerra Mundial, o crescimento não vai fazer desaparecer a pilha de dívida da zona do euro. Pelo contrário, não há alternativa (*TINA*) ao ajustamento fiscal. Felizmente, "muitas reduções, mesmo acentuadas, de déficits orçamentários foram acompanhadas e imediatamente seguidas por um crescimento sustentado em vez de recessões, mesmo no muito curto prazo", desde que a política tenha sido credível, o que significa decidida e prolongada[448]. Mais uma vez, as expectativas de um futuro melhor criam um presente melhor, enquanto os juros dos títulos em queda criam mais riqueza, mais uma vez devido aos efeitos das expectativas[449]. Em termos de política real, os impostos não deveriam ser aumentados e os direitos deveriam ser cortados[450]. Até agora, tudo vem do ensaio anterior. O que é fundamental aqui é o que foi acrescentado.

Recorrendo a uma obra diferente sobre a composição dos governos e sobre a política, Alesina garante aos ministros das Finanças reunidos que se forem nessa direção e se começarem a cortar orçamentos no meio de uma recessão, isso não só melhorará as coisas como não lhes custará o lugar. De fato, o povo irá recompensá-los pela sua coragem, uma vez que cortar no Estado de Bem-Estar não é injusto nem evitável. Cortar é justo, uma vez que "a retórica acerca do imenso custo social do ajustamento fiscal é desproporcionada e muitas vezes é usada estrategicamente por certos grupos, não necessariamente os mais carentes, para se protegerem[451]". E é inevitável porque o Estado de Bem-estar e as suas transferências são demasiado grandes para não serem tocadas, e são precisamente o que necessita de ser cortado para fazer regressar o crescimento e reduzir

[448] Alberto Alesina, "Fiscal Adjustment: Lesson From History", documento preparado para a reunião do ECOFIN em Madrid, 15 de abril de 2010, disponível em http://www.economics.harvard.edu/files/faculty/ 2_Fiscal%20Adjustments_lessons.pdf.

[449] *Ibid.*, 4.

[450] *Ibid.*, 7.

[451] *Ibid.*, 10.

a dívida[452]. Lembrem-se, aumentar impostos ou gastar mais tem o efeito contrário.

Como Anis Chowdhury mostrou, a análise de Alesina foi citada no comunicado final do ECOFIN e aplicada na retórica de Jean-Claude Trichet, então presidente do BCE, bem como no orçamento de emergência de 2010 do Tesouro do Reino Unido e nas discussões do Conselho de Consultores Econômicos dos EUA em 2010. E, como se assinalou no capítulo 3, foi escrita quase palavra por palavra no Boletim Mensal de junho de 2010 do BCE que citava os ensaios de Alesina e recorreu diretamente a Giavazzi e Pagano e a obras relacionadas para defender os cortes[453].

Bem-vindos à austeridade: kein kaufen, nur sparen!

Esta é, então, a essência do moderno pensamento da austeridade. Foi assim que ele apareceu. São estas as personalidades e os políticos envolvidos na sua produção. São estas as suas alegações essenciais. Tem sido espantosamente influente e serve de manual de instruções contemporâneo para a reforma econômica na União Europeia e, independentemente das eleições, o mais provável que podemos esperar é vê-la aplicada também nos Estados Unidos. A única pergunta que resta fazer é: funciona? A resposta, como veremos a seguir, é certamente não nos grandes casos do passado, nas décadas de 1920 e 1930, de maneira nenhuma na Europa do momento, e só muito ocasionalmente, e em condições muito específicas no resto do mundo.

O que é crucial é que essas condições não têm praticamente nada a ver com mecanismos de expectativa nem com cortes no Estado de Bem-Estar. Aplicar austeridade em condições inferiores àquelas ideais tem ajudado a empurrar a Espanha e a Grécia para a beira do colapso econômico e político, e empobrecido milhões de pessoas em todo o resto do sul da Europa. Isto não é "retórica desproporcionada". É um fato. A continuação da aplicação da austeridade pode muito

[452] *Ibid.*

[453] Anis Chowdhury, "Revisiting the Evidence on Expansionary Austerity: Alesina's Hour". VoxEU, 28 de fevereiro de 2012, http://www.voxeu.org/debates/commentaries/revisiting-evidence-expansionary-fiscal-austerity-alesina-s-hour.

bem resultar na ruptura final da zona do euro e ter repercussões políticas que é improvável que as fracas instituições da UE resistam. Os casos citados como seus êxitos, a justificação para seguir esta política, são, como veremos, como os casos positivos de ajustamento estrutural: muito poucos e muito possivelmente errados.

A austeridade funciona do mesmo modo que Keynes defendia que a economia clássica funciona, como um "ponto limitador das posições possíveis de equilíbrio[454]". Isto é, um caso especial entre bilhões de casos possíveis. Prosseguia ele, "As características do caso especial considerado (...) não são, por acaso, as da sociedade econômica em que na realidade vivemos, com o resultado de que a sua lição é enganadora e desastrosa se tentarmos aplicá-la aos fatos da experiência[455]". Mais uma vez, esqueceu-se do que aprendemos na década de 1930. Esse esquecimento talvez seja a razão mais forte pela qual a austeridade continua a ser uma ideia tão perigosa. Para ver aquilo de que nos esquecemos, nos voltamos agora para a história natural da austeridade.

[454] Keynes, *General Theory*, 3.

[455] *Ibid.*

CAPÍTULO 6

A história natural da austeridade, 1914-2012

Introdução: lições da história, a década de 1980 e a aliança REBLL

Agora que examinamos a austeridade em teoria, o nosso objetivo neste último capítulo é examinar a austeridade na prática. Mas se a história intelectual da austeridade é relativamente curta — na realidade não se podia argumentar tanto acerca da despesa do Estado enquanto os Estados não começaram realmente a gastar em grandes quantidades —, a sua história natural é ainda mais curta. Durante os séculos XVIII e XIX, as economias que passaram por ciclos de crescimento e recessão, particularmente as que estavam no padrão-ouro, não tentaram compensá-los. Porque esses processos se desenrolaram quando no comando estavam Estados liberais clássicos e não havia nada para cortar nem imperativos democráticos a que os políticos tivessem de responder. *Laissez-faire* era a política da *Belle Époque* porque *La Belle,* em grande medida, não era tão democrática. Só no princípio do século XX, como se pormenorizou nos capítulos 4 e 5, é que encontramos Estados que são ao mesmo tempo suficientemente grandes para cortar e suficientemente democráticos para a política de austeridade causar problemas.

Analisaremos, por isso, a história natural da austeridade seguindo por três avenidas. Primeiro, examinamos os casos que nos fizeram pensar que a austeridade era uma ideia muito perigosa: os Estados Unidos, o Reino Unido, a Suécia, a Alemanha, o Japão e a França dentro e fora do padrão-ouro, durante as décadas de 1920 e 1930. Estes são os casos em que a austeridade como política atingiu os seus limites, e/ou fracassou ou fez fracassar a sociedade onde estava sendo imposta. As histórias naturais destes episódios demonstram com muita clareza que as economias não se "curam a si mesmas" uma vez que "a recessão" tenha feito o seu caminho. A austeridade foi tentada uma e outra vez — a sua aplicação não foi insatisfatória — e simplesmente não funcionou. De fato, a sua aplicação repetida piorou as coisas, em vez de melhorar, e só quando os Estados deixaram de prosseguir a austeridade é que começaram a se recuperar[456]. Examinamos a razão por que isso aconteceu e enunciamos as lições que esse período encerra para a política de austeridade, especialmente na zona do euro, hoje em dia.

A segunda parte do capítulo tem dois alvos. A primeira seção explora os casos positivos destacados por Alesina, Giavazzi e outros como exemplos de austeridade expansionista bem-sucedida, porque constituem a contestação das lições aprendidas desde a década de 1930: Dinamarca, Irlanda, Austrália e Suécia. Depois, justaponho as experiências desses países ao estado atual da zona do euro para afirmar que, mesmo que a esses casos seja atribuído o estatuto de positivos, coisa que, como veremos, é, na melhor das hipóteses, duvidosa, as condições que os possibilitaram estão simplesmente ausentes na Europa neste momento, especialmente dos PIIGS. Isso torna o argumento a favor da austeridade expansionista possível, na melhor das hipóteses, como um caso muito especial, mas completamente inapropriado como caso geral.

A segunda e última seção, para imitar por um momento a *Guerra das Estrelas,* analisa a "nova esperança" para os defensores da austeridade: Romênia, Estônia, Bulgária, Letônia e Lituânia (REBLL). Os países REBLL têm sido exibidos pelo FMI e pela UE como prova de que a austeridade é possível e de que podem servir de modelo útil para outros — nomeadamente, para a Europa ocidental e do sul — imitarem. Na realidade, não provam uma coisa nem outra. As condições de atuação dos REBLL e as suas estruturas econômicas e políticas únicas tornam as lições destes casos ainda menos transportáveis para o resto do mundo do que as da Europa ocidental na década de 1980. Os países da aliança REBLL conseguiram, na verdade, em alguns casos, manter as suas taxas de câmbio ao longo da crise — optando por sofrer deflações maciças, emigração e desemprego — e, na verdade,

[456] Note-se que para os presentes fins não estou tentando demonstrar que os keynesianos ou quaisquer outros é que estavam "certos" e que as políticas reflacionárias salvaram o dia. Tudo o que preciso fazer aqui é demonstrar que a austeridade não fez, como os Britânicos dizem, o que diz que faz. Não é preciso provar a razão de Keynes para provar a falta de razão da austeridade. O meu objetivo aqui é mais limitado. Valha o que valer, ele tinha razão, mas isso está em outro livro. Ver Blyth, *Great Transformations.*

recuperaram-se. Mas temos de perguntar se o jogo valeu a pena. A resposta é não. A história natural da austeridade contém, certamente, alguns casos positivos, ainda que sejam esmagadoramente ultrapassados pelo número de casos negativos. Eles não contêm, porém, muitas *lições* positivas ou transportáveis, o que os torna, para completar a analogia com a *Guerra das Estrelas*, ainda mais parecidos com a aliança REBLL: contra todas as probabilidades, pode-se, na verdade, fazer explodir a Estrela da Dívida, mas só em circunstâncias muito específicas e apenas com enormes custos para os envolvidos.

Por que pensamos que a austeridade é uma ideia perigosa

O fascínio das coisas brilhantes: o padrão-ouro e a austeridade

Hoje, muitas pessoas aparentemente sensatas de ambos os lados do Atlântico, mas particularmente dos Estados Unidos, parecem pensar que a solução para todo e qualquer problema econômico reside em regressar a uma coisa chamada "padrão-ouro[457]". Isto é estranho porque, além de ser uma pedra pesada e brilhante, o ouro não tem características particulares dignas de nota — além de ser uma das principais causas das duas piores depressões econômicas da história mundial: a da década de 1870 e a da década de 1930. Só posso presumir que as pessoas que andam vendendo o regresso do ouro como uma boa ideia ignoram a história real do padrão-ouro. Trabalhando nesse pressuposto, e para permitir que entendamos a razão pela qual a austeridade das décadas de 1920 e 1930 durou tanto tempo e causou tantos prejuízos, e a razão pela qual a sua história é hoje importante para a zona do euro, vale a pena revisitar como funciona o padrão-ouro[458].

---

[457] Ralph Benko, "Signs of the Gold Standard Are Emerging from Germany", *Forbes*, 24 de setembro de 2012, http://www.forbes.com/sites/ralphbenko/2012/09)/24/signs-of-the-gold-standard-are-emerging-from-germany/, e Robin Harding e Anna Fifield, "Republicans Eye Returns to Gold Standard", *Financial Times*, 23 de agosto de 2012, http://www. cnbc.com/id/48 770 752/Republicnns_Eye_Return_to_Gold_Standard.

[458] Liaquat Ahamed, *Lords of Finance* (Nova Iorque: Penguin Books, 2000); Fred L. Block, *The Origins of the International Economic Disorder* (Berkeley: University of California Press, 1977); Karl Polanyi, *The Great Transformation* (Boston: Beacon

O padrão-ouro foi construído durante o século XIX por causa de um problema endêmico do comércio internacional. Nomeadamente, como você sabe que, quando entrega os seus produtos (uma exportação) a alguém distante, que o dinheiro com que lhe pagarão (como pagamento de importação) não é apenas uma pilha de papel sem valor — o chamado "problema da moeda fiduciária"[459]? A resposta é que não se sabe, pelo que o comércio internacional esteve historicamente limitado pelo pressuposto de que se podia manter a confiança ou, literalmente, que se podiam trocar reféns.

O padrão-ouro resolveu esse problema da confiança eliminando a sua necessidade. A solução era ligar o valor de referência das diferentes moedas nacionais ao ouro com uma taxa fixa, sendo o ouro uma reserva convencional de valor que tanto é internacionalmente cambiável como não pode (facilmente) ser alterada pelos governos[460]. X unidades da moeda Y podiam, por isso, ser trocadas em toda a parte por Z unidades de ouro. E se todos os países "indexassem" as suas moedas ao ouro desta forma, isso facilitava o comércio, resolvendo o problema da moeda fiduciária/confiança.

Uma vez que cada país está indexado ao ouro com uma taxa fixa, quando se recebe moeda estrangeira através do comércio, pode-se, em princípio, levá-la de volta ao Banco Central do país emissor e pedir o ouro que a apoia. Porque o papel que agora temos é conversível em ouro a uma taxa fixa, o papel será exatamente igual em valor em relação ao ouro. Desde que se mantenha esta promessa de conversibilidade, não temos de nos preocupar com o valor do papel que temos[461]. Se, porém, um país que está no ouro decidir pôr as máquinas de imprimir [dinheiro] para funcionar de modo a pagar importações

---

Press, 1984); Barry Eichengreen, *Golden Fetters: The Gold Standard and the Great Depression 1919-1939* (Nova Iorque: Oxford University Press, 1992).

459 Porque se pode imprimir por *fiat* (por ordem) do governo.

460 "Convencional" significa que se pensa que é valioso porque outras pessoas pensam que é valioso — é uma convenção.

461 Mais especificamente, se os detentores de moeda estrangeira querem dinheiro que possam gastar localmente, podem levar esse papel estrangeiro ao seu banco local e trocá-lo com uma redução (pense na compra e venda de moeda depois de uma viagem ao estrangeiro), ou podem levá-la de novo para o país de origem e trocá-la lá "ao par" por ouro e comprar a sua própria moeda ao par em casa com o ouro recebido. Como tal, pode-se detê-la que ela manterá o seu valor.

em excesso relativamente às suas reservas de ouro, essa moeda em excesso aparecerá nos países que exportam como esses *inflacionistas*.

Não mais confiando na taxa de indexação, o país receptor poderia devolver essas notas ao país emissor para serem trocadas, e aí a moeda repatriada excederia o ouro disponível. As suas reservas, por vezes chamadas "cobertura ouro", seriam insuficientes para atender ao pedido. Isso chamaria a atenção de todos para o fato de o país emissor estar inflacionando sua moeda — emitindo mais do que a que pode ser assegurada por ouro à taxa fixada. Isso faria com que as pessoas perdessem a confiança nessa moeda e se livrassem dela em massa, pondo término à conversibilidade e, de quebra, arruinando a economia transgressora. Estar no ouro dava, por isso, aos detentores de uma moeda estrangeira um sinal "credível" de que o dinheiro era seguro, desde que se mantivesse a conversibilidade.

Mas isso não era nem metade da história. O padrão-ouro também funcionou como um mecanismo de ajustamento para o comércio internacional, equilibrando as exportações e as importações dos Estados através da inflação e deflação dos preços e salários internos. Por exemplo, se um país que estivesse no ouro exportasse mais do que importava, estaria, com efeito, a importar ouro dos países receptores. Este iria se somar à sua própria oferta interna de dinheiro, permitindo a emissão de mais moeda nacional. Também subiriam os salários e os preços à medida que a economia crescia, mas tornariam igualmente as suas exportações menos competitivas e as suas importações mais baratas. Ao longo do tempo, o excedente comercial desse país se transformaria em déficit comercial, com mais importações do que exportações. O ouro sairia do país para pagar esse aumento das importações. Os preços e salários internos cairiam à medida que a oferta de dinheiro (ligado ao ouro) fosse diminuindo, mas a competitividade do país melhoraria (exportações mais baratas) e a balança comercial se corrigiria quando as exportações aumentassem e as importações caíssem.

Com todos que aderissem ao padrão-ouro abertos para os fluxos comerciais e financeiros, a promessa de conversibilidade conjugava-se com a flexibilidade dos preços e salários para agir como mecanismo de ajustamento que assegurasse que a economia global produziria um equilíbrio entre importações e exportações em um país e no sistema de países como um todo. Foi assim que o padrão-ouro criou condições para o crescimento do comércio no mundo, livre da interferência governamental e do perigo da inflação. Era autorregulado, automático e impessoal — que era precisamente o problema no momento em que as pessoas comuns eram envolvidas.

Não é preciso ser um teórico da escolha pública para ver que só se pode gerir um sistema como este, em que os salários e preços internos são responsáveis pelo essencial do ajustamento aos preços externos, se *não* se for uma democracia. Se produtos, batatas, aço e bombas pneumáticas não se importam nada com o seu preço de oferta, a mão de obra certamente importa-se, especialmente quando o preço (salários) baixa. Tornando a inflação e deflação aleatória dos preços e salários no mecanismo de ajustamento, criou-se grande incerteza e desemprego nessas economias. Também se criaram condições em que as autoridades monetárias internas, para manterem essa cobertura ouro de absoluta importância, prosseguissem políticas de austeridade como cortar na despesa e aumentar as taxas de juros para encolher déficits, manter o ouro em casa e defender a moeda. Não foi surpresa, então, que o trabalho em todo o mundo, tanto industrial como agrícola, começasse a reunir-se em sindicatos, partidos políticos e movimentos sociais para exigir proteção dos caprichos do mercado e das políticas dos seus próprios governos[462].

Para piorar as coisas, além do efeito das políticas de austeridade, a oferta global de ouro coloca um teto ao crescimento. Se a procura comercial aumentar mais depressa do que a oferta de dinheiro, e a oferta de dinheiro estiver limitada pela oferta de ouro, as taxas de juros sobem e, em resposta, a economia entra em crise. O padrão-ouro tinha, então, uma tendência contracionista intrínseca. Podia resolver o problema da inflação, mas só ao preço de criar deflação. A deflação é um problema particularmente pernicioso porque em uma deflação a primeira coisa que todos fazem para se proteger — por exemplo, os trabalhadores que aceitam um corte da remuneração

[462] Pense no famoso discurso da Cruz de Ouro de William Jennings Bryant como o equivalente agrícola das exigências dos operários de que os sindicatos controlem os salários.

para arranjarem um emprego — tem o efeito agregado de cortar no consumo, o que faz contrair a economia e torna extremamente provável o desemprego para todo mundo. Os Estados com grandes déficits comerciais ou orçamentários que entram em uma recessão se dão especialmente mal em situações dessas porque se torna quase impossível sair do problema crescendo, na medida em que a recessão e a deflação se combinam. Pedir mais empréstimos e aceitar mais dívida para obter alívio temporário não ajudará a longo prazo, porque não se pode sair disso crescendo.

Duas lições do padrão-ouro para a zona do euro

Se você acha que isso parece um pouco a zona do euro neste momento, não está errado. Troque a "conversibilidade em ouro" pela "integridade do euro" e o sistema é o mesmo. O problema básico de gerir um padrão-ouro e uma zona do euro é um e só um. Como se assinalou no capítulo 5, há (principalmente) quatro caminhos para sair de uma crise financeira — inflacionar, deflacionar, desvalorizar e o calote[463]. Tanto no padrão-ouro como na zona do euro, os Estados não podem inflacionar nem deflacionar porque o sistema em ambos os casos foi projetado para eliminar exatamente essas opções com base em que não se pode confiar nos políticos com a sua impressora. Isso deixa o calote — que se quer evitar — e a deflação (austeridade) como o único caminho que resta para ajustar em ambos os casos[464].

Estar no padrão-ouro prometia aos credores que a conversibilidade da moeda seria mantida pela via da austeridade: os salários se ajustariam para baixo aos preços fixados pela economia internacional. Infelizmente, uma vez que os políticos tiveram de responder através das urnas às massas que suportam os custos desse ajustamento, a credibilidade da afirmação de que "nenhuma quantidade de austeridade é demais" tornou-se menor e menos digna de apoio com o tempo. Como disse Barry Eichengreen, uma vez que a democracia se tornou

[463] Cinco, incluindo o caso especial da repressão financeira. Ver Conclusão.

[464] Mais uma vez, se você está pensando na zona do euro, tem razão.

a norma na década de 1920, "quando os objetivos do emprego e da balança de pagamentos chocaram, já não era claro qual predominaria[465]".

Quando o euro chegou, a democracia e cinquenta anos de Estado de Bem-Estar como amortecedor tinham se tornado uma limitação ainda maior a essas políticas. Todavia, hoje o euro exige deflação e austeridade, na medida em que continua a ser o principal mecanismo de ajustamento da zona do euro. Pode não haver conversibilidade em ouro sob o euro, mas a credibilidade da afirmação de ser capaz de reembolsar a dívida governamental desempenha a mesma função, criando uma limitação externa à política como o ouro fazia há oitenta anos. Na verdade, em um aspeto o euro produz uma limitação ainda maior do que o padrão-ouro. Enquanto os Estados que estão no ouro podem sempre "sair do ouro" — não há necessidade de imprimir nova moeda ao fazê-lo —, o "acordo de uma vez para sempre", que foi o euro, fez os Estados desfazerem-se de sua moeda para toda a vida. Não há nada para onde regressar, o que acrescenta mais uma camada de sujeição ao que é efetivamente um padrão-ouro sem ouro.

Há então duas lições-chave para a zona do euro da era do padrão-ouro. Tentativas repetidas de voltar ao ouro e ficar lá em rodadas sucessivas de austeridade na década de 1920 tornaram simplesmente impossível o já insuportável, e o sistema desmoronou-se no início da década de 1930. Os Estados que ficaram no ouro e continuaram a tentar abrir caminho para o crescimento depois de 1930 deram-se muito pior do que aqueles que o abandonaram e reflacionaram internamente[466]. A primeira lição da austeridade das décadas de 1920 e 1930 é a seguinte: *a austeridade não funciona, pura e simplesmente, independentemente da quantidade de vezes em que se praticar*. Reconhecer isto leva-nos à segunda lição do padrão-ouro para a zona do euro: *não se pode gerir um padrão-ouro em uma democracia*. Eventualmente, isso acabará desmoronando porque há um limite de austeridade em que o povo votará até que o sistema quebre.

São estas as duas lições-chave que a zona do euro esqueceu na crise. É também o que precisa reaprender se o povo espera sobrevi-

---

[465] Eichengreen, *Golden Fetters*, 9.

[466] Miguel Almunia *et al.*, "From Great Depression to Great Credit Crisis", documento de trabalho do NBER 15 524, Cambridge, MA, novembro de 2009.

ver. Para ver por que razão isso é assim, investigamos as disfunções do padrão-ouro enquanto sistema nas décadas de 1920 e 1930, e depois descemos ao nível dos Estados isoladamente para examinar como seis países se adaptaram aos seus vínculos e limitações ou se libertaram deles.

Austeridade e a economia global nas décadas de 1920 e 1930

Os Estados Unidos emergiram da Primeira Guerra Mundial mais fortes do que nunca. Os principais combatentes — França, Alemanha e Grã-Bretanha — voltaram muito mais fracos. Os Estados europeus procuraram um regresso ao padrão-ouro como modo de restabelecer a prosperidade do tempo antigo. Havia apenas dois problemas para fazer isso. Primeiro era saber se se restabelecia a paridade aos níveis de antes da guerra, o que exigiria austeridade significativa para baixar os preços internos até onde era preciso, ou visar novas paridades mais baixas que refletiriam melhor as reais condições dessas economias desbaratadas pela guerra. O segundo problema estava intimamente relacionado com o primeiro: como lidar com as exigências dessas populações recém-democratizadas de políticas compensatórias que tornariam esse ajustamento muito mais difícil. Esses países, e vários outros, optaram pelo caminho difícil, e seriam precisos anos de austeridade trituradora para os levar de volta ao ouro. A Alemanha regressou ao ouro em 1924, a Inglaterra, em 1925 e a França, em 1926. Uma vez lá, como veremos, as coisas só pioraram.

A complicar estas dificuldades estava a questão das dívidas e indenizações de guerra. A França e o Reino Unido deviam centenas de milhões de dólares aos Estados Unidos. A Alemanha foi obrigada a pagar às potências aliadas bilhões de marcos de ouro em indenizações ao abrigo do famoso Tratado de Versalhes. O problema era que a Alemanha não queria pagar; os estadunidenses e os franceses queriam que os alemães pagassem; e os britânicos estavam a meio caminho, percebendo que pedir aos Alemães que pagassem tanto era impossível, mas careciam de poder para fazer alguma coisa a esse respeito[467].

Felizmente, uma vez que a economia dos EUA ia muito bem no período pós-guerra, apresentou-se uma solução atípica. Os Estados Unidos tinham capital para exportar e foi exatamente o que fizeram, mandando ouro e capital de curto prazo (empréstimos em dólares) para a Europa, apostando numa rápida recuperação alemã. Enquanto o capital dos EUA fluiu para a Europa, a Alemanha conseguiu crescer (ou pelo menos obter empréstimos) o suficiente para pagar as suas dívidas à França e ao Reino Unido, os quais, por sua vez, usaram o mesmo dinheiro para reembolsar as dívidas aos Estados Unidos, desde que os Estados Unidos o mandassem de volta para a Alemanha a fim manter todo o sistema de pagamentos funcionando. Como Fred Block disse com justificada ironia: "A contribuição norte-americana para (...) o problema foi emprestar à Alemanha enormes somas de capital que depois foram usadas para financiar o pagamento das indenizações[468]". Se você acha isso um pouco parecido com os empréstimos à periferia da Europa que esses países nunca podem esperar reembolsar devido ao fardo já pesado da sua dívida, mais uma vez não está completamente errado.

Todo o sistema se manteve à tona, depois da hiperinflação alemã de 1923, durante cerca de quatro anos, até as exportações de capital dos Estados Unidos abrandarem como resultado do crescimento explosivo de Wall Street e do *crash* subsequente de 1929[469]. Alarmada com o crescimento explosivo da bolsa, o Federal Reserve dos EUA

---

[467] Fred Block, *The Origins od the International Economic Disorder* (Berkeley: University of California Press, 1977).

[468] Block, *Origins,* 20.

[469] Também estava em jogo o "swap de antiguidade" (seniority swap) que ocorreu quando o Plano Young de 1929 para os pagamentos de indenizações reverteu a antiguidade de incumprimento de crédito de reivindicações comerciais por reivindicações de indenizações que estavam presentes nos arranjos anteriores do Plano Dawes. Uma vez que essa cláusula de proteção de crédito foi eliminada em 1929, o capital comercial (p. ex., estadunidense) fugiu da Alemanha. Para uma discussão destes fenômenos, ver Albrecht Ritschl, "The German Transfer Problem, 1920-1933: A Sovereign Debt Perspective", London School of Economics, Center for Economic Performance, documento de discussão n.o 1155, julho de 2012, http://cep.lse.ac.uk/pubs/download/dp1155.pdf.

subiu as taxas de juros em 1928 para arrefecer a demanda interna. Isso teve o efeito de inverter o fluxo de capitais para a Europa na medida em que o capital dos EUA regressou a casa para aproveitar esses juros mais altos, o que, inesperadamente, atiçou ainda mais o crescimento explosivo da bolsa[470]. Afinal, por que pôr o dinheiro na Alemanha quando se pode ganhar 15% comprando ações num fundo de investimento e 7% num depósito bancário nos EUA? A fuga de capitais daí resultante colocou uma enorme pressão sobre a economia alemã, que reagiu com políticas de austeridade cada vez mais estritas, especialmente, como veremos, sob o chanceler Brüning em 1930-1931. Privados de liquidez externa — o dinheiro voltara todo para os Estados Unidos —, a corrida aos bancos na Áustria e na Alemanha foi enfrentada com políticas de austeridade cada vez mais estritas em troca de mais empréstimos (que não se concretizaram) para protelar o inevitável calote. Finalmente, e tragicamente, quando os empréstimos secaram, as tarifas aduaneiras subiram, as moedas foram desvalorizadas, e a recessão do pós-guerra transformou-se na Grande Depressão.

Além deste panorama geral da razão pela qual a austeridade falhou a nível macro, o que mais nos interessa aqui é o modo como as políticas de austeridade dos diferentes países funcionaram a nível micro durante a crise. O ponto crítico a assinalar é que, enquanto há alguns exemplos positivos de austeridade que leva à expansão entre a legião de fracassos neste período, tal como houve nas décadas de 1980 e 1990, esses episódios deram-se imediatamente depois da Primeira Guerra Mundial, quando os Estados em questão, principalmente a Alemanha e os Estados Unidos, estavam fora do padrão-ouro. Como tal, podiam ajustar os seus custos internos deixando a respectiva taxa de câmbio deslizar em vez de a fazerem através da deflação interna forçada dos salários e preços. Também estavam a pôr em prática a austeridade no auge do crescimento explosivo do pós-guerra[471].

[470] Eichengreen, Golden Fetters, 226.

[471] Os casos em questão são as contrações empreendidas pela Alemanha e pelos novos Estados europeus do leste no período de 1920-1921. Por vezes, os Estados Unidos são citados como um caso de austeridade expansionista também neste período. Sobre a razão pela qual não é esse o caso, ver Daniel Kuehn, "A Note on

Uma vez restabelecido o ouro, o jogo mudou e a aplicação de toda e qualquer política de austeridade tornou as coisas simplesmente piores — em alguns casos, como veremos, com resultados fatais. O paralelo com a zona do euro enquanto padrão-ouro sem ouro (lá também não se pode desvalorizar, inflacionar, nem dar calote) é ao mesmo tempo óbvio e de importância vital. Isto é, se nenhum desses países conseguiu fazer funcionar a austeridade quando estavam no padrão-ouro clássico e eram de longe mais autoritários, por que é que haveríamos de esperar que acontecesse alguma coisa diferente na zona do euro — ou até nos Estados Unidos — quando são de longe mais democráticos?

A austeridade como política nos EUA: 1921-1937

Em vez de uma recessão depois da Primeira Guerra Mundial, os Estados Unidos viveram um momento de crescimento explosivo quando a demanda contida e a oferta fortemente expandida de dinheiro irromperam de dentro das economias que tinham sofrido o choque da guerra em todo o mundo. Esse crescimento foi, porém, de curta duração e, nas economias da Europa continental, foi acompanhado por uma inflação significativa e, em alguns casos, por uma aterrisagem difícil. Não se seguiu nenhuma recessão nos Estados Unidos, porém, por uma razão inesperada — as taxas de câmbio flutuantes na Europa (a maioria dos países estava fora do ouro) permitiram que os países deflacionassem externamente em vez de através dos preços internos —, e assim a recuperação seguiu-se à desinflação rápida[472]. Os Loucos Anos 20 começaram com um solavanco na Europa, mas não nos Estados Unidos, precisamente porque os norte-americanos não estavam no ouro.

Piscavam as primeiras luzes de alarme para os Estados Unidos, porém, na forma de preços agrícolas em queda e de um setor bancário cada vez mais volátil. O desemprego subiu lentamente ao longo da década de 1920, tornando a sua redução uma prioridade política

---

America's 1920-21 Depression as an Argument for Austerity", *Cambridge Journal of Economics*, *36* (2012): 155-160.

[472] Eichengreen, *Golden Fetters*, 123.

tanto para a administração Harding como para a de Hoover. Como se assinalou no capítulo 4, Hoover, primeiro como secretário do Comércio de Harding e depois como presidente, procurou realizar obras públicas limitadas e soluções cooperativas voluntárias para o problema do desemprego. Nenhuma das políticas teve grande impacto nas recessões de 1924 e 1926. Na verdade, dado que a despesa federal em 1929 foi de apenas "cerca de 2,5% do Produto Nacional Bruto", isso não surpreendeu[473]. Tais políticas também pareciam cada vez mais redundantes em 1929. Por causa do crescimento explosivo da bolsa, o desemprego tinha caído para um mínimo do pós-guerra.

Ainda que o Estado tivesse limitado suas ambições a equilibrar o orçamento e a garantir a conversibilidade, por causa do inesperado estouro da bolha da bolsa, Hoover gastou US$ 1,5 bilhões em obras públicas quando se tornou presidente em 1929. Em 1931, a despesa federal global aumentara um terço em relação ao seu nível de 1929[474]. Dado o volume reduzido em que a despesa do Estado se mantinha relativamente ao PIB, porém, o declínio agora em aceleração da despesa pública significava que "as receitas [fiscais] diminuíram 50% e a despesa aumentou quase 60%[475]". Nesta conjuntura, Hoover viu a austeridade como único caminho, e o caminho certo, para restabelecer a "confiança das empresas" e equilibrar o orçamento.

As políticas contracionistas de Hoover receberam mais um impulso negativo com a decisão da Grã-Bretanha de abandonar o padrão-ouro em 1931. A confiança no dólar caiu e os investidores pensaram que os Estados Unidos seguiriam a Grã-Bretanha na saída do ouro. O capital começou a sair dos Estados Unidos, os juros subiram e as falências de bancos dispararam[476]. Foi nestas circunstâncias que Hoover autorizou um aumento de impostos, produzindo com isso uma grande recessão em nome da manutenção de "finanças saudáveis". Em dezembro de 1931, Hoover aumentou os impostos em US$ 900 milhões para eliminar o déficit. Como Hoover disse em um discurso clássico de austeridade: "Não podemos chegar à prosperi-

[473] Herbert Stein, *The Fiscal Revolution in America: Policy in Pursuit of Reality* (Washington DC: AEI Press, 1996), 14.

[474] *Ibid.*, 20.

[475] Stein, "Fiscal Revolution", 26.

[476] *Ibid.*, 31.

dade esbanjando[477]". O preço dessa parcimônia foi lançar a economia dos EUA na depressão. Em 1932 o desemprego atingira 23% da força de trabalho, contra 8% em 1930[478].

A longa e sinuosa estrada que a administração Roosevelt tomou para atravessar os anos de depressão, desde os arranjos de quase-cartel da Lei Nacional de Recuperação Industrial ou da Lei de Ajustamento Agrícola até à Lei de Segurança Social ou à Lei Wagner, concentrando-se na manutenção do consumo, não é de nosso interesse direto aqui[479]. Pelo contrário, apenas precisamos assinalar duas coisas. Primeiro, quando os Estados Unidos abandonaram o padrão-ouro, em 1933, criaram imediatamente espaço através da desvalorização para a reativação da economia. Dado o tamanho relativamente grande da economia interna dos EUA, aumentar a demanda teria um efeito significativo. Segundo, como consequência, o efeito líquido das políticas de Roosevelt foi aumentar a despesa governamental e a dívida, fazendo descer, ao mesmo tempo, o desemprego para 17% em 1936. Nenhuma boa ação passa sem punição, claro, e esta virada da economia no fim de 1936 criou exigências de regresso a orçamentos equilibrados, a finanças saudáveis e a uma segunda rodada de austeridade para os Estados Unidos em 1937.

Uma vez que a recuperação parecia estar em curso, a conversa fiada de Roosevelt acerca da noção de equilibrar o orçamento tornou-se uma questão política, e depois das eleições de 1936 o seu secretário do Tesouro Henry Morgenthau procurou um regresso à ortodoxia. Isso levou a uma rodada de aperto monetário, que veio no encalço de uma contração fiscal que foi o resultado da entrada em vigor de novas taxas de contribuição da segurança social. Isso aumento o desemprego, provocando uma recessão curta, mas acentuada em 1937 e 1938. Esta recessão, uma experiência natural

[477] Herbert Hoover, State Papers, vol. 2, 105, citado em Dean L. May, *From New Deal to New Economics: the American Liberal Response to the Recession of 1937* (Nova Iorque: Garland Press, 1981), 33.

[478] United States Bureau of the Census, Historical Statistics, Tempos Coloniais até 1957, Washington DC, 1960, 70.

[479] Embora, se estiver interessado, ver Mark Blyth, "Beyond the Usual Suspects: Ideas, Uncertainty and Building Institutional Orders", *International Studies Quarterly 51*, 4 (dezembro de 2007): 747-759.

perfeita da política de austeridade uma vez que a contração foi deliberada, concentrada na despesa, e aconteceu em fase ascendente, falhou miseravelmente e pendeu o equilíbrio de poder dos defensores do equilíbrio fiscal para os advogados da despesa[480].

Em outubro de 1937, a austeridade como solução foi finalmente repudiada com firmeza numa das conversas à lareira de Roosevelt. Culpando a depressão pelo fracasso do poder de compra, Roosevelt defendeu uma nova rodada de despesas totalizando US$ 3,5 bilhões, concluindo que: "reconheçamos unanimemente (...) que a dívida federal, seja de vinte e cinco ou de quarenta bilhões, só pode ser paga se a nação obtiver um grande aumento do rendimento dos cidadãos[481]". Os Estados Unidos só se recuperaram completamente quando a enorme despesa do tempo de guerra reduziu o desemprego para 1,2% em 1944. Para o que nos interessa neste livro, só precisamos assinalar que a economia dos EUA piorou sempre que foi aplicada austeridade — primeiro em 1931 e de novo em 1937.

Defendendo a libra esterlina e a visão do tesouro: austeridade britânica 1921-1939

A Grã-Bretanha, como se assinalou no capítulo 4, regressou ao padrão-ouro em 1925, após cinco anos de políticas de austeridade destinadas a expulsar a inflação do sistema. O objetivo era deflacionar os preços para os seus níveis de antes da guerra, restabelecer a paridade da libra esterlina e agir mais uma vez como âncora do sistema do padrão-ouro[482]. A Grã-Bretanha estava, porém, muito diminuída, financeiramente falando, para tentar restabelecer a paridade de antes da guerra e isso seria sempre doloroso. Mas, todavia, essencial, pelo menos do ponto de vista do Tesouro e da *City* de Londres.

Como pedra angular do padrão-ouro e maior investidor estrangeiro do século XIX, a Grã-Bretanha tinha importantes responsabilidades *offshore* na forma de títulos estrangeiros de ativos designados em

[480] Blyth, *Great Transformations*, 74-77.

[481] Franklin D. Roosevelt, *The Public Papers and Addresses of Franklin D. Roosevelt*, vol. 7 (Nova Iorque: Macmillan, 1938), 236-247.

[482] Block, *Origins;* Charles P. Kindleberger, *The World in Depression, 1929-1939* (Berkeley: University of California Press, 1986).

libras esterlinas. Fazer regressar o ouro a uma paridade mais baixa do que a de antes da guerra desvalorizaria literalmente esses ativos. Isso teria levado a uma grave corrida contra a libra quando os investidores tentassem livrar-se da libra esterlina a qualquer preço e em massa, como o padrão-ouro pretendia, o que teria resultado em enormes prejuízos para a *City*. Assim, quando Churchill pôs de novo a Grã-Bretanha no ouro, em 1925, a economia doméstica iria ser deliberadamente espremida de modo que o valor da libra esterlina e, sem ser por coincidência, os lucros da finança, se mantivessem.

A Grã-Bretanha manteve-se daí em diante no padrão-ouro, perseguindo, como vimos anteriormente, políticas austeras sob os olhos vigilantes do Tesouro, o qual recusava praticamente todos os esforços e iniciativas de reflacionar a economia. O desemprego aumentou de 10,4% em 1929 para 22,1% no princípio de 1932 como resultado do efeito combinado das políticas de austeridade do Tesouro e do efeito contracionista de estar no ouro, o que exigia, claro, cada vez mais austeridade[483].

O que manteve a Grã-Bretanha à tona nessa conjuntura, financeiramente falando, foram precisamente esses ganhos "invisíveis" da conta de capitais provenientes dos ativos em libras esterlinas no estrangeiro que compensaram a diminuição das exportações e a redução do consumo doméstico acarretados pela austeridade. A opção de salvar a libra esterlina não foi, então, simplesmente a *City* contra todo mundo. Os bancos estavam ganhando dinheiro porque a libra não era desvalorizada, e isso estava (quase) equilibrando as contas. Infelizmente, a súbita interrupção dos fluxos de capital proveniente dos Estados Unidos, em 1929, e os efeitos deletérios que isso teve na Alemanha, na Áustria e nos outros países da Europa central pôs a termo este feliz estado de coisas. A Grã-Bretanha precisava agora importar capital para cobrir o seu déficit, o que era difícil uma vez que ele estava, em vez disso, indo todo para os Estados Unidos.

A utilização agressiva, pela Grã-Bretanha, das taxas de juros para competir com os Estados Unidos por capital, com um desemprego de 22% a nível nacional, a seguir a uma greve geral em 1926 e a muita

[483] N. F. R. Crafts, "Long Term Unemployment in Britain in the 1930s", *Economic History Review 40*, 3 (1987): 427.

agitação social a partir daí, não era uma opção fácil[484]. Na verdade, sustentar níveis tão altos de desemprego tinha feito disparar as transferências de desemprego e piorara o déficit. Isto fez com que qualquer esforço do Estado britânico para sair do problema contraindo empréstimos fosse cada vez mais ilusório, uma vez que fazê-lo exigia mais rodadas de políticas de austeridade para reduzir os déficits do que rodadas anteriores de austeridade tinham provocado, de modo que a Grã-Bretanha pudesse receber mais empréstimos para reduzir o déficit. Em 1931, as políticas de austeridade da Grã-Bretanha tinham se tornado autodestrutivas.

O governo trabalhista minoritário, em funções desde 1929, estava sem ideias econômicas alternativas e prosseguiu com políticas de austeridade suficientes para agravar o estado da economia, mas insuficientes para corrigir o déficit. Quando o governo trabalhista caiu por causa da profundidade dos cortes, foi substituído pelo governo (de coalisão) nacional. Este realizou cortes na despesa e aumentos de impostos suficientes para convencer o J. P. Morgan and Company a emprestar à Grã-Bretanha US$ 200 milhões. Mas o empréstimo era demasiadamente pequeno e vinha muito tarde para fazer a diferença. Com as reservas oficiais quase esgotadas (falta de cobertura em ouro) e o desemprego em níveis recordes após uma década de políticas de austeridade, esta rodada final de austeridade obrigou a Grã-Bretanha a sair do padrão-ouro em setembro de 1931.

Embora a recuperação em algumas partes da economia fosse rápida, devido aos efeitos da desvalorização daí resultantes, com o desemprego nacional caindo para 15,5% em 1935, fora de Londres a recuperação foi muito mais lenta e o desemprego manteve-se muito mais elevado, enquanto "a produção real em 1938 mal ultrapassou o nível de 1918[485]". Apesar da austeridade e tal como vemos hoje na zona do euro, a dívida da Grã-Bretanha aumentou em vez de diminuir ao longo desse período. A dívida passou de 170% do PIB em 1930 para 190% em 1933[486]. A depreciação da moeda, que a saída

[484] Eichengreen, *Golden Fetters;* 283.

[485] IMF World Economic Outlook, "The Good the Bad and the Ugly", em *Coping with High Debt and Sluggish Growth,* cap. 3, outubro de 2012, 110 http://ww,w.imf.org/external/pubs/ft/weo/2012/02/pdf/ text.pdf.

[486] *Ibid.,* 111.

do ouro facilitou, ajudou a restabelecer as exportações, mas, com a visão do Tesouro sobre a economia ainda a prevalecer, a Grã-Bretanha continuou a estagnar com elevado desemprego endêmico até que o rearmamento, a forma mais cruel de estímulo, criou condições para a recuperação. A inflação, o grande receio da classe rentista, nunca apareceu. A austeridade mais uma vez não solucionou nenhum problema

Abandonando a austeridade: lições suecas 1921-1938

O período inicial do pós-guerra foi um tempo difícil para os países dependentes de pequenas exportações como a Suécia. Como assinala Erik Lundberg: "A forte deflação, o grande declínio da produção (25% em volume da produção industrial) e a tremenda subida do desemprego foram geralmente considerados consequências naturais e inevitáveis do crescimento explosivo do pós-guerra de 1918-1920[487]". Nada foi feito para criar uma almofada para esses golpes e permitiu-se que a austeridade seguisse o seu curso. Os salários reais caíram 30 a 35% do outono de 1920 até ao verão de 1922 e, ao contrário das expectativas liberais, o desemprego piorou em vez de melhorar[488]. Tal como o Partido Trabalhista britânico, o Partido Social-Democrata da Suécia (SAP), no poder, carecendo de outras ideias acerca do que fazer, não viu alternativa que não fosse continuar com a austeridade, aceitando as recomendações dos principais economistas suecos, como Gustav Cassel, que defendiam que "a deflação, o desemprego, a queda dos preços e dos salários (...) eram necessários" para curar a depressão[489].

Persistindo na austeridade, a Suécia regressou ao padrão-ouro em 1924, um ano antes dos britânicos, apesar do efeito mais deflacionário que isso teve na economia. O PIB caiu aproximadamente um

[487] Erik Lundberg, "The Rise and Fall of the Swedish Model", *Journal of Economic Literature* 23 (março de 1985): 5.

[488] *Ibid.*

[489] Gustav Cassel citado em Villy Bergstrom, "Party Program and Economic Policy: The Social Democrats in Government", em *Creating Social Democracy: A Century of the Social Democratic Labor Party in Sweden*, ed. Klaus Misgeld *et al.* (University Park: Pennsylvania State University Press, 2000), 136.

terço e o desemprego subiu, como resultado, também um terço[490]. Estar de volta ao ouro conjugou-se com uma postura fiscal contracionista quase contínua na última metade da década de 1920 para produzir desemprego na ordem de 12% no fim da década, apesar de um crescimento explosivo das exportações. A despeito (ou talvez por causa) dessa enorme deflação, a agitação industrial aumentou, com cinco milhões de dias de trabalho perdidos só em 1928. Quando as forças combinadas da fuga de capital estadunidense, da crise europeia de liquidez e da saída dos britânicos do padrão-ouro atingiu a economia sueca, em 1931, o desemprego subiu para aproximadamente 25% em 1932. A austeridade ajudara a Suécia a produzir um excedente de exportações na década de 1920 às custas de 12% de desemprego. Na década de 1930, a continuação da austeridade produziu a maior recessão da história sueca e duplicou aquela taxa de desemprego. O que mudou nesta conjuntura foi o manual de instruções, que começou a evoluir a partir de meados da década de 1920, da austeridade e do ouro para uma política fiscal mais expansionista e para uma política monetária mais condescendente.

Reeleito em 1932, o SAP evitou dessa vez a austeridade, em benefício de políticas que dessem "ao Estado (...) um papel totalmente diferente do que tinha antes, para estabilizar o emprego em um nível alto[491]". O novo governo do SAP propôs 93 milhões de coroas de despesa em obras públicas. Crucial, no entanto, mais do que concentrar-se exclusivamente em políticas que só beneficiassem o trabalho, foi o governo adotar a estabilidade do nível de preços como objetivo político equivalente ao pleno emprego, resistindo ao mesmo tempo ao protecionismo comercial, apesar do colapso do padrão-ouro[492].

Em 1933, o governo resolveu garantir o envolvimento das empresas oferecendo-lhes um compromisso de equilibrar os orçamentos ao longo de todo o ciclo e não em um determinado ano financeiro. Em 1936, esse compromisso gerou uma comissão econômica que defendia a criação de um fundo de equilíbrio orçamentário que usaria

---

490 Sheri Berman, *The Social Democratic Moment: Ideas and Politics in the Making of Interwar Europe* (Cambridge, MA: Harvard University Press, 1998), 154.

491 Bergstrom, "Party Program", 138.

492 Blyth, *Great Transformations*, 113-115.

os excedentes acumulados para reduzir os déficits governamentais[493]. Chegara a política fiscal contracíclica. Entretanto, a tributação foi estruturada de modo que estimulasse o investimento[494]. Estas reformas foram, por sua vez, conjugadas com uma política de centralização das instituições do mercado de trabalho e de promoção da crescente concentração de empresas para garantir confiança e cooperação em matéria salarial entre os parceiros do mercado do trabalho[495].

No seu conjunto, estas iniciativas facilitaram uma política expansionista que funcionava tanto através do lado da oferta como do lado da demanda na economia, levando ao mesmo tempo a sério as preocupações empresariais com a estabilidade dos preços. Como disse o economista sueco Rudolph Meidner, acerca da política econômica desse período, o objetivo era "manter a economia de mercado, para contrariar as flutuações míopes através de políticas contracíclicas e neutralizar os seus efeitos negativos através de políticas fiscais. O grito de guerra era o pleno emprego, crescimento econômico, [uma] justa distribuição do rendimento nacional e segurança social[496]".

O que é surpreendente é que funcionou. Agricultores, empresários e trabalhadores juntaram-se ao Estado em uma ampla coalizão que permitiu que os custos e os benefícios dos ajustamentos fossem igualmente partilhados[497]. A austeridade sueca acabou quando a Suécia saiu do ouro e mudou ativamente de opinião acerca do modo de gerir uma economia. Quando a Alemanha, importante parceiro comercial da Suécia, fez o mesmo e começou a crescer rapidamente depois de adotar um tipo muito diferente de política expansionista, depois de 1933, a procura externa aumentou de fato e a austeridade na Suécia desapareceu nos cinquenta anos seguintes.

---

[493] Benny Carlson, "The Long Retreat: Gustav Cassel and Eli Heckscher on the "New Economics" of the 1930s", em *Swedish Economic Thought: Exploration and Advances,* ed. Lars Jonung (Londres: Routled- ge, 1987), p. 181.

[494] Sven Steinmo, "Political Institutions and Tax Policy in the United States, Sweden, and Britain", *World Politics* 41, 4 (julho de 1989): 500-535.

[495] Blyth, *Great Transformations,* 119-123.

[496] Rudolph Meidner, "Our Concept of the Third Way: Some Remarks on the Sociopolitical Tenets of the Swedish Labor Movement", *Economic and Industrial Democracy 1,* 4 (agosto de 1980): 349.

[497] Mancur Olson, "How Bright are the Northern Lights? Some Questions about Sweden", Institute of Economic Research, Lund University, 1991.

Austeridade como ideologia política e partidária: alemanha 1923-1933

A hiperinflação que ainda marca tão profundamente a psique alemã contemporânea não foi, como se assinalei no capítulo 3, promovida por algum tipo de estímulo keynesiano mal orientado. Pelo contrário, foi política deliberada do governo alemão, destinada a tornar quase impossível o pagamento de indenizações, especialmente depois da ocupação francesa do Ruhr. Quanto a isso, foi bastante bem-sucedida. Saber que a recompensa por pôr a sua casa fiscal em ordem seria dar ainda mais dinheiro aos franceses significava que a Alemanha decidira derrubar o equilibrio fiscal[498]. Como disse sucintamente Albrecht Ritschl: "A inflação mostrou ser uma arma formidável contra credores de indenizações, pelo menos a curto prazo. Ajudou a isolar a Alemanha da recessão internacional de 1920-1921, melhorando a sua posição exportadora e estimulando a demanda interna (...) também explorou os restantes credores estrangeiros da Alemanha, em grande medida países neutros, depreciando as reservas de marcos de papel que tinham acumulado durante o período de estabilização (...) Acima de tudo, paralisou o sistema financeiro que teria sido necessário para organizar uma transferência ordenada das indenizações[499]".

As consequências internas desta política, dos mecanismos através dos quais resistência se tornou hiperinflação, foram que a taxa de câmbio disparou e os produtores começaram a calcular "preços com referência à taxa de câmbio (...) [a partir daí] foi um pequeno passo até transacionarem em moeda estrangeira" e, *de facto*, abandonarem o marco[500]. Num ambiente destes, em que quem tem marcos está efetivamente se livrando da moeda, o déficit piora. Isso exige que o Banco Central aumente as taxas de juros para atrair capital ou monetize o problema, isto é, ponha as impressoras em funcionamento. Dado que o gênio inflacionário estava sendo deliberadamente tirado da garrafa, ganhou a monetização[501]. *Resistência passiva mais desva-*

[498] Eichengreen, *Golden Fetters*, 128.

[499] Ritschl, "The German Transfer Problem", 7.

[500] Schacht (1927), 76, em Eichengreen, *Golden Fetters*, 136.

[501] Eichengreen, *Golden Fetters*, 139.

lorização mais monetização do déficit igual a hiperinflação. Não se tratava certamente de dar um estímulo fiscal compensatório. Deixemos essa noção em suspenso.

Além disso, se hoje em dia as hiperinflações são vistas como um fenômeno incontrolável, esta pelo menos foi não só deliberadamente provocada, mas também terminou bastante depressa com a introdução do *Rentenmark*, ligado, surpreendentemente, aos ativos imobiliários. O novo *Reichsmark* estável sucedeu-lhe daí a um ano. Os quatro anos seguintes viram a economia alemã ter um desempenho bastante bom, enquanto os fluxos de capitais vindos dos EUA se mantiveram. Quando esses fluxos fecharam, em 1929, o governo alemão abandonou as políticas contracíclicas de que tinha sido pioneiro na década de 1920, especialmente quando o seu sistema de seguro desemprego gerou um grande déficit, e recorreu às alavancas da austeridade[502]. O Reichsbank aumentou as taxas de juros para encorajar as entradas de capital, mas os fluxos não chegaram, dada a escassez geral de liquidez na Europa logo após o aumento das taxas de juros pelo Fed[503]. A única coisa que aconteceu foi que a economia fracassou ainda mais. As reservas oficiais caíram precipitadamente e o mesmo aconteceu à cobertura de ouro[504].

Na política, o Partido Social-Democrata (SPD) abandonou a coalizão de governo que estava no poder desde 1928 e, em resposta, o líder do Partido do Centro, Heinrich Brüning, foi nomeado chanceler em março de 1930. Carecendo de apoio parlamentar, Brüning pôs em prática políticas de austeridade por decreto para endireitar a barca financeira, o que, no essencial, assumiu a forma de cortes extremamente grandes no orçamento. Apesar de estar fora da coligação, as políticas de Brüning abalaram ainda mais o apoio aos sociais-democratas uma vez que não viam alternativa à austeridade e continuaram a apoiá-las passivamente. Os nacionais-socialistas aglutinaram, sem surpresa, mais apoio nas eleições de 1930, depois da política de austeridade transpartidária, obtendo 18,3% dos votos

[502] Berman, *Social Democratic Moment*, 178.

[503] E a subordinação da dívida comercial do Plano Young. Ver Ritschl, "The German Transfer Problem", 8-13.

[504] Eichengreen, *Golden Fetters*, x.

e tornando-se, assim, o segundo maior partido. Afinal, eram o único partido que se pronunciava contra a austeridade. Na verdade, talvez a coisa mais estranha acerca de toda a experiência alemã com a austeridade na década de 1930 seja o modo como foi brutalmente posta em prática pela esquerda e tão rapidamente abandonada pela direita.

Como Sheri Berman esclarece brilhantemente, os sociais-democratas alemães desse período (o SPD) eram intelectualmente marxistas, mas programaticamente ricardianos: liberais clássicos com vestes socialistas. A economia de Marx, à parte a sua visão da taxa de lucro e da possibilidade de uma falha geral da demanda, era tanto a de Ricardo como a dele próprio, especialmente pela forma como foi interpretada pelos principais "teólogos" dos sociais-democratas alemães. Em uma visão como essa, quando a economia estava em recessão não havia literalmente nada a fazer, a não ser deixar o sistema colapsar até que aparecesse magicamente o socialismo.

De fato, para o SPD, boa política econômica significava ser mais ortodoxo do que os liberais contra os quais se pronunciavam. Como membro do SPD e outrora vice-presidente do Reichstag, Wilhelm Dittmann disse em um discurso fiel ao Partido: "Queremos que a atual situação [a crise] se desenvolva mais e só podemos seguir na direção geral que estas tendências nos mostram[505]". Em resposta a este fatalismo estruturalista, os sindicatos alemães começaram a agitar-se por uma alternativa de "ataque total de tipo keynesiano à depressão" em direta oposição às políticas do SPD[506]. Esta política reflacionária tomou forma sob a égide do chamado Plano WTB (iniciais do seu formulador), pelo qual os sindicatos pressionaram muito junto ao SPD e ao governo. Brüning ignorou o plano e insistiu na austeridade. Mas a hierarquia do SPD decidiu destruí-lo, uma vez que isso ofendia a sua fé.

O principal teórico econômico do SPD, Rudolf Hilferding, argumentou que o Plano WTB não só era não marxista, mas também "ameaçava os próprios fundamentos do nosso programa[507]". Como Berman disse, o SPD, como bons marxistas, ainda via como única

[505] Wilhelm Dittman citado em Berman, *Social Democratic Moment*, 189.

[506] *Ibid.*

[507] Hilferding citado em Berman, *Social Democratic Moment*, 192.

política possível deixar o ciclo econômico fazer o seu curso. Tal como os austríacos, a quem se opunham em todos os outros aspectos, o SPD pensava que a intervenção apenas atrasara o inevitável e pioraria ainda mais as coisas. Isto era o pensamento *hardcore* da austeridade, mas vinha do coração da esquerda supostamente democrática. Como argumentava o líder sindical Fritz Naphtali, que foi contra o Plano WTB, "a crise, com todas as suas alterações e mudanças de poder de compra, é um meio de correção que deve ser necessariamente aceito[508]".

Os nazistas, aliviados com esse disparate estruturalista, conseguiram pegar essas ideias e apropriar-se delas. A peça principal da sua propaganda eleitoral de julho de 1932, o *Wirtschaftliches Sofortprogramm* (o "programa econômico imediato"), delineou uma alternativa à austeridade que se parecia terrivelmente com o Plano WTB. Os primeiros três pontos do panfleto não podiam ser mais antiausteridade: primeiro, "o desemprego causa pobreza, o emprego cria prosperidade"; segundo, "o capital não cria empregos, os empregos criam capital"; e terceiro, "os benefícios de desemprego sobrecarregam a economia, mas a criação de emprego estimula a economia[509]". O programa também defendia que a Alemanha devia sair do padrão-ouro o mais rápido possível. As eleições de julho de 1932 viram desmoronar-se o eleitorado do SPD; os nazistas receberam 37,3% dos votos. O fato de terem tido um resultado inferior nas eleições subsequentes de novembro revelou-se irrelevante. Os nazistas ainda chegaram ao poder através das urnas. Em 1933, receberam 43,9% do total de votos.

Em 1932, o desemprego representava 30% da força de trabalho. Em 1936, restabeleceu-se o pleno emprego. Porém, por causa da repressão do trabalho pelos nazistas, os salários reais não aumentaram, e, ao contrário da Suécia, praticamente todas as melhorias se deveram ao estímulo fiscal dos armamentos. Como demonstrou Adam Tooze, os muito apregoados programas de criação de emprego dos nazistas eram uma manobra de propaganda. O que realmente fez

---

[508] Fritz Naphtali, citado em Berman, *Social Democratic Moment*, 193.

[509] Wirtschaftliches Sofortprogramm der N.S.D.A.P. (Munique: Eher Verlag, 1932). Disponível em http://www.calvin.edu/academic/cas/gpa/so- fortprogramm.htm.

a economia crescer foi o avanço para a guerra total[510]. Como Keynes assinalou com pena em 1940: "É, ao que parece, politicamente impossível uma democracia capitalista organizar despesa à escala necessária para fazer a grande experiência que provaria o que defendo — exceto em condições de guerra[511]". Todavia, uma vez que os nazistas puseram termo à austeridade e abandonaram o ouro (mesmo que o tenham feito mais através de controles cambiais do que através de desvalorização), o crescimento voltou. O fato de esta virada contra a austeridade ter tomado uma direção particularmente mortífera na Alemanha não invalida a questão básica de que a austeridade não funcionou. De fato, a questão que precisa realmente ser reconhecida é que rodadas repetidas de política de austeridade, mais a intransigência ideológica dos social-democratas, ajudou muito mais a pôr Hitler no poder do que qualquer recordação da inflação de uma década antes.

Em 1933, a lição devia ser clara. *Não se pode gerir um padrão-ouro em uma democracia.* Eventualmente as pessoas votarão contra isso. Fizeram-no na Suécia e fizeram-no na Alemanha. A austeridade deu à Europa do entre-guerras tanto a social-democracia como um fascismo genocida. Todavia, tal como a dádiva que continua a dar, na Ásia a austeridade estava para nos legar uma nova e virulenta forma de imperialismo.

---

[510] Adam Tooze, *The Wages of Destruction: The Making and Breaking of the Nazi Economy* (Nova Iorque: Penguin Books, 2006).

[511] John Maynard Keynes, "The United States and the Keynes Plan", *New Republic*, 29 de julho de 1940, citado em Bill Janeway, *Doing Capitalism in the Innovation Economy* (Cambridge: Cambridge University Press, 2012), 254.

"Daquelas pessoas maravilhosas que te trouxeram Pearl Harbor[512]": austeridade japonesa e expansão militar 1921-1937

O Japão precisou de treze anos para voltar ao ouro depois de o abandonar em 1917, mas não foi por falta de tentativa. Se houvesse um prêmio para o país que mais tentasse ser austero, o Japão ganharia facilmente. O Japão saiu da Primeira Guerra Mundial do lado dos Aliados praticamente sem danos de guerra (salvo algumas perdas na Sibéria em 1918). Por trás da fachada, porém, estava um sistema bancário frágil e muita inflação reprimida. Estar fora do padrão-ouro permitiu uma desvalorização da taxa de câmbio, mas ser fortemente dependente das importações significava que uma política de desvalorização só poderia ir longe se não alimentasse a inflação através de importações. Como tal, a austeridade na forma de taxas de juros elevadas foi aplicada mais eficientemente do que em nossos outros casos, transformando a recuperação dos mercados de títulos e mercadorias do pós-guerra no fiasco da Segunda-Feira Negra em março de 1920[513]. Depois da Segunda-Feira Negra o crescimento econômico desapareceu enquanto a deflação se impunha e rodadas sucessivas de austeridade a pioravam. Segundo os cálculos de Yuji Kuronuma, "a taxa real de crescimento econômico foi de -2,7% em 1922, -4,6% em 1923 e -2,9% em 1925[514]".

Apesar de estarem numa recessão quase permanente, as elites bancárias japonesas e o Banco do Japão procuraram um regresso rápido ao padrão-ouro. Mas ergueram-se contra eles vários interesses agrícolas, laborais e empresariais concentrados internamente. Isso exigiu grandes debates públicos entre acadêmicos, em círculos políticos e na imprensa acerca daquilo a que se chamou "a controvérsia

512 "From Those Wonderful Folks That Brought You Pearl Harbor" é o título de um livro que inspirou o programa de TV *Mad Men*. Ver http://en.wikipedia.org/wiki/Jerry_Della_ Femina. Uso-o aqui não para ser engraçado, mas porque é fundamentalmente exato. A austeridade deu poder às forças armadas japonesas e assim trouxe ao mundo Pearl Harbor.

513 Jonathan Kirshner, *Appeasing the Bankers: Financial Caution on the Road to War* (Princeton, NJ: Princeton University Press 2007), 62.

514 Yuji Kuronuma, "Showa Depression: A Prescription for 'Once in a Century' Crisis", Japan Center for Economic Research, documento de investigação, abril de 2009, 2.

do *kin kaikin* [revogação do embargo do ouro][515]". Para complicar este quadro, os dois partidos políticos dominantes, o Seiyukai e o Kenseikai, queriam voltar ao ouro, mas discordavam acerca das condições sob as quais isso devia acontecer[516].

Em 1928, as elites financeiras e as frações do governo que pressionavam para um regresso imediato ao ouro receberam a ajuda dos principais jornais da época para convencerem o povo a regressar ao ouro. Como uma série de editoriais no *Osaka Mainichi,* do verão de 1928 até à primavera de 1929. Por exemplo, quando a França voltou ao ouro, em junho de 1928, o *Osaka Mainichi* argumentou que "a França realizou a revogação do embargo do ouro: o Japão devia envergonhar-se". O mesmo editorial perguntava retoricamente: "Por que não devemos nos arrepender de sermos deixados para trás se pensamos que a nossa nação é uma nação civilizada e de primeira categoria[517]?". Em julho de 1928 foi dito ao povo que, para voltar ao ouro, "as pessoas tinham de sofrer a dor de uma operação cirúrgica (...) Primeiro encolher para depois estender[518]". Mais tarde, nesse verão, um editorial assinalou que, embora o regresso ao ouro fosse doloroso, "é uma dor esperançosa. Ao final, nos restauraria[519]".

Tendo preparado deste modo o terreno austero, o empurrão final para ter o Japão de volta ao ouro veio de Junnosuke Inoue, o ministro das Finanças do novo gabinete Hamaguchi que foi formado em 1929. Inoue foi incumbido da missão de conduzir uma campanha de propaganda que lutasse pelo ouro. Treze milhões de panfletos, dúzias de programas de rádio e muitos outros editoriais em jornais foram atirados ao povo[520]. E funcionou. Como informam Koichi Hamada e Ashai Noguchi: "O lema 'revogar o embargo do ouro' tornou-se

[515] Koichi Hamada e Asahi Noguchi, "The Role of Preconceived Ideas in Macroeconomic Policy: Japan's Experiences in Two Deflationary Episodes", Economic Growth Center, Yale University, documento de discussão número 998, New Haven, CT, março de 2005, http://www.econ.yale.edu/growth—pdf/cdp908.pdf.

[516] Kirshner. *Appeasing the Bankers,* 62-63.

[517] Citado em Hamada e Noguchi, "Role of Preconceived Ideas", 20.

[518] *Ibid.*

[519] *Ibid.*

[520] Hamada e Noguchi, "Role of Preconceived Ideas", 16-17.

moda[521]". O próprio Inoue foi o autor de vários textos sobre o assunto, cada um dos quais era um triunfo do pensamento da austeridade. Como Inoue disse: "Pelo caminho, não podemos evitar o aperto fiscal e a liquidação pelo menos uma vez" e, assim, "a maneira mais segura é ir em frente na direção da revogação do embargo do ouro (...) uma vez que, de qualquer modo, não podemos evitar alguma dor (...) e sacrifício[522]". Inoue viajou pelo país de ponta a ponta defendendo seu ponto de vista, pedindo ao povo que se preparasse para o aperto do ambiente econômico já austero[523].

Inoue satisfez o seu desejo, e o Japão voltou ao padrão-ouro em janeiro de 1930, exatamente no momento em que o resto da economia mundial estava contraindo. O resultado foi a Depressão Showa, o maior colapso em tempo de paz da atividade econômica na história do Japão. A taxa de crescimento do Japão caiu para -9,7% em 1930 e para -9,5% em 1931, enquanto o iene subiu aproximadamente 7% em relação ao dólar[524]. A demanda por produtos japoneses nos Estados Unidos e no resto do mundo caiu quando a apreciação do iene e o colapso geral estrangularam o comércio. O rendimento familiar médio japonês caiu como uma pedra de ¥ 1326 em 1929 para ¥ 650 em 1931[525]. Você poderia pensar que um desempenho desses talvez assinalasse uma reconsideração da política — mas as elites financeiras japonesas não estavam de acordo.

O Estado mantivera a despesa pública sob controle ao longo da década de 1920, subindo de apenas ¥ 1,2 bilhão para ¥ 1,4 bilhão ao longo da década. Quem suportou o peso dessa contração em termos reais foram as forças armadas, que viram a sua despesa cortada de 47,8% para 28,4% no orçamento no mesmo período[526]. Amplificando a cruzada da austeridade de Inoue, o lema do seu partido nas eleições de 1930 foi "economia, desarmamento, purificação de políticas, reforma da política da China e eliminação do embargo do

[521] *Ibid.* 17.

[522] Junnosuke Inoue, "The Repeal of the Gold Embargo: An Appeal to All the Nation", citado em Hamada e Noguchi, "Role of Preconceived Ideas", 17.

[523] Kirshner, *Appeasing the Bankers,* 71-72.

[524] Kuronuma, "Showa Depression", 2.

[525] Kirshner. *Appeasing the Bankers,* 72.

[526] *Ibid.* 68.

ouro[527]". As forças armadas não ficaram nada satisfeitas. Inoue, indiferente, insistiu.

As taxas de juros foram aumentadas no meio da repressão e a despesa governamental foi cortada em quase 20% quando já estavam em um nível baixo[528]. Na altura em que foi ratificado o Tratado Naval de Londres, que condenou a marinha japonesa a um estatuto de inferioridade permanente, em outubro de 1930, as Forças Armadas estavam fartas. O primeiro-ministro Hamaguchi foi alvejado por um apoiador dos militares, em novembro de 1930, e morreu devido aos ferimentos, no ano seguinte. Imperturbável, o ministro das Finanças continuou a insistir. No início de 1931, tentaram cortar mais ¥ 28 milhões nos orçamentos do Exército e da Marinha. Em outubro de 1931 foi descoberta uma conspiração no Exército para derrubar o governo. Os dois fatos estavam relacionados. As tensões civis-militares atingiram seu auge. O governo foi o primeiro a vacilar e renunciou em dezembro de 1931.

O novo governo não podia ser mais diferente. O Partido Seiyukai, da oposição, designou Takahashi Korekiyo como ministro das Finanças. Takahashi abandonou o padrão-ouro o mais depressa possível e depois cortou a taxa de desconto do papel comercial (a taxa de juros mais baixa *de facto*) de 6,57% no início de 1932 para 3,65% em julho de 1934[529]. Aumentou drasticamente a oferta de dinheiro e instituiu controles de capitais para travar a sua fuga. Deu instruções ao Banco do Japão para fazer emissões de títulos do governo a longo prazo[530]. A despesa do governo aumentou inicialmente 34% e, no fim de 1932, totalizou um adicional de 10% do PIB[531]. Os preços subiram, os encargos da dívida caíram, e a economia japonesa saiu disparada da depressão, crescendo 4% ao ano em termos reais entre 1932 e 1936. Quando consideramos que o resto do mundo estava deflacionando naquele momento e nos lembramos de que o Japão era, e ainda é,

527 *Ibid.* 69.

528 *Ibid.* 72.

529 Kuronuma, "Showa Depression", 3.

530 *Ibid.*, 3; Kirshner. *Appeasing the Bankers,* 78.

531 Kuronuma, "Showa Depression", 3.

uma economia conduzida pelas exportações e dependente das importações, o resultado foi absolutamente notável.

Inoue, porém, ainda continuava sua campanha em favor da volta ao padrão-ouro quando foi assassinado, em 1932. Mais tarde, nesse mesmo ano, o diretor de um importante banco e o primeiro-ministro também foram assassinados. A austeridade estava fazendo muitas vítimas. Uma década de austeridade tinha convencido as Forças Armadas japonesas de que estavam "em guerra com toda a elite política civil[532]". Até Takahashi, o arquiteto da recuperação, foi excluído do gabinete pelos militares quando começou a dizer que, uma vez que a economia tinha recuperado (no fim de 1934), era tempo de abrandar a despesa e começar a se preocupar com a inflação. Dois anos depois, Takahashi foi assassinado, juntamente com várias outras figuras políticas, em outro golpe frustrado em fevereiro de 1936. Sua substituição no Ministério das Finanças foi uma senha para os militares, que ligaram as bombas de dinheiro a toda a força. Quando finalmente foi declarada guerra à China em 1937, as finanças do Japão, juntamente com toda a prudência financeira, morreram.

A austeridade não se limitou a não funcionar no Japão. Criou a pior depressão da história japonesa, provocou uma campanha de assassinatos contra banqueiros e deu poder àquelas "pessoas maravilhosas que nos trouxeram Pearl Harbour". Agora, se você acha que isso basta para demonstrar a razão pela qual a austeridade é uma ideia perigosa, espere até ver o que aconteceu na França por volta da mesma época.

Defendendo o Franco — mas não a frança. políticas francesas de austeridade 1919-1939

Apesar de estar do lado vitorioso na Primeira Guerra Mundial, a França, de todas as potências aliadas, foi a que sofreu, na guerra, a maior destruição de pessoas, propriedade e riqueza. De tal modo que conseguir que os alemães pagassem todos os danos constituiu uma parte significativa do planejamento orçamentário daí para a frente. O fato de os alemães não quererem pagar e, depois da hiperinflação,

[532] Kirshner. *Appeasing the Bankers,* 83.

basicamente não terem pagado, havia de se revelar um problema significativo para o avanço da economia francesa.

O modelo crescimento-recessão-estabilização que caracterizava a economia mundial no início da década de 1920 atingiu a França de modo peculiar. Dependendo das indenizações alemãs para financiar uma grande parte do seu orçamento, quando os pagamentos deixaram de chegar, os déficits orçamentários resultantes tiveram de ser cobertos a taxas de juros mais elevadas para atrair capital. Em tal situação, uma política razoável teria sido subir impostos, que é precisamente onde a democracia e os impostos se juntaram para produzir inflação[533].

A França era uma sociedade profundamente dividida, em que a direita política procurava aumentar os impostos especiais e de consumo sobre todos os outros, enquanto a esquerda queria tributar apenas os rendimentos e a riqueza da direita[534]. Protegendo a direita sempre que parecia que a esquerda poderia ganhar uma eleição, o Banco da França recusou-se a reprogramar os títulos do Tesouro, isto é, os instrumentos de dívida de curto prazo que financiavam o governo, assim "obrigando as autoridades a imprimir dinheiro[535]". Em 1924, após várias rodadas a atiçar deste modo a inflação, a direita chegou ao poder e, como era de esperar, aumentou os impostos sobre o eleitorado da esquerda. A esquerda venceu a eleição seguinte no mesmo ano, mas foi incapaz de mudar a carga de volta. Como resultado, os déficits dispararam. Finalmente, o governo de esquerda demitiu-se e, em 1926, um governo de direita chefiado por Raymond Poincaré aumentou suficientemente os impostos para suprir o déficit. Em resposta a este equilíbrio do orçamento e à redução da inflação, os investidores compraram francos. Isso permitiu que a França voltasse ao padrão-ouro em 1926, uma vez que as reservas foram reconstituídas. Entre 1926 e 1930, a economia estabilizou-se e aumentaram as entradas de ouro, acrescidas das elevadas taxas de juros, de tal modo que o jornal *Le Figaro* proclamava que a França deveria "regozijar-se com a nossa tímida, mas próspera economia, por oposição à arrogância e à economia decadente das raças anglo-saxónicas".

[533] Eichengreen, *Golden Fetters*, xx.

[534] *Ibid.*, 173.

[535] *Ibid.*, 174.

Um tal disparate de arrogância nacionalista era, claro, o momento perfeito para os efeitos combinados da fuga de capitais para os Estados Unidos, do *crash* de Wall Street e da crise de liquidez da Europa central atingirem em alta velocidade a economia francesa. O resultado foi que o Produto Nacional Bruto caiu 7% e a produção industrial, 13% em 1932[536]. O desejo de ficar no ouro quando todos estavam saindo dele significava que a França só podia deflacionar quando todos os outros reflacionaram.

O que, em certa medida, salvou a França foi que a depressão caiu principalmente em cima das despesas de capital e do investimento, e não no consumo[537]. Mas mesmo na França, a deflação que houve era o máximo que uma democracia podia suportar. Era necessário reflação, mas reflacionar no padrão-ouro iria simplesmente produzir fuga de capitais, especialmente se a autoridade monetária decidisse não entrar no jogo. Para que a reflação funcionasse, eram necessárias políticas de apoio do Banco da França, e era exatamente o que ele não estava disposto a dar.

Como Jonathan Kirshner detalhou, o Banco da França era uma instituição poderosa e completamente não democrática que confundia os seus próprios interesses com o interesse nacional. Embora fosse o agente fiscal do Tesouro francês, também era uma instituição privada com quarenta mil acionistas, cujos duzentos maiores, muitas vezes chamados "as duzentas famílias", determinavam tanto o pessoal escolhido como a política aplicada[538]. Pagavam o (grande) salário do governador em troca da habitual dieta de ouro, cortes e equilíbrio orçamentário, o que beneficiava a classe rentista à custa de todos os outros[539]. Já com a direita política a bordo, a política *de facto* do Banco da França era paralisar a esquerda política. O resultado foi a austeridade contínua.

---

536 *Ibid.*

537 Stephen Schuker, "France and the Remilitarization of the Rhineland, 1936", *French Historical Studies 14,* 3 (1986): 332.

538 "Estes poderosos oligarcas nomearam quinze regentes e três auditores que, juntamente com o governador e os vice-governadores, geriam os negócios do banco", Kirshner, *Appeasing the Bankers,* 96.

539 *Ibid.*, 97.

De 1932 a 1936, a despesa governamental foi cortada em 20%, a produção industrial caiu aproximadamente um quarto, a taxa de câmbio real subiu e a oferta de dinheiro entrou em colapso[540]. Qualquer tentativa de compensar levava à fuga de capitais, coisa que o Banco da França apoiava ativamente como modo de disciplinar o governo. O Banco da França plantava artigos na imprensa desacreditando os experimentos fiscais em outros lugares, insistia em cortes orçamentários como o único caminho para avançar, e geralmente vetava quaisquer políticas que o governo democraticamente eleito promovesse que não merecessem a sua aprovação[541].

Exemplo crítico disso foi a experiência do governo de Flandin com a reflação em 1934-1935, quando a França ainda estava no ouro. O Banco da França vetou essas políticas ainda que Flandin fosse conservador. Não fizeram nenhum esforço para travar a saída do ouro que a sua magra despesa promoveu, o que acabou por resultar na demissão de Flandin[542]. Pierre Laval, cuja política de "superdeflação" se seguiu à de Flandin, produziu nada menos do que 549 decretos, a maioria dos quais eram cortes no orçamento. A economia caiu ainda mais apesar do Banco de França emitir cada vez mais instrumentos de dívida para comprar espaço para Laval respirar, coisa que nunca tinham feito pela esquerda[543].

A situação só atingiu o auge quando o povo começou a revoltar-se. Laval foi obrigado a sair em janeiro de 1936 e subiu ao poder uma aliança interpartidária de esquerda chamada Frente Popular. Tinha sido experimentada a austeridade e havia falhado, tinha sido tentada de novo na superdeflação de Laval e voltara a falhar. A Frente Popular queria seguir países que estivessem rompendo com a ortodoxia. O problema era, claro, o Banco da França. A Frente Popular aumentou os salários, reduziu o tempo de trabalho e reformou a estrutura do Banco da França, de modo que os dirigentes não controlassem

540 *Ibid.*, 98-99.

541 *Ibid.*, 100-104.

542 Como Kirshner diz: "Embora seja verdade que as finanças realmente não empurraram Flandin para fora, ela o inclinou sobre a grade, salva-vidas na mão e gritou perguntas sobre como a água estava fria", *ibid.*, 103.

543 Eichengreen, *Golden Fetters*, 371.

o Conselho de Governo[544]. Isto também era muito louvável, mas levou simplesmente a outra rodada de fuga de capital, aumentos das taxas de juros e mais deflação. A política reflacionária, na ausência de efetivos controles de capital, significa que a fuga de capital vence, especialmente quando é ajudada e estimulada pelo Banco Central. Quando o líder da Frente Popular, Léon Blum, sugeriu controles de capital para tornar possível a reflação e uma maior despesa, foi obrigado a sair pela fuga crescente de capital que o Banco da França, de novo, nada fez para evitar.

Mesmo quando a França acabou por abandonar o ouro em setembro de 1936, pouco melhorou. Para misturar metáforas, enquanto a desvalorização pode criar espaço para se mover, os gastos devem absorver a folga. Portanto, quando a autoridade monetária atua como um veto *de facto* a todas as políticas com exceção da austeridade, a desvalorização simplesmente aumenta a conta das importações e aprofunda a recessão. A maioria dos Estados que nesse período deixaram o ouro para trás se recuperou por meio de desvalorização *mais despesa,* mesmo que fosse através do rearmamento. Todavia, o Banco da França vetou continuamente os aumentos do orçamento que teriam permitido que as Forças Armadas francesas se modernizassem, e até se mobilizassem, para enfrentar a ameaça alemã[545]. Como resultado, a despesa francesa com defesa entre 1934 e 1938 foi de um décimo da alemã[546]. Os banqueiros centrais franceses irritaram-se com o já "ruinoso nível da despesa militar" e exigiram cortes na defesa logo em 1940[547]. Até a sugestão de mobilização preventiva promoveu fuga de capital, coisa que o Banco da França, mais uma vez, não fez nada para travar[548]. Como disse, de forma significativa, um acadêmico, havia uma coisa que Hitler sabia em 1936. O franco

544 *Ibid.*, 376.

545 Kirshner, *Appeasing the Bankers;* e Stephen Schuker, "France and the Remilitarization of the Rhineland, 1936", *French Historical Studies 14,* 3 (1986): 299-338.

546 Kirshner, *Appeasing the Bankers,* 108.

547 *Ibid.* 121.

548 Schuker, "France and the Remilitarization", 330-331.

seria defendido a todo o custo. Quanto à França, era uma questão inteiramente diferente[549].

Lições perigosas da austeridade

O período entre-guerras nos deu algumas lições valiosas acerca da razão pela qual a austeridade não funciona e a sua aplicação é uma ideia perigosa. Construir toda uma ordem monetária internacional com uma tendência deflacionária inerente que não pode funcionar em uma democracia é, em primeiro lugar, uma má ideia. Em segundo, Einstein tinha razão. Se fazer repetidamente a mesma coisa esperando resultados diferentes é a definição de loucura, rodadas repetidas de austeridade em sucessivos países era uma loucura. Nada de bom veio daí. À parte algumas expansões de curto prazo no início da década de 1920, quando os países não estavam no ouro, a aplicação da austeridade não só não funcionou como tornou mais profunda e mais prolongada a depressão, e lançou comprovadamente as bases da guerra que subjugaria o mundo na década de 1940.

A doutrina "liquidacionista" dos Estados Unidos continuou depois do *crash* de Wall Street, transformando uma série de falências de bancos e um déficit orçamentário relativamente pouco importante em uma crise financeira global e numa depressão que só se abateu quando terminou a austeridade. Os britânicos restabeleceram heroicamente a paridade de antes da guerra e quase instantaneamente geraram um milhão de desempregados e uma recessão que persistiu até ao fim da década de 1930. Os suecos, inicialmente, e de modo muito clássico, fizeram cortes para melhorar as coisas, mas depois começaram a fazer experiências com políticas reflacionárias, mais cedo e em grau mais significativo do que quaisquer outros, com exceção dos japoneses. A hiperinflação da Alemanha em 1923 teve pouco a ver com as políticas de austeridade que se seguiram ou com o seu resultado final: a ascensão do fascismo genocida. Pelo contrário, quando a fuga de capital atingiu a Alemanha, no fim da década de 1920, foi aplicada a austeridade para manter o país no ouro, o que teve

---

[549] James Thomas Emmerson, *The Rhineland Crisis: A Study in Multi-lateral Diplomacy* (Ames: Iowa State University Press, 1977), 80.

o efeito de atirar a economia do proverbial despenhadeiro abaixo. O partido majoritário no Reichstag, os sociais-democratas, era, perversamente, ainda mais ortodoxo do que os seus adversários liberais. O resultado foi uma austeridade transpartidária que deixou abertas as portas do poder exatamente pelas quais os nazistas entraram.

O Japão passou por várias rodadas de deflação deliberada para regressar ao ouro, rodadas essas que se revelaram completamente fúteis. Pelo caminho, aborreceram tanto as suas próprias forças armadas que elas começaram a assassinar membros-chave da elite financeira e forçaram uma reflação da economia muito maior do que os suecos ou os alemães alguma vez haviam conseguido. Finalmente, a França permaneceu no padrão-ouro mais tempo do que qualquer outro país e acabou, comprovadamente, por sofrer o máximo. Deixaram de existir como nação independente. As elites financeiras francesas tinham tanto medo da inflação, e estavam tão determinadas a manter o valor do franco, que paralisaram a capacidade das Forças Armadas francesas de se mobilizarem contra Hitler. A austeridade não se limitou a falhar — ajudou a fazer explodir o mundo. É essa a definição de uma ideia perigosa.

Então, por que esquecemos estas lições? Como vimos no capítulo 5, os últimos trinta anos de ideias neoliberais destruíram nossas percepções sobre a década de 1930. Este novo manual de instruções econômicas não se limitou a negar tal interpretação de possíveis acontecimentos. Como vimos anteriormente, até defendeu que o oposto era verdade — que a austeridade leva ao crescimento, e que é na recessão, e não no crescimento acelerado, a época de cortar. Mas tinham razão? Agora regressamos aos casos de austeridade expansionista examinados anteriormente para ver se, na verdade, nos obrigam a mudar a nossa opinião acerca da austeridade. Daí nos voltamos para alguns REBLL e para o seu recente ataque à Estrela da Dívida.

Os novos casos a favor da austeridade: a contração fiscal expansionista na década de 1980 encontra a aliança REBLL

Revisitando (e revisando) a austeridade expansionista

Só para refrescar a nossa memória acerca da razão pela qual a austeridade é boa, apesar de tudo o que a precede, as conclusões-chave da literatura acerca de contrações fiscais expansionistas foram as que se seguem. O ensaio original de Giavazzi e Pagano de 1990 destacou a contração expansionista da Dinamarca no período de 1982-1986, afirmando que uma mudança de regime político para a direita, mais desvalorização, mais uma indexação ao *Deutsche Mark* tinha promovido crescimento[550]. Também foram "tentados" a dizer que o mesmo se aplicava à Irlanda[551]. Cinco anos depois, Alesina e Perotti encontraram catorze ajustamentos bem-sucedidos em vinte países em trinta e dois anos, com mudanças positivas das expectativas dos investidores, cortes do lado da despesa e desvalorizações fazendo o seu trabalho[552]. Estes casos foram examinados de modo mais completo no seu artigo "Tales of Fiscal Adjustment", em que os vinte e três episódios positivos avaliados nos dados foram reduzidos a dez *case studies*, dos quais, concluíram os autores, "dois casos parecem expansionistas sem ambiguidades: a Irlanda em 1987-1989 e a Austrália[553]". A Dinamarca, o melhor caso de Giavazzi e Pagano, parecia agora ser um resultado "misto". O principal ponto de Alesina e Ardagna era que "independentemente do nível inicial da dívida, um grande ajustamento fiscal que se baseie na despesa e seja acompa-

---

[550] Francesco Giavazzi e Marco Pagano, "Can Severe Fiscal Contractions Be Expansionary? Tales of Two Small European Countries", documento de trabalho do NBER 3372, maio de 1990, http://www.nber.org/ papers/w3372.

[551] *Ibid.*, 12.

[552] Alberto Alesina e Roberto Perotti, "Fiscal Expansions and Adjustments in OECD Economies", *Economic Policy 21* (1995): 207-247.

[553] *Ibid.*, 514. Recorde-se que para Giavazzi e Pagano a Dinamarca era o caso positivo e a Irlanda era mista.

nhado de moderação salarial e desvalorização é expansionista[554]". A atualização de 2009 deste ensaio encontrou nove exemplos de ajustamentos fiscais expansionistas, e em todos os casos "os ajustamentos orçamentais bem-sucedidos baseiam-se completamente em cortes na despesa acompanhados de modesta baixa dos impostos[555]". O canal-chave para que a austeridade expansionista funcione, em todos os casos, são as expectativas racionais dos consumidores.

Ao longo deste trabalho, o ajustamento da Irlanda no fim da década de 1980 é repetidamente citado como o melhor exemplo dessa tese, com a Austrália, e depois, com menos frequência, a Dinamarca e a Suécia a desempenhar papéis secundários. São estes os casos que deviam mostrar-nos que as lições extraídas das décadas de 1920 e 1930 já não são aplicáveis. Resolvem demonstrar que a recessão é o momento certo para cortar, que devíamos cortar no lado da despesa, e com firmeza. Porque o Estado pode afetar positivamente as expectativas de rendimento futuro cortando terminantemente, a austeridade pode ser expansionista. Se estes casos confirmam de fato aquelas afirmações, então talvez tenhamos sólidas razões para esquecer as lições do período anterior. Então, serão tão bons como se apregoa, a ponto de "fazerem prova" a favor da austeridade?

A resposta é não, mas é preciso trabalho para chegar lá. Esta literatura é extremamente desigual e altamente técnica. Os acadêmicos usam diferentes indicadores e testes estatísticos; os debates acerca dos méritos relevantes de cada medida e de cada indicador ocupam mais espaço nos periódicos do que os próprios casos; e interpretações muito divergentes dos mesmos casos caracterizam a literatura. Todavia, os grandes contornos do debate parecem demonstrar que os *case studies* estão errados a nível micro quando os peritos nacionais lhes põem as mãos, enquanto a nível macro a *defesa* da consolidação fiscal expansionista tem sido cada vez mais posta em causa — por acadêmicos de dentro da Academia, de dentro do FMI e até de dentro da própria Escola Bocconi. Para entender esse exemplo de

[554] Alberto Alesina e Silvia Ardagna, "Tales of Fiscal Adjustment", *Economic Policy 13*, 27 (1998): 516.

[555] Alberto Alesina e Silvia Ardagna, "Large Changes in Fiscal Policy: Taxes Versus Spending", National Bureau of Economic Research, documento de trabalho 15 438, 2009, 12.

literatura, concentramo-nos nas obras principais e secundárias sobre os *case studies* mais comuns da literatura e dos mais recentes estudos (estatísticos) que se baseiam em grandes quantidades de dados recolhidos em circunstâncias idênticas.

Expectativas, expansão e austeridade nos casos da década de 1980

Começamos pela Dinamarca, o melhor caso de Giavazzi e Pagano, mas um caso que Alesina e Ardagna escolheram para rotular como "misto". Alesina e Ardagna assinalam que o tamanho do ajustamento na Dinamarca foi grande, cerca de 10% do PIB, e foi "dividido quase igualmente entre cortes na despesa e aumentos de impostos[556]". Defendem que as instituições de negociação salarial centralizada estabeleceram o limite ao crescimento salarial enquanto a moeda foi indexada e não desvalorizada. Isso levou a uma desinflação em vez de a uma desvalorização, o que conduziu, apesar de tudo, à queda dos custos de unidade de trabalho. Alesina e Ardagna assinalam, porém, que, após a consolidação inicial bem-sucedida, o crescimento caiu drasticamente em 1988-1989, enquanto o desemprego subiu, a principal causa do que foi o fim da negociação salarial centralizada — assim, para eles, o caso é "misto". De igual modo, Roberto Perotti, em outro trabalho, assinala que, depois da consolidação bem-sucedida, "o crescimento parou e o consumo declinou durante três anos[557]".

A reavaliação da consolidação dinamarquesa de 1982-1986 de Ulf Bergman e Martin Hutchinson apoia a interpretação de Alesina e Ardagna, mas estes autores enfatizam mais convincentemente o canal das expectativas como principal mecanismo que explica o ajustamento positivo. O seu estudo da Dinamarca também assinala a grande virada do orçamento e o forte crescimento exibido entre 1984-1986. Não reconhecem, porém, a enorme recessão em que a economia caiu imediatamente após a consolidação. Em face disto,

[556] Alesina e Ardagna, "Tales", 528.

[557] Roberto Perotti, "The 'Austerity Myth': Pain Without Gain", manuscrito inédito, 16 de junho de 2011. Publicado como documento de trabalho 362 do Banco de Pagamentos Internacional, dezembro de 2011, http://www.bis.org/publ/work362.htm.

a capacidade de dar crédito à história das expectativas tem de ser moderada. Se as expectativas foram alteradas quando foi assinalada uma grande "mudança de regime" em 1982-1986, como estes autores defendem, por que essas mesmas expectativas acabaram por produzir uma recessão em 1988[558]?

Explicar esta recessão e manter o canal das expectativas como principal avenida para o ajustamento significaria: 1) que a mudança de regime não foi nada credível, o que tornaria difícil explicar a expansão original via expectativas; 2) que os autores teriam de explicar por que razão as expectativas dos consumidores e dos investidores mudaram devido a algum fator exógeno que teve mais força do que elas, o que não fazem. Muita coisa continua por esclarecer e assim a defesa do canal das expectativas, aquilo a que Paul Krugman chama "a fada da confiança", fica enfraquecido apesar desta tentativa em demonstrar a sua importância. De fato, obra posterior do FMI não vê a Dinamarca como um exemplo de "consolidação fiscal motivada por um desejo de reduzir o déficit orçamentário" porque a economia estava aquecendo excessivamente quando foi empreendida a consolidação. Isto é, os cortes foram feitos em período de crescimento, e não de recessão[559].

O único país que aparece rotineiramente na lista de casos positivos de austeridade expansionista é a Irlanda, no fim da década de 1980. Voltando à discussão em "Tales", Alesina e Ardagna narram a experiência da Irlanda de 1987-1989 como se segue. Quando a dívida irlandesa em relação ao PIB atingiu 116% em 1986, chegou ao poder um governo de direita que cortou as transferências, a massa salarial do governo e impostos. A desvalorização e a moderação salarial negociada reduziram os custos da unidade de trabalho em 12 a 15%. As taxas de crescimento e o investimento estrangeiro dispararam[560].

[558] Michael Ulf Bergman e Michael Hutchinson, "Expansionary Fiscal Contractions: Re-Evaluating the Danish Case", *International Economic Journal 24,* I (2010): 71-93.

[559] Ver Jamie Guajardo, Daniel Leigh e Andrea Pescatori, "Expansionary Austerity: New International Evidence", documento de trabalho do FMI 11/158, julho de 2011, 33. Disponível em http://www.fmi.org/external/pubs/ft/wp/2011/wp11,158.pdf.

[560] Alesina e Ardagna, "Tales", 534-535.

Fundamental em tudo isto, como anteriormente, foi o grande corte baseado na despesa mais a moderação salarial e a desvalorização[561].

Stephen Kinsella propõe uma versão diferente dos acontecimentos neste estudo recente das experiências gêmeas da Irlanda com a austeridade: no fim da década de 1980 e hoje, na sequência da crise bancária de 2008[562]. Kinsella enfatiza que a Irlanda teve uma expansão a seguir a uma consolidação, como a literatura afirma, mas assinala que a correlação não é de causalidade, neste caso. Em vez disso, assinala outra correlação; que a consolidação da Irlanda "coincidiu com um período de crescimento da economia internacional, com a presença de transferências fiscais vindas da União Europeia, a abertura do mercado único e uma desvalorização oportuna em agosto de 1986[563]". Um ensaio anterior de John Considine e de James Duffy diz o mesmo, nomeadamente, que foi o crescimento das importações britânicas — o chamado "crescimento Lawson" — que se conjugou com a desvalorização de 1986 para fazer a diferença[564]. Isto é apoiado por um artigo de Roberto Perotti que defende que no caso irlandês "a depreciação concomitante da libra esterlina e a expansão no Reino Unido (...) impulsionaram as exportações irlandesas[565]".

Kinsella também assinala que o ajustamento foi consideravelmente facilitado por uma anistia do imposto de renda que arrecadou o equivalente a 2% do PIB[566]. O que se destaca no texto de Kinsella é, porém, algo completamente ausente em outras novas versões dos acontecimentos. Isto é, "o salário médio na indústria subiu mais de 14% no período de 1986-1989 [o que] estimulou a receita do gover-

561 *Ibid.*, 516.

562 Stephen Kinsella, "Is Ireland Really the Role Model For Austerity?", *Cambridge Journal of Economics* 36, 1 (2012): 223-235. 108.

563 *Ibid.*, 233.

564 John Considine e James Duffy, "Tales of Expansionary Fiscal Contractions in Two European Countries: Hindsight and Foresight", Departamento de Economia, National University of Ireland, Galway, série de documentos de trabalho 120, julho de 2007, 11.

565 Roberto Perotti, "The 'Austerity Myth': Pain without Gain", manuscrito inédito, 16 de junho de 2011. Citado da pág. 5. Publicado como documento de trabalho 362 do Banco de Pagamentos Internacional, de- zembro de 2011.

566 *Ibid.*, 234.

no e aumentou (...) o consumo privado[567]". Como Kinsella conclui, isso faz com que toda a experiência irlandesa se pareça mais com uma "história protokeynesiana, em que um país retardatário converge rapidamente com as médias da OCDE" durante uma fase de crescimento global como qualquer caso de contração que altere as expectativas a longo prazo de impostos e despesa dos consumidores irlandeses[568]. Mais uma vez, o muito enaltecido canal das expectativas do ajustamento, principal reivindicação para a fama da escola da austeridade expansionista, é na melhor das hipóteses ultrapassado por outros fatores, se é que não está totalmente ausente, no caso irlandês[569]. Enquanto isso, o que realmente funciona, aumentos de remunerações e crescimentos globais, está igualmente ausente no modelo padrão de expectativas. É quase como se estivéssemos falando de duas Irlandas muito diferentes.

Se a Dinamarca e a Irlanda não abonam, na realidade, a favor da austeridade expansionista e do efeito crucial das expectativas, o que se passa com o caso australiano? Na realidade, a Austrália torna ainda mais problemática a defesa da austeridade aumentada pelas expectativas. John Quiggin examinou o "Tale" do ajustamento australiano de Alesina e de Ardagna e declarou que era pouco menos do que "erudição barata" e que interpreta de modo inteiramente errado os fatos deste caso[570]. Segundo Quiggin, e ao contrário da história contada por Alesina e Ardagna, nem os cortes nos subsídios de desemprego nem os impostos sobre o capital ocorreram, na realidade, no caso australiano, pelo que o seu resultado na alteração das expectativas deve ser declarado nulo e de nenhum efeito. Afinal, se não aconteceram não podem ter tido efeito. De igual modo, o papel atribuído à negociação salarial por Alesina e Ardagna foi, segundo os cálculos de Quiggin, "absolutamente oposto à história aqui contada", a qual, na realidade, apresentou "uma importante expansão do papel

567 *Ibid.*

568 *Ibid.*

569 Roberto Perotti também assinala que a expansão irlandesa é "muito menos notável do que se pensava anteriormente". Ver Perotti, "The 'Austerity Myth'", 4.

570 John Quiggin, "Expansionary Austerity: Some Shoddy Scholarship", disponível em: goo.gl/28mjAJ.

do governo" em vez de qualquer contração[571]. O mais interessante neste caso é que Alesina e Ardagna fazem à Austrália o que Bergman e Hutchinson fazem à Dinamarca — omitem o fato de que "quase imediatamente após o fim da história deles, a Austrália entrou na pior recessão de sua história do pós-guerra[572]". Dada a demolição por Quiggin do caso australiano, somos obrigados a concluir que mais um caso frequentemente citado como positivo de austeridade expansionista parece ruir no momento em que lhe coloca em cima qualquer peso de prova histórica. O mais significativo é que o mecanismo das expectativas, principal reivindicação em toda a literatura, volta a não se ver em parte alguma na análise final.

Finalmente, a Suécia aparece de vez em quando como um exemplo de contração expansionista, e um ensaio de 1995 de Giavazzi e Pagano coloca a Suécia em 1990-1994 como vitrine do papel das expectativas, pelo que vale a pena aprofundar um pouco este caso[573]. Giavazzi e Pagano examinam um período de estresse econômico para a Suécia em que, contra a maior parte desta literatura, o orçamento se expandiu, em vez de se contrair, e o consumo se manteve inalterado, em vez de se distender. Por que, então, examinar este contracaso? A questão é mostrar a reciprocidade da afirmação normal da austeridade expansionista e reforçá-la ao fazê-lo. Isto é, a baixa de impostos em uma recessão pode funcionar através do canal das expectativas para assinalar aos consumidores que *vêm aí tempos difíceis* — razão por que tiveram a baixa de impostos — e por isso *não* devem aumentar o consumo apesar do aumento de dinheiro disponível e da recessão em curso[574]. É o mesmo mecanismo de expectativas, mas desta vez os consumidores racionais estão a ver através das más políticas de um governo despesista em vez de reagirem positivamente aos cortes de um governo credivelmente austero. Potencialmente, o caso reforça as afirmações a favor do efeito das expectativas ampliando o seu alcance empírico. Não só os cortes

571 *Ibid.*

572 *Ibid.*

573 Francesco Giavazzi e Marco Pagano, "Non-Keynesian Effects of Fiscal Policy Changes: International Evidence and the Swedish Experience", documento de trabalho 532 do NBER, Cambridge, MA, novembro de 1993.

574 *Ibid.*, 3.

da despesa levam a expansões do consumo (expectativas positivas), como também as expansões da despesa podem levar a cortes no consumo (expectativas negativas).

Giavazzi e Pagano começam por assinalar que o déficit sueco aumentou de 24,9% do PIB em 1990 para 67,8% em 1994. Reconhecendo que a Suécia passou por uma acentuada recessão nessa época, insistem, todavia, em afirmar que "mais da metade da deterioração orçamentária não pode ser atribuída à recessão[575]". O que explica essa variação são as "ações políticas discricionárias" como baixa nos impostos e resgates de bancos que deprimiram o consumo privado ao assinalarem que vinham aí tempos difíceis[576]. Especificamente, o que motivou esta queda do consumo neste período, apesar de um estímulo compensatório na forma de baixa de impostos, foi um "medo de um calote soberano pelo governo sueco [que aumentou] significativamente no fim de 1992[577]".

A prova que o autor faz desta afirmação é um *spread* entre um título sueco a trinta anos e uma nota emitida pelo Banco Mundial da mesma moeda e duração que subiu "100 pontos em 1993", mais uma série de simulações da OCDE que sugeriam que a dívida sueca podia não estar estabilizada antes de 1999[578]. Por causa do receio imanente de calote que isto gerou, o consumo sueco caiu 13 pontos percentuais entre 1989 e 1994, "quando a dívida pública começou a disparar[579]". Estes terríveis desenvolvimentos, funcionando através das suas expectativas racionais, teriam "levado os consumidores suecos a reduzir a sua estimativa de rendimento permanente disponível (...) do seu consumo (...) e as suas estimativas dos rendimentos futuros de ativos produtivos[580]". "Esta revisão em baixa do rendimento permanente disponível pode [então] ter sido desencadeada pela lassidão fiscal do governo (...) a qual (...) levou a Suécia a acumular dívida pública a um ritmo perigoso[581]".

---

575 *Ibid.*, 19.

576 *Ibid.*, 20.

577 *Ibid.*, 21.

578 *Ibid.*, 21-22.

579 *Ibid.*, 23.

580 *Ibid.*, 24.

581 *Ibid.*, 29. A palavra "lassidão" é deles.

Recapitulando as principais afirmações de Giavazzi e Pagano, o governo fez subir a dívida pública para 67,8% do PIB durante uma grande recessão, mas a maioria da subida foi por sua opção. Isto foi o suficiente para criar um *spread* nos títulos de 1% (100 pontos base = 1% = nada de preocupante) em relação a uma emissão equivalente de notas do Banco Mundial. Supostamente, isso aborreceu tanto os consumidores suecos (que aparentemente passavam seu tempo olhando para os *spreads* dos títulos) que, apesar de estarem no meio de uma recessão, as expectativas racionais e a equivalência ricardiana apareceram através do canal das expectativas para garantir que quando chegasse dinheiro gratuito do Estado na forma de um corte de impostos, não tivesse efeito no consumo. Os consumidores descontaram racionalmente o estímulo como sinal de tempos terríveis que aí vinham e compensaram a expansão através das suas expectativas hipermetropes.

Qualquer pessoa que conheça a economia política da Suécia, especialmente neste período, assinalaria uma omissão bastante grande na versão dos acontecimentos deste ensaio — o triplo desastre dos mercados imobiliários, das bolsas e da taxa de câmbio que se deu na Suécia entre 1989 e 1993. Havia acabado de estourar na Suécia uma bolha em seus mercados imobiliário e de títulos que se desenvolvera depois de medidas desreguladoras do governo em 1987 terem aumentado muito a oferta de crédito a particulares, mas nunca se saberia a respeito através deste ensaio. Como diz Peter Englund, só em 1989 "o índice de preços das ações da construção e do setor imobiliário caiu 25% (...) (e) no fim de 1990 o índice do setor imobiliário tinha caído 52%[582]". Em cima dessa grande deflação, que teve enormes efeitos indiretos no mercado de trabalho, a Suécia foi atingida pelos efeitos deflacionários de uma crise de divisas no mecanismo europeu de taxas de câmbio que se conjugou com a depressão do setor imobiliário e reduziu o crescimento do PIB em 5,1% entre 1991 e 1993. Depois, e só depois, é que as taxas de juros dispararam[583]. Nessa altura ninguém se importou com a dívida nacional.

[582] Peter Englund, "The Swedish Banking Crisis: Roots and Consequences", *Oxford Review of Economic Policy 15*, 3 (1999): 89.

[583] *Ibid.*, 94.

Em uma situação dessas, porém, os consumidores que ficaram com uma boa quantia de dívida na expectativa de ganhos de capital em ações e no setor imobiliário, e que de repente se viram abaixo da linha de água, talvez não gastassem tanto assim — mesmo que usufruíssem de uma baixa nos impostos. Para explicar isto, não é preciso invocar o fantasma dos consumidores suecos a observarem improváveis *spreads* de títulos enquanto se preocupavam com a dívida nacional de um dos mais solventes países do mundo. Isso é uma fantasia hiperbólica neoliberal à procura de um conjunto de dados econométricos que a apoiem. O simples pagamento de dívidas quando a economia está fracassando, uma "recessão [clássica] do balanço" *à la* Richard Koo, seria suficiente para explicar o que se passa[584]. O fato do consumo não ter aumentado não é surpreendente, a menos que se enquadre o problema desta forma absurdamente anti-intuitiva. O fato de se ter mantido constante é a prova de um efeito comum de estímulo — não caiu apesar da depressão. Deveria ter caído mais, mas não caiu, porque a baixa nos impostos funcionou[585].

Em suma, nenhum dos casos vulgarmente referidos nesta literatura apoia as alegações feitas acerca deles, especialmente do papel das expectativas na produção de expansões por meio de cortes. Talvez seja por isso que obras posteriores nesta tradição evitaram em grande medida os *case studies* e retornaram às análises estatísticas de grande escala. Mas mesmo aqui os resultados revelaram-se controversos se não desfavoráveis para a defesa da austeridade expansionista. Especificamente, obras recentes foram, em grande medida, contra as conclusões do ensaio de 2009 de Alesina e Ardagna que se revelaram tão influentes na crise, *Large Changes in Fiscal Policy*. Dado isto, talvez já não seja adequado dizer que este momento foi "a hora de Alesina", especialmente, de todos os lugares, no FMI.

584 Richard Koo, "The World in Balance Sheet Recession", *Real World Economics Review* 58 (2011): 19-37.

585 A discussão sobre a Suécia, de Roberto Perotti, em "The 'Austerity Myth'?", é uma descrição absolutamente superior da experiência sueca que conclui que o que fez a diferença não foram as expectativas — foram as exportações. Ver especialmente 37-41.

Desmistificando o "mito da austeridade"

O ensaio de 2009 de Alesina e Ardagna foi dissecado, ampliado, testado, refutado e criticado em geral. Os principais resultados destes exercícios enfraquecem mais a defesa da austeridade expansionista. Arjun Jayadev e Mike Konczal empreenderam o primeiro exame crítico importante dos dados e das principais afirmações do documento de 2009[586]. Assinalam vários aspectos estranhos no ensaio. Primeiro, que dos vinte e seis episódios expansionistas identificados nos dados "em praticamente nenhum país (...) se reduziu o déficit quando a economia estava numa recessão e (...) se aumentou as taxas de crescimento enquanto reduzia o quociente de dívida sobre o PIB[587]". Isto é estranho sobretudo quando comparado com outra conclusão, nomeadamente, de que nestes episódios "os exemplos de consolidação bem-sucedida estavam, na média, crecendo gradualmente no ano anterior ao do ajustamento[588]". Em outras palavras, e *per contra* uma das principais afirmações feitas na literatura, acontece que nenhum Estado que tenha tentado isso, o tenha testado, na realidade, durante uma recessão.

Partindo deste trabalho, a equipe de investigadores do FMI que compilou o *World Economic Outlook* começou a testar toda a noção de austeridade expansionista a partir do zero, usando novos indicadores e novos dados[589]. As suas principais conclusões contradiziam fortemente as do campo da austeridade expansionista. Especificamente, descobriram que o principal conceito usado para avaliar se uma contração era expansionista ou não — o excedente orçamentário ciclicamente ajustado — influenciava as análises originais para

[586] Arjun Jayadev e Mike Konczal, "The Boom Not the Slump: The Right Time for Austerity", The Roosevelt Institute, 23 de agosto de 2010. Disponível em http://www.rooseveltinstitute.org/sites/all/files/not_the_ time_for_austerity.pdf

[587] *Ibid.* 1.

[588] *Ibid.*, 2.

[589] Ver Daniel Leigh (líder da equipe), Pete Devries, Charles Freedman, Jaime Guajardo, Douglas Laxton e Andrea Pescatori, "Will It Hurt? Macroeconomic Effects of Fiscal Consolidation", IMF World Economic Outlook, outubro de 2010, http://www.imf.org/external/pubs/ft/weo/20l0/02/pdf/3sum.pdf, e http://www.imf.org/external/pubs/ft/weo/20l0/02 /pdf/c3.pdf.

encontrar casos positivos e descontar os negativos[590]. Quando foi empregue um indicador alternativo para testar as contrações expansionistas descobriram que as contrações fiscais eram realmente contrações. Não havia ganho de compensação[591]. Poderá haver ganhos a serem obtidos posteriormente na redução da dívida com pagamentos de juros mais baixos, mas isso é uma afirmação inteiramente diferente, e completamente mais ortodoxa[592].

Além disso, e especialmente relevante para a situação da zona do euro e dos Estados Unidos atualmente, eles descobriram que se é verdade que os cortes na despesa contraem a economia menos do que os aumentos de impostos, isso ocorre não por causa das expectativas, mas por causa da capacidade do Banco Central em compensar a contração com um corte da taxa de juros. Dado que essas taxas de juros estão a zero ou perto disso, esse efeito não se produzirá neste momento — só há prejuízo em olhar para frente a partir dessas políticas[593]. Finalmente, mesmo uma desvalorização, que é sempre um componente importante dos ajustamentos expansionistas, não será suficiente para promover crescimento. "Porque os países não podem aumentar todos as exportações líquidas ao mesmo tempo, esta conclusão implica que é provável que a contração fiscal seja mais dolorosa quando muitos países ajustam todos ao mesmo tempo[594]".

Fazendo eco do estudo anterior de Jayadev e Konczal, após os republicanos dos EUA terem se apoiado no trabalho de Alesina, o Serviço de Investigação do Congresso dos EUA (CRS) fez o seu próprio estudo da austeridade expansionista, decidindo entre as versões dos acontecimentos do FMI e de Alesina e Ardagna[595]. O CRS também conclui que "os ajustes fiscais bem-sucedidos (...) ocorre-

---

590 *Ibid.*, 94.

591 Especificamente, os autores defendem que um corte de um por cento do PIB no orçamento leva a uma redução de meio por cento do PIB e a um aumento de um terço por cento do desemprego ao longo de dois anos, *ibid.*

592 *Ibid.*

593 *Ibid.*

594 *Ibid.*

595 Sobre a recuperação dos republicanos, ver http://www.frumforum.com/gops-new-line-budget-cuts-bring-boom-times/. Sobre o estudo do CRS, ver Jane G. Gravelle e Thomas L. Hungerford, "Can Contractionary Fiscal Policy be Expansionary?", Congressional Research Service 7-5700 R41 849, 6 de junho de 2011.

ram quando a economia estava em sua produção potencial ou perto disso[596]". Como tal, a aplicabilidade desta política às economias que não estão de maneira nenhuma perto da produção potencial é, na melhor das hipóteses, questionável[597].

Em meados de 2011, estava a esvair-se o apoio empírico e teórico à austeridade expansionista. Até membros atuais da Escola Bocconi começaram a desertar. Especialmente significativa neste caso é um trabalho de Roberto Perotti[598]. Embora seja crítico da nova metodologia empregada pelo FMI para questionar a defesa da austeridade expansionista, Perotti argumenta, em todo o caso, que passar o tempo todo fazendo cortes para abrir caminho para o crescimento não funciona, pelo menos no curto prazo.

Perotti concentra-se em um aspeto que a obra de Alesina, na realidade, sempre admitiu, mas que talvez nunca tenha destacado suficientemente, nomeadamente, que o importante é o conjunto global da política. Instituições de negociação salarial, capacidade de desvalorizar, crescimento liderado pelas exportações devido à procura gerada em outros países — estas coisas têm muita importância. De fato, têm muito mais importância do que as expectativas. Acontece que também são encontradas em grandes Estados de Bem-estar como a Suécia e a Dinamarca, e em poucos outros lugares preciosos. Mas se assim for, não há nada de novo nem de surpreendente a assinalar. As políticas contracionistas provocam contrações fiscais a menos que sejam apoiadas por demanda externa, desvalorizações e organizações trabalhistas nacionais cooperantes, e mesmo assim o melhor é partir de uma posição de elevado crescimento para a consolidação. O ensaio de Perotti não se limita a "lançar a dúvida sobre a explicação da confiança", observa significativamente que "também não está obviamente disponível um crescimento explosivo das exportações para o mundo como um todo" que apoie essas políticas[599]. No contexto de uma Europa em que a austeridade estava sendo experimentada, testada e de

---

596 *Ibid.*, 12.

597 *Ibid.*, 15.

598 Perotti, "The 'Austerity Myth'".

599 *Ibid.*, 6.

novo experimentada sem ganho positivo, até os membros da Escola Bocconi achavam que era difícil defender o indefensável.

Dois documentos do FMI que saíram em julho de 2011 e julho de 2012 encerraram efetivamente "a hora de Alesina". O primeiro documento de Jamie Guajardo *et al.* utilizou o estudo do FMI de outubro de 2010 que empregou métodos e dados diferentes e, uma vez mais, chegou a resultados similares e desanimadores. Confirmando o trabalho anterior, informam que se é verdade que aumentar os impostos prejudica mais do que cortar na despesa, isso nada tem a ver com expectativas e tem tudo a ver com política monetária flexível. Além disso, descobrir efeitos contracionistas provenientes das contrações é a norma que não surpreende[600]. Baseando a sua obra em um conjunto mais vasto de simulações, são mais corajosos na sua conclusão, porém, assinalando que "os resultados [de sua] estimativa... dão pouco apoio à hipótese da austeridade expansionista[601]".

É, contudo, o documento de julho de 2012 que realmente rejeita o argumento. *Successful Austerity in the United States, Europe and Japan*, de Nicoletta Battini *et al.* — um exame dos grandes casos que importam —, retira em certa medida quaisquer apoios teóricos e empíricos que restassem debaixo da defesa da austeridade expansionista[602]. Visando diretamente o canal das expectativas, defendem que "se é plausível fazer conjecturas no sentido de que os efeitos da confiança têm jogado algum papel em nossa amostra de consolidações, durante as depressões não parecem ter *sido suficientemente fortes para tornar as consolidações expansionistas*[603]. Depois, um por um, ponto por ponto, refutam de modo direto praticamente todas as afirmações fundamentais da tese da austeridade expansionista.

[600] Jamie Guajardo, Daniel Leigh e Andrea Pescatori, "Expansionary Austerity: New International Evidence", documento de trabalho do FMI 51/538, julho de 2011, 5. Disponível em http://www.imf.org/extemal/ pubs/ft/wp/2011/wp11 158.pdf.

[601] *Ibid.*, 29.

[602] Nicoletta Batini, Giovanni Callegari e Giovanni Melina, "Successful Austerity in the United States, Europe and Japan", documento de trabalho do FMI 12/190, julho de 2012. Disponível em http://www.imf.org /external/pubs/ft/wp/20I2/wp12 190. pdf.

[603] *Ibid.*, 7. Itálicos meus.

Argumentam, *inter alia*, que consolidar em uma depressão é duas vezes mais arriscado do que fazê-lo em fase de crescimento; que as consolidações suaves e graduais funcionam sempre melhor do que as fortes e abruptas; que as contrações sobrecarregadas no início do processo são mais contracionistas e pioram a relação dívida-PIB, e que baixar impostos é menos contracionista do que cortar transferências, sobretudo quando se faz isso gradualmente[604]. A conclusão do documento é especialmente condenatória e, por isso, vale a pena citá-la extensamente.

> Retirar estímulos fiscais demasiado depressa nas economias em que a produção já está contraindo pode prolongar as suas recessões sem gerar a esperada poupança fiscal. Isto é particularmente verdade se a consolidação se centrar em torno de cortes na despesa pública (...) e se o tamanho da consolidação for grande (...) de uma perspetiva política isto é especialmente relevante para períodos de crescimento positivo, embora baixo (...) consolidações antecipadas durante uma recessão parecem agravar os custos de ajuste fiscal (...) (e) atrasam muito a redução do quociente dívida sobre o PIB — o que, por sua vez, pode exacerbar o sentimento do mercado em relação a um fundo soberano em tempos de baixa confiança, desafiando os esforços de austeridade fiscal no seu conjunto. Mais uma vez, isto é ainda mais verdade no caso de consolidações baseadas principalmente em cortes na despesa pública.

Se você está pensando no efeito das repetidas rodadas de austeridade na zona do euro, também nesse caso não está errado. Na verdade, o *World Economic Outlook* do FMI de outubro de 2012 concluiu que os multiplicadores fiscais negativos na zona do euro tinham sido fortemente subestimados de tal modo que o efeito dos cortes foi amplificado na economia uma vez e meia[605]. Isto pode, de algum modo, explicar a razão pela qual as consolidações expansionistas da Europa do Sul têm sido tudo menos expansionistas. "A hora de Alesina" terminou no momento em que o FMI recordou que a austeridade, quando aplicada a economias reais e à vida de pessoas reais continua a ser uma ideia perigosa.

---

604 *Ibid.*, 8.

605 IMF World Economic and Financial Surveys, World Economic Outlook, "Coping with High Debt and Sluggish Growth", outubro de 2012. Dsiponível em www.imf.org/pubs/ft/weo/2012/02/index.htm.

Mas mesmo que o FMI tenha perdido a fé na austeridade, isso não significa que os seus defensores não tentem encontrar outros exemplos em que supostamente tenha funcionado. Estão em jogo muitas reputações e muito capital político aportado para que meros fatos se atravessem no caminho desta ideologia. É nesta perspetiva que nos voltamos para a nova esperança dos defensores da austeridade — a aliança REBLL da Romênia, Estônia, Bulgária, Letônia e Lituânia. Estes países demonstraram, supostamente, no mundo real, não nos preocupemos com o mundo econométrico, que a austeridade funciona. Como tal, os gregos, os espanhóis e todos os outros simplesmente não estão tentando o suficiente. Mas será realmente esse o caso? O que podemos aprender na verdade com os esforços dos REBLL? E, desde logo, por que eles decidiram ir com tanto entusiasmo para a austeridade? Voltar a nossa atenção para essa pergunta em particular leva-nos a uma visão muito diferente dos REBLL e de suas políticas de austeridade, bem como das suas qualidades como exemplo.

A aliança REBLL e a estrela da dívida: aventuras na ficção científica da austeridade

Um *cartoon* de 9 de julho de 2012 no *The Economist* mostra dois homens numa praia. Um é um báltico louro, radiante, a mostrar os bíceps. Agachado junto dele, sob um letreiro que diz "Sul", está um moreno com mau aspecto segurando uma caneca de pedinte. É uma imagem ridícula de como as elites políticas da Europa e de outros lugares viam o conto de moralidade que se desenrolava entre os países bálticos e o sul da Europa no verão de 2012: coragem contra capitulação, trabalho contra preguiça, verdadeira austeridade contra falsa austeridade. A partir de 2008, a Estônia, a Letônia e a Lituânia abraçaram voluntariamente um ajuste fiscal extraordinariamente profundo, mantendo as suas moedas indexadas ao euro, enquanto os preços e salários internos entravam em colapso. A Romênia e a Bulgária juntaram-se a eles neste exercício em 2009. Em 2011, todos tinham regressado a níveis de crescimento mais altos do que o resto da Europa, especialmente do que a Europa do Sul (ver figura 6.1).

Talvez, afinal, a austeridade funcionasse?! Mais uma vez, se uma imagem vale mil palavras, esta nos corta a respiração.

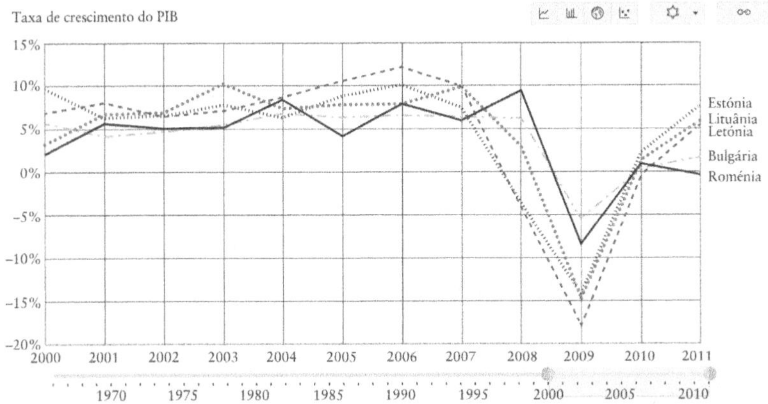

Figura 6.1 Taxas de crescimento do PIB dos REBLL, 2000-2011.
Fonte: Dados do Banco Mundial; última atualização em 6 de setembro de 2012.

Figura 6.1

Com fome de boas notícias no front da austeridade, a *troika* do FMI, do BCE e da CE correspondeu ao pedido do governo letão para se juntar a ela em uma celebração do êxito dos Estados bálticos[606]. Depois da festa em Riga, um membro da administração do BCE leu diretamente do script da austeridade expansionista:

> Tomar as medidas de austeridade necessárias em uma fase precoce (...) permitiu aos bálticos se beneficiarem dos efeitos de confiança positiva (...) permitiu à Letônia regressar aos mercados financeiros muito antes do previsto (...) permitiu que voltasse o crescimento depois de contrações da produção extremamente severas (...) O conceito de "contração expansionista" tem sido usado e criticado no debate em curso acerca de crescimento e austeridade. A experiência báltica dá uma indicação de que isto não tem de ser um paradoxo: mesmo que a consolidação fiscal

[606] Christine Lagarde, "Latvia and the Baltics: A Story of Recovery", Riga, 5 de junho de 2012. http://www.imi.org/external/np/speeches/2012/ 060 512.htm; Fundo Monetário Internacional, uma conferência sobre "Lessons from the Recovery in the Baltics", Riga, The Great Guild, 5 de junho de 2012, http://www.imf.org/external/np/serninars/eng/2012/latvia/ index.htm.

pese nas perspetivas de crescimento a curto prazo, tem efeitos positivos consideráveis no médio e longo prazo[607].

Vieram elogios de outras origens proeminentes. Para a diretora-geral do FMI, Christine Lagarde, a Letônia era uma "inspiração" para a Europa Meridional[608]. Olivier Blanchard, economista-chefe do FMI e cético da austeridade, assinalou que os letões "aguentam a dor[609]". Até Hillary Clinton elogiou a Letônia, dizendo que a austeridade garantirá um "futuro estável e próspero[610]". Mas os letões não estavam sozinhos. Os romenos e os búlgaros receberam elogios do campo da austeridade no final daquele mesmo verão, juntando-se assim à aliança da austeridade nos Estados bálticos[611].

Apesar desses Estados constituírem um exemplo espantoso de redução fiscal e de demonstrarem um robusto regresso ao crescimento, os REBLL não constituem, de fato, grande prova para a tese da austeridade expansionista. Para saber porquê, precisamos compreender que as economias que os REBLL construíram para si próprios depois do comunismo eram acidentes anunciados. Foi por isso que, desde logo, tiveram de ser tão austeros — o acidente aconteceu e custou-lhes uma fortuna. É um acidente que já vimos neste livro: mais uma crise bancária que acabou nas contas dos Estados. Ninguém faz este tipo de coisas para se divertir — nem mesmo balto-libertários. Precisamos compreender a razão pela qual os REBLL foram compelidos a tomar medidas tão extremas, antes de podermos compreender por que razão as suas experiências nem provam a tese da austeridade ex-

[607] Jörg Asmussen, membro da Comissão Executiva do BCE, observações introdutórias do painel "Lessons from Latvia and the Baltics", Riga, 5 de junho de 2012, http://www.ecb.int/press/key/date/2012/html/ sp120 605.en.html.

[608] Deutsche Welle, "IMF Hails Latvia's Austerity Drive as Eurozone Model", http:/ www.dw.de/dw/article/0,,15 999 966,00.html.

[609] Olivier Blanchard, "Lessons from Latvia", IMF Direct, http://blog-imf.direct.imf.org/2012/06/11/lessons-from-latvia/.

[610] Neil Buckley, "Myths and Truths of the Baltic Austerity Model", *Financial Times*, 28 de junho de 2012, goo.gl/MzXxbY.

[611] O papel dos países REBLL, incluindo a Romênia e a Bulgária, na defesa da causa da austeridade fiscal foi reconhecido pela chanceler Angela Merkel num discurso histórico perante o Parlamento alemão em dezembro de 2011, "Merkel Outlines Euro Crisis Stance before Summit", http://www.reuters.com/article/2011/12/02/eurozone-merkel-highlights-idUSL5E7N21JP20 111 202.

pansionista, nem contribuem com grande coisa em termos de lições duráveis e práticas para o resto do mundo.

O modelo de crescimento REBLL

Na véspera da crise de 2008, os REBLL tinham desenvolvido um modelo único de crescimento baseado em investimento estrangeiro massivo, empréstimos externos ainda mais massivos e instituições econômicas que só podiam ser descritas como abertas para o dinheiro que entrava e para as pessoas que saíam. O problema deste modelo de crescimento era ser extremamente vulnerável a choques externos devido ao seu alto grau de dependência de fluxos de capitais transnacionais, à sua tendência para desenvolver grandes déficits da balança de transações correntes e ao seu desempenho cronicamente fraco na exportação.

Acabaram assim porque o período pós-comunista da década de 1990 foi um período de grande desindustrialização nos REBLL. Isso propiciou a emigração de entre 10 e 30% da parte mais ativa da sua força de trabalho para a Europa ocidental. Essas perdas juntaram-se a uma capacidade já em si fraca de desenvolver infraestruturas, o que, por sua vez, levou à concentração do investimento no setor imobiliário e nas finanças, e não na produção. Como consequência, as exportações nunca foram um forte instrumento de ganho de divisas estrangeiras, o que significava uma escassez de moeda estrangeira para cobrir as importações[612]. Isso levou a uma dependência crescente dos fluxos de capitais estrangeiros e das remessas de todos os trabalhadores expatriados para assegurar o financiamento desses grandes déficits. Todavia, apesar destes problemas, essas economias cresceram rapidamente porque na década de 2000 havia muito crédito nos bancos locais para financiar o consumo. Havia apenas um problema — os bancos locais não eram locais — e o financiamento também não.

612 A Romênia foi uma exceção parcial na medida em que as suas exportações triplicaram em valor na década de 2000, mas nem isso foi suficiente para atenuar o seu déficit crescente da balança de transações correntes. Agradeço a Cornel Ban por esta correção.

Encorajados pela perspetiva de adesão dos REBLL à UE, que faziam estes países parecer ativos subvalorizados que se apreciariam simplesmente por adotarem o euro, bancos austríacos, franceses, alemães, suecos e até gregos foram numa orgia de compras adquirir bancos da Europa do leste no início da década de 2000. Os setores bancários dos REBLL tornaram-se entre 80 e aproximadamente 100% propriedade estrangeira em pouco tempo[613]. Esses bancos pouco contribuíram para o investimento industrial, em parte porque não havia muita indústria em alguns desses Estados em que se pudesse investir, pelo que, em vez disso, forneceram muito crédito ao consumo dos cidadãos dos REBLL carentes de dinheiro e aos especuladores imobiliários. Devido ao *spread* entre os custos de financiamento dos bancos nacionais e às taxas a que podiam emprestar localmente, isto foi um bom negócio para todos. Também encorajou os atores locais a encherem-se de empréstimos em divisas estrangeiras, construindo assim bombas-relógio em seus balanços, reguladas para explodir no minuto em que as taxas de câmbio se movessem contra eles[614].

Essa bomba transnacional de crédito criou uma bolha da construção fenomenal que fez com que as experiências de imóveis espanhóis e irlandeses parecessem humildes, comparativamente. A Espanha e a Irlanda conseguiram um insignificante crescimento anual de 6 e 8% das despesas na construção, respectivamente, na década de 2000. A Roménia foi a retardatária, com aumentos anuais de 11%. A Bulgária deslocou a curva com um aumento de quase 20% ao ano[615]. Por isso, enquanto os Estados REBLL cortavam ativamente a sua dívida mesmo antes da crise, os seus cidadãos aumentavam-na exponencialmente na forma de ativos não produtivos, que se juntavam às

---

613 Stijn Claessens e Neeltje van Horen "Foreign Banks: Trends, Impact and Financial Stability", documento de trabalho do Fundo Monetário Internacional, janeiro de 2012, http:// www.imf.org/external/pubs/ft/ wp/2012/wp1210.pdf.

614 Daniela Gabor, *Central Banks and Financialization: A Romanian Account of How Eastern Europe Became Sub-Prime* (Basingstoke: Palgrave Macmillan, 2010).

615 Sobre o aumento do preço das casas nos novos Estados-membros e a sua ligação à bolha de crédito, ver Ray Barrell, Phillip Davis, Tatiana Fic e Ali Orgazani, "House--gold Debt and Foreign Currency Borrowing in the New Member States of the EU", documento de trabalho 09-23, Brunel University, Londres Ocidental, 6-8.

fracas exportações e aos déficits da balança de transações correntes, usando crédito barato de origem estrangeira. Apenas faltava um detonador para fazer explodir todo o sistema — e os bancos estrangeiros também o forneceram.

Mais uma crise bancária

A crise de 2008 atingiu os REBLL como uma combinação de uma crise da balança de transações correntes — as exportações tiveram uma queda violenta quando o financiamento das importações secou e os déficits, já grandes, explodiram — e do estouro de bolhas imobiliárias, uma vez que os bancos estrangeiros que eram proprietários de seus setores financeiros tentaram cobrir os seus prejuízos na crise do crédito. Como dissemos no capítulo 2, quando um banco tem prejuízo em uma parte da sua carteira, ele procura liquidar ativos em outra parte da carteira para cobrir esses prejuízos[616]. Os REBLL eram a definição exata de "outra parte da carteira". Preocupados com a solvência das suas operações internas na sequência da crise do Lehman, os bancos-mãe desses bancos dos REBLL fizeram saber aos governos dos REBLL que estavam pensando em sair dos seus países para fornecer liquidez muito necessária às suas operações nucleares (no país de origem)[617]. Dadas as instituições econômicas extremamente abertas e amigas do mercado dos REBLL, esses Estados não tinham como manter o capital no país. Como tal, descobriram repentinamente que os bancos ocidentais não só eram proprietários dos seus bancos — mas também eram proprietários do seu dinheiro. Instalou-se o medo, o dinheiro começou a fluir para fora, a demanda no

---

[616] Ralph De Haas, Yevgeniya Korniyenko, Elena Loukoianova e Alexander Pivovarsky, "The Vienna Initiative and Financial Stability in Emerging Europe", VoxEU, 4 de abril 4 de 2012, goo.gl/fYH31V.

[617] A Iniciativa de Viena foi desencadeada por cartas enviadas à Comissão Europeia por vários bancos da Europa ocidental que tinham forte exposição na Europa do leste. Ver R. de Haas, Y Korniyenko, E. Loukoianova e A. Pivovarsky, "Foreign Banks and the Vienna Initiative: Turning Sinners into Saints", documento de trabalho do BERD n.o 143, Londres, 2012. Wolfgang Nitsche, "The Vienna Initiative/European Bank Coordination Initiative: Assessment and Outlook", Ministério das Finanças austríaco, documento de trabalho 4/2010, 1-20. http://www.bmf.gv.at/Publikationen/Downloads/WorkingPapers/WP_4_2010_The_Vienna Initiative.pdf.

exterior contraiu-se, as suas bolhas de construção arrebentaram e as economias dos REBLL entraram em colapso (ver quadro 6.1).

Quadro 6.1
PIB dos REBLL e crescimento do consumo em 2009

País	Alteração do PIB	Alteração do Consumo
Roménia	- 6	- 10,1
Estónia	- 14	- 15,6
Bulgária	- 5,5	- 7,6
Letónia	- 7	- 22,6
Lituânia	- 14	- 17,5

Fonte: Eurostat

Quadro 6.1

A UE e o FMI interviram neste ponto e orquestraram um grande resgate dos sistemas financeiros da Europa central e do leste — em outras palavras, das subsidiárias estrangeiras totalmente detidas por bancos ocidentais — no momento exato em que as balanças de transações correntes desses Estados estavam explodindo. Em Viena, em 2009, e muito antes de qualquer resgate grego ou irlandês, foi assinado um acordo entre os bancos ocidentais, a *troika* (UE-FMI-BCE) e a Romênia, a Hungria e a Lituânia que obrigava os bancos da Europa ocidental a manter os seus fundos nos seus bancos da Europa do Leste *se esses governos se comprometessem com a austeridade para estabilizar os balanços dos bancos locais*[618]. O acordo de Viena impediu que a crise de liquidez se espalhasse ao resto dos REBLL, desde que a mesma garantia de equilibrio (austeridade) se aplicasse em outros lugares — e aplicou-se. Mais uma vez tinha tudo a ver com salvar os bancos, e a maneira de o fazer, na forma de austeridade, taxas de juros elevadas, desemprego, e o resto, foi mais uma vez lançado no balanço do setor público dos Estados envolvidos. Logo em 2009, então, enquanto os Estados Unidos e a Europa ocidental redesco-

[618] *Ibid.*

briam Keynes, os REBLL estavam a pôr em vigor pacotes locais de austeridade para salvar bancos nucleares de países da UE. Se você acha que já ouviu essa história, é porque ouviu. É uma forma precoce do que agora acontece na zona do euro com a dívida soberana dos Estados periféricos e a exposição de bancos nucleares.

Dado este fracasso e este resgate deflacionário, o tamanho da consolidação que se seguiu ao colapso foi muito grande: 17% do PIB na Letônia, 13% na Lituânia, e 9% na Estônia, com metade realizada no primeiro ano e, em sua maior parte, de acordo com as recomendações de Alesina, do lado da despesa[619]. Os cortes de salários de dois dígitos no setor público tornaram-se norma nos REBLL apesar do então diretor-geral do FMI, Dominique Strauss-Kahn, afirmar que, pelo menos no caso da Romênia, o governo deveria, em vez disso, ter taxado os ricos[620]. Cortes dessa dimensão na despesa criaram o caos na saúde, na educação e na proteção social[621]. Os impostos foram aumentados, mas apenas os impostos regressivos sobre o valor acrescentado (IVA) e sobre o trabalho. Como era previsível, seguiu-se uma evasão fiscal em massa, o que apenas piorou a situação fiscal global.

Paremos por um momento para interiorizar isso. Um conjunto de economias patentemente insustentáveis e instáveis financiado por bolhas de crédito externo explodiu, de modo bastante previsível, no minuto em que houve um choque nessas economias. Esses países devem ser agora os modelos para o resto do mundo seguir? A Espanha está em má forma, certamente, mas deve, na realidade, afundar inteiramente a sua economia e viver às custas de mais dinheiro emprestado estrangeiro? A Itália deve abandonar o seu competitivo

619 Baseado nos dados apresentados em Gabriele Giudice, Ingrid Tomning, Francesco di Comite e Julia Lendvai, "Fiscal Consolidation in the Midst of the Crisis", Comissão Europeia, D.G. ECFIN, 1 de março de 2012, http://ec.europa.eu/economy_finance/events/2012/2012-03-01-lv_semminar/pdf/liscal_consolidation_inthe_en.pdf.

620 Declaração de Dominique Strauss Kahn no canal francês Canal 6, 20 de maio de 2010, arquivo disponível em http://media.hotnews.ro/media_server1/audio-2010-05_21_7 300 052-0-dominique-strauss_kahn.mp3. Para uma análise do contexto, ver Cornel Ban, "Crunch Time in Romania's Austerity Plans", *Observatorio Balcani e Caucaso*, 28 de maio de 2010.

621 Victoria Sloiciu, "Austerity and Structural Reforms in Romania", Série de Análise Política Internacional, Friedrich Ebert Stiftung, Berlim, agosto de 2012. http://library.fes.de/pdf-files/id-moe/09 310.pdf.

setor exportador e vender os seus bancos? Isso era o que realmente significaria "seguir o exemplo dos REBLL". De fato, esses chamados "modelos" são mais do que as piores características da Irlanda. A Espanha e a Grécia, combinadas, sem almofadas compensatórias, com uma linha secundária de política étnica de dividir para reinar e um manual de instruções libertário. Os REBLL podem ter se recuperado, mas por que razão haveria alguém de querer copiar políticas que levavam desde logo a um modelo de crescimento tão instável e injusto? Que lições, então, devemos tirar da aliança REBLL se tornar-se mais parecido com ela certamente não é uma delas?

Lições de vida a partir da aliança REBLL

Primeiro, à pergunta se os casos REBLL provam realmente que a austeridade expansionista funciona, a resposta é certamente não. Se é quase verdade que a austeridade acabou por, após enormes perdas de programas sociais, colocar os REBLL em uma trajetória ascendente de crescimento — quase verdade porque a Letônia começou a crescer novamente quando a austeridade terminou, em 2010 —, também é claro que a austeridade após o *crash* não fez nada para evitar o aprofundamento da crise econômica que a exigira. Nem a volta ao crescimento teve algo a ver com o choque positivo que as expectativas, tão fundamentais para a reivindicação da austeridade expansionista, receberam. Veja a Letônia, por exemplo, desde que acolheu a festa de celebração do seu êxito. Cerca de 4% dos letões saíram do país entre 2008 e 2011[622]. Em 2009, 79% dos letões entrevistados classificaram a situação econômica do seu país como "má". Em 2011, quando a taxa de crescimento letã foi a mais alta da UE, 91% dos letões inquiridos consideravam que a situação econômica

[622] Neil Buckley, "Latvia Weighs Human Costs of Its Austerity Programme", *Financial Times,* 6 de novembro de 2011, http://www.ft.com/intl/cms/s/0/6fb57f46_0717-11e1-90de-00 144feabdco.html#axzz28AyZ-GXsw; Iyantul Islam, "Latvia: Why We Need to Go beyond the "Success" of Fiscal Austerity", *Social Europe Journal,* 18 de junho de 2012, http://www.social-europe.eu/2012/latvia-why-we-need-to-go-beyond-the-success-of-fiscal-austerity/.

era "má", e 58% disseram que o pior ainda estava por vir[623]. O melhor que podemos dizer neste suposto caso é que, se as expectativas podem seguir o crescimento com um intervalo de tempo, certamente não o determinam.

Segundo, a muito louvada recuperação é limitada, frágil e com probabilidades de reversão. Nenhum dos REBLL terá preenchido em 2013 a lacuna de produção que abriram em 2009. Mesmo depois de mais alguns anos de alto crescimento, os Estados REBLL, especialmente os Estados bálticos, continuarão a anos de distância de recuperar a perda de produção que a austeridade engendrou. Ainda estão mais pobres do que no princípio, apesar de todos os seus esforços. Mesmo a taxas de crescimento bastante otimistas estimadas pelo FMI, a Letônia demorará até 2015 para voltar aos níveis de produção de antes da crise[624]. De fato, segundo a CE, é provável que o crescimento dos REBLL seja demasiado lento nos próximos anos para sustentar a recuperação. Segundo as estimativas da CE, os REBLL verão as suas taxas de crescimento cair depois de 2012 para um nível muito mais modesto de 2% ao ano[625]. Provavelmente, estes níveis ainda serão mais elevados do que nos países centrais da zona do euro, mas a tarefa que os REBLL enfrentam é muito mais difícil, dada a escala dos seus prejuízos e a fragilidade não resolvida dos seus modelos de crescimento.

Isso posto, a recuperação dos REBLL pura e simplesmente não é suficientemente grande para reverter em breve a enorme subida do desemprego nesses países. Mais uma vez, tomando a imagem da

623 Relatório Nacional do Eurobarômetro (2009), Resumo Executivo, Letônia, N.o 72 Comissão Europeia, disponível em http://ec.europa.eu/ public_opinion/archives/eb/ eb72/eb72_lv_enexec.pdf; [22] Primeiros Resultados do Eurobarômetro (2011) N.o 76, Comissão Europeia, disponível em http://ec.europa.eu/public_opinion/archives/eb/ eb76/eb76_first_en.pdf.

624 Iyanatul Islam e Anis Chowdhury "Latvia: Going Beyond the Fiscal Austerity Debate", VoxEU, 27 de junho de 2012, http://www.voxeu.org/debates/commentaries/ latvia-going-beyond-fisscal-austevity-debate-1; Fundo Monetário Internacional e Letônia: Artigo IV e Discussões do Segundo Acompanhamento Pós-Programa, Declaração Conclusiva da Missão do FMI, 26 de novembro de 2012, http://www. imf.org/external/ np/ms/2012/112 612.htm. Lturopean C0111MISSIon, "European Economic Forecast: Spring 2012". 170. I51,1121 and fri011,d111.115, "Latvia: Going Beyond", 20'2.

625 Comissão Europeia, "European Economic Forecast: primavera 2012".

Letônia como nosso exemplo, as projeções do FMI preveem que o desemprego letão se mantenha no terreno dos dois dígitos até 2017, e isso é com previsões de crescimento cor-de-rosa[626]. Isto não é diferente da situação dos PIIGS. Se juntarmos os que trabalham a tempo parcial ou os que desistiram de procurar trabalho, obtemos um pico de desemprego/subemprego de 30% em 2010 e de 21% no terceiro trimestre de 2011. Se juntarmos a emigração a este número, acabamos com uma taxa de desemprego/subemprego de 29% no pico da recuperação letã[627].

Terceiro, a austeridade não funcionou como se supunha em duas áreas críticas: nos salários do setor privado e nas dívidas e déficits governamentais. Os cortes dos salários do setor privado não se deram na escala necessária para permitir o aumento da competitividade dos custos que a deflação projetou para ser eficaz[628]. Os custos da unidade de trabalho foram depressivamente rígidos durante os programas de austeridade apesar de cortes massivos no setor público. Isto significa que só os aumentos salariais na Europa ocidental fariam os salários relativos dos REBLL cair para níveis mais competitivos, e é pouco provável que isso aconteça na Europa ocidental no meio de uma recessão induzida pela austeridade que arranca dinheiro de ambos os lados. Do mesmo modo, os pacotes de austeridade dos REBLL não cortaram os déficits orçamentários tão abruptamente como a teoria dizia que deviam. A Letônia, a Lituânia e a Romênia tiveram déficits orçamentários muito mais elevados no pico dos seus programas de austeridade em 2009-2010 do que a Grécia ou a Espanha.

Também se pressupõe que a austeridade reduza a dívida. De fato, aí reside toda a questão. Ainda assim, não o fez nos REBLL e não o fez nos PIIGS. Enquanto todos os REBLL tinham níveis de dívida extremamente baixos — abaixo de 20% do PIB — ao entrarem na crise, e tinham a vantagem pós-acordo de Viena de uma estrutura do mercado de títulos soberanos povoada por investidores pacientes (locais ou estrangeiros ligados à *troika*) que aliviou as pressões

[626] Islam e Chowdhury, "Latvia: Going Beyond", 2012.

[627] Mark Weisbrot e Rebecca Ray, Centro de Investigação Econômica e Política, "Latvia's Internal Devaluationt: A Success Story?", dezembro de 2001.

[628] Zsolt Darvas, "Internal Adjustment or the Real Exchange Rate: Does It Work?", VoxEU, 6 de julho de 2012, goo.gl/YjxBgW.

do mercado de títulos, hoje todos eles têm, com exceção da Estônia, mais dívida do que quando começaram, em alguns casos com uma diferença dramática[629]. Em comparação, imagine o que teria acontecido se os níveis de dívida grego e italiano, já elevados, fossem multiplicados por quatro, como aconteceu com a dívida da Letônia quando disparou de 10,7% do PIB em 2007 para 42% em 2012. Na verdade, os REBLL serão sobrecarregados com uma dívida muito mais elevada durante muito tempo por causa da sua austeridade. Longe de fazerem explodir a Estrela da Dívida, foram eles próprios que construíram uma maior. Mais uma vez, é um jogo que simplemente não compensa.

Quarto, o mais crítico em termos de exportação do "êxito" para outros lugares, a demanda externa que fez com que os REBLL se recuperassem não pode ser usada para resgatar os PIIGS ou seja quem for. Enquanto a Bulgária e a Romênia contaram com a demanda interna e com ligações com o setor automotivo alemão como principal impulsionador da economia, as exportações constituem cerca de metade do PIB dos Estados bálticos. Uma vez que é precisamente a demanda interna que mais sofre quando se põe em prática a austeridade, isso deixa as exportações como principal motor de crescimento. Se todos os REBLL, mas especialmente os Estados bálticos, assistiram a significativos aumentos das exportações, isso dá pouca esperança a qualquer outro, uma vez que os principais parceiros comerciais dos REBLL são países que têm, em grande medida, evitado a recessão desde 2008, como a Alemanha, ou recuperaram muito depressa, como a Suécia, a Finlândia e a Rússia. O crescimento finlandês não fará muito pela Itália e pela Espanha.

Os Estados bálticos são um substituto rápido das economias da Escandinávia, a quem oferecem arbitragem salarial e um ambiente de negócios culturalmente próximo, com impostos baixos. A Espanha não pode fazer isso. É longe demais e, o que é fundamental, é grande demais para replicar o mesmo artifício. Se a Romênia e a Bulgária são de tamanho médio, Estados de rendimento médio, os Estados bálticos são pequenos. O Estado báltico médio tem mais ou

[629] A dívida pública da Letônia subiu de 10% do PIB em 2008 para 40% do PIB em 2012.

menos o mesmo tamanho que um bairro da cidade de Nova Iorque. Podem sobreviver nas fendas da economia mundial de um modo que as grandes economias não podem. Você consegue imaginar o que aconteceria à estabilidade política se 4% do mercado de trabalho da Europa do sul saísse dos seus respetivos países em um período de três anos? Onde é que todos iriam encontrar trabalho? Na Lituânia?

Finalmente, a política de austeridade que possibilitou cortes desta dimensão nos REBLL não pode ser replicada na periferia meridional, nem nós deveríamos desejar que pudesse ser. Uma política étnica algo desagregadora foi a carta política jogada pelos governos dos REBLL em alguns dos Estados bálticos para isolar e marginalizar a oposição à austeridade. Onde essa carta não foi jogada, na Romênia e na Bulgária, o protesto dos cidadãos foi suficientemente forte para abrandar o impulso da austeridade, e mais recentemente, para derrota-la nas urnas na Romênia, em dezembro de 2012. Tomando mais uma vez o exemplo da Letônia, o maior partido político que se opôs à austeridade foi o partido associado aos russos étnicos, o que facilitou muito a política de dividir para conquistar necessária para isolá-los, dada a história da Letônia com a Rússia[630]. Jogar com o nacionalismo para forçar cortes no orçamento não é uma política que costuma ter um bom fim, como sabemos da experiência de 1930[631]. Talvez então, mais uma vez, essas velhas lições da década de 1930 resistam muito melhor a um escrutínio do que as novas lições que somos encorajados a aprender com os REBLL.

[630] Michael Hudson e Jeffrey Sommers, "Latvia Is No Model for an Austerity Drive", *Financial Times*, 21 de junho de 2012, http://www.ft.com/ intl/cms/s/o)/73 314cbe_baee.11-ei-81e0-00 144feabdco..html#axzz27y GKORAr. A política étnica era menos proeminente na Estônia, onde as forças impulsionadoras da austeridade foram a força do neoliberalismo entre as elites, as fracas instituições do Estado e experiências anteriores de austeridade. Ver Ringa Raudla e Rainer Kattel, "Why Did Estonia Choose Fiscal Retrenchment after the 2008 Crisis?", *Journal of Public Policy 31*, 2 (2011): 163-186.

[631] Ironicamente, a carta étnica foi jogada pelo ditador romeno Nicolae Ceausescu numa anterior orgia de austeridade durante a década de 1980 que em última análise contribuiu para o fim violento do seu regime. Ver Cornel Ban, "Sovereign Debt, Austerity and Regime Change: The Case of Nicolae Ceausescu's Romania", *East European Politics and Societies* (a publicar em 2013).

Em suma, a aliança REBLL não prova o caso para a austeridade expansionista mais do que o Japão do entreguerras prova o caso para o keynesianismo sensato. As estruturas políticas e econômicas desses Estados não são transportáveis nem estáveis. As suas políticas não provam nada acerca das expectativas ou da sustentabilidade das consolidações. As suas recuperações e economias são frágeis por inerência e baseiam-se em fontes de demanda que não podem ser replicadas em parte alguma. Estão mais endividados do que quando começaram. Longe de serem um modelo, são um lembrete da futilidade e dos custos da austeridade.

Quando os líderes mundiais, ávidos para legitimar os danos que já causaram à vida de milhões de seus concidadãos, vão buscar exemplos como estes para justificar os seus atos, aplaudindo esses países por criarem miséria, isso mostra acima de tudo uma coisa: a austeridade continua a ser uma ideologia imune aos fatos e à refutação empírica básica. É por isso que continua a ser, à parte de todas as provas que possamos juntar contra ela, uma ideia muito perigosa.

PARTE 3
Conclusão

CAPÍTULO 7

O fim da atividade bancária, novas histórias, e um tempo de impostos pela frente

Uma conjectura em vez de uma conclusão

Este livro examinou a defesa da austeridade enquanto política econômica sensata e enquanto conjunto de ideias econômicas coerentes, e descobriu que a austeridade é desprovida de ambas as coisas. A austeridade não funciona. Ponto final. Enquanto o registo fóssil contém alguns casos do que parecem ser "consolidações fiscais expansionistas", como vimos no capítulo 6, ou esses casos são motivados por outros fatores que não os que os defensores da austeridade apresentam, ou simplesmente esses defensores percebem mal o caso. As expectativas que levam às confiança são realmente um conto de fadas. Os poucos casos positivos que conseguimos encontrar explicam-se facilmente pelas desvalorizações da moeda e pelos pactos flexíveis com sindicatos. Em geral, o emprego da austeridade como política econômica tem sido tão eficaz a nos trazer paz, prosperidade e, fundamentalmente, uma redução sustentada da dívida, como a Horda Dourada mongol foi a fomentar o desenvolvimento da *dressage* olímpica. Trouxe-nos, em vez disso, políticas de classe, distúrbios, instabilidade política, mais dívida do que menos, homicídios e guerra. Nenhuma vez "fez o que diz no rótulo".

Enquanto conjunto de ideias, o que começa como uma ausência na história do pensamento econômico liberal torna-se uma esquizofrenia sobre o papel do Estado na economia — o problema do "não se pode viver com ele, não se pode viver sem ele, não se quer pagar por ele" — que, por sua vez, se torna uma nevralgia em relação ao Estado em geral. Expulsa do *corpus* de ideias razoáveis depois da Grande Depressão, a austeridade esperou pela sua oportunidade, ficou pronta para ser utilizada por meio de outros desenvolvimentos intelectuais secundários durante a sua longa hibernação nas instituições da Alemanha e na mente de economistas austríacos e italianos nos Estados Unidos, e reapareceu com tudo nas décadas de 1990 e 2000.

A austeridade tem sido aplicada com excepcional vigor durante a presente crise financeira europeia e produziu exatamente os mesmos fracassos que seriam de esperar se a sua história intelectual e natural tivesse sido investigada. Os custos dessa arrogância epistemológica e dessa insistência ideológica têm sido, e continuam a ser, horrendos[632]. Se os formuladores de política econômica europeia, tal como os médicos, tivessem de jurar "não fazer mal", seriam todos proibidos de "praticar" economia. Se a austeridade se tornar em breve o mantra político dos Estados Unidos, apesar de todas as provas até agora, é de se esperar que lá também seja igualmente destrutiva e, lembremo-nos, nós, estadunidenses, estamos mais bem armados.

Mas o desejo de aplicar a austeridade não é apenas ideológico, embora também o seja. Existem boas razões materiais para a continuação da aplicação da austeridade, especialmente na Europa — isto é, para criar espaço nas contas dos fundos soberanos em caso de um dos bancos da região que são grandes demais para falir ameaçar falência. O que começou como uma crise bancária nos Estados Unidos continua como uma crise bancária na Europa. O euro dinamizou este problema, tornando efetivamente a economia europeia do século XXI num padrão-ouro clássico. Os resultados são mais uma vez previsivelmente terríveis. Como é que voltamos a cair numa confusão destas?

Em certo sentido — e deixando para trás a Mãe de Todas as Transações de Risco Moral que foi a geradora do lado europeu da crise —, o detonador de tudo isto foi um caso clássico de boas intenções que correu mal. Enquanto o sistema financeiro dos Estados Unidos era, como vimos no capítulo 2, um acidente anunciado, o que nos levou ao caminho particular em que nos encontramos presos agora foi a decisão de resgatar os bancos, a começar pelo programa TARP dos EUA, em 2008.

Anteriomente, neste livro, apresentei uma analogia do porquê os governos, e especialmente o governo dos EUA, fizeram isso: mais de 150 milhões de trabalhadores, 72% vivendo de salário em salário, 70 milhões de armas individuais, falta de dinheiro nos ATM. Ainda chama a atenção. Pessoalmente, em 2008, pensei que resgatar

---

632 Al Jazeera, "Prostitution on the Rise in Crisis Hit Spain", vídeo, publicado em 4 de agosto de 2012, goo.gl/2BsyfY; Liz Alderman, "Amid Cutbacks, Greek Doctors offer Message to Poor: You are Not Alone", *The New York Times*, 24 de outubro de 2012, goo.gl/3mE3fA.

os bancos era o caminho certo. Pensei: "não havia alternativa". Mas tal como em toda a lógica do *TINA*, há sempre alternativas. Quando hoje consideramos os custos dessa decisão, já não estou tão certo de que era a coisa certa a fazer.

Aos custos imediatos da crise discutidos no capítulo 2, temos de acrescentar a devastação e o desperdício causado por anos de políticas de austeridade que custaram de longe mais do que a falência de qualquer banco, independentemente do seu tamanho. Talvez devêssemos ter deixado os bancos falirem. Sim, o risco sistêmico diz outra coisa. Mas se a alternativa não produzir nada a não ser uma década ou mais de austeridade, realmente precisamos repensar se os custos do risco sistêmico correr mal serão piores do que a austeridade em que nos metemos e em que continuamos.

Resgatar levou à dívida. A dívida levou à crise. A crise levou à austeridade. Talvez pudéssemos ter evitado esta sequência — como este livro mostrou, houve momentos de opção. Não havia nada de inevitável na austeridade — mesmo que, na raíz, sua causa seja um sistema bancário grande demais para resgatar, preso dentro de um padrão-ouro moderno e um aparelho monetário apocalíptico que parece ter limitado as opções a "adicionar liquidez do Banco Central, espremer o orçamento e rezar". Mas poderíamos ter feito outra coisa? Quero usar o resto deste capítulo para explorar se, tal como a própria austeridade, no jogo do resgate valeu a pena manter os bancos vivos.

Parte do que se segue é uma conjectura — o modelo de negócio dos bancos de investimento pode estar morrendo. Se assim for, todo o dinheiro que gastamos e perdemos na recessão foi desperdiçado em um sistema que pode estar, de qualquer modo, em declínio terminal. Outra parte é uma nova história de ajustamento fiscal em dois pequenos países: a Islândia e a Irlanda. Um deixou os seus bancos falir e está agora funcionando bastante bem, especialmente em comparação com a Europa da zona do euro. O outro os resgatou e condenou-se a uma geração de infelicidade por causa disso.

A parte final deste capítulo conclusivo volta-se para a questão de como tudo isto acaba. A discussão dos casos de austeridade desde a década de 1920, e especialmente do caso francês, nos mostra que a austeridade é gerada em parte pela incapacidade das sociedades, como Barry Eichengreen defendeu de modo pioneiro, em concordarem com uma distribuição equitativa do fardo fiscal[633]. Há um forte paralelo a traçar entre a França da década de 1920 e a situação dos países de hoje que sofrem o choque da crise. A alternativa a cortar é tributar. Assim, há duas maneiras de sair da crise, além das escolhas habituais da inflação, desvalorização, austeridade sem fim (deflação) e calote. A comunidade financeira não acolherá bem nenhuma dessas duas opções, mas isso não quer dizer que as demais opções à mesa sejam ótimas para ela também. Essas alternativas são, primeiro, o que é conhecido como repressão financeira, e, segundo, um esforço renovado para coletar impostos seriamente em escala global. Esses esforços para nos tirarem desta confusão podem não ser populares, mas vem aí um deles, ou ambos.

O fim da atividade bancária

A história da crise reconstruída nos capítulos 2 e 3 pode e talvez deva ser vista em um contexto mais amplo. No fim da era de Bretton Woods, quando os Estados Unidos finalmente saíram do ouro, em 1971, os Estados de todo o mundo tiveram de se ajustar ao que Eric Helleiner chamou "a reemergência da finança global[634]". Taxas de juros flutuantes, desregulação, desintermediação e o resto, que tornaram a finança o setor mais rentável das economias estadunidense e britânica na década de 2000, era a nova ordem de coisas. Mas no que isso tudo realmente se baseava? Afinal, a finança é mais adequadamente considerada parte do sistema de informação da economia: estabelecer a ligação entre emprestadores e credores enquanto fica no meio cobrando uma comissão por isso. Não é uma indústria no sentido tradicional e certamente não deveria estar produzindo lucros empresariais de 40% nos Estados Unidos na véspera da crise — então por que conseguiu fazê-lo?

---

[633] Barry Eichengreen, *Golden Fetters: The Gold Standard and the Great Depression 1919-1939* (Nova Iorque: Oxford University Press, 1996).

[634] Eric Helleiner, *States and the Reemergence of Global Finance: From Breton Woods to the 1990s* (Ithaca, NY: Cornell University Press, 1994).

A finança global ganhou isso tudo, não através de mercados eficientes, mas cavalgando para cima e para baixo nas três bolhas globais gigantescas de ativos, interligadas, usando muita alavancagem. A primeira bolha começou nos títulos estadunidenses em 1987 e durou, com uma queda na era do "ponto com", até 2007. Foi a tendência altista de títulos mais prolongada da história e partiu dos Estados Unidos para impulsionar as bolsas de todo o mundo. O dinheiro esperto que se vinha fazendo nesses mercados de títulos procurou à sua volta uma salvaguarda e encontrou o setor imobiliário, que iniciou a sua própria fase de bolha em 1997 e continuou até a crise aparecer, em 2006. A bolha final ocorreu nas commoditites, que subiram bruscamente em 2005 e 2006, muito antes de alguém ter ouvido as palavras "flexibilização quantitativa", e que rebentou rapidamente, uma vez que esses mercados são comparativamente pequenos demais para sustentarem tais volumes de liquidez, todos à procura de segurança ou de rendimento. O estouro dessas três bolhas interligadas conjugou-se com prejuízos no setor *subprime* do mercado de derivativos hipotecários, provocando a presente crise. Uma imagem mais uma vez útil. Na figura 7.1, vemos essas três bolhas de ativos (Dow Jones Stocks, S & P Case-Shiller Home Price Indexes e preços do ouro/petróleo) escaladas no tempo.

Vê-se claramente o fiasco a começar na habitação em 2006, atingindo as ações e depois as commodities. O que vemos desde então são ações subindo devido aos programas de liquidez do Banco Central que fornecem seguro de ativos às compras de títulos abaixo da linha da água. As commodities também reagiram quando os investidores se atiraram cada vez mais a elas num esforço para encontrar algum rendimento positivo em um ambiente de taxas de juros zero. O setor imobiliário ainda não se recuperou.

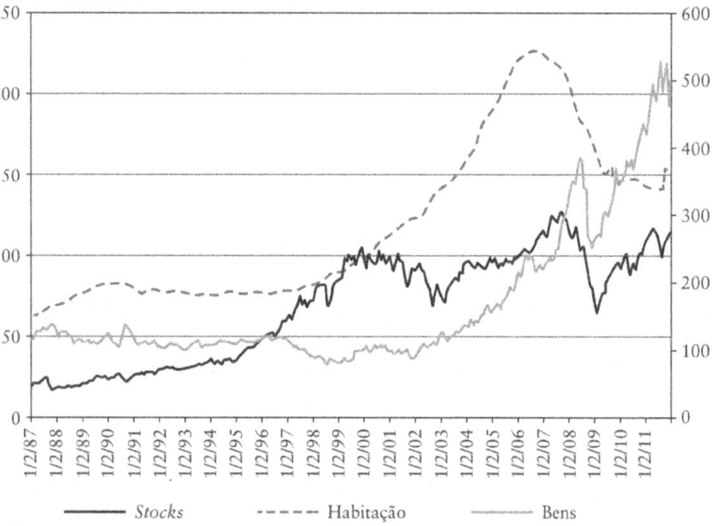

Figura 7.1

Agora, retire o apoio de liquidez e a caça ao rendimento e temos um problema. Só se podem gerar bolhas desta grandeza se houver ativos que estejam subvalorizados ou pelo menos que sejam considerados subvalorizados, e que possam servir para alimentar a bolha. Os papéis estadunidenses tinham estado estáveis durante uma geração no início da década de 1980. A habitação era barata e os padrões da demanda estavam mudando. As commodities costumavam ser um nicho de mercado. A finança alterou tudo isso, bombeando e vendendo ao desbarato essas classes de ativos e fazendo lucros pelo caminho, durante vinte e cinco anos. Foi um grande negócio enquanto durou, mas agora, depois do fiasco, poderia estar acabado?

Os fundos soberanos estão apertados, e finalmente o apoio à liquidez e as taxas zero chegarão ao fim naquilo que será uma economia subjacente muito mais fraca. Os papéis declinarão de valor, as commodities também, à medida que a procura global enfraquece, e a habitação, excluindo alguns mercados, não vai aumentar de valor de 7 a 10% ao ano em breve. Mas privados do combustível para o ciclo de ativos, todos esses maravilhosos ativos de papel baseados nesses crescimentos explosivos — ETF (Exchange Traded Fund) de commodites, *swaps* de juros, CDO e CDS — para citar apenas alguns — deixarão de ser a grande máquina de dinheiro que têm sido até aqui. Tendo bombeado e vendido ao desbarato toda a espécie de ativos do planeta, a finança pode ter exaurido o seu próprio modelo de crescimento. O modelo de negócio dos bancos nos últimos vinte e cinco anos pode estar moribundo. Se assim for, salvá-lo da falência é meramente prolongar a agonia, e de modo muito caro. Antecipando o *Zombie Economics*, de John Quiggin, talvez tenhamos suportado a austeridade para trazer de volta os moribundos.

Há alguma prova desta ousada conjectura? Alguma. Os bancos em toda parte estão se desalavancando, o que reduzirá a concessão de empréstimos, atingindo o crescimento e assim o volume de negócios que conduzem. Os preços das ações dos bancos e a capitalização do mercado caíram drasticamente nos últimos dois anos. As receitas por classe de ativos estão em queda. A subscrição encolheu, e o negócio de compra e venda de ativos já não é o que o costumava ser[635]. Os custos fixos estão aumentando, enquanto os bônus estão encolhendo, e o setor como um todo está se tornando menor[636]. Enquanto isso, o crescimento que há parece ser no varejo e não no lado dos bancos de investimento[637]. Mas o varejo depende mais diretamente da economia real que está se contraindo por causa da austeridade. Em suma, podemos ter empobrecido alguns milhões de pessoas para salvar uma indústria de duvidosa utilidade social que agora está nas últimas. Esta é uma ideia desconfortável que sugere fortemente que

635 Ver Emily Cadman, Steve Bernard e Tom Braithwaite, "Investment Banking by Numbers", *Financial Times*, 1 de outubro de 2012, ver http://www.ft.com/intl/cms/s/o/6dafe58e-0972-11e2-a5a9-00144feabdco.html#axzz28A9VDZXo para alguns dados.

636 Gillian Tett, "Banking May Lose Its Allure For the Best and Brightest: The Really Stark Relative Shrinkage of Finance Might Lie Ahead", *Financial Times*, 31 de outubro de 2012, http://www.ft.com/intl/cms/s/o/de2l9c48-235f-11e2-a66b-00144feabdco.html#axzz2FKXtAl2V; Brett Philbin, "Wall Street Could Shrink, Pay Smaller Bonuses", Marketwatch, 9 de outubro de 2012, http://www.marketwatch.com/story/wall-street-could-shrink-pay-smaller-bonuses-2012-10-09.

637 Alex Preston, "£1 million Isn't Rich Any More: The Rise and Fall of Investment Banking", *Statesman*, 3 de outubro de 2012, http:// www.newstatesman.com/business/ business/2012/10/1m-isnt-rich-anymore-rise-and-fall-investment-banking.

na realidade não deveríamos tê-los resgatado. E há outra razão para pensar assim, independentemente disto: chama-se Dublin.

Narrativas de ajuste fiscal redvivas: irlanda, islândia e alternativas à austeridade.

A anedota que corria no início da crise, antes da Irlanda explodir, era "qual é a diferença entre a Islândia e a Irlanda"? A resposta era "uma letra e seis meses". Acontece que a anedota se revelou profética. A Irlanda foi discutida no capítulo 3 e assinalou-se então que, entre 1994 e 2007, o PIB irlandês cresceu muito mais rapidamente do que nas décadas de 1980 e 1990. Durante esse período de crescimento explosivo, quando o dinheiro barato era abundante nos mercados globais, o setor bancário da Irlanda também cresceu rapidamente, e às custas da bolha do crédito cresceu uma bolha da habitação. Quando a bolha estourou, em 2008, o governo irlandês emitiu uma garantia global para os seus bancos e, pouco depois, deu € 5,5 bilhões a três bancos: Anglo Irish Bank, Allied Irish Bank e Bank of Ireland[638]. Infelizmente, uma vez que os ativos desses bancos eram pouco mais do que empréstimos mortos do setor imobiliário, isto foi apenas lançar dinheiro bom atrás de mau. Em todo o caso, porém, manteve os bancos em funcionamento até janeiro de 2009, quando o Anglo Irish foi nacionalizado — ao mesmo tempo em que € 2 bilhões de poupança eram cortados do orçamento público. Percebendo que tais medidas *ad hoc* não eram suficientes para travar o completo colapso da economia, o governo criou um "banco mau", a National Asset Management Agency (NAMA) para tirar os ativos tóxicos das contas dos bancos.

O resultado final de toda essa atividade foi uma garantia total dos ativos de todo o sistema bancário: um resgate total. A NAMA comprou os ativos acima do valor contabilístico com dinheiro dos contribuintes, revendeu ações da NAMA aos bancos, e eles, por sua vez, usaram essas ações como colaterais para obterem liquidez do BCE. Em suma,

[638] Ian Guider e Louisa Nesbitt, "Ireland Bails Out Stricken Banks with $7.7 Billion", *Bloomberg*, 22 de dezembro de 2008, http://www.bloomberg.com/apps/news?pid=newsarchive&sid=aMeWECsf8.0U; John Murray-Brown e Neil Dennis, "Ireland Guarantees Six Banks' Deposits", *Financial Times*, 30 de setembro de 2008, http://www.ft.com/intl/cms/s/.

contabilidade criativa e um governo generoso permitiram aos bancos saírem ilesos da carnificina que tinham provocado. A Irlanda estava agora excluída dos mercados internacionais e à mercê da *troika* do FMI-BCE-CE. Desde então, mais de € 70 bilhões foram injetados no seu sistema bancário — divididos por uma população de cerca de 4,5 milhões de pessoas. Só no Anglo Irish, desapareceram para nunca mais serem vistos cerca de € 47 bilhões de euros[639]. Os "ativos" que o contribuinte comprou através da NAMA não voltarão em breve. O custo de resgatar os bancos ascende a 45% do PIB, e esse número não inclui o custo do programa da NAMA, que é de mais de € 70 bilhões[640]. Sob a *troika,* a Irlanda suportou rodada após rodada de austeridade. Por causa disso a Irlanda é muitas vezes apresentada como um exemplo para a austeridade, insinuando que as coisas estão a melhorar e que a austeridade está funcionando. Como disse o ex-presidente do BCE, Jean-Claude Trichet, em 2010, "a Grécia tem um exemplo, e esse exemplo é a Irlanda[641]". Mas se olharmos para as consequências econômicas da falência e do resgate, é difícil ver a recuperação.

Os salários dos trabalhadores do setor público foram cortados em perto de 20%, enquanto os impostos regressivos e as taxas foram aumentados[642]. A despesa com o Estado Social foi acentuadamente reduzida[643]. Em 2007, o PIB contraiu 2,97%, em 2008, 6,99%, em 2010, 0,43%. Um baixo crescimento regressou em 2011, mas a um nível muito moderado de 0,71%. Mesmo esse crescimento moderado, porém, é suspeito.

---

[639] Fintan O'Toole, "Let's End Charade before EU Chiefs Get More Power", *Irish Times,* 29 de novembro de 2011, http://www.irishtimes.com/newspaper/opinion/2011/1129/1 224 308 280 035.html.

[640] "NAMA Won't be Part of National Debt", *RTE.i.e.* http://www.rte.ie/news/2009/1020/nama-business.html; "Government Fights to Keep NAMA Debt Off Its Books", http://www.independent.ie/business/irish/government-fights-to-keep-nama-debt-off-its-books-3078860.html.

[641] Jean-Claude Trichet, citado em Stephen Kinsella, "Is Ireland Really the Role Model for Austerity? ", *Cambridge Journal of Economics* 36 (2012): 223.

[642] Liz Alderman, "In Ireland, Austerity is Praised, but Painful", *The New York Times,* 20 de dezembro de 2011, http://www.nytimes.com/2011/12/06/business/global/despite-praise-for-its-Austerity-ireland-and-its-people-are-being-battered.html?_r=2&11pw&.

[643] Alderman, "In Ireland".

Baixas taxas de impostos sobre as empresas tornaram a Irlanda um local apetecível para multinacionais estabelecerem as suas sedes e declararem os seus lucros, o que desempenhou um papel importante no crescimento do país[644]. A Google, a Apple, a Microsoft e o Facebook instalaram as suas sedes na Irlanda, mas a maioria tem muito poucos empregados no país. Essas empresas pagam uma taxa de imposto corporativo de 12,5% na Irlanda, o que é pouco mais de um terço dos 35% que pagariam nos Estados Unidos[645]. Por causa desta dinâmica, o PIB irlandês está inflacionado por empresas globais que declaram enormes receitas através da Irlanda para fins fiscais. Quando se olha para o PIB irlandês, que exclui essas receitas, o crescimento diminuiu 2,5% em 2011.

Esta anomalia também explica a elevada taxa de exportações da Irlanda, que foi de 80% do PIB, em 2007, para 101% do PIB, em 2010, o que também é apresentado como prova do crescimento explosivo depois da falência[646]. A receita das multinacionais que operam fora da Irlanda é contabilizada como exportação de serviços irlandeses — mesmo que não haja verdadeira atividade econômica em curso. Assim, as exportações de serviços cresceram cinco vezes mais depressa do que a exportação de bens[647].

Porém, como disse claramente Martin Malone, da Mint Partners: "Todo o aumento de 2007-2012 de exportações de serviços da Irlanda é quase totalmente nebuloso (...) estão exageradas em € 30 bilhões, o que em termos do PIB corresponde quase a 25% do total[648]". Este exagero da recuperação liderada pelas exportações

---

644 Enterprise Ireland, "Start a Business in Ireland", government website, http://www.enterprise-ireland.corn/en/Start-a_Business-in_Ireland/Startups-from-Outside-Ireland/Why-Locate-in-Ireland_/Start_Up-friendly-environment.html; http://www.doingbusiness.org/rankings.

645 "OECD Tax Database", http://www.oecd.org/tax/taxpolicyanalysis /oecdtaxdatabase.htm#vat.

646 Office of Central Statistics, "Measuring Ireland's Progress 2010", http://www.cso.ie/en/newsandevents/pressreleases/2011pressreleases/measuringirelandsprogress2010/.

647 Banco Mundial, "Exports of goods and services (% of GDP)", http://data.worldbank.org/indicator/NE.EXP.GNFS.ZS.

648 Martin Malone, Mint Partners, análise de cliente, julho de 2012. Comunicação pessoal.

explica a razão pela qual o desemprego aumentou firmemente, de 4,5%, em 2007, para 14,8%, em meados de 2012, mesmo quando a emigração aumentou visivelmente, de 46.300 pessoas, em 2007, para 80.600, em 2011, apesar deste suposto crescimento explosivo. A dívida irlandesa em relação ao PIB era de 32% em 2007. Hoje, situa-se em 108,2% *após três anos de austeridade*. Na verdade, se o custo da NAMA for adicionado às contas nacionais, o quociente da dívida sobre o PIB da Irlanda rivalizaria com o da Grécia. A Irlanda resgatou os seus bancos, e depois apostou em uma recuperação liderada pelas exportações sem uma desvalorização que se baseava em exportações-fantasmas que criam muito poucos empregos e só se tornam possíveis pelo artifício fiscal. Aparentemente, é este o exemplo para a Grécia.

Dublin não é um lugar feliz para se estar nestes dias, nem é provável que venha a sê-lo nos próximos anos. O governo irlandês, que pôs em prática € 24 bilhões de cortes desde 2008, está plenejando outros € 8,3 bilhões em impostos e mais € 3,5 bilhões em cortes para 2013[649]. Resgatar bancos e levar à falência as contas do Estado é um negócio dispendioso, mesmo com crescimento liderado por exportações reais. A continuação da austeridade só piorará as coisas, como de costume.

A Islândia, sob muitos aspectos, era a Irlanda descontrolada. O quociente dos seus ativos bancários sobre o PIB em 2007 era de aproximadamente 1000%. Portanto, quando a Islândia começou a ter problemas, seria a mãe de todas as crises bancárias. Mas houve uma diferença importante. Enquanto a Irlanda seguiu o mantra da austeridade, cortou na despesa e resgatou os seus bancos, a Islândia deixou os seus bancos irem à bancarrota, desvalorizou a moeda, criou controles de capitais e reforçou o Estado Social. Uma comparação entre as duas é a coisa mais próxima que se pode encontrar de uma experiência natural dos efeitos da austeridade e dos resgates.

A transformação da Islândia de social-democracia protecionista em centro de *laissez-faire* da finança internacional foi rápida e impetuosa. Em 2007, os rendimentos médios anuais tinham disparado para quase US$ 70000. O valor das ações das quinze empresas ad-

[649] O'Toole, "Let's End Charade".

mitidas na bolsa islandesa aumentou sete vezes entre 2002 e 2007, e o mercado imobiliário local mais que duplicou de valor[650]. Os três bancos islandeses — o Glitnir, o Landsbanki e o Kaupthing — estiveram por trás desta bolha. A sua estrutura financeira fazia o Anglo Irish parecer um paradigma de boa gestão. Entre 2004 e 2008, a concessão de empréstimos aumentou em média aproximadamente 50% ao ano. Os bancos se autofinanciavam com base nesses empréstimos e depois investiam fortemente nas suas próprias ações. Quando se considera o financiamento cruzado entre esses três bancos, o autoinvestimento era de 70% do capital com base desses bancos[651]. Se você está pensando nos grandes *trusts* de investimento da era do *crash* de Wall Street de 1929, não está longe. Nas costas dessa bomba de crédito, o consumo privado aumentou e a moeda islandesa valorizou-se rapidamente. Em 2005, a Islândia tornou-se o país com o maior endividamento privado do mundo.

Em 2006, a Islândia começou a fazer com que se levantassem algumas dúvidas no estrangeiro[652]. Em fevereiro desse ano, a Fitch Ratings emitiu um relatório que afirmava que o crescimento explosivo do crédito islandês era motivo de preocupação, prevendo com exatidão que mesmo uma ligeira depressão global colocaria os bancos islandeses abaixo da linha de água[653]. O mais grave era que os bancos islandeses estavam ficando sem liquidez. Começaram a trocar os seus títulos de dívida entre eles e depois usá-los como cola-

[650] Robert Wade, "Iceland as Icarus", *Challenge* 52, 3 (maio/junho de 2009): 5-33: Robert Wade e Sigurbjörg Sigurgeirsdóttir, "Iceland's Rise, Fall, Stabilisation and Beyond", *Cambridge Journal of Economics 36* (2012): 127-144.

[651] Report of the Special Investigation Commission (SIC) on the Causes of the Icelandic Banking Crisis, 12 de abril de 2010, http://sic.althingi.is/pdf/RNAvefKafli2Enska.pdf.

[652] O FMI fez soar um primeiro alarme na sua consulta do Artigo IV de 2006. FMI, Islândia, declaração concludente da consulta do Artigo IV de 2006, 15 de maio de 2006, http://www.imf.org/externail/np/ms/2006/ 051506.htm.

[653] "Republic of Iceland-Fitch Report November 2006", http://www.bonds.is/news-analysisrating/credit-rating-news/sovereign-credit-rating/nanar/6565/republic-of-iceland-fitch-report-november-2006.

terais para pedirem empréstimos ao Banco Central. No fim de 2008, o Banco Central tinha emprestado aos bancos ISK 500 bilhões[654].

Em 2008, o Banco Central islandês se viu sem liquidez quando o Glitnir, que vinha lutando com dificuldades para se refinanciar desde o início do ano, descobriu que não tinha acesso aos mercados de financiamento. O Banco Central ofereceu-lhe um empréstimo equivalente a 25% das suas reservas em troca da propriedade de 75%, uma nacionalização *de facto* que provocou um choque nos mercados e os fez entrar em ação. A queda do Glitnir atingiu imediatamente as fontes de financiamento dos outros bancos, de tal modo que o crédito privado interbancário ficou fechado quando os depositantes retiraram o seu dinheiro. Enquanto isso, o Banco Central não estava em situação de continuar agindo como emprestador de última instância, tendo já entregado grandes porções das suas reservas.

A Islândia havia cruzado o rubicão sem se dar conta disso. Agora não estava em situação de resgatar os seus bancos mesmo que quisesse fazê-lo, e não estava no euro, pelo que o BCE não tinha a obrigação de lhe ajudar. Em 6 de outubro de 2009, o governo aprovou legislação de emergência que lhe deu o poder de se apoderar de instituições financeiras com problemas, ignorando o Banco Central[655]. Quaisquer planos que o Banco Central tivesse para resgatar os bancos estavam agora mortos. Os bancos iriam ser autorizados a irem à bancarrota e a serem tomados por via judicial. As suas dívidas não foram socializadas; em vez disso, os detentores de títulos e os credores estrangeiros é que suportaram o impacto do ajustamento[656]. O FMI foi chamado a entrar.

Significativamente, o caminho à frente não era a austeridade. A concentração imediata do programa do FMI foi no sentido de evitar

[654] Os bancos também criaram contas de depósito *online* na Grã-Bretanha, na Holanda e em outros países para bombear dinheiro para dentro do país. Foi assim que nasceu o Icesave, que mais tarde se tornou fonte de grave controvérsia diplomática entre a Irlanda, a Grã-Bretanha e a Holanda. Então a crise bateu.

[655] Lei N.o 125/2008: Sobre os Desembolsos da Autoridade do Tesouro devido a Circunstâncias Incomuns do Mercado Financeiro, etc. http://www.tryggingarsjodur.is/modules/files/file_group_26/fréttir/Act_No125_2008.pdf.

[656] Report of the Special Investigation Commission (SIC) on the Causes of the Icelandic Banking Crisis, vol. 7, 84-85.

que a taxa de câmbio se deteriorasse a ponto de causar hiperinflação em uma economia tão dependente das importações. Rompendo com a ortodoxia do FMI, foram introduzidos controles de capitais que prenderam os investidores a eles. Criaram-se três novos bancos para assumir a gestão das contas internas e dos ativos rentáveis. Os ativos não rentáveis foram deixados nos antigos bancos falidos. Os credores tinham liberdade para reivindicar esses ativos, mas não os ativos transferidos para os novos bancos. Em outras palavras, o governo decidiu deixar os credores institucionais suportarem o custo do colapso em vez dos contribuintes.

Permitir que os bancos falissem significava que iriam drenar financeiramente o Estado. A sua recapitalização custou perto de 20% do PIB da Islândia[657] — uma soma muito grande para um país tão pequeno, mas muito menor do que o resgate irlandês através da National Asset Management Agency (NAMA), e que continua a crescer. O quociente da dívida sobre o PIB da Islândia em 2012 ficou nos 99%, número que seria muito mais alto se os bancos tivessem sido resgatados[658]. Em vez de austeridade, o governo prosseguiu uma política expansionista atrás desses controles de capitais durante o primeiro ano, seguida de uma consolidação fiscal igualmente distribuída. Todo mundo apertou o cinto quando os cortes foram acompanhados por uma mudança para uma alíquota tributária mais progressiva que incluía substanciais aumentos de impostos para quem ganhava mais e medidas para ajudar as famílias de baixos e médios rendimentos.

Em termos de crescimento, a Islândia registrou melhores resultados do que qualquer um poderia esperar. O FMI projetou uma contração de 10% em 2009 que acabou por ser de 6,5%. Aparentemente — nota para John Cochrane — os multiplicadores fiscais existem, afinal. Em 2010, a economia contraiu-se 3,5%, e em 2011 o crescimento voltou a 3% com base, em parte, em exportações reais de bens e serviços[659]. O crescimento continuou a um ritmo semelhan-

---

[657] Thorolfur Matthiasson e Sigrun Davidsdottir, "State Costs or the 2008 Icelandic Financial Collapse", *Economonitor*, 5 de dezembro de 2012, http://www.economonitor.com/blog/2012/12/state-costs-of-the-2008-icelandic-financial.

[658] "Iceland Debt to GDP", http://www.tradingeconomics.com/iceland government-debt-to-gdp.

[659] Statistics Iceland, httpt://www.statice.is/.

te em 2012, colocando a Islândia perto do topo do desempenho de crescimento da OCDE[660]. Com taxas marginais de tributação mais elevadas, o crescimento voltando, os controles de capitais e um aperto fiscal igualitário, a Islândia visou eliminar o seu déficit orçamentário em 2014 e ter um superávit orçamentário de 5% em 2016[661].

Ao contrário da Irlanda, o crescimento do emprego na Islândia foi forte. O desemprego aumentou drasticamente depois da crise, indo de um mínimo antes da crise de pouco mais de 2% para um máximo de 9% em 2009. Mesmo no auge, porém, o desemprego na Islândia era mais baixo do que a média europeia e estava muito abaixo dos níveis de outros países atingidos pela crise[662]. O desemprego está abaixo dos 6% em outubro de 2012. Pondo isso em perspetiva, só a Noruega, a Suíça, a Áustria, a Holanda e a Alemanha — nenhum dos quais viveu uma crise grave — se vangloriam de taxas de desemprego mais baixas[663].

Finalmente, considere este bônus para a experiência islandesa de não resgatar os seus bancos. Depois de inicialmente caírem com grande rapidez, os salários reais têm subido a um ritmo aclerado[664]. Isso ajudou a inverter a tendência de crescente desigualdade testemunhada entre 1995 e 2007, quando o coeficiente de Gini depois dos impostos subiu de 0,21 para 0,43, principalmente por causa dos elevados rendimentos de quem ganhava mais — fenômeno visto em todas as sociedades altamente financeirizadas. Em 2010, quando o rendimento do capital tinha entrado em colapso e a alíquota tributária foi reformulada, o coeficiente de Gini foi empurrado para 0,245[665].

Podemos generalizar a partir da Islândia para outros lugares? Afinal, defendemos anteriormente que não deveríamos generalizar a partir da experiência dos REBLL para os Estados muito maiores do

---

660 "Iceland-2012 Article IV Consultation Concluding Statement of the IMF Mission", http://www.imf.org/external/np/ms/2012/03030212.htm.

661 "Iceland-2012 Article IV Consultation".

662 Stefán Ólafsson e Arnaldur Sölvi Kristjánsson, "Income Inequality in a Bubble Economy: The Case of Iceland 1992-2008", comunicação à Luxemhourg Income Study Conference, junho de 2010, htt://www.lisproject.org.conference/papers/olafsson-kristjansson.pdf.

663 Statistics Iceland, http://www.statice.is/.

664 Statistics Iceland, http://www.statice.is/.

665 Ólaflsson e Kristjánsson, "Risk of poverty and income distribution 2011", Iceland Statistics, 26 de março de 2012, http://www.statice.is/.

sul da Europa. Então, qual é a diferença, aqui? Embora a Islândia seja o que se define como pequeno, o que importa neste caso não é o tamanho do país, nem a sua população, mas o tamanho dos bancos em relação ao tamanho da economia, o seu quociente de ativos bancários sobre o PIB. Na Islândia, esse quociente era de aproximadamente dez para um no tempo da falência. Nos Estados Unidos, esse quociente é de pouco mais do que um para um. A Islândia não só sobreviveu deixando os seus bancos irem à falência, mas também se tornou uma sociedade mais saudável e mais igual ao fazê-lo. Embora a Irlanda seja um pequeno país, e a Islândia seja literalmente do tamanho de uma cidade, e das pequenas, talvez ainda haja, na comparação destes Estados, duas lições-chave para a história natural da austeridade. A primeira é que, quando se faz exatamente o contrário do que vem no manual de estratégia da austeridade, não só se sobrevive, mas também se prospera. A segunda é, acima de tudo, não resgate seus bancos[666].

Tempos de impostos pela frente

Portanto, se a Islândia nos dá uma lição positiva, para onde vamos a partir daqui? Como está normalmente estabelecido, as opções de avançar nas sociedades altamente endividadas são limitadas e uniformemente más: inflação (má para o capital e para os credores), deflação (má para os trabalhadores e para os devedores), desvalorização (má para os trabalhadores a longo prazo e impossível no euro) e calote (todos perdem). O perdão da dívida é uma forma particular de calote que a Islândia tornou parte de sua estratégia para limpar o

[666] Bill Janeway objeta a esta parábola da Irlanda e da Islândia por duas razões (comunicação pessoal, 4 de novembro de 2012). Primeiro, não dá a devida ênfase ao risco sistêmico gerado pela falência de bancos em economias maiores. Segundo, a par de resgatar ou falir, há uma terceira opção, que se pode exprimir como "resgatar, reformar e depois mandar para a prisão". Ambas as objeções são válidas. Mas, quanto à primeira, se os custos da austeridade são enormes, reais e duradouros, os custos do risco sistêmico são, se houver sempre um resgate, hipotéticos. Presumir que a doença é sempre pior do que a cura dá aos bancos licença para extorquir os contribuintes. Quanto à segunda objeção, se a possibilidade de "cadeia pelo resgate" continua a ser teoricamente atraente, a realidade dos bancos pagarem repetidamente multas por transgressões sugere que este caminho particular da reforma pode estar mais fechado do que gostaríamos de admitir.

seu mercado hipotecário. Os Estados Unidos poderiam, em realidade, ter feito algo do tipo, mas a menos que se deixe falir os bancos, os credores sempre resistirão ao perdão. Portanto, o que é que isso nos lega? Mais austeridade no curto e médio prazo, certamente. Mas as lições da década de 1920 sugerem que isso acabará por apontar para alguma das outras opções: desvalorização, inflação ou calote. Há um caminho futuro alternativo mais estável? Sim, há dois, e nenhum deles é ótimo, mas são, como dizia Churchill acerca da democracia, as piores opções com exceção das demais alternativas.

O primeiro caminho é conhecido normalmente pela alcunha pejorativa de *repressão financeira*. Carmen Reinhart e M. Belen Sbrancia discutiram recentemente este caminho possível[667]. Concluíram, examinando episódios de elevado endividamento no passado, que os Estados reestruturam os seus sistemas financeiros em períodos de crise de modo a lhes permitir criar "audiências cativas". Os bancos, os fundos de pensões e outros detentores de dívida de longo prazo são "encorajados", através de controles dos capitais, de tetos das taxas de juros e de outros instrumentos, a deter uma grande quantidade de títulos governamentais. O governo paga então uma taxa de juros nominal baixa sobre o título e apresenta um orçamento quase equilibrado com uma taxa de inflação positiva, mas pequena. Isso cria uma taxa de juros real negativa sobre o título, de tal modo que o valor da dívida encolhe com o tempo.

A repressão fiscal é basicamente um imposto sobre detentores de títulos cativos e funciona melhor quando se tem bancos entre a cruz e a espada— como quando estão perdendo dinheiro e dependem do financiamento do Estado, como hoje em dia. Políticas como esta "desempenharam um papel providencial na redução ou liquidação de enormes estoques de dívida acumulados durante a Segunda Guerra Mundial[668]". Reinhart e Sbrancia concluíram que o "imposto de liquidação" gerado pela repressão fiscal ascendeu, nos casos dos Estados Unidos e do Reino Unido depois da Segunda Guerra Mun-

[667] Carmen Reinhart e M. Belen Sbrancia, "The Liquidation of Government Debt", documento de trabalho do National Bureau of Economic Research 16 893, março de 2011.

[668] *Ibid.*, 3.

dial, ao equivalente de 3 a 4% do PIB por ano[669]. Obter esses fundos facilitaria uma significativa redução da dívida ao longo do tempo, e afastaria a necessidade de um período correspondente de mais austeridade — austeridade que de qualquer forma não funcionaria, uma vez que faria com que a dívida aumentasse, em vez de diminuir.

Então, estamos falando de impostos, algo de que ninguém gosta. Mas desde que descobri que em 2010 paguei mais impostos do que a General Electric Corporation — na realidade, paguei, e você também —, estou disposto a dar uma chance à repressão fiscal[670]. Sim, isso limitará muito as minhas oportunidades de comprar e transacionar derivativos exóticos e de me envolver em jogos de arbitragem financeira internacional, mas sabe o que mais? Estou disposto a desistir disso. Após trinta anos com todos os ganhos e todas as baixas de impostos a irem para as pessoas que nos trouxeram a bolha, vem aí o retorno. Não por causa do Occupy Wall Street nem por causa das minhas preferências pessoais, mas porque é muito mais fácil e mais eficaz fazê-lo do que forçar uma austeridade autodestrutiva que está prestes a acontecer.

Falando de impostos, também não serão apenas impostos sofisticados, de liquidação quase oculta e/ou as chamadas taxas Tobin sobre transações financeiras que serão lançados. Os impostos pessoais também têm por onde crescer — especialmente nos Estados Unidos. Uma recente análise do Congressional Research Service, que nos dá uma ideia daquilo em que o Congresso pode estar pensando, assinalou que a taxa marginal superior do imposto sobre os rendimentos nos Estados Unidos nas décadas de 1940 e 1950, o auge do poder dos EUA, "estava normalmente acima dos 90%", enquanto "a taxa máxima sobre ganhos de capital era de 25%". Entretanto, "a parte de rendimento que cabia ao 0,1% do topo das famílias dos EUA aumentou de 4,2%, em 1945, para 12,3%, em 2007[671]". Esta é uma justaposição de observações interessante, no mínimo. A justificativa para essas reduções e esses ga-

[669] *Ibid.*, 5.

[670] Jake Tapper, "General Electric Paid no Taxes in 2010", ABC News, 25 de março de 2011, http://abcnews.go.com/Politics/general-electric-paid-federal-taxes-2010/story?id=13224558#.UHb2avl26mk.

[671] Thomas L. Hungerford, "Taxes and the Economy: An Analysis of the Top Tax Rates Since 1945", Congressional Research Service R42 729, 14 de setembro de 2012, 1.

nhos é, evidentemente, o argumento do lado da oferta de que mais dinheiro no topo leva a mais investimento e crescimento. O que é interessante é que o relatório conclui que "o resultado da análise sugere que as alterações nos últimos sessenta e cinco anos na taxa marginal máxima do imposto e no imposto sobre ganhos de capital no topo não parecem relacionadas com o crescimento econômico[672]". Mas parecem estar "associadas à crescente concentração do rendimento[673]". Dado que o Estado Federal dos EUA gasta 25% do PIB, enquanto arrecada apenas 18%, um cínico pode concluir que o fato de toda essa renda estar concentrada em tão poucas mãos talvez faça dela um bom alvo para reduzir esse déficit orçamentário.

Levando-nos mais a frente nesta direção, vários economistas muito sérios e muito convencionais começam a dizer coisas que há alguns anos só se ouviriam em meio à confusão etílica em bares de esquerdistas irritados. Por exemplo, fiscalistas de ambos os lados do Atlântico estão començando defender que impostos mais elevados sobre quem ganha mais podem pagar a redução da dívida. Aparentemente, não há necessidade de austeridade, afinal. E, uma vez que este grupo de rendimentos mais elevados foi o que mais se beneficiou nas últimas três décadas de baixas de impostos, parece absolutamente justo aumentar sua carga tributária apenas um pouco. O antigo conselheiro econômico do presidente Bush, Glenn Hubbard, acredita que aumentar os impostos nunca aumentará suficientemente a receita para provocar uma redução da dívida[674]. Além disso, o candidato presidencial de 2012, Mitt Romney, achava que essa redistribuição era "não-americana", mostrando uma espantosa ignorância da política de Dwight Eisenhower (republicano)[675]. Mas há muito por onde tributar no topo *por causa dos resgates*. É a dádiva que continua a dar.

---

672 *Ibid.*, 16.

673 *Ibid.*

674 Glenn Hubbard, "Forget the Debt Ceiling and Focus on Debt", *Financial Times*, 26 de maio de 2011, http://www.ft.com/intl/cms /s/o/87607 668-878e-11eo-af-98-00144feabdco.html#axzz28v5uYiL5.

675 "Mitt Romney Says "Redistribution" Has Never Been a Characteristic of America", *PolitiFact*, acedido em 14 de dezembro de 2012, http://www.politifact.com/truth-o-meter/statements/2012/sep/20/mittromney /mitromney_says-redistribution-has-never-been-cha/.

Após o *crash* de 1929, a desigualdade de rendimentos e as remunerações do setor financeiro declinou acentuadamente em relação aos ganhos regulares, mas desta vez isso não aconteceu, e tributar agora é simplesmente devolver o resgate ao contribuinte. Esta ideia não ressoa apenas em círculos progressistas dos Estados Unidos.

Uma equipe de economistas alemães calculou recentemente que um imposto de capitais de 10% que incidisse uma única vez sobre a fortuna pessoal líquida que excedesse € 250.000 por contribuinte poderia gerar receitas de 9% do PIB. Esse imposto recairia sobre os 8% de alemães mais ricos que, enquanto grupo, têm perto de dois terços da riqueza nacional. Nos € 500.000 (2,3% dos contribuintes) e no € 1 milhão (0,6% dos contribuintes), o imposto ainda geraria o equivalente a 6,8% e a 5,6% do PIB, respectivamente. Sendo impostos de incidência única por causa da "emergência da dívida", mesmo que se conte com os "efeitos das expectativas", essa política não levaria a alterações dramáticas do comportamento de investimento ou a fugas de capitais, desde que o Estado se comprometesse credivelmente a mantê-los como impostos únicos[676]. E tal como nos Estados Unidos, o espaço para maior tributação na Europa no topo superior da distribuição parece ser bastante amplo, uma vez que os maiores rendimentos marginais são estimados em nada menos que 20 pontos percentuais abaixo dos que maximizariam as receitas tributárias para o governo[677].

Peter Diamond, do Massachusetts Institute of Technology, e Emanuel Saez, da Universidade da Califórnia, Berkeley, vão mais longe, defendendo que tributar o 1% do topo aumentaria a receita, em vez de baixar[678]. Defendem explicitamente que "rendimentos muito elevados deveriam estar sujeitos a taxas marginais de imposto altas e crescentes[679]". Segundo os seus cálculos, aumentar o imposto

[676] Stefan Bach e Gert Wagner, "Capital Levies for Debt Redemption", VoxEU, 15 de agosto de 2012, http://www.voxeu.org/article/eurozone-crisis-time-tax-rich.

[677] Stefan Bach, Giacomo Corneo e Viktor Steiner, "Optimal taxation of top incomes in Germany", VoxEU, 29 de junho de 2011, http://www.voxeu.org/article/taxing-rich-case-germany.

[678] Thomas Piketty e Emmanuel Saez, "Taxing the 1%: Why the Top Tax Rate Could Be Over 80%", VoxEU 8 de dezembro de 2011, http://www.voxeu.org/article/taxing-7_why-top-tax-rate-could-be-over-80.

[679] Peter Diamond e Emmanuel Saez, "The Case for a Progressive Tax: From Basic Research to Policy Recommendations", *Journal of Economic Perspectives* 25, 4: 165.

de renda médio sobre o percentil de rendimentos superior de 22,4%, ao nível de 2007, para 43,5%, aumentaria a receita em 3% do PIB, que é o suficiente para fechar a estrutura deficitária dos EUA, enquanto deixaria os maiores rendimentos com mais renda final após impostos que teriam tido no tempo de Nixon[680].

Finalmente, há potes de ouro *offshore* também. Com todo esse dinheiro indo para o topo da distribuição de rendimentos nos últimos trinta anos, surgiu toda uma indústria para o esconder. Infelizmente, esconderam-no a céu aberto num punhado de paraísos fiscais como as ilhas Caimã e a Suíça. Se Estados grandes e poderosos quiserem ir atrás dele, sabem exatamente onde procurar, que é o que têm feito ultimamente[681]. Na verdade, um novo estudo de James Henry da Tax Justice Network calcula que haja US$ *32 trilhões,* que é mais de duas vezes o total da dívida nacional dos EUA, escondidos em *offshore,* sem pagar impostos, o que constitui, na verdade, um alvo muito tentador[682].

Pense nisto por um momento. A austeridade tem sido posta em prática e continuará a sê-lo, pelo menos na zona do euro, até ser abandonada ou afastada pelo voto. De fato, como vimos repetidamente, ela aumenta a dívida em vez de diminui-la. Então, a dívida está aí e precisa ser paga, ou perdoada. Dado que o perdão fora do confessionário é improvável, e que as outras opções, inflação e calote, são ainda piores, é em grande medida inevitável que nos próximos anos a repressão fiscal e os impostos mais elevados sobre o topo da renda se tornem parte da paisagem. As negociações em curso (no momento em que escrevo) sobre o aumento dos impostos como parte da resolução do desastre do penhasco fiscal dos EUA de 2013 é simplesmente o início. É assim que vamos tratar das nossas dívidas — através de impostos e não através da austeridade. Não por que a austeridade seja injusta, o que é, não por

[680] *Ibid.*, 167.

[681] David Jolly, "US and Switzerland Reach Deal in Sharing of Financial Account Data", *The New York Times,* 21 de junho de 2012, http://www.nytimes.com/2012/06/22/business/global/22iht-tax22.html.

[682] James S. Henry, "The Price of Offshore Revisited: New Estimates for "Missing" Global Private Wealth, Income, Inequality and Lost Taxes", *Tax Justice Network,* julho de 2012, 5, http://www.taxjustice.net/cms/upload/pdf/Price_of_Offshore_Revisitecl_120 722.pdf.

haver mais devedores do que credores, o que há, e não por que a democracia tem uma tendência inflacionária, que não tem, mas porque a austeridade simplesmente não funciona.

POSFÁCIO

Assim como uma andorinha não faz verão, um ano a mais de dados não muda minha avaliação da austeridade. Esta ainda é uma ideia perigosa e ainda não funciona. No entanto, o ano passado foi saudado, especialmente na Europa, como uma justificativa das políticas de austeridade, porque a Europa está supostamente agora em recuperação. Como pode ser visto no gráfico abaixo, é verdade que as economias da zona do euro como um todo pararam de contrair nos últimos dois trimestres de 2013, enquanto o Reino Unido passou de retardatário a líder em sua participação no crescimento. No entanto, algumas questões precisam ser analisadas face à alegação de que a austeridade está produzindo o pouco crescimento que vemos na Europa para suportar o peso.

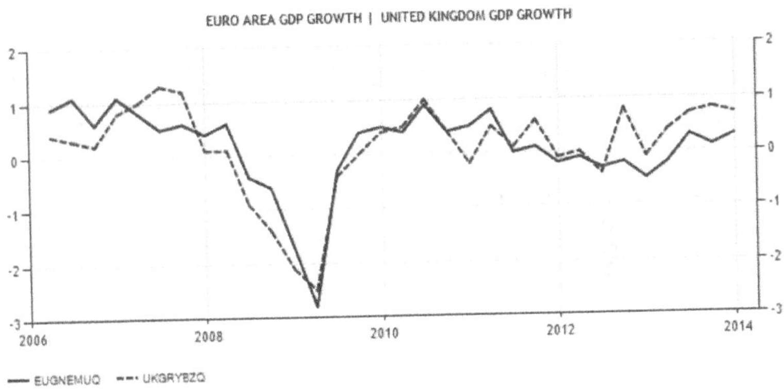

Figura 1[683]

A primeira é a reivindicação da recuperação como resultado das políticas de austeridade, que mais uma vez confunde deliberadamente causa e correlação. Usando uma analogia para ilustrar,

[683] A menos que haja outra indicação, todas as figuras neste posfácio são retiradas de tradingeconomics.com.

imagine que alguém tem uma forma de câncer de estômago que leva os médicos a ter diferentes diagnósticos sobre o que fazer. A paciente é incentivada a não se submeter à quimioterapia e tentar uma terapia alternativa de enemas ácidos e uma dieta radical de 800 calorias por dia. Eles persistem com esta terapia e a condição piora. Eventualmente, os mesmos médicos intervêm e aplicam quimioterapia. A paciente recupera, mas agora está muito mais fraca do que deveria estar a partir da experiência, de modo que seu prognóstico é agora muito mais incerto. No entanto, os médicos proclamam que, embora a quimioterapia fosse importante, foram os enemas e a dieta radical que realmente a salvou. Isto é precisamente o que aconteceu na zona do euro, com a austeridade como tratamento alternativo e a liquidez do BCE como a quimioterapia. É a medicina charlatanesca sendo aclamada como um remédio maravilhoso apesar das evidências.

Mas mesmo se aceitarmos que o crescimento voltou, é difícil ver o surgimento de uma taxa de crescimento sustentada nos números recentes suficiente para reduzir a enorme pilha de dívidas que a austeridade gerou. Lembre-se, as dívidas do governo cresceram, e não menos, sob austeridade, à medida que os países viram seu PIB subjacente diminuir mais que cortaram, de tal modo que suas dívidas aumentaram e não diminuíram - o chamado efeito denominador. Em segundo lugar, se, como sustenta *Austeridade*, o que está no centro de tudo isso é uma crise bancária aninhada dentro de um conjunto de instituições disfuncionais, e não uma crise de gastos públicos, então se deve perguntar como a austeridade, o aperto fiscal, os cortes orçamentários e todo o resto pode possivelmente restaurar o crescimento? É improvável que o diagnóstico errado e o medicamento errado levem a uma recuperação satisfatória.

Cortes orçamentários ainda não podem resolver uma crise bancária – mas um novo chefe do banco central pode lhes dar tempo

Este livro foi publicado em abril de 2013, um ano atrás do momento em que escrevo este posfácio. Terminei a escrita atual do texto principal em outubro de 2012, exatamente quando os efeitos plenos do *"Draghi put"* estavam começando a ser sentidos nos mercados de títulos europeus. O *"Draghi put"* foi a operação de refinanciamento a longo prazo do Banco Central Europeu (BCE) de dezembro de 2011 e fevereiro de 2012, combinada com a promessa do novo presidente do BCE Mario Drahgi de 26 de julho de 2012 de que faria "tudo o que fosse necessário" para salvar o euro. Ou seja, se ele dissesse que iria comprar títulos soberanos diretamente para manter suas taxas de rendimentos baixas através de um programa chamado Transações Monetárias Definitivas (Outright Monetary Transactions - OMT).

Nunca se obteve tanto efeito fazendo tão pouco. As palavras sozinhas, ao que parecia, acalmaram os mercados porque a OMT não foi realmente usada. Bastou sua promessa. De outubro de 2012 a março de 2014, os rendimentos de títulos italianos de dez anos caíram de 6,85 para 3,43%, os títulos espanhóis de dez anos passaram de 7,5% em outubro de 2012 para pouco mais de 3%, enquanto os títulos de 10 anos da Grécia passaram de 17% para 6,5%. Assim, os retornos dos títulos diminuíram, o que é bom. Mas o que uma injeção de liquidez do Banco Central projetada para segurar mercados financeiros que estão ficando sem financiamento (a finalidade do LTROs e OMT) tem a ver com cortes no orçamento do Estado? Lembre-se que a austeridade é definida neste livro como:

> Uma forma de deflação voluntária onde a economia se ajusta pela redução de salários, preços e gastos públicos para restaurar a competitividade, o que é (supostamente) melhor alcançado cortando o orçamento, dívidas e déficits do estado. Os defensores acreditam que isso irá inspirar a "confiança das empresas", uma vez que o governo não irá "esvaziar" o mercado de investimentos, sugando todo o capital disponível através da emissão de dívida, nem adicionando à já "muito grande" dívida da nação[684].

Dada essa definição, a resposta é, absolutamente nada. Cortes no orçamento não podem resolver um problema bancário, mas isso não impediu seus defensores de agirem fingindo que pode. Para ver por que este é o caso, vamos recapitular o que ainda está acontecendo na Europa.

684 Mark Blyth, *Austerity: The History of a Dangerous Idea* (New York: Oxford University Press 2013), p. 2.

A crise na Europa teve duas fases. A primeira fase que podemos chamar de a "ruptura que nunca aconteceu"[685], que começou em maio de 2009, quando o então presidente do BCE, Jean Claude Trichet, disse aos mercados que "não estamos, de modo algum, embarcando em uma flexibilização quantitativa[686]". Ao dizer isso, Trichet efetivamente disse aos mercados que o BCE não iria apoiar o sistema, de modo que os detentores de dívida denominada em euros não poderiam trocar títulos por dinheiro à vista. O conjunto diversificado de títulos nacionais cujos rendimentos acompanharam os títulos alemães por sete anos começaram a se mover rapidamente para além deles. Isso foi ampliado por uma mudança no governo da Alemanha de uma coalização de esquerda para uma de direita, o que levou a equívocos danosos sobre o apoio à Grécia. A própria confissão da Grécia de fraude no déficit, mais uma dúzia ou mais de cúpulas "Merkozy" que se seguiram, em que a Alemanha e o BCE brincaram de "passar a batata quente" sobre quem iria segurar a podridão, acrescentou ainda mais incerteza à mistura. O resultado final foi que, em meados de 2011, as taxas de rendimentos dos títulos periféricos haviam se afastado em relação aos *bunds* alemães e as taxas subiram para níveis sem precedentes. Dadas essas tensões, os mercados começaram a precificar uma desagregação da zona do euro como uma possibilidade real.

Esses picos não foram motivados por preocupações do mercado a respeito da capacidade do Estado espanhol, ou qualquer outro Estado, com a possível exceção da Grécia, de pagar suas pensões aos professores aposentados. Em vez disso, os mercados precificaram o risco de que a zona do euro se rompesse. Especificamente, estavam precificando a possibilidade dos ativos denominados em euro de que os agentes do mercado possuíam lotes desvalorizassem rapidamente em caso de desmembramento do euro, uma vez que nem o Banco Central (BCE) nem o Estado mais solvente (a Alemanha) pareciam

[685] Tendo em conta os graves acontecimentos de grande preocupação no momento da escrita, estive tentado a chamar esse episódio à época de desacoplamento inconsciente da Europa, mas acabei optando por não o fazer.

[686] Jean Claude Trichet, "Introductory Comments with Q and A," European Central Bank, Press Conference, 7 de maio de 2009. http://www.ecb.europa.eu/press/pressconf/2009/html/is090507.en.html.

estar preparados para apoiá-los. A hesitação por quase dois anos sobre o significado dos artigos do tratado e as respostas políticas inconclusivas de várias cúpulas pioraram a situação[687]. O estado da bolsa pública simplesmente não estava conduzindo os eventos[688]. A percepção de ativos indo para zero sem seguro é que estava.

A segunda fase da crise da zona do euro pode ser chamada de "crise dos EUA revivida", que decorreu de abril a novembro de 2011, tornando crítica uma situação já ruim. Neste último período, os grandes bancos europeus viram as suas fontes de financiamento secarem em uma reprise quase perfeita da crise dos EUA de 2007-8[689]. Como o capítulo três de *Austeridade* detalha, ambos os mercados de operações compromissadas (*repo*) de Londres e os fundos do mercado monetário dos EUA pararam de emprestar aos bancos europeus quando as garantias que eles prometeram em tais transações, a dívida soberana europeia, perderam valor[690]. À medida que a liquidez foi drenada do sistema, as taxas de rendimentos aumentaram a partir de níveis já elevados, e os mercados começaram a se preocupar com o risco de inadimplência entre os bancos europeus que ricocheteava de volta para seus anfitriões soberanos. Até mesmo os notoriamente estáveis e previsíveis *bunds* da Alemanha aumentaram no primeiro semestre de 2011, uma vez que o risco de desmembramento e o risco de calote se combinaram para obrigar o BCE a agir, o que resultou em um primeiro trilhão e meio de euros, basicamente dinheiro livre sendo canalizado para os bancos europeus sob disfarce do progra-

---

687 Como o *Think Tank* Brugel, de Bruxelas, colocou recentemente em um relatório que preparou para o Parlamento Europeu: "A indecisão da política europeia ... [e] ... a postura obscura sobre a reestruturação da dívida em geral ... deixou muitos investidores em um estado de incerteza. Esta incerteza pesou sobre o sentimento e as decisões de investimento". Direção-Geral das Políticas Internas, Unidade de Apoio à Governança Econômica (EGOV), Estudo do Comitê sobre "A Troika e a Assistência Financeira na Área do Euro: Sucessos e Falhas". Fevereiro de 2014, p. 26.

688 Ver Paul DeGrauwe and Yuemei Ji, "Panic Driven Austerity in the Eurozone". Disponível em http://www.voxeu.org/article/panic-driven-austerity-eurozone-and-its-implications.

689 Observe o momento desta fase em relação à intervenção decisiva de Mario Draghi um mês depois.

690 Blyth, *Austerity* pp. 84-87.

ma LTRO. Mas o resgate público do setor bancário europeu não parou por aí.

Como Oliver Wyman, um grupo de consultores-chave do setor bancário, observou em outubro de 2013, dos € 700 bilhões que os bancos europeus levantaram desde 2007, "€ 350 bilhões vieram do setor público... De fato, o apoio estatal total aprovado para o setor financeiro da UE totaliza mais de € 5 trilhões, o equivalente a 40% do PIB [da zona do euro]"[691]. Do capital injetado nos bancos para mantê-los à tona, "apenas cerca de 10% do capital inicial injetado foi reembolsado"[692]. Os retornos sobre o capital próprio caíram para cerca de 4% enquanto as bases de custos aumentaram, tudo isso implica que sem o apoio oficial esses bancos iriam à falência. Mais uma vez, como disse Oliver Wyman sem rodeios, "de outro modo os bancos insolventes foram recapitalizados e as políticas monetárias do BCE e dos Bancos Centrais nacionais permitiram que os bancos se financiassem a baixo custo"[693].

Então, para retornar ao primeiro ponto, o que qualquer um desses – Draghi despejando € 5 trilhões no sistema bancário para salvá-lo – tem a ver com a redução dos orçamentos dos Estados? A resposta ainda é nada. A política dos Bancos Centrais, e não os cortes do setor público, reduziu as taxas de rendimento e estabilizou os mercados de dívida soberana europeia. E enquanto os mercados acreditam que a promessa de Draghi de usar as Transações Monetárias Definitivas (OMT) – compra direta de títulos pelo BCE se suas taxas de rendimentos aumentarem novamente – é credível, então esses rendimentos permanecerão baixos. A má política dos Bancos Centrais, as fraudes intergovernamentais, as instituições incompletas e uma corrida em câmera lenta dos bancos por meio dos mercados de atacado em busca de financiamento interbancário na Europa

[691] Oliver Wyman, "The Shape of Things to Come: What Recent History Tells US About the Future of European Banking." Oliver Wyman Consulting Group, Agosto de 2013, p. 14. Disponível em: http://www.oliverwyman.com/insights/publications/2013/oct/the-shape-of-things-to-come.html#.Uztu_K1dUxM.

[692] *Ibid.*

[693] *Ibid.* p. 3.

causaram a crise[694]. € 5 trilhões em dinheiro dos contribuintes, uma melhor política do Banco Central e um movimento para completar as instituições de uma união bancária adequada para complementar a união monetária têm estabilizado a crise. Mas isso não resolveu a crise, apesar das aparências. E a razão pela qual não resolveu está na natureza do próprio programa LTRO.

O discreto resgate pelo BCE em andamento

O que o programa LTRO incentivou os bancos de países periféricos a fazer pode ser melhor resumido na seguinte conversa[695]. "Você pede emprestado a 1% e compra (um título local) a 10%. Você usa o spread para enterrar os mortos (empréstimos sem performance de rendimento (NPLs) em seu balanço patrimonial). Você bancariza/empresta a 4 (o título) e realiza novas operações compromissadas de tipo repo (usa o título de menor taxa de rendimento e maior avaliação para emprestar mais dinheiro - novamente), então você bate à porta do BCE para obter mais (*ritmo* - 5 trilhões de euros de apoio total)". Em outras palavras, o programa LTRO não é apenas uma flexibilização quantitativa pela porta dos fundos. É um mecanismo disfarçado de resolução para todos os NPLs que desordenam os balanços dos bancos europeus e que continuam a bloquear os canais de crédito para a economia real. É por isso que o crescimento europeu é tão esclerótico. Não porque as dívidas são muito altas. A dívida dos EUA é maior, mas o crescimento é mais rápido porque os EUA desalavancaram e recapitalizaram seu sistema bancário. A zona do euro ainda não fez isso[696]. O que Draghi tem feito é lavar o sistema com liquidez.

Em parte, devido ao medo do que uma reestruturação fundamental do sistema bancário fará à economia real, e em parte porque na zona do euro 80% das atividades de intermediação são feitas por

---

694 Ver Matthias Matthijs and Mark Blyth (eds.) *The Future of the Euro*, a ser publicado em 2014.

695 Leia as partes fora dos parênteses primeiro, e depois releia, na íntegra, novamente.

696 Ver Wolfgang Münchau, "Don't Kid Yourself that the Eurozone is Recovering," *Financial Times*, 29 de setembro de 2013. Disponível em http://www.ft.com/intl/cms/s/0/99394460-26aa-11e3-bbeb-00144feab7de.html#axzz2xZpym4NP

bancos e não por mercados de capitais, então não há mais onde despejar os ativos não confiáveis exceto o BCE, e eles não querem este trabalho, o LTRO e programas relacionados têm comprado tempo – mas eles não trouxeram solvência para o setor. Como tal, este resgate de tipo "um NPL de cada vez" via flexibilização quantitativa pela porta dos fundos vai levar uma década para limpar o setor, dado as baixas taxas de crescimento que a Europa tem apresentado, o que somado tem piorado devido às autodestrutivas e, em última análise, inúteis, políticas de austeridade[697].

Dívidas, rendimentos e austeridade

Isso é visto com bastante clareza na relação entre a dívida pública e as taxas de rentabilidade dos títulos. O campo pró-austeridade argumenta que as taxas de rendimentos estavam aumentando porque os mercados se preocupavam com o "gasto e dívida do governo fora do controle" ao invés do risco de quebra ou de falta de liquidez e, portanto, os gastos tinham que ser cortados. Se fosse este o caso, a política do Banco Central deveria ter sido ineficaz, uma vez que os rendimentos e as dívidas deveriam estar positivamente correlacionados. À medida que a dívida sobe, o rendimento como risco de inadimplência é fixado. Nenhum montante de liquidez do Banco Central deve reduzir os rendimentos da dívida pública, uma vez que os mercados devem se preocupar com o volume absoluto e a taxa de crescimento da dívida. Eles não devem se preocupar com a política do BCE e o apoio aos títulos. Na verdade, suportes aos mercados de títulos deveriam deixar mercados demandantes de austeridade mais nervosos, ao invés de menos, uma vez que implicaria apoio oficial para estoques de dívida supostamente insustentáveis. No entanto, se isso é verdade, para tomar dois exemplos, os números de Irlanda e Itália sobre o carregamento da dívida em relação ao seu rendimento em títulos de dez anos desde 2012 parecem realmente estranhos.

[697] Esta é a razão pela qual Oli Rhen, Comissário da UE para os Assuntos Econômicos e Monetários, disse em uma entrevista ao El País, em 23 de Janeiro de 2014, que "levará mais dez anos para a crise espanhola ser resolvida". http://elpais.com/elpais/2014/01/23/inenglish/1390468961_868224.html

Figura 2

Você não tem que estimar um modelo estatístico extravagante aqui para notar isso, uma vez que os rendimentos do "*Draghi-put*" e o carregamento de dívida têm estado negativamente correlacionados de uma forma bastante grande e óbvia. As dívidas do governo continuaram a subir junto da mordida da austeridade, enquanto as taxas de rendimentos continuaram a cair, exatamente o oposto do caso da austeridade, o que sugere fortemente que a política do Banco Central era o que contava e a liquidez, e não a austeridade, foi o que acalmou os mercados. E se as taxas de rendimentos mais baixas agora desfrutados pelos Estados significa que os governos afetados têm um pouco menos de juros a pagar, então eles podem ter uma postura fiscal menos restritiva, e sim, a Europa pode crescer um pouco. Mas sejamos claros que o crescimento vem da política do Banco Central que vem baixando as taxas de rendimentos e não a austeridade. A austeridade continua prejudicando, não ajudando.

A comparação com os EUA, que fizeram triagem e desalavancaram seus bancos em 2008-09, não poderia ser mais clara. Os EUA, apesar da sua lenta recuperação, têm taxas de desemprego muito mais baixas, enquanto a zona do euro como um todo está presa em 12%. A periferia da Europa situa-se em condições quase permanemente depressivas, com Grécia e Espanha com 27 e 26% de desemprego, respectivamente. Até mesmo os casos de sucesso, segundo a Comissão Europeia, de Portugal e Irlanda, respectivamente, têm 15% e 12% de desemprego, o que evidencia os efeitos deprimentes (em ambos os sentidos da palavra) nestes números da imigração a partir destas sociedades. Mas mesmo as médias brutas entre estas duas áreas contam uma história simples.

Figura 3

Pelo menos no que diz respeito à Europa, se esta é uma recuperação, então essa é uma definição para a palavra recuperação que até então eu não conhecia. O desemprego está preso a um nível considerado não apenas politicamente inaceitável, mas economicamente impossível. Da mesma forma, quando anualizado, o crescimento do PIB europeu é apenas pouco positivo e, no entanto, a recuperação da zona do euro vem sendo anunciada a plenos pulmões em todas as oportunidades possíveis. Infelizmente, parece que os fatos ainda não são empecilho para uma boa ideologia, e isso significa que as políticas prejudiciais ainda são a única opção.

Austeridade em 2013 produzindo recuperação apesar das evidências

Quando se investiga a fundo os casos dos países em separado, a história não fica melhor para aqueles que ainda defendem a austeridade. O Reino Unido observou um retorno dramático ao crescimento apesar de seus cortes. Mas esse impulso para o crescimento baseia-se quase inteiramente em Londres, onde o governo criou uma nova bolha imobiliária baseada em trazer de volta o setor financeiro, dessa vez com *airbags* maiores[698]. O resultado foi o reinício dos empréstimos hipotecários por meio de um esquema que obtém empréstimos de 80% de empréstimo a valor (LTV), sendo 95% às custas do suporte público, basicamente dando a todos que se candidatam sua própria garantia à la Fannie e Freddie[699]. O resultado foi um aumento dramático nos preços das casas em Londres e um novo impulso de consumo devido a este efeito de riqueza. Em outras palavras, é o mesmo velho modelo de crescimento trazido de volta novamente, e desta vez com preocupações crescentes até mesmo por parte do Banco da Inglaterra[700]. Na verdade, esta é uma notável elucidação sobre o Estado oco, de monocultura financeira, que é a economia do Reino Unido, onde até mesmo um crescimento tão modesto se encontra com uma enchente maciça de importações, produzindo os piores números da balança de pagamentos do Reino Unido desde 1955[701]. O crescimento pode até estar lá, mas seus principais beneficiários são os chineses e outros exportadores – não o trabalhador britânico.

---

698 Para relatórios típicos ver goo.gl/o9dxiw e goo.gl/4otucg

699 https://www.gov.uk/affordable-home-ownership-schemes/help-to-buy-equity-loans.

700 http://www.theguardian.com/business/2014/mar/27/bank-of-england-house-prices.

701 Ver http://www.tradingeconomics.com/united-kingdom/current-account.

Que o Partido Trabalhista, de oposição no Reino Unido, tenha agora abraçado a ideia da necessidade de continuar os cortes, mesmo se ganharem as próximas eleições, fala para o estado lamentável do lado da receita do orçamento do Reino Unido mais do que qualquer lógica de contração fiscal expansionista[702]. Dito de forma simples, o gasto público do Reino Unido foi possível graças à excessiva dependência de um setor financeiro que agora está sob pressão para emprestar mais e, ao mesmo tempo, capitalizar e reduzir o risco, de modo que as receitas fiscais caíram. Isso, somado a um politicamente insustentável aumento de impostos situados no meio da distribuição de renda para obter receitas que nem o governo nem a oposição querem assumir a culpa, significa que cortes em vez de aumentos de receita são as cartas que estão na mesa para ambos os partidos[703]. Como tal, cortes contínuos no Reino Unido fazem mais sentido como seguro político para ambos os partidos permanecerem no poder do que como qualquer estratégia econômica sensata[704].

A Irlanda saiu de seus planos de resgate sob aplausos em dezembro de 2013, e agora é capaz de fazer flutuar títulos de dez anos a pouco mais de 3%. Que seja capaz de fazê-lo tem, mais uma vez, tudo a ver com o *"Draghi put"* diminuindo os rendimentos de títulos e os custos de financiamento bancário, e muito pouco a ver com a extraordinariamente austera posição orçamentária da Irlanda nos últimos anos, em que "consolidou quase 20% PIB durante um período de 8 anos, sem qualquer perturbação industrial ou social significativa[705]".

Embora uma recente análise patrocinada pelo parlamento europeu sobre os programas de austeridade na periferia conduzida pelo *Think Tank* Brugel alegasse que, no caso irlandês, "a consolidação fiscal foi feita de forma equilibrada... o que contribuiu para restaurar

[702] Ver Blyth, Austerity ... capítulos cinco e seis, para uma discussão desta ideia.

[703] Sobre os impostos britânicos ver "Higher Rate Tax Payers Pay Heaviest Burden" Financial Times,12 de março de 2014. Disponível em: http://www.ft.com/intl/cms/s/0/2c5553b8-aa10-11e3-8497-00144feab7de.html#axzz2xHDgYfaC.

[704] Para uma análise da dinâmica ver Mark Blyth e Richard Katz, "From Catch all Politics to Cartelization: The Political Economy of the Cartel Party" *Western European Politics* Vol. 28 (1) Janeiro de 2005, pp. 34-61.

[705] Stephen Kinsella, "Post-Bailout Ireland as the Poster Child for Austerity," a ser publicado em *Ireland's Recovery from Crisis*, a ser publicado em 2014, p. 2. A figura de oito anos inclui orçamentos de austeridade até 2016.

a confiança nas finanças públicas irlandesas[706]", é difícil ajustar isso ao fato de que a dívida bruta da Irlanda em relação ao PIB está agora em 123% e pode aumentar para 140% antes de estabilizar, enquanto seus déficits orçamentários ainda estão na faixa de 6 a 8%, mesmo se estiverem projetados para descer ainda mais. Assim, o ponto chave permanece - foi a consolidação orçamentária que restabeleceu a confiança ou foi o conhecimento de que os títulos irlandeses e outros denominados em euros poderiam ser trocados por dinheiro que baixou as taxas de rendimentos? A evidência para a posição anterior parece ser mais afirmada do que demonstrada.

Considere que na Irlanda, apesar de toda a liquidez do BCE ter reduzido as taxas de rendimentos, também permitiu aos bancos irlandeses jogarem um jogo indefinido de "prolongar e fingir" com os NPLs que constituem, de acordo com o FMI, quase um quarto de todos os empréstimos em seus livros[707]. De um modo ou de outro, essas perdas terão de ser reconhecidas e, quando o fizerem, segundo Morgan Kelly, há uma probabilidade muito alta de um grande impacto afetar o setor de pequenas e médias empresas na medida em que os bancos cobrarem todos os empréstimos que puderem para cobrir essas perdas, o que terá um efeito importante e prejudicial sobre o emprego[708].

Mas, mesmo que se admita tudo isso, as lições da experiência irlandesa simplesmente não são aplicáveis a outros Estados. Mais uma vez, como observa o relatório Brugel, o "tremendo sucesso da Irlanda no setor das exportações (...) reduziu substancialmente o impacto do ajustamento fiscal sobre a economia[709]". No entanto, esse truque não está disponível para ninguém, uma vez que "grande parte da base [irlandesa] poder ser considerada exógena à economia", de tal forma

[706] "The Troika and Financial Assistance in the Euro Area..." p. 36.

[707] Indicadores de solidez financeira do FMI citados em *Ibid.* p. 38. Ver também https://www.centralbank.ie/publications/Documents/Macro-Financial%20Review%202013.2.pdf.

[708] Ver a palestra "Whatever Happened to Ireland?" do Professor Kelley sobre a Irlanda disponível em goo.gl/c4xFRi.

[709] "The Troika and Financial Assistance in the Euro Area..." p. 36.

que a Irlanda foi capaz de "gerir uma deflação... enquanto deixava as exportações intocadas[710]".

Como o livro detalha, a maioria das exportações da Irlanda são "caixas vazias" de arbitragem de impostos e jogos de preços de transferência que são possíveis apenas por conta de seu papel único como porta de entrada para a Europa para multinacionais estrangeiras devido à sua taxa de imposto corporativo superbaixa. Este histórico de exportação não é sustentável se o crescimento vacilar em mercados de países terceiros, nem é replicável em outro lugar, uma vez que, por definição, nem todos podem ser um centro de arbitragem de impostos[711]. E nenhuma das projeções relativamente favoráveis para a Irlanda pós-resgate que ignoram esses fatos se preocupam em considerar que a Irlanda perdeu nos últimos cinco anos 50 mil graduados por ano para a imigração. Eles são a base tributária futura da Irlanda de que o governo precisa para pagar de volta essa enorme pilha de dívida que acumulou ao resgatar seus bancos e depois aplicar a austeridade. Infelizmente, eles não parecem estar voltando para casa tão cedo.

Os outros estados periféricos da zona do euro, mesmo os maiores e menos periféricos, não tiveram desempenho melhor um ano depois. Portugal pode ser o próximo a abandonar os seus programas de resgate, mas o desemprego está em 15,3% e estima-se subindo novamente para 17,7% em 2014[712]. A dívida pública aumentou para 124% do PIB e, embora sua performance de crescimento tenha aumentado em 2013, não há nenhuma evidência de que isso se deva aos efeitos de confiança da austeridade finalmente aparecendo. Afinal, sua dívida ainda está aumentando devido à severidade dos cortes. Em vez disso, tal como a França em meados de 2013, o crescimento recente de Portugal é devido ao fato de ambos os países não terem alcançado suas metas de déficit em 2013, de modo que quando seus déficits

---

710 Kinsella, "Post-Bailout Ireland..." p. 5.

711 Embora isso não impeça que todos sigam tentando. O apoio de David Cameron à declaração do Loch Earn sobre a necessidade de taxar as corporações globais sendo seguido rapidamente com um corte no imposto corporativo do Reino Unido sendo um exemplo clássico.

712 Ver www.tradingeconomics.com/Portugal and "The Troika and Financial Assistance in the Euro Area..." p. 40.

aumentaram os estabilizadores automáticos da economia (impostos para baixo - transferências para cima) apareceram de fato e forneceram um impulso fiscal.

Portugal cresceu mais rápido no segundo trimestre de 2013 e o crescimento desacelerou quanto mais se apertou o cinto no final daquele ano. A França cresceu mais rapidamente no mesmo trimestre sob grandes aplausos - e, em seguida, o crescimento caiu para zero no trimestre seguinte, uma vez que apertou novamente. O crescimento aconteceu porque ambos os países deixaram de aplicar a austeridade, brevemente. E apesar de Portugal ter sido um dos melhores alunos da classe em matéria de austeridade, apesar de todos os seus esforços e do efeito do *"Draghi put"* sobre as taxas de rentabilidade dos títulos, o investimento caiu drasticamente nos últimos dois anos. Isso não é um bom presságio para o crescimento futuro necessário para pagar de volta toda essa dívida, a dívida acumulada por causa da resposta austera à crise, e não antes da crise[713].

A Espanha e a Itália mantiveram-se paralisadas com os bancos insolventes e os governos insolventes, sendo "prolongar e fingir" o nome do jogo tanto em política como em economia em ambos os países. A Espanha registrou um crescimento marginal positivo no segundo semestre de 2013, mas sua taxa de crescimento anualizada manteve-se negativa, enquanto o desemprego permaneceu estável em 26%. A performance do desemprego italiano em 2013 foi muito melhor do que a Espanha, chegando à metade da taxa espanhola, mas o crescimento anualizado manteve-se negativo ao longo de 2013, à medida que sua dívida em relação ao PIB aumentou para 132%. Enquanto isso, a contínua instabilidade política na Itália sugere que o caminho para mais austeridade e reforma estrutural tecnocrática é, na melhor das hipóteses, limitado.

A Grécia, modelo tanto de desregramento quanto de austeridade, sofreu o regime mais duro de austeridade e tem se saído pior que todos os demais. Mesmo o relatório Brugel, patrocinado pelo parlamento europeu, admite isso com um grau irônico de subavaliação. Conforme apontaram em seu relatório de como a Grécia respondeu à austeridade, "a primeira e mais surpreendente constatação é

[713] "The Troika and Financial Assistance in the Euro Area...", p. 42.

que a realidade mostrou que as premissas iniciais do programa eram bastante erradas[714]". Essas premissas iniciais, referentes às trajetórias projetadas do PIB, da demanda doméstica e do desemprego sob a austeridade, que estruturou as expectativas de resultados dos programas gregos estavam deslocadas em 20, 24 e 17%, respectivamente, contra a realidade[715].

Na verdade, a Grécia perdeu quase um terço do PIB em um período de cinco anos, enquanto gerava desemprego acima de 25%. E mesmo que sua carga de dívida finalmente tenha começado a cair, ainda está em 156,9% do PIB mesmo após um grande corte nas propriedades de títulos, enquanto a economia subjacente continua a encolher. E é na Grécia onde o custo humano da austeridade vem à tona. Para dar apenas um conjunto de exemplos de saúde pública, desde o início da crise, os cortes da austeridade na Grécia resultaram em um corte de 25% no financiamento de hospitais e cuidados primários, o que resultou em um aumento de 32 vezes nas infecções de HIV entre 2009 e 2013. Os suicídios aumentaram em 45% e a mortalidade infantil aumentou em 43% no mesmo período. E em 2013, a Grécia teve seus primeiros casos domésticos de malária desde 1974[716].

Então por que isso continua? bem-vindo à opção de venda específica de uma classe

Se não está funcionando, em mais um ano, por que isso continua? Em *Austeridade* a resposta que eu dei foi de que isso fazia parte da "maior estratégia de propaganda enganosa da história humana", em que as dívidas privadas dos sistemas bancários do mundo desenvolvido foram resgatadas e recapitalizadas através do balanço do setor público. O resultado foi que a dívida privada foi transformada em dívida pública de tal forma que os benefícios foram para os parti-

---

714 "The Troika and Financial Assistance in the Euro Area...", p. 23.

715 Ibid., a partir de dados do FMI, figuras 14 e 15, p. 24.

716 Ver "Greek Austerity Tragedy Shows Where not to Make Cuts," New Scientist, 26 de Fevereiro de 2014. Disponível em: http://www.newscientist.com/article/dn25125-greek-austerity-tragedy-shows-where-not-to-make-cuts.html#.UztWtq1dWOx.

cipantes do jogo e os custos foram para os contribuintes. Depois de mais 12 meses pensando nisso, cheguei a uma descrição mais ponderada desse processo em uma coluna que escrevi para o *The Guardian* em 2013[717]. Ou seja, enquanto a austeridade ainda é a "maior estratégia de propaganda enganosa da história humana", talvez seja mais apropriadamente definida como uma "opção de venda específica de classe" contra a maioria dos cidadãos pobres de ativos da OCDE. Para entender por que este é o caso, temos de lembrar o que é uma opção de venda e como os bancos realmente funcionam.

Uma opção de venda é um contrato em que autor do contrato tem a obrigação de pagar X ativo no momento Y, o direito ao qual o comprador pode exercer como "a opção". Nesta definição, o chamado "*Greenspan put*" nos mercados globais antes da crise era uma opção de venda no sentido de que uma vez que os valores dos ativos dos EUA caíram para um nível específico, o Federal Reserve dos Estados Unidos (o autor do contrato) cortou as taxas de juros para compensar essas perdas. O mais recente "*Draghi put*" foi uma opção de venda na medida em que o BCE escreveu uma opção para cobrir o risco de quebra e risco de liquidez na zona do euro através dos programas LTRO. A austeridade é então uma "opção de venda específica de classe" no seguinte sentido.

Hoje ouvimos muito sobre a crescente concentração de riqueza e renda nos países da OCDE, especialmente no que diz respeito à crescente participação na renda do 1%, que atingiu o pico de 24% do total nos EUA pouco antes da crise, e pode ter ultrapassado esse número em 2013[718]. Mas ao expandir essa amostra um pouco para incluir os 10% superior da distribuição de renda, descobre-se que eles levam para casa mais de 50% de toda a renda. Embora tais números não estejam disponíveis com tanta facilidade, é provável e razoável dizer que os 30% superior da distribuição de renda dessas sociedades obtenha a vasta maioria dos rendimentos e possua a maior parte dos ativos desses países.

[717] Mark Blyth, "Eternal Austerity Makes Sense: If You are Rich," disponível em: goo.gl/F6he79.

[718] Para o trabalho definitivo e números sobre este assunto ver Thomas Piketty, *Capital in the 21st Century* (Cambridge: Harvard Belknap Press 2014).

Agora, tendo em vista essa suposição, pensemos sobre como os bancos realmente funcionam, já que as coisas raramente são o que parecem. Quando você "poupa", você de fato não poupa nada. Quando você deposita dinheiro em um banco em um ato de poupança você está realmente dando - pelo menos em muitos países europeus - um empréstimo não garantido a uma empresa de negociação de derivativos altamente alavancada na esperança de que você receberá seu dinheiro de volta com juros mais tarde[719]. Da mesma forma, quando um banco lhe dá um empréstimo para comprar um ativo, uma casa, por exemplo, esse ativo é o passivo do banco. O ativo do banco, em vez disso, é o empréstimo, que é o seu passivo, ou seja, a hipoteca. Assim como as exportações e importações na economia global, os ativos/passivos do banco/tomador de empréstimo são simétricos e de soma zero.

Dado isto, quando você resgata um banco ou um sistema bancário, você não está apenas resgatando os banqueiros. Você está salvando os poupadores, as pensões, as hipotecas, os derivativos baseados nestes empréstimos e anuidades, e todo o resto que constitui os ativos do banco, que são seus passivos e vice-versa. Assim, quando os governos resgatam os bancos eles estão simultaneamente resgatando os ativos e rendimentos dos 30% superior da distribuição de renda.

Então, pense em resgates como uma opção de venda a ser exercida pelos 30% de cima contra os 70% abaixo da distribuição de renda. Quando os 30% de cima, pessoas como eu e (possivelmente) você, tem seus ativos salvos e uma enorme dívida pública em consequência disso, o custo de exercer essa opção de venda é pago pelas pessoas que não tem muitos de tais ativos e, por isso, dependem de gastos do governo e de bens públicos, precisamente o que é cortado. O segmento mais pobre da sociedade é obrigado a pagar por uma apólice de seguro que nunca concordou em garantir e para a qual nunca recebeu um único prêmio de seguro dos detentores dos ativos resgatados (ou seja, segurados). É por isso que a austeridade é melhor compreendida como uma opção de venda específica de classe. É seguro de ativos grátis para o topo da distribuição de renda, aquelas

[719] Agradeço a Eric Lonergan por essa formulação.

que também acabam por ser as pessoas que mais votam e financiam eleições. Que a longo prazo esta ação individualmente racional irá se provar coletivamente desastrosa também para o topo é um custo não internalizado no preço da opção. Mas é um que preço que todos nós temos de pagar à medida que austeridade prossegue. Um ano depois, a opção de venda específica de classe que é a austeridade continua.

As novas instituições da austeridade: o bom, o mau e o inútil

A despeito disso tudo, uma interessante reengenharia institucional ocorreu na zona do euro nos últimos 12 anos. Uma parte dela é boa, outra sem sentido, e uma última é absolutamente perigosa. Na primeira categoria podemos incluir a proposta de uma união bancária na UE que encontrou sua forma final em março de 2014. A união bancária é uma parte crucial das instituições que deveriam ter sido construídas no momento de realização da união monetária, mas não foram[720]. Ou seja, quando você tem um monte de bancos em nível nacional todos emprestando em moeda estrangeira, o que o euro *de facto* é para cada um deles, e muitos deles começam a se tornar maiores do que os soberanos que garantem seus riscos, então é melhor ter algumas instituições pan-europeias de supervisão bancária, regulação bancária, e segurança comum para os depósitos. Infelizmente, já que a UE parecia pensar, e ainda pensa, que o as únicas instituições que valeriam a pena ser construídas eram aquelas que restringiam a ação soberana ao invés dos bancos, isso não aconteceu, o que resultou na bagunça bancária descrita acima. Ainda assim, no início de 2014 a união bancária finalmente fincou seus pés, o que é bom. Porém, novamente, um olhar mais cuidadoso sugere que isso não é exatamente o conjunto de instituições que se pretende ser.

Primeiro de tudo, enquanto ter alguma união bancária é melhor do que não ter nenhuma, essa ainda tem várias peças importantes

[720] Erik Jones, "The Forgotten Financial Union," in Matthijs and Blyth (eds.) *The Future of the Euro*...a ser publicado em 2014.

faltando[721]. Para ter credibilidade, a união bancária necessita, como Paul de Grauwe disse, "uma autoridade com poder financeiro. Eles não têm, então não temos uma unidade bancária[722]". O problema de De Grauwe é que embora o mecanismo de supervisão acordado que coloca o BCE responsável pela solvência dos bancos acima dos reguladores nacionais é uma boa ideia e um mecanismo de resolução comum que dê a esses reguladores o poder e o dinheiro para fechar as instituições que falham é ainda melhor, todo o arranjo é limitado a € 55 bilhões. Isso não é muito quando se considera que só a Hypo Real Estate, uma administradora de hipotecas alemã que teve problemas em 2008, precisou de mais de € 100 bilhões em garantias estatais para permanecer à tona[723].

Segundo, o fundo em si mesmo será construído ao longo de um período de oito anos, o que sugere que pouco acontecerá de agora até 2022, enquanto sua capitalização, se o fundo chegar a ser usado, estará limitado pelo fato de que não há mutualização a suportá-lo[724]. E talvez mais importante, mesmo que tenhamos oito anos em frente sem um soluço, esse arranjo não faz nada pelo que eufemisticamente é conhecimento como "legado de ativos" - algo entre € 1,2 - 1,5 trilhões em NPLs que desordenam o balanço dos bancos europeus atualmente. Como Wolfgang Munchau tem repetidamente argumentado, esse arranjo pode funcionar para a próxima crise, mas não funciona para a crise atual[725].

---

[721] Para uma boa visão geral da união bancária ver http://europa.eu/rapid/press-release_MEMO-14-57_en.htm?locale=en

[722] Paul De Grauwe, citado em "Europe Strikes Deal to Complete Banking Union." Reuters, 20 de Março de 2014. Disponível em: http://www.reuters.com/article/2014/03/20/us-eu-bankingunion-idUSBREA2J0ZJ20140320.

[723] Ver Thomas Huertas and María J Nieto, "How much is enough? The case of the Resolution Fund in Europe." Disponível em: http://www.voxeu.org/article/ensuring-european-resolution-fund-large-enough.

[724] Ou seja, os fundos soberanos poderiam combinar seus riscos para levantar capital para ele de forma mais barata, mas isso configuraria mutualização da dívida e, portanto, está fora de questão.

[725] Para um exemplo do porquê, ver Wolfgang Munchau, "This is not the Banking Union Europe is Looking for," Disponível em: http://www.ft.com/intl/cms/s/0/92bbb0a6-6330-11e3-886f-00144feabdc0.html#axzz2xZpym4NP

Terceiro, enquanto o SSM (Single Supervisory Mechanism) e o SRM (Single Resolution Mechanism) são novas instituições bastante necessárias, uniões bancárias são estabilizadas pelo seguro de depósito mais do que qualquer outro fator. E enquanto o acordo da união bancária garante depósitos normais de até € 100 mil em toda a união, não há um fundo central para apoiar isso. Tudo recai sobre as autoridades nacionais, que é o problema que a união bancária supostamente deveria resolver em primeira instância. A outra "grande bolsa para o euro" na praça, o Mecanismo Europeu de Estabilidade (ESM), o sucessor do Fundo Europeu de Estabilidade Financeira (EFSF) que resgata Estados não pode ser usado para recapitalizar e restituir o SRM, nem pode cobrir as falhas no seguro de depósitos. Em resumo, a união bancária que a Europa precisa, uma que possibilitaria o atual legado de ativos, principalmente os maus depósitos encalhados no setor bancário espanhol e outros setores bancários relacionados, serem trocados por outros ativos ou registrados como perdas sem desencadear uma implosão sistêmica, necessita algo mais do que isso para ser efetivo. Necessita de algum tipo de seguro comum de depósitos, um veículo de financiamento do BCE de propósito específico para agir tirando os NPLs dos livros dos bancos, ou uma extensão do ESM para funcionar corretamente, nenhuma opção das quais parece estar na mesa.

Isso, contudo, assinala a gradual supressão do apoio oficial ao setor bancário europeu, o que pode produzir várias consequências não esperadas. Uma, a possível implosão futura do setor das pequenas e médias empresas irlandesas, que já foi observada. A outra é o rebaixamento dos bancos europeus em vez de sua estabilização, que é o que a agência de classificação de risco Fitch fez a dezoito bancos da UE logo após a assinatura do acordo de união bancária[726]. Como disse a Fitch, "a probabilidade de um rebaixamento ou de uma revisão em baixa baseia-se em novos avanços na implementação dos aspectos legislativos e práticos de permitir estruturas efetivas de resolução bancária, o que provavelmente reduziria o apoio soberano

[726] Ver http://www.reuters.com/article/2014/03/26/fitch-revises-outlooks-on-18-eu-state-sp-idUSFit69388220140326.

implícito aos bancos na UE[727]". Para alguns bancos pelo menos, a união bancária pode ser mais má do que boa notícia, o que é uma má notícia para a Europa como um todo.

Enquanto as novas instituições da união bancária podem ser bem qualificadas, algumas outras, como o ESM e seu braço político OMT podem ser consideradas um tanto inúteis[728]. Afinal, essas instituições são um pouco como a antiga doutrina da Destruição Mutuamente Assegurada (MAD) da Guerra Fria. Funciona apenas porque não é utilizada. Se a doutrina fosse testada, os resultados seriam desastrosos para ambos os lados[729]. Se a Espanha, por exemplo, se candidatasse ao ESM para um empréstimo e a OMT fosse ativada para aliviar as tensões nas taxas de rendimento de seus títulos, isso equivaleria a uma admissão total de insolvência soberana, o que iniciaria a própria corrida bancária por meio dos mercados de títulos que estas instituições são projetadas para evitar. Nesse ponto, como disse o negociante de títulos Bill Blain, essas novas instituições seriam "suficientes para cobrir os primeiros 20 segundos da próxima crise financeira europeia quando os NPLs estiverem nos patamares de 1,5 trilhão[730]".

Algumas das outras novas instituições, como o novo Tratado sobre Estabilidade, Coordenação e Governança, que entrou em vigor em março de 2012, são, no entanto, extremamente perigosas[731]. Este novo tratado exige que os orçamentos nacionais sejam "equilibrados ou superavitários" a médio prazo com a aplicação desta regra garantida por um controle mais rigoroso e disposições "preferencialmente constitucionais" nos ordenamentos jurídicos nacionais. Os países que têm "desvios significativos observados" dos novos limites fiscais consagrados no tratado terão sanções automáticas colocadas sobre eles. Além disso, os Estados signatários concordam que "todas as grandes reformas políticas que pretendem empreender serão dis-

---

[727] *Ibid.*

[728] Para uma visão geral ver: http://www.ecb.europa.eu/press/pr/date/2012/html/pr120906_1.en.html.

[729] Eu agradeço a Bill Blain por essa analogia.

[730] Bill Blain, Comunicação Pessoal, 11 de Dezembro de 2013.

[731] Disponível em http://european-council.europa.eu/media/639235/st00tscg26_en12.pdf.

cutidas *ex ante* e, se necessário, coordenadas entre si[732]" (artigo 11). Como se os limites das ações dos Estados para compensar os choques econômicos exógenos já não fossem suficientemente vinculantes, a UE os tornou ainda mais restritos - mas para que fim?

As especificidades deste tratado atentam contra a lógica básica. Por exemplo, o procedimento de desequilíbrios macroeconômicos (MIP) no coração do tratado, que define um "placar" para o quão bem os países estão indo, permite que os países tenham um déficit em conta corrente máxima de 4% ou um excedente de 6%[733]. Dado que as importações e exportações somam zero, esse excedente de +2% deve ser compensado de alguma forma. Mas como *Austeridade* e uma série de outros analistas têm apontado, não podemos todos ter superávit ao mesmo tempo. Alguém tem de comprar as exportações, e se o tratado não permitir déficits correspondentes dentro da zona do euro, então eles devem ser despejados fora. Mas com o consumidor estadunidense sem dinheiro e as economias asiáticas operando também a partir de exportações, está longe de ficar claro a partir de quem isso ocorrerá. Déficits e excedentes podem somar a zero, mas na UE apenas um lado da equação é passível de punição. Quando foi registrado que a Alemanha efetivamente gerou um superávit da conta corrente de 7,3% no início de 2014 e a Comissão Europeia se referiu a isso como um desequilíbrio estrutural, a Alemanha recusou-se publicamente a aceitar as críticas[734].

O tratado também está cheio de desequilíbrios de distribuição e de poder. O MIP definiu o desemprego como "excessivo" em apenas 10% ou mais, enquanto a dívida pública é "excessiva" quando supera 60%. Um elevado nível de desemprego é tolerável, uma dívida pública moderadamente elevada não é, e os déficits orçamentários

[732] Nicolas Jabko, "The Crisis of EU Institutions and the Weakness of Economic Governance," em Matthijs and Blyth (eds.) *The Future of the Euro*...a ser publicado em 2014, pp. 16-17.

[733] Ver http://ec.europa.eu/economy_finance/economic_governance/macro economic_imbalance_procedure/mip_scoreboard/.

[734] Ver http://mobile.reuters.com/article/idUSBREA0D0MU20140114?irpc=932 e http://europa.eu/rapid/press-release_IP-14-216_en.htm e http://www.bloomberg.com/news/2014-01-15/germany-snubs-export-critics-as-surplus-outstrips-that-of--china.html

superiores a 3% continuam a ser considerados inaceitáveis. Acrescente-se tudo isso e depois lembre-se do artigo do Tratado no qual todas as reformas políticas importantes devem ser discutidas *ex ante* entre os signatários, e você pode ter a sensação de que a UE está tentando tornar a política fiscal em algo ilegal.

Independentemente de ser keynesiano ou não, essa atitude fiscal está criando fragilidade no sistema, já que mesmo os estados mais liberais da OCDE ainda taxam e gastam pelo menos 30% do PIB. Amarrar as mãos do estado *ex ante* nesta medida, ignorando completamente o nível de demanda interna ou a possibilidade de choques externos graves, mostra que a governança da zona do euro não evoluiu muito em seu modo de pensar ao longo dos anos. O projeto ainda tem tudo a ver com a tentativa de transformar toda a zona do euro em uma gigantesca Alemanha através de reduções salariais que, teoricamente, resultarão em um superávit permanente contra o resto do mundo. Isso nunca pode funcionar em seus próprios termos, e certamente não pode funcionar se o problema subjacente ainda é uma crise bancária que está sendo, na melhor das hipóteses, parcialmente abordada por um conjunto de instituições incompletas.

Em resumo, a Europa não é e ainda não pode ser transformada em uma única economia. É constituída por diferentes variedades de capitalismo que trabalham em princípios ortogonais[735]. O caminho atual de recuperação através de reformas estruturais (mais sobre isso em breve) e novos compromissos de tratados ignora esse fato, tentando fazer conjuntos muito diferentes de complementaridades institucionais nacionais em um conjunto de instituições transnacionais complementares. Economias são complexos historicamente específicos de instituições e ideias. A tentativa atual de transformar toda a Europa em um exportador líquido à imagem da Alemanha não pode funcionar uma vez que se reconheça isso. Assim como o desenho de um conjunto de instituições bancárias falhas para cobrir os riscos do continente acabando mal, nos arriscamos a piorar ainda mais nossa possibilidade de queda com uma agenda falha de reforma fiscal, de tipo "um tamanho único para todos". Na verdade, houve

[735] Peter Hall, "Varieties of Capitalism and the Euro Crisis." Artigo apresentado na International Conference of Europeanists, Washington DC, 15 de março de 2014.

algumas reformas institucionais positivas no ano passado, mas como geralmente é o caso, elas estão emaranhadas em alguns acidentes graves – esperando para acontecer. Temos um novo conjunto de regras rigorosas para impedir que o setor público faça as coisas enquanto as novas regras sobre o setor privado, onde os problemas ainda estão, são, na melhor das hipóteses, medíocres.

Ideias austeras um ano depois

As ideias se movem a uma velocidade diferente da política. Ter uma ideia não tem custo, entretanto admitir que as ideias de alguém estão erradas custa caro. Implementar novas ideias na política é, portanto, caro e lento. É por isso que as ideias dos governos mudam mais lentamente do que as políticas. No entanto, o ano passado viu mais do que algumas mudanças dramáticas na topografia de ideias sobre a austeridade, mas não onde isso mais importa.

O primeiro lugar para procurar qualquer mudança nas ideias é o lugar menos provável para encontrá-la. Isso seria nas posições políticas e nos documentos de investigação da *troika* (Comissão Europeia, BCE e FMI), cujas análises enquadraram a política de austeridade na Europa. Dada a dimensão dos erros de previsão nas estimativas de política da *troika*, como se observou acima, poderia se pensar que alguns novos pensamentos poderiam ter ocorrido em resposta a esses erros e, como veremos, isso de fato aconteceu com um terço da *troika*, o FMI. Com os outros dois terços, no entanto, vemos uma mudança na ênfase, mas as ideias subjacentes permanecem as mesmas, apesar das evidências.

O relatório Brugel sobre a austeridade, encomendado pelo parlamento europeu, que se sublinhou anteriormente, analisa com êxito a linguagem dos documentos da *troika* ao longo do tempo e assinala a passagem de termos como "fiscal", "consolidação" e "reforma" que dominaram os documentos iniciais da reforma a uma maior ênfase em termos como "crescimento" e "emprego"[736]. Isso talvez não seja

[736] "The Troika and Financial Assistance in the Euro Area..." pp. 17-23.

surpreendente, dada a falta de crescimento e alto desemprego produzido pela implementação dessas políticas[737].

Ao lado dessa mudança, no entanto, há outra mudança, associada a termos como "reforma estrutural" e "privatização", que aumentam em uso durante esse mesmo período. Isso talvez sugira que em economias em forte tensão, onde os efeitos de confiança não apareceram, outras estratégias de receita e crescimento teriam de ser encontradas? O reconhecimento mais significativo, no que se refere à admissão do erro, é sobre a baixa oferta. Como observa o relatório Brugel, "uma vez que uma melhor coesão econômica e social é um dos principais objetivos da UE... estudamos com que frequência questões como pobreza, equidade e desigualdade são discutidas nos documentos", e observa que "com exceção da Grécia, a questão não recebeu praticamente qualquer atenção nos documentos do programa da Comissão[738]". Tomadas em conjunto, tais mudanças inter-temporais dificilmente sugerem uma mudança de paradigma no pensamento entre dois terços desses relevantes promotores de políticas públicas.

A falsa promessa da reforma estrutural

Alguém poderia citar esta mudança da austeridade para a reforma estrutural e privatização como evidência de um novo pensamento em termos de uma ênfase renovada no crescimento através de reformas estruturais em detrimento da austeridade. Mas isso é de fato parte do mesmo velho conjunto de ideias. Primeiro você consolida, então faz a reforma estrutural, daí cresce, em teoria. Este é um tema denso e eu seria a última pessoa a argumentar que os países do sul da Europa não precisam de sua parte em reformas. Com efeito, como defendi em *Austeridade*, dois deles em particular, a Grécia e Portugal podem necessitar de modelos de negócio inteiramente novos. Mas, como a história recente dos esforços de reforma estrutural na Europa e outros lugares já demonstraram, obter uma reforma econômica substancial nesses países não será possível se o método empregado

[737] "The Troika and Financial Assistance in the Euro Area..." pp. 19-21

[738] *Ibid*. p. 22.

for de comando e controle tecnocrático, de cima para baixo. Além disso, se as reformas estão baseadas em suposições erradas, então as chances de sucesso diminuem ainda mais.

Em primeiro lugar, a tentativa de reformar os mercados de trabalho e de produtos em meio a uma depressão é semelhante à reparação de um telhado quando está em chamas. O argumento frequentemente ouvido de que isso tem de ser feito agora porque as economias do sul não fizeram nenhuma reforma anteriormente, durante os "bons tempos", não encontra verificação empírica. Como Peter Hall mostrou recentemente, no índice da OCDE para a regulação do mercado de produtos, um índice razoável de flexibilidade, a partir de 1998-2003, Itália e Espanha superaram a Alemanha e Holanda[739]. Da mesma forma, como observa Hall, "medido em termos independentes dos custos salariais, a produtividade do trabalho aumentou em países como Portugal e Grécia (embora não na Espanha e Itália) a taxas proporcionais às do norte da Europa durante a década até 2009[740]". De acordo com essas métricas, pelo menos, a noção de que esses países não reformaram nada simplesmente não é verdadeira.

No que se refere à Itália e à Espanha, muito é feito de como os chamados "trabalhadores internos" (trabalhadores sindicalizados) se beneficiaram do euro à medida que os custos salariais subiram e a competitividade caiu. Em consequência, a *troika* argumenta que os salários destes trabalhadores, como parte necessária do ajustamento, devem cair para restaurar a competitividade. Contudo, como Jonathan Hopkin demonstrou, os salários industriais italianos sindicalizados ficaram praticamente estáveis ao longo dos anos 2000[741]. Ironicamente, os que se deram melhor foram aqueles nos setores protegidos de bens não-comercializáveis, que faziam parte da coalizão "pró-negócios" de Berlusconi. Dado isto, a reforma do mercado de trabalho na Itália tem o alvo errado em sua mira.

Na Espanha, as faixas etárias do mercado de trabalho com a maior parte dos custos descendentes de ajustamento e desemprego são jo-

[739] Hall, "Varieties of Capitalism and the Eurocrisis" p. 9 Tabela 1.

[740] *Ibid*. p. 10.

[741] Jonathan Hopkin, "The Troubled South: The Euro Crisis in Italy and Spain," em Matthijs e Blyth (eds.) *The Future of the Euro*…a ser publicado em 2014, p. 6.

vens trabalhadores temporários. Ou seja, aqueles que já trabalham na parte mais flexível do mercado de trabalho[742]. Por conseguinte, não é clara a forma de flexibilizar os mercados de trabalho espanhóis nesta conjuntura, para restaurar o crescimento na Espanha ou em qualquer outro lugar. A Irlanda, para efeitos de comparação, já possui um dos mercados de trabalho mais flexíveis do mundo. Não está claro como a abolição do já baixo salário mínimo da Irlanda irá restaurar o balanço do Anglo-Irish Bank, ou, para tomar outro exemplo comparativo, como se livrar do monopólio de taxistas em Atenas levará a uma recuperação mais rápida do setor exportador grego?

Finalmente, como a análise de Pepper Culpepper sobre a incapacidade do governo Monti para obter reformas na Itália sem o apoio das camadas sociais é clara, e o relatório de 2004 do Banco Mundial sobre uma década de programas de ajustamento estrutural (reforma estrutural no terceiro mundo) previamente admitiram, os países precisam de reformas próprias feitas para eles para que funcionem[743]. Bruxelas pode insistir em reformas, mas isso não significa que os Estados irão persistir nelas, especialmente se a lógica por trás delas é tão falha, para começar. A democracia não é um problema de risco moral a ser superado: é a chave para a reforma.

Na verdade, todo o fascínio com a reforma estrutural dos mercados de trabalho como a chave para o crescimento é, na melhor das hipóteses, duvidoso, uma vez que se baseia em uma interpretação equivocada da retomada econômica da Alemanha em meados dos anos 2000[744]. A reviravolta da Alemanha em 2000 é muitas vezes atribuída às chamadas reformas Hartz daquela década, que reduziram a proteção do bem-estar e aumentaram a participação no mercado de trabalho. A Alemanha "tomou o remédio amargo", assim conta a

742 *Ibid.* p 6-7.

743 Pepper Culpepper "The Political Economy of Unmediated Democracy: Italian Austerity Under Mario Monti," Artigo preparado para a International Conference of Europeanists, Washington DC, 15 de março de 2014, e Dani Rodrik, "Goodbye Washington Consensus, Hello Washington Confusion," *Journal of Economic Literature*, 44 (4) Dezembro 2006.

744 Ironicamente, assim como o risco de inflação em uma recessão que assombra a governança da zona do euro hoje se baseia em uma má interpretação anterior da história alemã dos anos 1920. Ver Blyth, *Austerity*... pp. 56-57.

história, que todo mundo deve seguir. O problema é que o medicamento não pode funcionar por duas razões. O primeiro já tratamos a respeito. A totalidade da UE não pode gerar um excedente em relação ao resto do mundo. A Alemanha é apenas a Alemanha porque todos os outros não são a Alemanha. Um continente inteiro não pode jogar o mesmo truque quando uns são os mercados de exportação principais dos outros.

Em segundo lugar, e mais importante do ponto de vista da reforma estrutural, a ideia de que as reformas de Hartz conduziram ao recente surto de crescimento da Alemanha revela-se empiricamente falsa. Dustmann *et al* demostraram, usando dados alemães, que a razão pela qual os salários caíram na Alemanha foi a reunificação do país na década anterior, mais a expansão do setor automotivo alemão no exterior, que limitou os aumentos salariais por uma década antes das reformas Hartz. Isto, mais custos de entrada mais baixos dos fornecedores do leste europeu durante esse mesmo período, conduziu aos bens de exportação ainda mais inelásticos que se beneficiaram do boom dos 2000 e a demanda continuada fora da UE no pós-crise[745]. Tudo o que as reformas de Hartz realmente fizeram foi criar um setor de serviços de baixa produtividade abarrotado muito mal pago na Alemanha que aumentou dramaticamente a desigualdade no país[746]. Se Dustmann *et al* estiverem corretos, então a habilidade de qualquer pessoa de ativar esse truque é zero.

Diante de tudo isso, por que então vemos essa mudança de foco das maravilhas expansionistas da austeridade para a necessidade de reforma estrutural? Vemos porque "reforma estrutural" é para onde você move as metas uma vez que o primeiro conjunto de metas acabou por ser uma miragem, como a consolidação fiscal expansionista e a redução da dívida através da austeridade acabaram por ser. O único problema é que os proponentes da reforma estrutural terão de mudar novamente os alvos, uma vez que essas estratégias também não produzem resultados positivos, como já fizeram tantas vezes

[745] Christian Dustmann, Bernd Fitzenberger, Uta Schoenberg, e Alexandra Spitz-Oener, "From Sick Man of Europe to Economic Superstar: Germany's Resurgent Economy, *Journal of Economic Perspectives*, 28, (1) Winter 2014, pp. 167–188.

[746] Ver http://inequalitywatch.eu/spip.php?article114.

antes e em praticamente qualquer escala de tempo, se não estiverem devidamente incorporadas nas sociedades que as realizam.

O FMI e as tensões no interior da troika

A parte da Troika que mudou substancialmente as suas ideias é o FMI. Como *Austeridade* detalha, a partir de 2008, sob o então diretor-gerente Dominique Strauss-Kahn, o FMI recuou para uma linha muito mais expansionista do que tinha feito em episódios anteriores de crise. Os cínicos, como eu, inicialmente pensaram que este era um caso de "agora que os ativos dos países centrais estão em risco, nós os resgatamos em vez de deixarmos quebrar", mas a transformação provou ser mais do que oportunismo. Como detalha Cornel Ban, as ideias de política do FMI mudaram substancialmente ao longo da crise em várias posições[747].

A mudança mais conhecida é a chamada "Batalha das Caixas", em que o FMI estimou multiplicadores fiscais negativos maiores do que um para os países periféricos da Europa, o que significou que uma redução de um euro na despesa pública conduziu a uma redução de mais de um euro no consumo final e no PIB, sem efeitos compensadores de confiança[748]. Os multiplicadores negativos também implicam os positivos, como as exigências recíprocas, e como tal este desafio não se limitou às caixas técnicas dos relatórios do FMI. Ao sustentar isso abertamente, todo o edifício neoclássico da abordagem do BCE e da CE para a crise foi desafiado dentro da própria *troika*.

Previsivelmente, a CE revidou no final de 2012 com a sua própria versão de estimativas de multiplicadores para contrariar as do FMI, argumentando que, em essência, as políticas da *troika* estavam bem, e os multiplicadores teriam sido menos que um, tal que a contração teria tido um efeito positivo afinal, se não fosse por tanta gente fa-

[747] Cornel Ban, "Austerity versus Stimulus? Understanding Fiscal Policy Change at the International Monetary Fund Since the Great Recession," a ser publicado em *Governance*, 2014.

[748] Para um resumo ver OCDE http://www.oecd.org/eco/outlook/OECD-Forecast-post-mortem-policy-note.pdf.

lando sobre a dissolução do euro, o que piorou as coisas[749]. O FMI continuou com a nova linha apesar desta tentativa de refutação pela CE, e também pelo BCE[750]. Na verdade, o impulso de pesquisa do FMI nos últimos cinco anos tem se afastado bastante dos defensores da consolidação que antes eram. A desigualdade como um constrangimento ao crescimento, a necessidade de impostos mais altos sobre as remunerações do topo, os efeitos positivos do investimento público, ambiental, e até mesmo os impostos sobre a riqueza agora abundam no cenário de pesquisas do FMI[751]. E mais recentemente, o FMI acaba de colocar o último prego no caixão sobre o artigo pró-austeridade "Crescimento em tempo de dívida[752]" de Reinhardt e Rogoff. De fato, o FMI chegou a fazer com que o *Washington Post* publicasse a manchete "Comunistas se apoderaram do FMI![753]". Talvez hiperbólico, mas quando *esse* FMI está no mesmo leito de política com a CE e o BCE, fricções continuas devem ocorrer.

Do Excelgate ao fim da austeridade?

Falando de Reinhardt e Rogoff, talvez a mais dramática reviravolta do pensamento no ano passado tenha vindo desses dois economistas. Famosos por seu artigo "Crescimento em tempo de dívida" que previu uma rápida queda nas taxas de crescimento futuro se as relações dívida/PIB passassem de 90%, um estudante de economia da Universidade de Massachusetts em Amherst pediu ao professor Reinhardt o arquivo de Excel em que seu trabalho estava baseado, o obteve, e o dissecou até que não restasse mais nada, tudo com sonora repercussão no grande público, no que ficou conhecido como

749 Ver http://ec.europa.eu/economy_finance/eu/forecasts/2012_autumn_forecast_en.htm#documents.

750 Ver http://www.ecb.europa.eu/pub/pdf/mobu/mb201212en.pdf box 6 pp. 82-85.

751 Ban fornece um útil exercício de mapeamento dessa mudança de ideias no fundo. Ver Ban, "Austerity versus Stimulus?".

752 Andrea Pescatori, Damiano Sandri, e John Simon, "Debt and Growth: Is There a Magic Threshold?" IMF Working Paper, Fevereiro de 2014.

753 http://www.washingtonpost.com/blogs/wonkblog/wp/2014/02/26/communists-have-seized-the-imf/

o "Exegate"[754]. Apesar da robustez dos resultados, tenho um certo grau de empatia pela posição de Reinhardt e Rogoff. Como discuti em *Austeridade*, dada uma escolha entre ter mais ou menos de 90% de dívida, e mantendo o método de redução da dívida de lado, quem não iria querer menos, em vez de mais?

O que colocou esses dois economistas em dificuldades foi menos o que eles disseram do que a maneira pela qual isso foi tomado por aqueles a quem Aditya Chakrabortty no *The Guardian* chama de "jihadistas da austeridade", que usaram o meme 90% para rufar os tambores para os cortes em qualquer lugar independentemente da qualificação e das advertências do artigo original. Derrubar os autores foi, portanto, mais sobre a derrubar os bastiões do meme 90% do que qualquer outra coisa. Maltratados e feridos por conta deste caso, alguém poderia esperar uma queda ainda maior de Reinhardt e Rogoff após esses ataques. Mas eles simplesmente seguiram seu trabalho, deixando os dados conduzi-los onde poderiam levá-los, e para onde os levaram hoje é bastante notável.

Em janeiro de 2014, Reinhardt e Rogoff escreveram um novo documento de trabalho do NBER intitulado "Recuperação das crises financeiras: evidências de 100 episódios[755]". Além de estender o trabalho anterior sobre os custos e a duração das crises, este artigo é notável por conta de sua afirmação central de que a atual recessão, especialmente na zona do euro, não tem comparação. Desta vez, aparentemente, é realmente diferente. De fato, a sua conclusão vale a pena ser citada longamente:

> A atual fase da abordagem política oficial baseia-se no pressuposto de que o crescimento, a estabilidade financeira e a sustentabilidade da dívida podem ser alcançados através de uma mistura de austeridade e paciência (e alguma reforma). O argumento é que os países avançados não precisam recorrer às políticas mais ecléticas dos mercados emergentes, incluindo reestruturações e conversões da dívida, inflação mais alta, controles de capital e outras formas de repressão financeira. Agora, entrando no sexto ou sétimo ano (dependendo do país) da crise, a pro-

[754] Para uma visão panorâmica ver http://en.wikipedia.org/wiki/Growth_in_a_Time_of_Debt.

[755] Carmen Reinhardt e Kenneth Rogoff, "Recovery from Financial Crises: Evidence from 100 Episodes." NBER Working Paper 19823, janeiro de 2014.

dução permanece bem abaixo do seu pico pré-crise em dez dos doze países em crise. A diferença com a produção potencial é ainda maior. Os atrasos na aceitação de que os tempos desesperados exigem medidas desesperadas continuam aumentando as chances de que, como documentado aqui, esta crise pode, no final, superar em gravidade a depressão da década de 1930 em um grande número de países[756].

Quando as duas figuras intelectuais talvez mais apontadas como sinônimo de argumentos a favor da austeridade, pelo menos na lembrança do público, chegam tão longe, isso nos mostra como em alguns círculos realmente houve uma mudança de pensamento a respeito da austeridade em um período muito curto, o que é mais do que bem-vindo. Infelizmente, esses lugares não prescrevem política para a zona do euro. Isso é feito pela *troika* e implementado por governos conscientes de que estão exercendo a opção de venda específica de classe como descrito acima, razão pela qual, apesar dessas mudanças no campo das ideias, a política continua.

Ao encerrar este posfácio de um ano depois, uma menção especial deve ser reservada ao pensamento pré-ideológico de François Hollande, presidente da França, para justificar os cortes orçamentários franceses em janeiro de 2014, invocando a obviedade de Jean Baptiste Say de que a oferta cria sua própria demanda[757]. Eu falei longamente sobre a falência dos bancos europeus e das ideias europeias, mas é preciso muito para vencer o grande exemplo da falência de uma classe política. Quando a suposta alternativa socialista ao pensamento de austeridade se sai melhor do que a oposição citando ideias ingênuas do lado da oferta, que têm 211 anos, em busca de apoio, você sabe que a austeridade vai continuar apesar de toda e qualquer evidência, porque, acima de tudo, ela permanece sendo uma ideia perigosa, mas sedutora.

Mark Blyth

South Boston, MA Abril de 2014

756 *Ibid.* pp. 10-11.

757 Ver Wolfgang Munchau, "The Real Scandal is France's Stagnant Economic Thinking". Disponível em: http://www.ft.com/intl/cms/s/0/0a469808-7f6e-11e-3-b6a7-00144feabdc0.html#axzz2xZpym4NP.

E os Fracos Sofrem O Que Devem?
Autor: Yanis Varoufakis

Este não é um livro qualquer sobre a Europa e sua crise econômica. Trata-se de um livro que nos convida a partilhar da perspectiva de quem esteve nos bastidores dos acontecimentos históricos e, ao mesmo tempo, tem envergadura intelectual capaz de nos surpreender a cada novo argumento. Implacável em suas críticas e extremamente consistente em sua argumentação, Yanis Varoufakis nos conduz através da história rumo às origens e às contradições do sistema monetário europeu para então descortinar a natureza da crise atual e as suas possíveis soluções. Nesse passeio retroativo, o autor mostra como as decisões dos líderes políticos repetem erros do passado e criam condições sociais que hoje ameaçam as democracias europeias.

Não obstante, este livro é também uma denúncia contra a ideologia dominante que despolitiza as decisões econômicas e serve de apoio às estruturas de poder. Dogmas como a austeridade são endossados como virtude moral e seus benefícios são tidos como axiomas, imunes às evidências. E quem enfrenta esses dogmas – como o fez o autor deste livro nos altos círculos do poder – é imediatamente desqualificado, de tal forma que para ter "credibilidade" nos dias atuais é preciso adotar ideias econômicas fracassadas.

Ao caracterizar o potencial destrutivo das políticas econômicas, esse livro é também um alerta sobre o autoritarismo. O contexto atual – de desemprego, de quebra dos laços de solidariedade, de desigualdade, de xenofobia e de desintegração institucional – subverte a democracia e cria as condições para uma escalada autoritária. Em meio a esse cenário sombrio, cada vez mais refratário à razão, esse livro traz reflexões fundamentais para entender a Europa e o destino do capitalismo internacional.

— Pedro Rossi, UNICAMP

O Minotauro global:
A verdadeira origem da crise financeira e o futuro da economia
Autor: Yanis Varoufakis

Neste livro excepcional, o ex-ministro grego das Finanças no governo do Syriza, Yanis Varoufakis, um dos maiores expoentes antiausteridade na Europa, destrói o mito de que a regulamentação dos bancos é ruim para a saúde econômica. Com rigor e profundidade, ele demonstra como a ganância global do setor financeiro foi a principal causa da última crise econômica. Para ilustrar, Varoufakis recorre à imagem mitológica do Minotauro: uma monstruosidade financeira que não deveria existir e, por tal motivo, vive reclusa em um labirinto, exigindo periódicos sacrifícios dos humanos. Após a bulimia que causou o colapso de 2008 – uma crise pior que a Grande Depressão de 1929 e mais dramática internacionalmente que a crise do petróleo nos anos 1970 –, a besta se reergue levantando junto novas dúvidas: como os principais responsáveis pela crise saíram ainda mais poderosos? O que levou os Estados a torrarem suas reservas e comprometerem seus orçamentos para salvá-los? Varoufakis explica com clareza a falência deste complexo sistema que nos jogou na presente crise. E mais do que identificar o caminho deste processo kafkiano, aponta as saídas para reintroduzir a racionalidade numa ordem econômica altamente irracional, jogando luzes neste labirinto histórico no qual se encontram não apenas os gregos, mas também todo mundo, inclusive os brasileiros.

A Era do Capital Improdutivo – A nova arquitetura do poder
Autor: Ladislau Dowbor

Como os bancos registram lucros bilionários em plena recessão e desemprego? Neste livro, Ladislau Dowbor investiga como a riqueza do mundo – minérios, petróleo, trabalho, alimentos –, produzida pelo trabalho, é capturada pelos bancos e seus intermediários financeiros. Com uma vasta pesquisa, Ladislau revela os mecanismos usados pelas corporações financeiras, com estruturas que muito se assemelham a governos, para exercer o poder político diretamente e influenciar as principais decisões dos poderes públicos.

O resultado não poderia ser diferente: esterilizam a riqueza produzida pela sociedade para multiplicá-la somente em seu próprio benefício, por meio de investimentos financeiros que não criam novas tecnologias nem geram novos empregos. Ladislau demonstra por que o mercado considera positiva qualquer atividade que gere lucro – ainda que trave a economia e produza prejuízos sociais e ambientais – para enviar seus recursos, a salvo de impostos, a paraísos fiscais.

O livro destrincha como a financeirização dilacera as economias no Brasil e mundo afora ao forçar os governos eleitos a cumprir agendas refutadas pelas urnas. Sobretudo quando desviam grande parte do orçamento público para o pagamento de juros da dívida, engordando ainda mais as forças do capital financeiro em detrimento de políticas públicas de saúde, educação, previdência.

Empresas alemãs no Brasil: o 7×1 na economia
Autor: Christian Russau

Se o placar de 7×1 na Copa de 2014 foi inesperado para uma partida entre Brasil e Alemanha, nas relações econômicas bilaterais essa disparidade é a regra. Historicamente, a balança comercial entre os dois países é uma goleada em favor dos alemães. E o esquema de jogo é conhecido: enquanto compramos máquinas e produtos industrializados, vendemos matérias-primas.

Os negócios começaram com Dom Pedro II, que ainda no século XIX importou as primeiras armas alemãs para o Brasil, e se intensificaram durante o "milagre econômico", promovido pelo regime militar à base de repressão, arrocho salarial e endividamento público. Hoje, a Grande São Paulo é a região que mais concentra empresas alemãs fora da Europa.

Contudo, esse investimento internacional — que muita gente vê como sinônimo de progresso — guarda uma face pouco conhecida, permeada por superexploração do trabalho, violações aos direitos humanos, destruição ambiental, influência política e lucros estratosféricos. É o que demonstra Christian Russau em Empresas alemãs no Brasil: o 7×1 na economia, publicado pela Fundação Rosa Luxemburgo e pela ONG medico internacional em parceria com a Editora Elefante e a Autonomia Literária.

Munido de farta documentação, o jornalista revela que empresas alemãs apoiaram a prisão e a tortura de sindicalistas durante a ditadura; faturaram com os riscos decorrentes da construção de grandes barragens na Amazônia; se beneficiaram da extração de minério de ferro nas jazidas do país; se envolveram em casos de corrupção; e colaboraram para a poluição de rios e solos, e para a intoxicação de trabalhadores brasileiros.

A investigação de Christian Russau demonstra que, se as mazelas da "relação especial" entre Brasil e Alemanha se limitassem a um jogo humilhante no estádio do Mineirão, o cenário não seria tão trágico. O problema são todas as demais partidas que os brasileiros — não os atletas, mas a população mais vulnerável e desassistida — enfrentam todos dias contra gigantes transnacionais que, com o apoio das elites locais, entram em campo sem respeitar as regras, e muitas vezes com o juiz comprado.

Este livro foi composto por
Minion Pro e Neue Haas Grotesk
em papel avena 80g.